各國ノ政黨
〔第一分冊〕
（大正十二年十月）

外務省歐米局

大正十二年十月

各國ノ政黨〔第一分冊〕

日本立法資料全集　別巻　1145

信山社

各國ノ政黨

外務省歐米局

凡例

一　大正四年二月外務省編纂ニ係ル「各國之政黨」清水書舗ヨリ出版セラレテ以來已ニ年ヲ閲ミシ其ノ間ノ推移著シク殊ニ歐洲大戰ニ因ル各國政狀ノ變化甚大ナルモノアルヲ以テ最近ノ狀況ヲ詳ニスルハ執務參考上緊要ナルヲ惟ヒ大正十年六月在外公館ニ之カ調査ヲ委囑シ其ノ結果ヲ本書ニ收錄セリ

一　本調査ニ當リテハ大體左記各項ニ就キ知ルヲ以テ主眼トセリ

一、各政黨ノ名稱及其ノ主義綱領

二、各黨派成立ノ由來、其ノ勢力ノ優劣其ノ勢力ノ根據

三、各政黨現領袖株ノ人物、略歷

四、現在議會ノ黨派別

五、地方政府及地方自治體ト政黨トノ關係

六、外交ニ關スル各黨派ノ政見

七、各黨主要機關紙

一　調査ノ時期ハ一二ヲ除キ各編ニ記註シアルカ如ク早キハ大正十年八月、遅キハ大正十二年五月ニシテ必スシモ同時ナラス且記述ニ精粗ノ差アルモ大體ニ於テ最近ニ於ケル政黨ノ狀況ヲ知ルニ足ルヘシ

一　本書ニ收ムル處ハ二十九箇國ノ政黨ニシテ未タ世界全國ヲ網羅スル能ハス殊ニ支那ヲ除クノ止ムヲ得サリシヲ遺憾トス

一　本書中ニハ各國政黨ノ對日態度、政黨領袖ノ人物、略歴等ニ關シ政府ノ調査トシテ公ニスルヲ憚ル箇所尠カラス仍テ之ヲ「機密扱」トス

一　國名ハ我國ニ於ケル一般ノ呼稱ニ從ヒ之ヲ五十音順ニ配列セリ

大正十二年十月

外務省歐米局

各國ノ政黨目次

第四編　英吉利國ノ政黨

第五編　埃及國ノ政黨

第十一編　瑞西國ノ政黨

第十二編　瑞典國ノ政黨

第十四編　「チェコ、スロヴァキア」國ノ政黨

第十五編　智利國ノ政黨

第十七編　獨逸國ノ政黨

第十八編　諾威國ノ政黨

第十九編　洪牙利國ノ政黨

第二十編　芬蘭國ノ政黨

第二十一編　佛蘭西國ノ政黨

第二十二編　伯刺西爾國ノ政黨

第二十四編　波蘭國ノ政黨

第二十五編　葡萄牙國ノ政黨

第二十六編　南阿弗利加聯邦ノ政黨

第二十七編　墨西哥國ノ政黨

第二十八編　露西亜國ノ政黨

第二十九編　羅馬尼亞國ノ政黨

各國ノ政黨目次終

第一編　亞米利加合衆國

（大正十一年八月調）

凡例

一、總論ハ數種ノ新著政黨本部員ノ談話及 Congressional Directory 等ヲ參考トセリ

二、政黨政綱ハ三大政黨 Campaign Text Book 共和民主各黨大會報告書及新聞等ニ依レリ

三、政黨ノ領袖及名士ノ略歷性格ハ一九二一年ノ Who's who in America, Congressional Directory, Mirrors of Washington, Washington Close-ups 三大政黨 Campaign Text Book 及職務上此方面ニ智識ヲ有スル者ノ談話等ヲ參考トセリ

四、新聞ハ主トシテ一九二一年ノ American Newspaper Annual and Directory ニ依レリ

各國ノ政黨

第一編　亞米利加合衆國ノ政黨

第一章　總論

第一節　政黨ト政府トノ關係

米國ハ其ノ特有ノ聯邦主義ニ基ク國體ト嚴格ナル三權分立主義ニ基ク政體トヲ有スル民主國ナルヲ以テ政府ト政黨トハ相離ル可カラサル關係ヲ有シ强固ナル政黨組織ナクンハ到底完全ニ政務ヲ遂行シ得サル狀態ニ在リ其ノ故如何ト云フニ(一)立法權ハ合衆國議會ト各州議會トニ分配セラレ居ルヲ以テ此ノ如キ兩種ノ議會ノ立法ヲ必要トスル政策ヲ實行セントセハ必スヤ合衆國及州ノ兩政府ニ於テ勢力ヲ占メサル可カラス(二)行政權ト立法權トノ嚴格ナル分立主義ニ基ク政府組織ハ政黨ニ依リテ此ノ間ノ聯絡ヲ保ツノ必要ヲ生セシム(三)多數官公吏ノ選擧制度ハ强大ナル政黨組織ノ必要ヲ大ナラシムルノミナラス其ノ發生ヲ容易ナラシムルヲ以テナリ

上述ノ理由ニ基キ米國ニ在リテハ中央ト地方トヲ問ハス政府ト政黨トノ關係密接且ツ微妙ニシテ

兩者ノ間ニ嚴格ナル境界ヲ劃シ得ス今之ヲ實際ノ組織ニ徵スルニ政黨ノ領袖ハ一般ニ現在政治上ノ地位ヲ有スル者若クハ嘗テ之ヲ有シ又ハ將來之ヲ得ント希望スル者ナリト云フヲ得ヘシ而シテ又之ヲ政務遂行ノ實際ニ就キテ考フルニ大統領ハ常ニ其ノ黨ノ幹部ト合議連絡ヲ行フヲ要シ斯ノ如クニシテ政黨ノ勢力ハ政府ノ全般ニ及フニ至ル例之法理上大統領ハ上院ノ advice 及ヒ consent ヲ以テ官吏ヲ任命スル制度ナルモ實際上大統領ハ任命ノ自由ヲ有セス其ノ屬スル政黨ノ領袖ト凝議ノ結果之ヲ行フヲ例トス又例之法理上大統領ハ上院ノ協贊ヲ以テ條約ヲ締結スル制度ナルモ實際上ハ上院ニ於ケル自黨ノ有力者ト協議シテ之ヲ決ス又例之法律ハ上下兩院ノ決議ニ依リ之ヲ制定スル制度ナルモ實際上ハ領袖ノ指揮ノ下ニ政黨之ヲ制定スルモノト云フヘキナリ

政黨ト政府トノ密接ナル關係カ最モ明瞭ニ認識セラルヽハ各種選擧ノ場合ナリトス今之ヲ中央政府ノ場合ニツキテ觀ルニ或ル學者カ「米國ニ在リテハ大統領及ヒ副大統領ノ候補者ヲ指名スル團體ハ卽チ政黨ナリ」ト云ヘル如ク大統領及副大統領ノ選擧ニ際シ政黨ノ活動最モ激烈ヲ極ムルハ勿論ナリ又合衆國兩院議員ノ選擧方法ハ合衆國憲法ヲ以テ之ヲ規定セリト雖モ其ノ候補者ノ指名ハ各政黨ノ主要ナル活動範圍ナリトス近時直接豫選ノ方法ヲ採用スル州多キヲ加ヘタルモ之亦各政黨內ニ於ケル選擧ナルヲ以テ結局實際上ハ政黨員タラスンハ候補者タルコトヲ得サル實況ニ在リ

從テ兩院議員カ政黨員タルハ勿論ニシテ今第六十七議會第二會期（一九二二年二月現在）ノ分野ヲ觀ルニ上院議員定員九六人中共和黨五九民主黨三六共和黨急進派一ニシテ下院議員定員四三五人中共和黨二九九民主黨一三一社會黨一缺員四ナリ

次ニ地方政府ハ如何ニト云フニ中央政府組織分子ニ比シ選擧ニ依リテ任命セラルヽモノ割合ニ多數ニシテ各州上下兩院議員ハ勿論州知事其他ノ官吏ヲ初メ各郡市ノ議員公吏ニ至ル迄或ハ選擧ニ依リ或ハ議會ノ選擧ヲ以テ任命セラレ特ニ西部諸州ノ如キハ直接立法又ハ recall ノ制度ヲ採用シテ立法又ハ官吏ノ革職ニ對スル政黨活動ノ一層明瞭ナルモノアリ

最近中央政府ハ勿論州政府ニ至ル迄官吏任用法ヲ制定シ試驗制度ヲ施行スルモノ多ク政黨勢力ノ濫用ヲ防止スルノ方針ヲ採リツヽアリト雖モ而モ此ノ制度タル中央官吏ノ上級者ニ及ハサルノミナラス市町村ノ下級公吏ニ至ル迄黨務ニ盡瘁シタルモノヲ任命スルノ風アルヲ免レス Tamany 派カ紐育市政ヲ左右シ進ンテ州政上ニ暴威ヲ振ヒタル當年ノ事態ヲ見レハ蓋思半ニ過クルモノアラン今某地ニ就テ之ヲ見レハ左表ノ如クニシテ政黨内ニ於テ各號ニ示ス地位ヲ有スル者ハ又夫々其ノ各號ニ該當スル公ノ職務ニ就ク例ナリトス

Party office	Public office
(I) Precinct or division workers	(I) Janitors, Watchmen, messengers;
(II) Precinct or division leaders	(II) Clerks, inspectors of street cleaning;
(III) District (or ward) workers and leaders	(III) Clerks, bureau chiefs and heads of departments;

政黨ノ機關ハ年ヲ逐フテ發達シ今日ニ至リテハ遂ニ法律上ノ政府ノ內外ニ渉リテ事實上ノ政府ナルカノ如キ觀アルニ至レリ久シキ間政黨ハ全然私的性質ヲ有スルモノト思考セラレ政府ノ之ニ干渉スルモノナカリシカ其ノ弊害甚シク遂ニハ動モスレハ國家ノ統一ヲ害ハントスル虞アルニ至リシヲ以テ法律ヲ以テ其ノ組織其ノ委員、直接豫選等ニ關スル規定ヲ設ケ政黨ノ活動ヲ規整スルノ政策ヲ採ルニ至レリ此ノ政策一度採用セラルヽヤ多數ノ州ニ於テ法律ヲ以テ政黨ヲ認メ政府組織中ノ正規ノ一部トナスニ至レルト同時ニ政黨財政ノ監督ヲ行フノ制度ヲ採用シ選擧運動費ノ公表、政黨資金ニ對スル團體寄附ノ禁止ヲ命スルノ法律ヲ設クルニ至レリ

第二節　政黨ノ沿革

政黨ハ政見ヲ同ジクスル者ノ組織スル團體ナルヲ以テ政黨發達ノ歷史ヲ研究スル者ハ重要ナル政

策問題ノ發生ヲ標準トシテ之ヲ觀察スルヲ要ス此ノ見解ニ基キテ米國政黨ノ發達ヲ觀察スレハ大別シテ三期トナスコトヲ得(一)建國當初ニ於ケル中央政府組織問題時代(二)內亂前ニ於ケル奴隸問題時代(三)內亂後ニ於ケル經濟問題時代卽チ之ナリ

獨立當初中央政府組織問題ノ論議セラレシ前後集權主義ト分權主義トノ爭ニ於テ Federalist ト Anti-Federalist トノ兩黨ヲ生シ後者ハ Democratic-Republicans 及 Republicans 時代ヲ經テ一八二八年現在ノ民主黨ヲ組織スルニ至リタルカ其後奴隸問題ノ高潮ニ達シタルトキ民主黨ノ奴隸政策ニ反對シテ起テル Anti-Nebraska Men ハ一八五六年遂ニ同志ヲ糾合シテ現在ノ共和黨ヲ組織スルニ至レリ次テ南北戰爭後共和黨ハ北方工業ヲ中心トシテ保護貿易、金本位制ヲ高唱シ民主黨ハ南方農業ヲ中心トシテ自由貿易、金銀兩本位制ヲ唱導シタルカ其ノ間經濟組織ノ變革ニ伴ヒ新利益階級ノ發生ヲ來シ之ニ基ク新政黨ノ出現ヲ見タリ其ノ內最モ有力ナルモノヲ社會黨トス

大勢ノ變化右ノ如クナルカ小政黨ノ興亡又一考ヲ要スルモノ少ナカラサルヲ以テ右ノ三期ニ就キテ稍詳說ヲ加ヘントス

(一) 政府組織ニ關スル政爭時代(建國當初ヨリ一八五六年共和黨成立迄)

建國當初已ニ Federalist 及 Anti-Federalist ノ二黨ヲ生シタルハ上述ノ如シ Federalist ハ Washington, Hamilton, John Adams ヲ領袖トシ强固ナル中央政府ノ建設ヲ唱ヘテ遂ニ合衆國憲法ノ制定、中央政府ノ組織ヲ成就シタルカ Anti-Federalist ハ之ニ對シテ Jefferson, Madison ヲ首領トシ各州固有ノ權利ヲ主張シテ强固ナル中央政府ノ組織ニ反對シタリ然ルニ後 Federalist ハ Alien and Sedition Acts 及 Adams 自身ノ不人氣ノ爲遂ニ衰運ニ傾キ一八〇一年ノ選擧ニ當リテハ Anti--Federalist (當時 Republican ト稱ス) ナル Jefferson ノ當選ヲ見タリ然トモ彼ノ有名ナル Louisiana Purchase ニ關スル法律ハ同黨本來ノ主張タル Strict Construction ノ主義ニ反スルコト甚タシク斯クテ兩黨ノ主張ハ漸次接近シ來リタルカ Federalist ハ一八一二年ノ戰爭ニ反對シタルカ爲益々衰運ニ向ヒ一八一六年ノ政戰以後遂ニ崩壞シタリ次ニ來ルヘキ Monroe 時代ハ實ニ米國史中政黨的鬪爭ナキ唯一ノ時代ナリトス

無政黨時代ヲ過キテ新政黨ノ發生ヲ見タリ之 National Republican ニシテ Henry Clay 之ヲ率ヒ强固ナル中央政府ト Loose Construction ノ主義ニ據リ保護政策及道路運河等ノ改良ヲ主唱シ之ニ對シテ Jackson ノ傘下ニ集リタル Jackson Men (彼等ハ Jefferson 時代ノ Republican ノ後繼者ニシテ爾來政黨組織ヲ繼續シ來レリ) ハ Strict Construction ノ主義ヲ唱ヘテ Republican ノ一般政策ニ反對シテ立チ遂ニ一八二八年ノ大統領選擧ニ際シテ Democratic Party ヲ組織シタリ今日ノ民

主黨卽チ之ナリ

其他一八二〇年代ニ於テ Free-Masonry カ政治ニ干渉スルコトニ反對シテ立テル Anti-Masonic Party 一八三〇年代ニ Abolitionists ノ組織セル Liberty Party 等アレトモ大ナル勢力ヲナスニ至ラス又 National-Republican ハ漸次 Whig ト呼ハル丶ニ至リシモ一八五六年遂ニ其後ヲ絶テリ米墨戰爭以後 Free-Soilers（一八四八年）ト稱スル團體生シ Democrats, Whig, Abolitionists 中ノ同志ヲ糾合シテ立チ新領土ニ奴隷制度ヲ許スコトニ反對セリ次テ一八五〇年ノ妥協以後 American Party（一八五二年）生レテ外國人ノ歸化ヲ容易ナラシムルコトニ反對シ米國產ノ米國人ヲ役人ニ選擧センコトヲ主張シ後 Constitutional Union Party ト稱シタルカ幾何モナク滅亡シタリ

（二）　奴隷問題ニ關スル政爭時代（共和黨成立ヨリ一八六五年內亂終止 Lincoln 暗殺迄）

一八五四年ノ Kansas-Nebraska 法ニ反對シテ立テル Anti-Nebraska Men ハ北部 Democrats, Whig, Free Soilers 及 Liberty party ヲ糾合シテ一八五六年今日ノ共和黨ヲ組織シタリ同黨ハ初メ Seward, Greeley, Sumner ヲ領袖トシ後 Lincoln ヲ黨首トシテ聯邦政府ハ各 Territory 內ニ於ケル奴隷制度ヲ Control スル權限アリト論シテ奴隷廢止ヲ呼號シタルカ保護貿易、內政改革、通貨政策等亦其ノ政綱中ニ在リ

之ニ反シテ民主黨ハ奴隷問題ニ關シ從來極メテ明快ナル政見ヲ所持シ中央政府ハ各州内政ニ干渉スルノ權限ナキ旨ヲ主張セリ

斯クテ遂ニ南北戰爭ノ勃發ヲ見タルカ内亂終止ト共ニ强固ナル中央政府確立シ一八六五年第十三修正憲法ノ制定ト共ニ奴隷制度ノ全廢ヲ來タシ本問題ニ關シテ民主黨ハ全然共和黨ノ主張ニ屈スルニ至レリ

内亂終止後 Reconstruction 問題ノ論議ト共ニ米國政黨史ハ其ノ第三期ニ入レリ

(三) 經濟問題ニ關スル政爭時代(内亂終止後今日ニ至ル迄)

内亂終止後一八六八年ノ政戰ニ至ル迄所謂 Reconstruction 問題政論ノ中心タリシカ共和黨ハ議會ノ採用セル政策ニ贊成シ民主黨ハ全然之ニ反對シテ相爭ヒ終ニ共和黨ノ勝利ニ歸シタリ此ノ時ニ當リ内亂中高率關稅ノ下ニ繁榮シタル工業者ハ鐵道其他新事業ノ進展ヲ計ラントスル資本家ト共ニ共和黨ヲ支持シテ活躍シタルヲ以テ共和黨ハ内亂前ノ民主黨ト全然其ノ地位ヲ換フルニ至レリ

然レトモ共和黨ノ鐵道政策及ヒ保護政策ハ漸次國民ノ反感ヲ招キ一八八四年ノ大統領選擧ハ民主黨タル Clearveland ノ當選ヲ見ルニ至レリ

内亂後一般産業界ノ革命ト共ニ一方私有財産ノ集中他方勞働階級ノ出現ヲ來タシタルカ之ニ伴ヒ

テ成立シタル少數黨ヲ概說スレハ左ノ如シ

一八七二年共和黨ヨリ分離シテ大赦ト文官制度ノ改善トヲ高唱シタル Liberal Republican アルモ幾許モナク衰滅シ一八七六年 Independent National (Greenback Party) ハ正金償還ニ反對シテ組織セラレタルモ一八八〇年 Greenback Labor National ニ合併セリ其ノ他禁酒黨ハ一八七二年其ノ第一回大會ヲ開キ禁酒主義ニ加ヘテ諸種ノ經濟改革ヲ唱ヘ先キニ Farmer's Alliance トシテ成立シ後改稱シタル People's party (Populists) ハ一八九二年ニ至リ百萬以上ニ達シタルモ後民主黨ニ併合セリ社會勞働黨ハ一八九二年其ノ第一回大會ヲ開キ社會主義的主張ニ加フルニ大統領副大統領及合衆國上院ノ廢止ヲ唱ヘタルカ今日ニ至リテハ殆ント其ノ存在ヲ失ハントシツヽアリ又一八九七年ニ組織セラレタル社會黨ハ一九〇〇年以後少數黨中ノ最多數黨トナリ同年第一回大會ヲ開キタリ尙一九一二年共和黨中 Roosevelt 派ハ Roosevelt ノ大統領候補者ニ指名セラレサリシニ憤慨シテ別ニ共和黨急進派ヲ組織シ一般改革ヲ主張セリ

是ヨリ先一八九六年貨幣制度問題ノ論爭其ノ極ニ達シタルトキ新時代ノ色彩ハ一層明瞭トナレリ民主黨ハ負債ニ苦メル農民ヲ基礎トシ小商工業者乃至勞働階級等財閥及企業團體ニ反對スル利益階級ヲ背景トシテ Bryan 其ノ陣頭ニ立チ金單本位制ニ反對シテ銀貨ノ自由鑄造ヲ唱ヘ共和黨ハ

國際協調ニ依ルニ非レハ之ヲ許スヘカラサルコトヲ主張セルカ遂ニ共和黨ノ勝利ニ歸セリ

次テ一九一二年ノ選擧ニ當リテハ産業革命ヨリ發生セル經濟問題著シク政界ノ注目ヲ惹クニ至レリ共和黨ハ大企業ノ制限ニ反對シ民主黨ハ Trust ノ分割ヲ主張シ共和黨急進派ハ大企業ノ必要且ツ避ク可カラサルヲ認メテ其ノ弊害除去ヲ主張シ社會黨ハ大企業ハ避ク可カラサルモノニシテ而カモ其ノ弊害ハ企業ヲ公有トナスニ非レハ徹底的ニ之ヲ除去シ得ストナシ企業ノ公有ヲ主張セリ之ニ加フルニ勞働問題カ共和黨急進派及ヒ社會黨ノ好題目タリシハ勿論ニシテ卽チ最低賃銀法ノ制定、少年勞働ノ禁止、勞働保健法ノ制定等ヲ主張シタルカ前者ハ之ヲ以テ現社會制度ヲ維持スル方法ナリトナシ後者ハ勞働階級政府乘取ノ第一步トナセリ又共和黨ハ復雜多變ナル社會問題ノ研究解決ニ對シ國民ノ正當ナル要求ヲ滿足セシムル方法ヲ講スヘキヲ約シ民主黨ハ又勞働省ノ新設ヲ誓約シタリ斯クテ此ノ政戰ハ民主黨ノ勝利ニ歸セリ

一九一六年ノ大統領選擧ハ時恰カモ大戰中ナリシヲ以テ各黨ノ主張又自然時代ノ色彩ヲ帶ヒ來タリ米國ノ權利擁護、國家準備、墨國問題乃至ハ船舶營理ノ問題其ノ中心ヲ占メタリ此ノ時ニ當リ共和黨急進派ハ Roosevelt ヲ推擧シタルモ其ノ拒絕スルトコロトナリ後共和黨ヲ支持スルニ至レリ共和黨ハ嚴正中立米人權利ノ擁護ヲ主張シ民主黨政府ノ對墨對歐及對菲島政策乃至ハ立法政策

ヲ攻撃シタルカ民主黨ハ之ニ對シテ民主黨政府外交ノ成功ヲ擧ケテ Wilson 大統領ノ再選ヲ主張シタリ社會黨ハ歐洲戰爭ハ資本制度ノ自然ノ結果ノ一ナリト評シ禁酒黨ハ酒類ノ取引ヲ禁止スヘキコトヲ主張シタルカ遂ニ民主黨ノ勝利ニ歸シ Wilson ノ再選ヲ見タリ

一九二〇年ノ政戰ハ國際聯盟問題ヲ中心トシテ共和黨ノ勝利ニ歸シタリ尙新ニ當年ノ政戰ニ加ハリタル Farmer Labor Party（一名第三黨）ナルモノアリ之レ各州ニ於ケル過激分子、中西部ノ勞働者ヲ中心トスル Labor Party 及ヒ North Dakata ノ農民ヲ中心トスル Nonpartisan League ノ代表者カ同年七月市俄古ニ大會ヲ開キ資本階級ノ有スル經濟的特權ノ廢止ヲ標榜シテ組織シタルモノナリ然ルニ本年（一九二一年）七月紐育市ニ於ケル同黨員ハ Capitalistic Organization 反對ヲ綱領トシ新ニ同市社會黨職業組合ト結合シテ「勞働黨」ヲ組織シタルカ之元來 Farmers Labor Party ノ主張カ社會黨ト近似セルヲ以テ兩者ノ聯合近キニアラントセラレタル豫測ノ一部實現シタルモノトモ看ルヘク以テ同黨ノ將來ヲトスルニ足ランカ

一九二〇年ノ政戰ニ於ケル各黨ノ政綱ハ大體現在ニ於ケル各黨ノ主張ト目スヘキヲ以テ各論ニ於テ之ヲ詳述スヘシ今一九二〇年ニ於ケル各黨ノ得票ヲ表示スレハ左ノ如シ

THE 1920 PRESIDENTIAL VOTE BY STATES.

State	Harding Rep.	Cox Dem.	W[illegible]kins Proh.	Debs Soc.	Christensen F. L.
Alabama	74,690	163,254	757	2,369	
Arizona	37,016	29,546		125	
Arkansas	69,874	105,618		5,111	
California...........	624,992	229,191	25,085	64,076	
Colorado	173,248	104,936	2,807	8,046	3,016
Connecticut	229,238	120,721	1.771	10,335	1,947
Delaware	52,858	39,898	998	1,002	
Florida..............	44,853	90,515	6,266	5,189	
Georgia..............	41,089	107,162	8	465	
Idaho	88,327	46,576		38	
Illinois..............	1,420,480	534,395	11,216	74,747	49,630
Indiana..............	696,370	511,364	13,462	24,703	16,499
Iowa.................	634,674	227,921	4,197	16,981	10,321
Kansas	369,195	185,447	68	15,510	
Kentucky...........	452,480	456,497	3,325	6,409	

Louisiana...........	38,538	87,354			
Maine	136,355	58,961		2,214	
Maryland...........	236,117	180,626		8,876	1,645
Massachusetts	681,153	276,691		32,265	
Michigan	762,865	233,450	9,646	28,947	10,372
Minnesota...........	519,421	142,994	11,489	56,106	5,828
Mississippi	11,576	69,277		1,639	
Missouri	727,162	574,799	5,142	20,242	3,291
Montana	109,430	57,370			12,204
Nebraska	247,498	119,608	5,947	9,600	
Nevada	15,479	9,851		1,864	
N. Hampshire......	94,947	62,562		1,235	
N. Jersey...........	611,670	258,229	4,711	27,217	2,173
N. Mexico	57,442	46,590		2	1,097
New York	1,869,911	780,668	19,852	203,078	18,275
N. Carolina	232,847	305,447		446	
N. Dakota	160,072	37,422		8,283	
Ohio	1,182,022	780,037	274	57,147	

Oklahoma…………	243,415	215,521		25,638	
Oregon……………	143,592	80,019	3,595	9,801	1,515
Pennsylvania ……	1,218,215	503,202	42,612	70,021	15,642
R. Island…………	107,463	55,062	510	4,351	
S. Carolina ………	2,632	63,490		28	
S. Dakota ………	109,874	35,938	900		34,406
Tennessee…………	219,829	206,558		2.239	
Texas ……………	115,640	289,688		8,198	
Utah ……………	81,555	56,639		3,159	4,475
Vermont …………	68,212	20,919	774	25	
Virginia …………	87,458	141,670	826	807	240
Washington ………	223,137	84,298		8,913	77,246
W. Virginia ……	282,007	220,789	1,528	5,618	
Wisconsin…………	498,576	113,422	8,647	80,635	
Wyoming ………	35,091	17,429	265	1,234	2,180
Total………………	16,140,585	9,141,621	188,678	914,980	272,002

次ニ建國以來各政黨勢力ノ消長ヲ表示スレハ左ノ如シ

Washington—Adams, J.,	1789—1801	Feberalist.
Jefferson—Adams, J. Q.,	1801—1829	(Anti-Federalist Republican.)
Jackson—Van Buren,	1829—1841	Democratic
Harrison and Tyler,	1841—1845	Whig
Polk,	1845—1849	Democratic
Taylor,	1849—1853	Whig.
Pierce—Buchanan,	1853—1861	Demacratic
Lincoln—Garfield,	1861—1865	Republican
Cleveland,	1885—1889	Democratic
Harrison, Benjamin,	1889—1893	Republican
Cleveland,	1893—1897	Democratic
McKinley—Taft,	1897—1913	Republican
Wilson,	1913—1921	Demcoratic
Harding,	1921	Republican

現在二大政黨ノ源ヲ探求スレハ共ニ建國當初ノ政爭ニ其ノ芽ヲ發シ曲折シテ今日ニ至レルモノナルコト上述ノ如シ民主黨ハ Anti-Federalist ノ正統ヲ享ケ Jefferson 以來ノ政黨組織ヲ持續シテ今日ニ至リ其ノ政綱モ亦各州分權 Strict Construction ノ主義ヲ採リ各州權力ヲ尊重スルノ結果聯邦

憲法ヲ以テ奴隷制度ヲ制限セントスルニ反對シタルカ又主トシテ南方農業地ヲ根據トスル結果自由貿易政策ヲ主張シ來レリ

共和黨ハ其ノ政黨組織コソ新タナレト政綱ノ系統ヲ尋ヌレハ Federalist ニ溯ルコトヲ得ヘク中央集權 Loose Construction ノ主義ニ據リ憲法ハ其ノ章句ノ末ニ走ラスシテ其ノ精神ニ從テ解釋スヘキモノナリトナス結果聯邦ノ權力ヲ以テ各州內ノ制度ニ干涉スルヲ得ヘシト論シ奴隷制度ノ廢止ヲ主張シタルカ又東北方工業地ヲ根據トスル結果保護貿易政策ヲ採リ今日ニ至レリ

南北戰爭以後經濟狀態ノ變革ニ伴ヒ新社會階級ヲ生シ之ニ伴フ社會黨ノ成立ヲ見タルカ社會主義ニ基ク政綱ヲ採用セルコト勿論ナリトス

第三節　政黨ノ組織及活動

米國ノ政黨ハ米國政治ノ運用上缺ク可カラサル制度ナルコト前述ノ如シ然トモ建國以來之ヲ自然ノ發達ニ任セ其ノ組織及運動ヲ規整スル立法上ノ制限ナク從テ其ノ間種々ノ弊害ヲ發生スルニ至リシカ爲近時漸ク各州法ヲ以テ其ノ組織及活動ヲ統制セントスル傾向ヲ生セルコト亦已ニ之ヲ述ヘタリ唯固ヨリ各州各自ノ立法ヲ以テ之ヲ行フカ故ニ州ニ依リテ其ノ規定ヲ異ニスルハ免レサル

トコロナリ今二大政黨ニ就キ其ノ大體ニ於テ共通ナル諸點ヲ述フレハ左ノ如シ
米國政黨ノ發達カ其ノ特有ノ國家組織ニ由來セルカ如ク其ノ組織モ亦米國特有ノ政治組織ニ基クモノト云フヘシ
米國政黨ノ組織ハ之ヲ常設組織ト臨時組織トノ二大系統ニ分ツコトヲ得ヘク此ノ兩系統ハ互ニ密接ナル關係ヲ有ス前者ハ政黨ノ常務ヲ處理シ後者ハ大體政綱ノ決定、委員ノ任命及政黨候補者ノ指名ヲ行フヲ以テ職司トス
常設機關ハ委員組織ニシテ委員長書記會計等ノ職員ヲ有シ一般的ト特殊的トノ二者ニ分レ兩者ハ又互ニ相關聯シテ黨務ノ執行ニ協力ス
一般的常設機關トシテハ全國ニ涉ル黨務即主トシテ大統領選擧ニ關スル黨務ヲ司ルカ故ニ全國委員ヲ設ケ各州全般ニ涉ル黨務ヲ行フ爲ニ州委員ヲ置ク州內各郡市ニ郡市委員ヲ置キ市內ノ區(Ward)ニハ區委員郡內ノ町(Town 又ハ Township)ニハ町委員ヲ置ク而シテ各區町ヲ district ニ分チテ各 district ニ district 委員ヲ置キ其ノ下ノ數人ノ助手(Worker)ヲ率キテ管內各投票區又ハ precinct ノ事務ヲ統轄セシム全國委員ハ州委員ト共同シテ黨務ヲ行フモ州委員ニ命令スル權能ナク之ニ反シテ州委員ハ各州內ノ各委員ヲ指揮監督ス

全國委員ハ全國大會ニ於テ各州及 territory ノ代表者ニ依リ選出セラレタル各州及 Territory 各一人ツツノ代表者ヲ以テ之ヲ組織シ州委員ハ各郡一人ツツノ割合ヲ以テ郡委員ニ依リ選擧セラレタルモノヲ以テ之ヲ組織ス郡市委員ハ各區委員又ハ黨員ノ直接選擧ニ依リ選擧セラレタルモノヲ以テ之ヲ組織ス區町委員ハ黨員ノ直接選擧ニ依リ選擧セラレタルモノヲ以テ之ヲ組織ス District 委員ハ各 District ニ於テ直接選擧ニ依リテ選擧セラルルモノトス

今各委員共通ノ常務ト目スヘキモノヲ擧クレハ選擧費ノ調達、集會ノ招集、宣傳運動、機關新聞ノ管理等之ニシテ全國委員ノ職務ハ左ノ如シ

一、全國委員ハ全國大會ヲ開クヘキ時ト場所トヲ決定シテ之ヲ招集ス

二、全國大會ノ議席ニ關スル爭議ニ就キ第一次ノ決定ヲナス

三、全國大會ノ假議長ヲ選任ス

四、大統領選擧ノ年ニ當ラサル三年間ヲ通シテ各州內ノ政況ヲ監視ス

五、選擧運動ニ對スル資金ノ調達並ニ其ノ配給ヲ行フ

六、全國委員長ハ演說者ヲ指揮監督ス

七、大統領選擧運動者ノ爲 Campaign text-book ヲ調製ス

八、自黨候補者中ニ缺員ヲ生シタル場合ニ於テ大會招集ノ暇ナキトキハ其ノ補充ヲ行フ

州委員以下ノ各地方委員ハ夫々州、郡、市、區、町ニ於ケル官公吏、議員ノ選擧ニ執掌スル等各其ノ地方ニ涉ル黨務ヲ處理ス又州委員ハ特ニ中央ト地方トノ聯絡ノ衝ニ當ル重要ナル職務ヲ有ス

州委員ノ職務左ノ如シ

一、州政ニ關スル政綱ノ起草

二、選擧間際ニ起レル自黨候補者缺員ノ補充

三、全國委員及各種下級團體委員ト通信連絡ヲ行フコト從テ州委員ハ事實上地方委員ノ委員長ヲ公認スル權能ヲ有ス

四、通常全國大會ニ派遣スヘキ Delegates-at-large ノ名簿ヲ作製シ且合衆國下院議員選擧區ヨリ選出スヘキ代表者ノ選擇ニ就キ該選擧區ニ於ケル自黨領袖ニ對シテ助言ス

五、大統領選擧及合衆國兩院議員選擧ニ際シ全國政綱ヲ支持ス

六、州選擧運動費ノ調達配給ヲ行フ

特殊的常設機關ハ上院議員選擧委員及下院議員選擧委員ニシテ夫々各黨ノ合衆國上院議員及合衆國下院議員中ヨリ選擧セラレタル者ヲ以テ成立シ夫々合衆國上院議員又ハ合衆國下院議員ノ選擧

ニ關スル事務ヲ執行シ且大統領選擧運動ニ協力ス

右常設機關ト相並ヒテ臨時ニ會合スル機關アルコト前述ノ如ク之ニ全國大會アリ又從來州大會及郡市其他下級團體ニ相當スル各地方大會アリ夫々州郡市官公吏候補者ノ指名ヲ行ヒ來リタルモ今日ニ於テハ法律ニ依リ之ヲ廢止シタル州多キニ至リ其ノ傾向益々甚シカラントス又例之紐育ノ如ク州大會ハ之ヲ在置スルモ政綱決定ノ職能ヲ有セシムルニ止マリ知事候補者ノ指名ハ別ニ直接豫選ノ方法ニ依リ之ヲ行フモノトナセルモノアリ

上述ノ如ク州法ニ依リ州大會以下ノ廢止セラルルモノ多キヲ加ヘタル今日全國大會ハ依然大統領選擧ニ當リテ重要ナル地位ヲ占ムルヲ以テ今左ニ其ノ組織及職能ヲ述ヘントス

各黨全國大會ハ各州及各 Territory ヨリ選出セラレタル代表者ヲ以テ之ヲ組織ス而シテ右代表者中合衆國上院ニ於テ各州ヲ代表スル上院議員ニ相當スル各州四人ノ代表者ハ之ヲ Delegates-at-large ト呼ヒ其他ノ代表者ハ之ヲ District Delegates ト稱ス各州及各 Territory ヨリ選出スル代表者ノ數及其ノ選出方法ハ黨ニヨリ同一ナラス民主黨ニ在リテハ各州代表者ノ數ヲ夫々各州選出合衆國上下兩院議員ノ數ノ二倍トシ州全體ヨリ之ヲ選出ス又各 Territory 代表者ノ數ハ各々之ヲ六人トス共和黨ニ在リテハ各州共州全體ヨリ四人ノ代表者及各合衆國下院議員選擧區ヨリ一人ノ代表者ヲ

出スモノトシ各選擧區ニ於テ共和黨ノ得票七五〇〇以上アルトキハ各區更ニ一人ヲ加フルモノトセリ又 Territory 代表者ノ數ハ各二人トス

以上州代表者中州全體ヨリ選出スル代表者ハ州大會ニ於テ之ヲ選出シ合衆國下院議員選擧區ヨリ選出スル代表者ハ其ノ區ノ大會ニ於テ之ヲ選出スル主義ヲ採レルモ直接選擧ニ依リテ指名ヲ行フヘキ州法アル場合ハ其ノ規定スル處ニ據ルモノトス又 Territory ニ就キテハ兩黨共之ヲ大會トスルヤ直接選擧トスルヤハ各 Territory 其ノ選フトコロニ從フコトヲ得ル制度ナルモ現在ニ於テハ實際上各 Territory 共大會ニ於テ選出スルノ方法ヲ採用ス直接選擧ノ方法ハ州ニ依リテ一定セサルモ原則トシテ一般ノ選擧ニ關スル諸規則ヲ準用ス

全國大會ハ通常大統領選擧ノ年六、七月ノ頃之ヲ開キ其ノ主タル職務ハ政綱ノ作成、大統領及副大統領候補者ノ指名及全國委員ノ選任之ナリ

政黨活動ノ第一ハ卽チ各種選擧ニ在リ米國ニ於テハ合衆國乃至各州ノ選擧ハ二段ノ手續ヲ以テ之ヲ行ヒ一ハ卽チ自黨各候補者ノ競爭ニシテ他ハ卽チ各黨間ノ競爭ナリトス第一次ハ卽チ指名(Nomination)ニシテ大統領及副大統領候補者ノ指名ハ各黨全國大會ニ於テ之ヲ行ヒ民主黨ニ在リテハ三分ノ二以上ノ得票アル者共和黨ニ在リテハ過半數ノ得票アル者ヲ以テ其ノ黨ノ候補者ト

ス

大統領及副大統領ノ選擧ハ複選擧法ニ依ルヲ以テ先ツ大統領選擧人ノ選擧ヲ行フヲ要ス大統領選擧人ノ選擧モ亦上述ノ如キ二重ノ手續ヲ以テ之ヲ行ヒ各黨候補者ノ指名ハ州法ノ規定ニ從ヒ州大會又ハ直接選擧ニ依リテ之ヲ行フ次ニ各州ハ各州法ノ定ムルトコロニ從ヒ其ノ選出スヘキ合衆國上下兩院議員ノ數ニ等シキ大統領選擧人ヲ任命スヘキ旨合衆國憲法ノ規定スルトコロナルカ各州ニ於テ現在行ハレツツアルハ直接選擧ニシテ各政黨ヨリ提出セル候補者中ヨリ一般選擧人ノ投票ヲ以テ選擧セラレタル者ヲ任命スルノ方法ナリトス斯クテ一方各政黨ノ大統領及副大統領候補者ノ決定ヲ見、大統領選擧人ノ任命ヲ見タル以上ハ憲法ノ命スル正規ノ手續ニ依リ投票ヲ以テ大統領及副大統領ノ選擧ヲ行フモノトス

合衆國上下兩院議員ノ選擧ニ當リテモ亦二重ノ手續ヲ採ルモノニシテ候補者指名ノ方法トシテハ州大會ニ於テ指名スル場合ト州内各黨直接豫選ノ方法ニ依リテ指名スル場合トアルモ後者ノ方法ヲ採用スル州ノ多キヲ加ヘツツアルハ已述ノ如シ

最後ニ一言スヘキハ政黨ノ資金ナリ政黨カ上述ノ如キ活動ヲ行フ爲常ニ巨額ノ資金ヲ要スルハ論ヲ俟タス試ミニ一九二〇年ノ政戰ニ於テ二大政黨ノ支出シタル金額ヲ擧クレハ共和黨約四百八十

萬弗、民主黨約百五十萬弗ノ多キニ昇レリ斯ノ如キ多額ノ資金ハ固ヨリ借入ノ方法ニ依ル場合モアルヘシト雖モ通常其ノ財源トスルトコロハ從來大要左ノ三種ニ歸セリ

一、公職ニ在ル者ニ對スル賦課金

二、主ナル利害關係者及候補者ノ任意寄附金

三、特別恩惠ヲ要求スル團體ヨリノ醵金

而シテ共和黨急進派及社會黨ニ在リテハ各其黨員ヲシテ小額ノ出資ヲナサシム上掲諸項中第三ニ屬スルモノハ其ノ弊害ノ甚シキニ顧ミ之ヲ阻止スル法律ヲ制定シタル諸州多キニ至レルコト第一章ニ於テ已ニ之ヲ述ヘタリ

第二章　共和黨

第一節　共和黨政綱（一九二〇年六月市俄古共和黨全國大會ニ於テ宣言）

共和黨ハ一九二〇年ノ政戰ニ於テ民主黨八年ノ天下ヲ覆シ政權ヲ自黨ニ握ラスンハ已マサルノ決心ヲ以テ諸般ノ策戰ヲナセリ從テ其標榜セル政綱ハ民主黨ノ城壘ニ肉迫スルコト國際聯盟ノ攻擊及民主黨政府ノ戰時施設ノ缺點指摘ヲ以テ其色彩トセルヲ見ル政綱ノ冒頭ニ於テナセル宣言ノ要旨ニ云ク「共和黨ハ飽迄米國憲法ヲ擁護シ其規定スル各種ノ自由ヲ尊重シ國憲及國家ノ理想ヲ危クスルカ如キ企ハ國際的ニ來ルト國內的ニ來ルトヲ問ハス之ヲ排除ス過去七年ニ亙ル民主黨政府ノ政治ハ平戰何レニ對シテモ不用意ヲ以テ特色トシ其結果ハ戰時ニ於テハ我軍隊ニ必要以上ノ死傷ヲ生セシメ巨額ノ國帑ヲ亂費シ其影響ハ今日重稅及物價騰貴トナリ休戰以來十八ケ月ヲ閱スルモ尚國政ヲ平時狀態ニ歸復セシメ得サルノ實情ナリ云々」ト、政綱ノ要目左ノ如シ

一、合憲的政府ノ復活

共和黨ハ民主黨ノ專制行政ヲ廢止シ合憲的行政ヲ復活セシメントス以下聲明スル所ノ政策ハ中央地方ノ各政府ニヨリテ之カ實踐ヲ期ス

二、國際關係

現行政部外交方針ノ無爲無策ナルヤ大戰ニ於テ未曾有ノ犧牲ヲ供シナカラ米國ハ其行動ノ動機ヲ疑ハレ其德義的威信ヲ失墜シ國際間ニ友邦ナキニ至レリ此事態ニ鑑ミ共和黨ハ米國及米國市民ノ權利ノ確保ト諸外國ノ權利ノ尊重トヲ宗トシ確固タル主義ノ上ニ立脚セル外交方針ヲ定ム

(A)墨國問題——墨國問題ニ關スル現行政部ノ無能ハ墨國内ニ於テ米國市民ノ生命財産ニ來セル大損失ヲ始メ種々ナル不祥事ノ發生ヲ見ナカラ無用ノ抗議ニ言辭ヲ費シ墨國官民ノ侮蔑ヲ招ケリ共和黨ハ墨國ニ如何ナル政府ノ樹立ヲ見ルモ米國市民ノ生命財産ニ對スル保護尊重及不法行爲ニ對スル迅速ナル是正補償等ニ付充分責任ヲ盡シ得ルモノニアラサル限リ之ヲ承認セス但共和黨ハ墨國市民ニ對シテハ其ノ友人ヲ以テ任ス

(B)委任統治——共和黨ハ共和黨上院カ「ウキルソン」大統領ニ對シ「アルメニア」委任統治引受ニ關スル授權ヲ拒否シタルコトヲ是認ス蓋如此委任統治ノ引受ハ歐洲ノ紛爭ニ米國ヲ捲キ込ムノ結果ヲ生スヘク又委任統治ノ維持ニハ年々數億弗ノ國帑ヲ費ササルヘカラス共和黨ハ現在及將來共歐亞ノ何レニ於テモ米國カ委任統治ノ引受ヲナスコトニ反對ス

(C)國際聯盟——共和黨ハ世界平和ノ維持ヲ目的トスル國際聯合（Association of Nations）ノ組織

ニ贊成ス如此國際聯合ハ國際正義ニ立脚シ法律ヲ發達セシメ公平ナル國際裁判所ノ裁決ヲ尊重シ以テ國際公正ノ原則ヲ維持シ平和危機ニ瀕スルトキハ隨時國際會議ヲ開催シ戰爭防止ニ其力ヲ用ユヘシ總テ如此ハ米國々民ノ正邪判斷ノ自由ヲ豫メ拘束シ或ハ米國國民ニハ了解シ得サル國際紛爭ニ卷キ込マルルコトナクシテ達成シ得ヘシ國際聯盟ハ獨立國ニ取リ忍フヘカラサルノミナラス必スヤ國際間ニ敵對紛爭ヲ馴致スヘキ規定ヲ有シ又米國ノ關スル限リ「ワシントン」、「ジエフアソン」、「モンロー」等カ宣言シ米國政府カ套襲シ來レル國是ヲ破ルモノナリ來ルヘキ共和黨政府ハ米國ノ國民的理想ニ合シ國民ノ正義判斷權ヲ損スルコトナク而モ文明及人道ニ對スル米國ノ義務ヲ盡シ得ル如キ方法ヲ以テ諸外國トノ協定ヲナスコトヲ約ス

三、議會及改革

共和黨議會ハ大統領ノ專制及民主黨議員ノ黨派的反對アリタルニ拘ハラス建設的立法計劃ヲ遂行セリ卽チ繁累ナル戰時諸法令ノ大部分ヲ廢止シ現政府管理ノ下ニ運用宜シキヲ得サル鐵道制度ヲ復舊セシムヘキ運輸法ヲ制定シ船舶管理局ノ亂費ヲ終止セシムルト同時ニ大商船隊建設ノ基礎ヲ定メ電信電話ヲ民業ニ復シ郵税ヲ低クシ休職官吏ノ年金ヲ制定シ陸軍ヲ平時編制ニ復シ精銳ナル海軍ノ維持ヲ制定シ勞働省内ニ婦人局ヲ設置シ婦人參政權ニ關シ憲法修正ヲ行ヘリ尙食糧管理法

ニ於テ政府ノ權限ヲ擴張シ戰爭保險法ノ範圍ヲ擴大シ南北戰爭從軍者及大戰出征負傷者ノ優待ヲ立法セル外休戰以來政府ノ經費豫算ニ於テ三億弗ヲ節減セルハ總テ共和黨議會ノ力ナリ其他共和黨議會ハ行政部豫算法ヲ制定シ又議會規則ヲ改訂セリ

四、農　業

農ハ國家ノ大本ナリ而シテ現在農家ノ難問題ハ物價、勞力及信用ノ三方面ニ存スルニ鑑ミ共和黨ハ政府ノ公職ニ適當ニ農業代表者ヲ配置シ農產物販賣組合ヲ組織スルノ權利ヲ認メ內外ニ於ケル農產物ノ市價並ニ生產費ニ關スル科學的研究ニヨリ價格ノ急激ナル波動ヲ防止シ對人信用ノ擴張、各種運搬機關ノ運用ノ圓滑、輸出ノ奬勵、農產物價格ノ人爲的設定ノ廢止及肥料ノ製造乃至輸入奬勵ヲ行ヒ以テ農家ノ難局ニ應センコトヲ期ス尙農業貸付法ノ運用ハ耕地ノ所有ヲ容易ナラシメ長期ノ貸付ヲ得セシムルコトヲ主眼トセサルヘカラス

五、工業關係

共和黨ハ勞資間ノ圓滿ナル關係ヲ增進スル方法トシテ勞資共同生產ヲ是認ス勞働爭議解決方法トシテノ同盟罷業ハ社會ニ對シ大ナル損失ヲ來スモノナルヲ以テ政府ハ之ニ干涉ノ權利ナカルヘカラス尙共和黨ハ對政府的同盟罷業ヲ是認セス又公益的事業ニ關スル爭議ニ付テハ事實ヲ審査シ公

平ナル判決ヲナスヘキ仲裁機關ノ設置ニ贊同ス但通常ノ事業ニ付テハ强制主義ニヨラス其自發的解決ニ贊成ス

六、國費節約

共和黨議會ハ行政部提出ノ豫算ニ於テ約三億弗ヲ節減セリ中央政府諸機關ノ經費ハ機關ノ能率ヲ害スルコトナクシテ年々數億弗ヲ節約シ得ヘシ共和黨ハ平時狀態ヲ基礎トセル改造計劃、節約政策、各省ノ共調、冗員冗官ノ淘汰及個人能率ノ向上ヲ政綱トス

七、行政部豫算

共和黨ハ議會カ國政ノ健全ナル運用方法トシテ行政部豫算法ヲ制定シタルコトヲ賞揚スルト同時ニ大統領カ之ヲ拒否シタルコトヲ遺憾トス

八、中央各省及各局ノ改造

共和黨ハ中央各省各局ノ現狀ヲ精細ニ調査シ以テ統一ノ完成、權限分配ノ妙ヲ期シ重複繁雜及遷延ノ弊ヲ除キ時務ニ適シタル行政組織ヲ達成セントス

九、大統領ノ戰時權限

大統領カ戰時權限ヲ固執シ建設的立法ヲ拒否スルハ共和黨ノ忍フ能ハサル所ナリ

一〇、租　税

米國市民ノ現ニ負擔スル租税ハ苛税ナリ來ルヘキ共和黨政府ハ複税法ニ代フルニ單税法ヲ以テシ減税ノ迅速遂行ヲ期ス

一一、金融及通貨

戰時中ノ財政ハ銀行ヨリノ短期證劵ヲ以テスル借入、人爲的利率ヲ以テセル公債ノ發行等ニヨリ膨脹政策ヲ事トセリ其結果ハ戰費ノ膨脹、公債買入者ノ損失ヲ來シ又戰後ノ投機流行ニ續イテ正當事業ノ擴張ニ對スル信用制限ヲ來セリ共和黨ハ銀行カ基本的産業ニ對シ優先的信用ヲ與フヘキコトヲ主張シ尚中央準備銀行制度ハ政治的勢力以外ニ置カサルヘカラストナスモノナリ

一二、物　價

現在ノ物價騰貴ハ通貨及信用貸ノ大膨脹ニヨリ弗ノ購買力減少シタルコトヲ最大原因トシ生産額ノ減少、重税、暴利、不健全ナル購買力ヨリ生スル需用ノ增加等之カ副因ヲ爲ス之總テ民主黨政府ノ政策カ玆ニ至ラシメタルモノナリ共和黨ハ政府借入ノ中止、信用及通貨ノ縮少其他總ヘテノ方法ニヨリ物價騰貴ヲ打破スルヲ以テ政綱トス

一三、暴利取締

共和黨ハ民主黨政府カ暴利取締法ノ公平ナル施行ヲナサザリシヲ遺憾トス

一四、鐵　道

共和黨ハ鐵道ノ國有及國營ニ反對ナリ過去二年ノ經驗等ニ徵シ民有及民營ノ優レルヲ見ル一九二〇年制定ノ運搬法ヲ是認ス

一五、水　運

共和黨ハ國內通商上水運ノ奬勵發達ヲ政策トス

一六、商工業法

共和黨ハ獨占及職業制限組合ヲ禁スル現存ノ中央法ヲ是認シ之カ勵行ヲ期ス又修好各國トノ通商ノ迅速復活ヲ約ス

一七、外國貿易及稅率

世界經濟狀態ハ今日ヲ以テ明日ヲ計リ難キ有樣ナルカ爲メ共和黨ハ遽カニ貿易政策ヲ定ムルヲ得ス但保護關稅政策ニ對スル黨ノ確信ヲ再ヒ茲ニ聲明シ成ルヘク速カニ稅率ノ改訂ヲ行ヒ以テ米國勞農工ノ爲メ國內市場ヲ維持セントス

一八、商　船

國防及貿易上最新式商船ノ必要甚大ナリ共和黨ハ之ニ關シ自黨議會ノナシタル立法ヲ裏書シ又米國商船ノ「パナマ」運河無料通航ニ贊成ス

一九、移民

生活標準及市民資格ノ二者ハ國家ニ取リテ最モ重要ニシテ其維持向上ハ政府ノ第一義務ナリ在米外國人ノ數ハ其同化力ヲ限度トセサルヘカラス又米國市民ト同様ノ文明標準ヲ有スル移民ヲ歡迎スヘシ尚移民ニ對スル政府ノ監督ヲ便ニスル爲外國人ヲシテ歸化スル迄年々登錄ヲ行ハシムヘシ亞細亞移民ヲ排斥スル現政策ハ健全ナルヲ以テ之ヲ維持セサルヘカラス

二〇、歸化

歸化法ノ改正ハ一大急務ナリ歸化ハ眞ニ米化シタルモノニアラサレハ之ヲ許與スヘカラス又歸化資格ノ有無ヲ決定スル爲適當ナル試驗方法ヲ制定セサルヘカラス共和黨ハ既婚婦人ノ獨立歸化、外國人ノ妻トナリタル米國婦人ノ米國々籍保持ヲ主張ス

二一、言論ノ自由及外國人ノ運動

米國市民ハ言論出版集會ノ自由ヲ享有セサルヘカラス然レトモ法律ノ違反又ハ政府ノ顚覆ヲ主張宣傳スルヲ許サス殊ニ在米外國人ハ米國政府又ハ米國諸制度ノ顚覆ヲ宣傳スルノ自由ヲ有セス米

國ノ平和生存ニ對シ脅威トナル外國人ハ追放セサルヘカラス

二二、私　刑

共和黨ハ米國文明ノ汚點タル私刑ヲ終止セシムル爲メ有效ナル手段ヲ講スヘキコトヲ議會ニ注意ス

二三、公　道

輸送費ノ減少、貨物ノ集散、郵便ノ配達ニ便シ國防ノ要求ニ應スル爲メ共和黨ハ公道修築ニ對シ充分ナル豫算ヲ與フルコトニ贊成ス

二四、資源ノ保存

Reclamation Act ノ制定以來資源保存ハ共和黨ノ政策ナリ殊ニ森林保存及森林政策ノ確立ニ關シテハ共和黨ノ活動多キニ居ル米國ノ物資保存問題中最モ急務ナルハ森林問題ナリ

二五、開　發

共和黨ハ大規模ニシテ確乎タル開發政策ヲ立テ國富國產ノ增進ヲ計ラントス

二六、陸海軍

共和黨ハ適當ナル陸海軍ノ編成ヲ維持シ以テ國安及國威ヲ保タンコトヲ期ス

二七、出征軍人

國家ノ爲メニ戰ヒタル者殊ニ負傷者及家族ノ待遇ニ關スル寛大ナル立法ハ從來共和黨ノ顯著ナル政策ナリ

二八、文官

共和黨ハ文官勤務令ノ完全及其誠實ナル勵行ヲ期ス

二九、郵政

共和黨ハ郵便服務者ノ優待ヲ立法シ郵便事務ノ進步ヲ期ス

三〇、婦人參政

共和黨ハ政務及自黨ノ活動ニ對シ婦人ノ充分ナル參加ヲ歡迎ス

三一、社會狀態ノ向上

共和黨ハ輓近ノ思想ニ適合セル中央地方ノ立法ニヨリ諸種ノ社會問題ノ解決ヲ期ス

三二、敎育及衛生

共和黨ハ職業敎育及農事敎育上中央ハ地方ニ援助ヲ與ヘサルヘカラストノ說ヲ是認シ又中央政府ノ有スル公衆衛生ニ關スル權限ノ統一及中央地方ノ衛生官憲ノ協調ヲ主張ス

三三、少年勞働

共和黨ハ中央少年勞働法ノ勵行ヲ期ス

三四、婦人職業

中央議會ハ宜シク勞働省內ニ常設婦人局ヲ設置シ情報ヲ之ニ求ムヘシ又中央各省局ヲ通シ男女同給主義ヲ行フヘク尙職業敎育ニ對シ中央政府カ援助ヲ與ヘントスルトキハ宜シク女子勞働者ノ要求ヲ考量ニ入ルヘシ

三五、家屋問題

恒產アレハ恒心アリ中央地方ノ各政府ハ市民ノ家屋所有ヲ奬勵スル爲メ適當ナル方法ヲ講スヘシ

三六、布　哇

布哇ニ於ケル外國人ノ米化及敎育ニ對シ中央政府ハ助力ヲ與フヘシ共和黨ハ布哇ノ自治及布哇民族ノ復興ヲ望ム

第二節　共和黨領袖及名士略歷性格

共和黨領袖等ノ略歷ニ入ルニ先チ政黨ノ統率結合ニ付一言スルノ要ヲ見ル米國ノ政黨ハ米國々體

ノ民主的ナルカ如ク其ノ組織民主的ニシテ黨ノ總裁ナルモノナク黨ノ最高機關トシテハ四年ニ一度ノ全國大會アリテ黨ノ政綱大統領候補者ヲ決定シ常設機關トシテハ全國委員會アリテ黨務ヲ見何レモ合議的機關ナルハ總論ニ述ヘタルカ如シ大統領ハ其地位上自然表面的ニ自黨ノ中心ト仰カルルト雖モ黨ノ組織上自黨ヲ統率スルモノニアラス議會ニハ各黨ノ院內總理アレトモ之ハ院內ノ關スル限リ黨議員ノ統率ヲ行フモノニシテ而モ黨ノ議員間ニハ必ス party line ニ從ツテ行動スヘシトノ了解ナク或問題ニ關シ黨ノ大勢ニ反シテ行動シタル議員ト雖モ其黨ヨリ懲戒除名等ノ處分ヲ受クル制限ナシ要スルニ黨ノ組織上ヨリ見テ黨ヲ統率スル中心人物ナク又黨トシテノ結合モ我國ノ政黨ノ如ク Compact ナラス一方ニ於テ事實上ヨリ見ルトキハ全國大會ニ於テ大統領候補者トシテ選定セラルルモノハ必シモ所屬黨ノ大領袖大人物タルヲ意味セス大統領ニ當選シタル後ト雖モ事實上自黨ヲ統率セサルモノアリ尚又閣員モ大統領ノ個人的關係ニヨリ選任セラルルコト往々ニシテ黨人トシテ有力者タラサルコトアリ又中央上院議員ノ多數ハ各自州ニ夫々自黨一方ノ領袖ト云フヘキモ一々玆ニ擧クルヲ得ス以下列擧スル人物ハ黨人トシテ大勢力ヲ有スルモノニ限ラス現ニ又ハ過去ニ於テ政治上重要ナル地位ヲ占メ名士トシテ全國ニ其名ヲ知ラルルモノヲ包含セシメタリ

「アダムス」(John T. Adams) 共和黨全國委員長

一八六二年「アイオワ」州ニ生ル多年州選擧界ニ於テ共和黨ノ爲メニ活動シ一九一七年以來共和黨全國委員副長ナリシカ一九二一年「ヘース」ノ後ヲ襲ヒテ委員長トナル、工業家ナリ

「ボラー」(William Edger Borah)「アイダホ」州選出上院議員

一八六五年「イリノイ」州ニ生ル愛蘭系ナリ「カンザス」大學卒業後辯護士トナリ一八九一年「アイダホ」州「ボイス」ニ於テ開業一九〇三年同州ヨリ中央上院ニ選出セラレ爾來累進シテ今日ニ至ル元「ルーズベルト」ノ率ヰタル共和黨急進派ニ屬シ國際聯盟批准問題ニ於ケル頑固派ノ一人ナリ嘗テハ未來ノ大統領ヲ以テ囑望セラレタルコトアルモ其破壞的言論ト不羈ノ性質トニ禍セラレ今日ニ於テハ共和黨內ニ於テモ衞星ナキ一遊星タルニ過キサルノ觀アリ但言論ノ雄トシテ上院ノ異彩タルヲ失ハス上院外交委員ノ一人ナリ華府會議召集ニ一動機ヲ與ヘタル一九二一年六月ノ米國海軍豫算法中ノ海軍制限會議ニ關スル規定カ「ボラー」ノ發案ニ係ルハ人ノ知ル所一九二二年春ノ四國條約批准戰ニ於テハ再ヒ「イレコンサイラブル」ノ特色ヲ發揮シテ他ノ共和黨議員三名ト共ニ該條約批准ニ反對セリ煙草ヲ呑マス酒ヲ嗜マス僚友トノ雜談ヲ避ケテ一人讀書沈思ニ耽ルヲ例トスト云フ愛蘭系ナルカ爲メ執拗ナル反英感情ヲ有スト云フ

「ブランデギー」(Franck B. Brandegee)「カネチカット」州選出上院議員
一八六四年「カネチカット」州ニ生ル「エール」大學卒業後辯護士トナル多年州政界ニ活動シ嘗テ州下院議長タリ屢々委員トシテ共和黨全國大會ニ列ス中央下院ヲ經テ一九〇五年上院ニ選出セラレ爾來累選ス現ニ上院外交委員タリ國際聯盟批准戰ニ於ケル頑固派ノ一人ニシテ四國條約米國留保條件ノ發案者タリ思想保守的皮肉家ナリ

「クーリッヂ」(Calvin Coolidge)副大統領
一八七二年「ヴアモント」州ニ生ル祖先ヨリ代々「ニユー、イングランド」ニ居住シ農ヲ業トセリ一八九五年「マサチユーセッツ」州ノ Amherst College 卒業後法律ヲ獨學シ辯護士トナリ「ノーサンプトン」ニ開業ス二三ノ地方公職ヲ經一九一二年ヨリ一九一五年迄同州々上院議員トナリ其議長ニ擧ケラレ令名アリ一九一六年ニハ州副知事一九一八年ニハ州知事ニ當選シ一九二〇年之ニ再選ス氏カ全米ニ其名ヲ知ラルルニ至レルハ一九一九年秋「ボストン」警察官ノ大同盟罷業ニ際シ「秩序維持ノ任ニアル者ハ同盟罷業ヲ許サス」ト宣言シ警察官ノ復業ヲ拒絕シテ事件ヲ解決シタル英斷ニヨル其生育地タル「ニユー、イングランド」ノ環境ハ勤勉質素及自信ノ德ヲ氏ニ與ヘ又眞面目ノ中ニ「ユモアー」ヲ藏ス淸楚ナル風彩ハ一見婦人ノ如キモ其果斷ノ氣象ハ前述警察官ノ罷業事件

ニヨリテ窺ヒ知ルヘシ沈默ノ人ナリト云フ

「カーティス」(Charles Curtis)「カンザス」州選出上院議員

一八六〇年「カンザス」州ニ生ル辯護士トナリ又地方公職ニ携ハルコト數年次テ中央下院ニ選出セラルルコト數回一九〇七年上院ニ入リ三選ス米國印度人ノ血統ヲ受ク上院共和黨ノ世話役ナリ

「ダーテー」(Harry M. Daughty)司法長官

一八六〇年「オハヨー」州ニ生ル「ミシガン」大學ニ法律ヲ修メ卒業後郷里ニ辯護士開業、一八九三年「オハヨー」州「コロンバス」ニ移ル「ハーデング」ト親交アリ一九二〇年ノ總選擧ニハ共和黨中央委員會實行委員トシテ「ハーデング」ノ選出ニ功勞アリ氏ノ任命ハ所謂「スポイルス、システム」ノ好適例ナリトセラル

「デヴイス」(James John Davis)勞働長官

一八七三年英國「ウエールス」ニ生ル一八八一年父母ニ伴ハレ米國ニ移住シ「ピツバーグ」ニ定住ス幼時徒弟トシテ製鋼業ヲ見習ヒ勞働者トシテ身ヲ立テ多年一二ノ鐵鋼場ニ働キ米國鐵鋼錻力業勞働組合ニ加入シテ其役員トナリ現ニ同組合ノ有力者ナリ一九〇六年 Royal Order of Moose ノ會員トナリ同七年其理事長ニ擧ケラレ現ニ其地位ヲ持ス一九一八年ニハ「ムーズ」團戰時救濟委員長

トシテ歐洲ノ諸戰線ニ活動シ休戰後專ラ白獨方面ノ戰場ニ於テ救濟事業ニ力ヲ致セリ一九二一年三月入閣、勞働問題ニ通曉ス

（註）Royal Order of Moose ハ固「ルーズベルト」ヲ後援スル爲メ組織セラレタル共和黨内ノ一政治的社會的團體ニシテ共和黨急進派ハ此團體ヨリ生レタリ

「デンビー」(Edwin Denby) 海軍長官

一八七〇年「インデアナ」州ニ生ル「ミシガン」大學ニ法律ヲ修ム一八八五年其父駐支公使ニ任セラルルヤ之ニ從ツテ支那ニ赴キ一八八七年ヨリ九七年迄支那海關ニ聘傭セラル米西戰爭ニハ海軍砲手トシテ從軍、一八九六年辯護士トナリ爾來「デトロイト」ニ開業ス一九〇五年ヨリ一一年迄「ミシガン」州ヨリ選出セラレ中央下院ニアリキ一九一七年海軍陸戰隊ニ加ハリ一時佛國ニアリタルカ一九二〇年少佐ニ任セラレ豫備ニ編入セラル一九二一年「ハーデング」内閣ニ入リ現職ヲ占ム「ミシガン」州共和黨ノ有力者ナレトモ從來餘リ一般政界ニ其名ヲ知ラレサリシ爲其海軍長官被命ハ聊カ世人ノ意外トスル所ナリキ思想保守的ニシテ判斷ニ遲シト稱セラルルモ好人物ナリ

「フォール」(Albert Bacon Fall) 内務長官

一八六一年「ケンタキー」州ニ生ル法律ヲ獨修シ辯護士トナリ又墨國法ニ通ス諸種ノ實業ニ關係シ

現ニ「ニユー、メキシコ」州ニ於テ農業及牧畜ヲ業トス「ニユー、メキシコ」州議會ニ席ヲ有スルコト數囘、又同州大審院判事及州檢事總長ヲ經歷ス米西戰爭ニ從軍シ大尉トナル一九一二年以來「ニユー、メキシコ」州ヨリ中央上院ニ選出セラルルコト三囘、一九二一年上院ヲ辭シテ内閣ニ列ス「ハーデング」ノ親友ナリ

「フレリングハイセン」(Joseph S. Frelinghuysen)「ニユージヤージー」州選出上院議員

一八六九年「ニユージヤージー」州ニ生ル米西戰爭ニ從軍ス嘗テ同州上院議長タリ一九一七年中央上院ニ選出セラル州名門ノ出ニシテ同家ヨリ中央上院議員ニ選出セルルコト氏ニ至ツテ四人目ナリト云フ保險業ニ關係シ數個ノ保險會社ノ重役ナリ「ハーデング」大統領ノ親友ノ一人、州ノ有力家ナリ

「ヂレツト」(Frederick H. Gillett)「マサチユーセツツ」州選出下院議員、下院議長

一八五一年「マサチユーセツツ」州ニ生ル一八七七年辯護士トナリ同州ノ檢事副總長ノ職ニ居ルコト數年州議會ヲ經一八九二年中央下院ニ選出セラレテヨリ累選シテ今日ニ至ル州共和黨ノ有力者ナリ

「ハーデング」(Warren Gamaliel Harding)大統領

一八六五年「オハヨー」州ニ生ル蘇格蘭及和蘭人ノ血統ヲ受ク八人兄弟ノ長子ナリ「カレッヂ」在學中學友新聞ヲ主宰シ又居村ノ印刷店ニ勞働シ印刷業務ニ精通シタルカ爲夙ニ新聞事業ニ興味ヲ有シ十九歳ノ時一家「マリオン」ニ移住スルヤ當地「マリオン」ニ於ケル Star ナル新聞カ經營困難ニ陷レルヲ父ノ補助ヲ得テ讓受ケ苦心經營ノ結果今日ノ「マリオン、スター」ヲ築キ上ケタルカ同時ニ諸種ノ實業ニ關係シテ次第ニ自己ノ社會的基礎ヲ築ケリ斯クテ一九〇〇年州上院議員ニ當選シ一九〇四年州副知事ニ選任シ一九一五年中央上院ニ入リ外交委員ノ一人トシテ一九二〇年ニ及ヘリ上院ニ入ルヤ其篤實ト常識トハ直チニ僚友ノ認ムル所トナリ一九一六年ニハ共和黨全國大會議長トシテ「シカゴ」大會ニ黨ノ大方針演説(Key-Note Address)ヲナセリ只生來名聞ニ野心ヲ有セサル性質トテ政治上サシテ頭角ヲ顯ハサヽリキ一九二〇年共和黨「シカゴ」大會ニ於テ黨ノ元老故「ペンローヅ」カ費府ノ病床ヨリ「ペンシルベニア」州代表委員ヲ指揮シ其六十票ヲ「ハーデング」ニ投セシメ會ノ大勢ヲ「ハーデング」ノ爲メニ決シタルハ周知ノ「エピソード」ナリ氏ハ「ルーヅベルト」ノ有セル豪壯ノ氣宇ナク學識理想ニ於テ遠ク「ウイルソン」ニ及ハスト雖モ其圓滿ナル常識ト溫容トハ平凡ノ間ニ人ノ信望ヲ得ルニ足リ要スルニ有徳ノ人ナリ餘リニ Good Natured ナルヲ以テ缺點トスト稱セラル

「ハーヴェー」(George Harvey) 駐英大使、雜誌經營者

一八六四年「ヴアモント」州ニ生ル郷里ノ「アカデミー」ニ學ヒ早ク新聞界ニ投ス一八八二年ヨリ八六年迄ノ間「スプリングフイールド、レパブリカン」、「シカゴ、イブニング、ニユース」及紐育「ウォールド」ニ逐次記者トナリ「ウォールド」ニ於テ其材幹ヲ認メラレ一八九一年僅カニ二十七才ニシテ簡拔セラレテ同紙ノ Managing Editor トナリ一八九三年之ヲ去ル、後「ウォール、ストリート」ニ投シテ相當ノ財ヲ得一八九九年 North American Review ヲ買受ケ爾來之ヲ經營シ又一九一八年 Harvey's Weekly ヲ出ス一九二一年「ハーデング」内閣ノ駐英大使トナル氏ハ「ウォールド」記者時代ニ「ニユー、ジャージー」州ニ關スル報道ヲ受持チ居タル際當時同州「プリンストン」大學ノ敎授タリシ「ウヰルソン」ノ異材ナルニ注目シテ爾來之カ支持ニ力メタリ所謂「ウヰルソン」發見者ノ一人ニシテ「ウヰルソン」カ一學究ヨリ知事トナリ大統領トナル裏面ニハ氏ノ力ニ與ル所多シ然ルニ一九一二年「ウヰルソン」ノ當選ニ先チ兩者ノ間ニ感情ノ疎隔ヲ來シ氏ハ遂ニ共和黨ニ投シ一九一六年ノ總選擧ニハ「ヒユーズ」ヲ謳歌シ國際聯盟其他事毎ニ「ウヰルソン」ノ政策ヲ攻擊シ一九二〇年ノ總選擧ニハ極力民主黨政府ノ治績ヲ論難セリ氏ハ他人ノ短所弱點ヲ洞察スルニ獨特ノ頭腦ヲ有シ其筆誅ハ最モ怖レラルル所ナルノミナラス其言行傍若無人ニシテ端倪スヘカラサル人物ト評セラル「ハーデング」内閣ハ氏ニ筆ヲ與ヘ置クノ危險ヲ感シ駐英大使ニ敬遠シタルモノナリトノ說

サヘアリ(M. W)

「ヘース」(Will H. Hays)前遞信長官

一八七九年「インデアナ」州ニ生ル「カレッヂ」卒業後辯護士トナリ夙ニ州共和黨間ニ頭角ヲ顯ハシ黨ノ運動ニ於テ其組織的技量ヲ認メラル一九一八年共和黨全國委員長ニ擧ケラレ一九二一年七月迄其任ニアリ其間一九二〇年ノ總選擧ニ其手腕ヲ揮ヒテ共和黨ノ大勝ヲ博セリ一九二二年三月辭職シテ米國活動寫眞製造及販賣業者組合ノ總裁トナル氏ハ年齒尚少壯ナレトモ事業ノ組織及經營ニ獨特ノ快腕ヲ有ス所謂「ポリテシアン」型ノ人ナリ

「フーバー」(Harvart Clark Hoover)商務長官

一八七四年「アイオワ」州ニ生ル「スタンフォード」大學ニ鑛山學土木術等ヲ修メ一八九五年ヨリ一九一三年ニ亙リ加奈太、濠洲、伊、英、南亞、印度、支那、露西亞等ニ於テ礦業、鐵道、冶金等ノ事業ニ從事ス其支那ニ在リタルハ一八九九年ノ交ニシテ支那政府鑛務局ノ技師長トナリ普ク支那內地ヲ踏査セリ團匪事件ニ際シテハ天津ノ防禦ニ參加シ又秦皇島築港ニモ關係セリ一九一四年ヨリ一九一九年ニ至ル間歐洲ノ戰時救濟事業ニ活動シ一九一七年米國參戰ト同時ニ食糧監督制度開始セラルルヤ其總監ニ擧ケラレ目覺マシキ成績ヲ擧ケ名聲頓ニ著聞シ又其間廣ク歐洲諸國救濟事業ニ盡力シ其名歐洲ニ高シ一九二〇年共和黨大統領候補者戰ニ加ハリタルモ其黨派的色彩鮮明ヲ欠キタルカ爲メ敗レタリ一九二一年三月「ハーデング」內閣ニ入リ商務長官トナル氏ハ事業家技術家ニシテ政治家的素質豐カナラス又決斷力ニ鈍キ所アリトノ觀察アレトモ其曲折シタル經歷ヨリ中外ニ亙リ廣範ナル智識ヲ有シ優良ナル顧問トシテ「ハーデング」大統領ノ信任深シ

「ヒユーズ」(Charles Evans Hughes) 國務長官

一八六二年紐育州ニ生ル「コルゲート」大學ニ學ヒ一八八四年紐育ニ辯護士開業、同時ニ「コルネル」大學紐育法律學校等ニ講座ヲ有シタリ一九〇五年乃至一九〇六年ニハ紐育州議會調查委員會顧問トシテ「スチヴンス」瓦斯會社及「アームストロング」保險會社ニ關スル審查ニ關與シテ其法律的學織ヲ認メラレ一九〇六年ニハ中央司法長官ノ特別助手ニ任命セラレタリ一九〇五年共和黨ヨリ紐育市長候補者ニ推サレタルモ之ヲ拒絕ス一九〇七年ヨリ一九一〇年迄紐育州知事ノ職ニ居リ一九一〇年五月合衆國大審院判事ニ任命セラレ一九一六年迄在職同年六月共和黨全國大會ニ於テ大統領候補者ニ選定ヲ受ケタルモ二五四票對二七七票ヲ以テ「ウヰルソン」ニ敗ル爾來再ヒ紐育ニ於テ辯護士ヲ開業シ其間一二ノ公職ニ攜ハリタルカ一九二一年三月「ハーデング」內閣ニ入リ國務長官トナル華府會議議長トシテ大手腕ヲ揮ヒタルハ贅言ヲ要セサル所、頭腦明晰思慮微密ニシテ冷静果断ナリ今日華盛頓ニ於ケル Best Mind トシテ國民ノ信頼深シ "Hughes is by far bigger than his Chief" トハ屢々聞ク所ナリ多年法務ニ從事シ來リタルカ爲メ心事餘リニ事務的ニシテ冷カナリト評セラレタルモ國務長官ニ就任以來大ニ Humanize セラレタリト傳ヘラル

「ジョンソン」(Hiram Johnson) 加州選出上院議員

一八六六年加州ニ生ル加州大學ニ學ヒタルモ半途退學シ速記々者トシテ自活シ次テ法律ヲ研究シ一八八八年辯護士トナリ「サクラメント」ニ開業一九〇二年桑港ニ移ル一九〇八年桑港市吏員收賄事件ニ機ヲ捕ヘ市政ノ廓清ヲ唱ヘテ巧ミニ人心ニ投シ檢事ノ職ヲ得テヨリ其名加州ニ著聞シ一九一一年ニハ州知事ニ當選シ一九一五年再選、一九一七年中央上院ニ入リ現ニ外交委員ノ一人ナリ一九一二年「ルーズベルト」ノ帷幕ニ參シテ共和黨急進派ノ爲メ活動シ其副大統領候補者ニ選定セラレテヨリ名聲全米ニ顯著ニ加州ノ誇《プライド》ノ一トナレリ國際聯盟問題ニ於ケル頑固派ノ一人ニシテ四國條約批准戰ニ際シテモ亦頑固派ノ一人トシテ論難ニ努メタリ左シテ學問ヲ有セサルモ過激ナル辨舌ヲ弄シテ粗野ナル群衆心裡ニ投スルニ巧ミニシテ敎養ナキ加州衆愚ニ人望アルハ之カ爲メナリ要スルニ政治的主義定見ヲ有セサル一個ノ煽動政治家ニ過キス「ハースト」ト最モ親密ナル關係ヲ有シ極端ナル排日家ナリ一九一三年ノ加州排日土地法ハ「ジョンソン」カ知事トシテ署名セルモ

ノナリ一九二〇年大統領候補者戰ニ名乘ヲ擧ケタルモ失敗セリ

「ラフォレット」(Robert M. La Follette)「ウヰスコンシン」州選出上院議員

一八五五年「ウヰスコンシン」州ニ生ル州大學ニ學ヒ辯護士トナル同州ヨリ中央下院ニ選出セラルルコト三回、州知事ニ選任セラルルコト三回、其在任中州政治ヲ刷新シテ名聲揚カル一九〇五年以來中央上院ニ入ルコト三回ナリ共和黨急進派ハ最初氏ノ率ヰタルモノニシテ一九一二年ノ總選擧ニ同派ノ大統領候補者トシテ名乘ヲ擧ケタルモ「ルーズベルト」ニ名乘ヲ奪ハレ急進派ヲ脱ス國際聯盟問題ノ頑固派ノ一人ニシテ四國條約批准戰ニ於テモ「ジョンソン」、「ボラー」ト共ニ批准ニ反對セリ嘗テハ大統領ノ材トシテ一般ノ囑望スル所ナリシカ自己ノ所信ヲ遂行セントスル上ニ於テ餘リニ過激ニ走リ毫モ妥協的情味ヲ有セサル爲メ次第ニ自黨ト背馳シ今日ニ於テハ共和黨ニ於テモ孤立ノ姿ニアリ思想過激ナルモ性情眞摯ナリトセラル鬪將トシテ「ボラー」ト好一對ヲ爲ス

「レンルート」(Irvine L. Lenroot)「ウヰスコンシン」州選出上院議員

一八六九年「ウヰスコンシン」州ニ生ル辯護士、州議會ニ選出セラルルコト三回、一九〇三年ヨリ一九〇五年迄其議長タリ中央下院ニ選出セラルルコト五回、一九一八年補欠トシテ上院ニ入リ一九二〇年再選ス雄辯ニシテ理性家ナリ

「ロッヂ」(Henry Cabot Lodge)「マサチユーセッツ」州選出議員

一八五〇年「ボストン」ニ生ル「ハバード」大學ニ文學及法律ヲ修メ一八七六年辯護士トナリ次テ新聞記者トナル一八八〇年「マサチユーセッツ」州下院議員ニ選出セラレ一八八七年中央下院ニ入リ一八九三年中央上院ニ入リテヨリ累選シテ今日ニ至ル現ニ上院外交委員長ナリ共和黨全國大會ニ於テ議長トナルコト四回其學識ト多年ノ議會生活ノ經營トニヨリ共和黨上院院內總理トシテ上院ニ於ケル大勢力ヲナシ同時ニ史學者トシテ米國學界ニ名アリ國際聯盟問題ニ於テ頑固派ノ第一人者トシテ「ウヰルソン」大統領ニ抗シタルハ「ウヰルソン」氏ノ學者的名聲カ自己ヲ壓シテ隆々タルニ至レルヲ不斷不快トナシ居タルニ基クト云フ者アリ「我儘者ノ拗曲家《ヒネクレ》」ニシテ常ニ自我ノ命スル所ニ從フト稱セラル(M. W) 米國全權ノ一員トシテ華府會議ニ列シ四國條約批准問題ニハ大統領「ハーデング」ノ腹心トシテ奮鬪努メタリ從來排日感情ヲ有シタルモ華府會議ニ於テ日本全權等ト接觸ノ結果其對日感情一變シタリト稱セラル著書數種アリ

「マコルミック」(Medill McCormick) 「イリノイ」州選出上院議員

一九七七年「シカゴ」ニ生ル一九〇〇年「エール」大學卒業、農ヲ業トス嘗テ「シカゴ、デーリー、トリビユーン」ヲ經營セリ「イリノイ」州議會ニ選出セラルルコト二回一九一八年中央上院ニ入リ現ニ外交委員會ノ一員タリ嘗テ歐洲ヲ漫遊スルコト多年又一九二〇年歐洲諸國ヲ歷訪シ對岸ノ情勢ニ通スト稱セラル元共和黨急進派ニ屬シ一九一二年ヨリ同一四年迄之カ中央委員長タリキ蘇格蘭愛蘭人ノ血統ヲ受ケ冷靜ニシテ俊敏且氣鋭、一部ヨリ其將來ヲ囑望セラル夫人 Ruth Hanna McCormick ハ名家ノ出ニシテ夫ト共ニ急進派ニ投シ一九一二年ノ選擧ニ活動シ又米國女權擴張協會ヲ率ヰタリ政治的社會的ニ其名顯ハル

「メロン」(Andrew W. Mellon) 大藏長官

一八五五年「ピッバーグ」ニ生ル一八七三年生地ノ一大學卒業、始メ石炭、「コーク」、製鐵等ノ企業ニ從事シ後銀行業ニ入リ數多ノ銀行ニ關係シ巨富ヲ積ミ目下ノ所得稅百萬弗ナリト云フ米國有數ノ財政家トシテ知ラレ一九二一年「ハーデング」內閣ニ入ル寡言、眞面目、言行謙讓ナリト云フ

「マンデル、(Frank Weeler Mondell)「ワイオミン」州選出下院議員

一八六〇年聖「ルイス」ニ生レ六才ノ時孤兒トナル長シテ西部諸州ニ種々ノ事業ヲ經驗シ一八八七年「ワイオミン」州ニ定着シ一八八八年「ニユーカッスル」市長トナリ之ニ累選ス又州上院議員ニ選出セラレ嘗テ其議長タリ一八九五年中央下院ニ選出セラレ爾來四選ス現ニ共和黨下院總理ナリ溫厚ノ士ナレトモ院內總理トシテ必要ナル機略ヲ欠クト稱セラレ黨議員間ニ寧ロ好評ナラスト云

フ

「ニユー」(Harry S. New)「インデアナ」州選出上院議員

一八五八年「インデアナポリス」ニ生ル記者トシテ又所有者トシテ郷里新聞ニ關係スルコト多年、一九〇〇年ヨリ一二年迄共和黨中央委員トナリ其間同委員長タルコト二年ナリキ一九一六年上院ニ入ル「ハーデング」親友ノ一人ナリ保主的ニシテ溫健ナル人物ナリ

「ポインデキスター」(Miles Poindexter)「ワシントン」州選出上院議員

一八六八年「テネシー」州ニ生ル一八九一年「ワシントン、アンド、リー」大學卒業、同年華州ニ移住シテ辯護士開業「ワラワラ」、「スポーケン」等ノ地方公職ニ居ルコト數年次テ中央下院ニ選出セラルルコト二回、一九一一年ヨリ上院ニ入リ再選ス元共和黨急進派ニ屬セリ

「ルート」(Elihu Root)元國務長官

一八四五年「ニユーヨーク」州ニ生ル紐育大學ニ法律ヲ學ヒ辯護士トナリ紐育ニ開業ス一八九九年「マツキンレー」內閣ニ入リテ陸軍長官トナリ一九〇五年「ルーズベルト」內閣ノ國務長官トナル一九〇九年紐育州ヨリ中央上院ニ選出セラル一九一二年ノ共和黨全國大會ニ於テ議長ニ選任又一九一六年共和黨全國會ニハ大統領候補者ノ一人ニ擬セラル一九一七年特派大使トシテ露國「ケレン

スキー」政府ニ使ス華府會議米國全權ノ一人トシテ支那問題、潛航艇問題等ニ關スル諸決議案ノAuthorタリ法學者トシテ博學ノ名高ク國際法及國際關係ニ關スル著書數種アリ一九一二年「ノベル」賞受領、一九一五年以來米國國際法學會會長タリ所謂「ルート高平」協定ニヨリ日米關係ニ著聞ス卓越セル智力ト餘リニ明敏ナル性質トハ却テ同氏ニ禍スト稱セラルル程ナリ

「スムート」(Reed Smoot)「ユタ」州選出上院議員

一八六二年「ソートレーキ」市ニ生ル州大學ニ教育ヲ受ケ銀行家ニシテ又毛織物製造ニ從事ス一九〇三年以來中央上院ニ選出セラル一九一九年共和黨上院選擧運動委員長ニ推サル、黨中ノ老練政客ニシテ又鬪將トシテ名アリ「モルモン」宗信者ナリ

「タフト」(William Howard Taft) 元大統領、現大審院長

一八五七年「シンシナチ」州ニ生ル一八七八年「エール」大學卒業文學士トナリ後「シンシナチ」法律學校ニ學フ一八八〇年辯護士ノ免許ヲ得一八八三年ヨリ同七年迄自州ニ於テ開業、一八八七年ヨリ九〇年迄同州高等法院判事ニ任シ九〇年ヨリ九二年迄中央司法省ニ於テ「ソリシター」、「ゼネラル」ノ職ニ在リ次テ「シンシナチ」大學教授タルコト五年、米西戰爭ノ結果菲島カ米國ニ屬スルヤ最初ノ菲島總督ニ任セラレ一九〇四年迄之ニ居ル同年「ルーズベルト」內閣ニ入リ陸軍長官トナル

一九〇五年日本ニ來遊、一九〇八年共和黨大統領候補者ニ選定セラレ民主黨候補者「ブライアン」ヲ破ツテ「ホワイト、ハウス」ニ入ル一九一二年共和黨大統領候補ニ再選シタルモ「ルーズベルト」ノ間ニ疎隔ヲ生シ共和黨ノ分裂ヲ來シタルカ爲メ「ウキルソン」ニ破ラル爾後二三ノ公職ニ任シタルモ主トシテ「エール」大學ニ敎ヘタリ一九一五年ヨリ二一年迄平和促進協會總裁タリ國際聯盟ニ付テハ加入說ヲ唱ヘタリ一九二一年七月「ホワイト」ノ死後大審院長ニ任セラル大統領トシテノ治績ハ寧ロ失敗ノ跡ヲ留ムト稱セラルルモ其閱歷學識及圓滿ナル性格ニヨリ世人ノ敬慕ヲ受クルコト大ナリ大審院長トシテ初メテ其所ヲ得タルモノトセラル

「ウオズワース」(James W. Wadsworth. Jr.) 紐育州選出上院議員

一八七七年紐育州ニ生ル一八九八年「エール」大學卒業、一八九八年「ポルトリコ」戰ニ從事ス一九〇五年ヨリ一〇年迄州議會ニ累選シ多年其下院議長タリ一九一四年以來中央上院議員ニ再選シ現ニ外交委員タリ州共和黨ノ有力者ニシテ德望家ナリ

「ウオレス」(Henry Cantwell Wallace)農務長官

一八六六年「イリノイ」州ニ生ル「アイオワ」州立農工技藝大學ニ學ヒ後牧畜業ニ從事ス一八八九年ヨリ同九五年迄「アイオワ」州大學敎授ノ職ニ居リ次テ農業雜誌ノ記者トナリ自ラ出版印刷會社ヲ

経營ス大戰中合衆國畜産委員會實行委員ニ任セラル一九二一年三月農務長官トシテ「ハーデング」內閣ニ入ル農業及農政ニ通曉ス尚基督教青年會ト深キ關係ヲ有ス

「ウヰークス」(John W. Weeks) 陸軍長官

一八六〇年「ニユー、ハンプシヤ」州ニ生ル一八八一年海軍兵學校卒業後同八三年迄米國海軍ニ勤務ス米西戰爭ニハ義勇海軍ニ加ハル「マサチユセッツ」州ヨリ中央下院ニ選出セラルヽコト數回一九一三年上院ニ入ル共和黨ノ有力者ニシテ一九一六年ノ共和黨國民大會ニハ大統領候補者トシテ次點者タリキ一九二一年三月陸軍長官トシテ「ハーデング」內閣ニ入ル圓滿ニシテ而モ慧敏且剛直又最モ忌憚ナキ謂々ノ士ナリ共和黨ノ一部ニ於テ次期大統領候補者ニ擬セントストノ風說アリ

「ウッド」(Leonard Wood) 陸軍少將、菲島總督

一八六〇年「ニユー、ハンプシヤ」州ニ生ル一八八四年「ハーバート」大學ノ醫學士トナル一八八六年助手軍醫トシテ陸軍ニ入リ累進シテ一八九八年陸軍少將トナル嘗テ玖瑪 Military Governor トシテ治績ヲ擧ケ頗ル令名アリ又一九〇六年ヨリ八年迄菲島軍指揮官トシテ勤務シ一九一〇年特派大使トシテ「アルゼンチン」ニ使ス一九一〇年ヨリ一四年迄陸軍參謀長トナル世界大戰ノ初ヨリ「ウヰルソン」大統領ノ意ニ反シ米國モ戰備ヲ調ヘ置クコトノ必要ヲ高唱シテ已マス爲メニ「ウヰル

ソン」ノ氣ヲ損シタルヤニテ米國參戰中ハ國內ニ留メラレ專ラ軍隊ノ敎練編成ニ從事ス一九一九年中央陸軍區司令官ニ任セラレ「シカゴ」本部ニ勤務ス一九二〇年共和黨全國大會ニ於テ將ニ大統領候補者ニ指名ヲ受ケントシタルモ「ハーデング」ニ破ラル一九二一年四月「ペンシルベニア」大學總長ニ選任ス同年「ハーデング」ノ使命ヲ受ケテ菲島事情ヲ調査シ九月同島總督ニ任シ其儘同島ニ留マル一九二三年一月迄在任ノ筈ナリ將軍ハ一介ノ軍人ニアラス行政的手腕ニ富ミ國際關係ニモ理解ヲ有ス意思强固、直言ノ政治家ニシテ人望高シ

第三節　共和黨主要新聞

今日米國ニ於テ大新聞ト稱セラルヽモノハ純然タル「ビジネス」ニシテ眞面目ナル「ビジネス」カ正實ト信用トヲ旨トシテ多數多樣ノ顧客ヲ惹クカ如ク大新聞モ問題ニ對スル意見ヲ事ノ「メリット」ニヨリ決シ以テ新聞ノ權威ヲ保チ世人ノ信用ヲ博スルノ方針ニ出テ妄ニ黨爭ニ投スルカ如キコトナキニ至レリ今日黨新聞トシテ黨派的色彩濃厚ナルモノハ「ウオルド」ノ民主黨ニ於ケル紐育「トリビユーン」及「サン」ノ共和黨ニ於ケルカ如キヲ除キテハ主トシテ地方ノ黃色新聞ニ之ヲ見ルニ過キス玆ニ共和黨新聞ト云ヒ民主黨新聞ト云フモ東部ニ於ケル大新聞ノ如キハ時ニヨリテ其黨派

的色彩ヲ表ハスモ或黨ノ政策ナルカ故ニ之ヲ擁護シ他黨ノ施設ナルヲ以テ之ヲ攻撃スルカ如キ傾向次第ニ少クナレリ

一、東部諸州新聞

New York Sun　夕刊、日曜休刊

所　　在　紐育市
主　　義　共和、黨派色彩最モ濃厚
發行部數　二〇五、三三五
創　　立　一八八七年
發 行 者　Sun Printing & Publishing Association
主　　筆　Frank A. Munsey

New York Tribune　朝刊

所　　在　紐育市
主　　義　獨立共和
發行部數　平日　一二五、九一九
　　　　　日曜　一二七、八三六

創立　一八四一年

發行者　New York Tribune (Inc.)

主筆　O. M. Reid

New York Herald　朝刊

所在　「ニューヨーク」市

主義　獨立共和

發行部數　平日　二一一、三二〇
　　　　　日曜　二三三、九九六

創立　一八三三年

發行者　Sun Herald Corporation

主筆　Edward P. Mitchell

Syracuse Post-Standard　朝刊

所在　「ニューヨーク」州「シラキユース」市

主義　共和

發行部數　平日　五〇、〇一一
　　　　　日曜　四七、八九二

創立　一八二八年
發行者　Post Standard Co.
主筆　W. P. Baker

Express　朝刊、但シ日曜版ハ獨立シタル新聞ノ形ニ於テ發行セラル
所在　「ニューヨーク」州「バファロー」市
主義　獨立共和
發行部數　平日　三六、二三一
　　　　　日曜　六〇、一六四
創立　平日版　一八四六年
　　　日曜版　一八八三年
發行者　William M. Ramsdell
主筆　J. W. Greene

Evening News　夕刊、但シ日曜休刊
所在　「ニューヨーク」州「バファロー」市
主義　共和
發行部數　九三、五九七

創　立　一八八〇年

發行者兼主筆　Edward H. Butler

Star Eagle　夕刊、日曜休刊

所　在　「ニユーヂヤージー」州「ニユーワーク」市

主　義　獨立共和

發行部數　七〇、四九五

創　立　一七九六年

發行者　Newark Star Publishing Co.

主　筆　Nathaniel C. Wright

Philadelphia Bulletin　朝　刊

所　在　費　府

主　義　獨立共和

發行部數　四八三、三四二

創　立　一八四七年

發行者　William M. Mclean

主筆　William Perrine

Philadelphia Inquirer 朝刊

所在　費府

主義　共和

發行部數　平日　一八四、八九七
　　　　　日曜　三六四、一二九

創立　一八二九年

發行者　Philadelphia Inquirer Co.

主筆　Charles H. Heustis

Chronicle Telegraph 夕刊、日曜休刊

所在　「ペンシルベニア」州「ピッツバーグ」市

主義　共和

發行部數　九三、一八〇

創立　一八四一年

發行者　The Newspaper Printing Co.

Dispatch 朝刊

所在　「ペンシルベニア」州「ピッバーグ」市

主義　獨立共和

發行部數　平日　五五、四一六
日曜　六四、三一六

創立　一八四六年

發行者　The Dispatch Publishing Co.

主筆　C. A. Rook

Gazette Times 朝刊

所在　「ペンシルベニア」州「ピッバーグ」市

主義　共和

發行部數　平日　八八、八〇七
日曜　八七、三八〇

創立　一七八六年

發行者　The Newspaper Printing Co.

Baltimore American　朝刊

所在　「メリーランド」州「ボルチモア」

主義　共和

發行部數　平日　五八、八五四
　　　　　日曜　八八、八九五

創立　一七七三年

發行者　C. C. Fulton & Co.

Boston Herald　朝刊

所在　「ボストン」

主義　共和

發行部數　平日　二四六、〇〇五
　　　　　日曜　一二七、七八三

創立　一八四六年

發行者　Boston Publishing Co.

主筆　Robert L. O'Brien

Boston Transcript　夕刊、日曜休刊

所　在　「ボストン」

主　義　獨立共和

發行部數　三三、二九七

創　立　一八三〇年

發行者　Boston Transcript Co.

主　筆　George S. Mandell

Cincinnati Times-Star　夕刊、日曜休刊

所　在　「オハヨー」州「シンシナチ」市

主　義　共　和

發行部數　一五〇、八七〇

創　立　一八三六年

發行者　Cincinnati Times-Star Co.

主　筆　Hulbert Taft

Cleveland News　夕刊、但シ日曜版ハ朝刊ニシテ News Leader ト稱ス

所　在　「オハヨー」州「クリーヴランド」

主　義　獨立共和

發行部數　平日　一四四、四四四
　　　　　日曜　一七三、四一八

創　立　夕刊　一八四一年
　　　　朝刊　一七七四年

發行者　Cleveland News Co.

二、中西部諸州新聞

Detroit Journal　夕刊、日曜休刊

所　在　「ミシガン」州「デトロイト」

主　義　獨立共和

發行部數　一一〇、七一九

創　立　一八八三年

發行者　Detroit Journal Co.

主　筆　N. C. Wright

Milwaukee Sentinel　朝夕刊　但シ日曜ハ朝刊ダケ

所在　「ウヰスコンシン」州「ミルウオーキー」
主義　共和
發行部數　平日　七九、三〇三
　　　　　日曜　七〇、七八〇
創立　一八三七年
發行者　Sentinel Co.
主筆　Edward G. Johnson

St. Louis Globe-Democrat　朝刊

所在　「セントルイス」市
主義　共和
發行部數　平日　一九八、九八三
　　　　　日曜　一八九、四四七
創立　一八五二年
發行者　Globe Printing Co.
主筆　E. Lansing Ray

Minneapolis Journal　夕刊、日曜朝刊

所　在　「ミネソタ」州「ミネアポリス」市

主　義　獨立共和

發行部數　平日　九七、三七六
日曜　九四、四九三

創　立　一八七八年

發行者　Journal Printing Co.

主　筆　Herschel V. Jones

Des Moine Register　朝刊

所　在　「アイオワ」州「ダーモイン」市

主　義　獨立共和

發行部數　平日　一一一、九七〇
日曜　八二、二五一

創　立　一八四九年

發行者　Register & Tribune Co.

主　筆　Harvey Ingham

本社ハ別ニ同市ニ於テ"Tribune"ヲ發行ス前記ノ發行部數ハ兩者ヲ合シタルモノト知ルヘシ

Des Moines Capital 夕刊、日曜朝刊

所在 「アイオワ」州「ダーモイン」市

主義 共和

發行部數 平日 五八、五八五
日曜 三九、三三〇

創立 一八八二年

發行者 Des Moines Capital Co.

主筆 Lafayette Young

Indianapolis Star 朝刊

所在 「インデアナ」州「インデアナポリス」市

主義 獨立共和

發行部數 平日 八四、八八七
日曜 一〇三、一〇五

創立 一九〇三年

發行者　Star Publishing Co.
主筆　John C. Shaffer

Chicago Tribune　朝刊

所在　「シカゴ」
主義　獨立共和
發行部數　平日　四二〇、七〇三
日曜　七三二、六〇六
創立　一八四七年
發行者　Tribune Co.
主筆　Robert R. McCormick
Joseph M. Patterson
共和黨上院議員「マコルミック」ノ持新聞ナリト云フ

Omaha Bee　朝夕刊　但シ日曜ハ朝刊タケ

所在　「ネグラスカ」州「オマハ」市
主義　共和
發行部數　平日　六二、一〇九
日曜　六六、二八五

創　立　一八七一年
發行者　Victor Bee Publishing Co.

三、西部諸州新聞

Post-Intelligencer 朝刊

所　地　「シャトル」
主　義　獨立共和
發行部數　平日　五二、一五一
　　　　　日曜　六八、九九六
創　立　一八六五年
發行者　Clark Nettleton
主　筆　James A. Wood

San Francisco Chronicle 朝刊

所　在　桑港
主　義　獨立共和
發行部數　平日　八九、五四二
　　　　　日曜　一一六、〇九四

創　立　一八六五年

發行者　Chronicle Publishing Co.（社長 M. H. de Young）

主　筆　John P. Young

Los Angeles Times　朝刊

所　在　羅府

主　義　獨立共和

發行部數　日曜　一二七、五四四
　　　　　平日　九〇、八一九

創　立　一八八一年

發行者　Times-Mirror Co.

外ニ繪入週刊ヲ出ス

Oregonian　朝刊

所　在　「オレゴン」州「ポートランド」市

主　義　獨立共和

發行部數　平日　七六、三九〇
　　　　　日曜　九四、九六四

創　立　　一八六一年
發行者　　Oregonian Publishing Co.
主　筆　　Edgar B. Piper

Salt Lake Tribune 朝　刊

所　在　　「ソートレーキ」市
主　義　　共　和
發行部數　平日　三七、二八一
　　　　　日曜　六九、三三七
創　立　　一八七〇年
發行者　　Salt Lake Tribune Pub. Co.

第三章　民主黨

第一節　民主黨政綱（一九二〇年六月桑港ニ於ケル民主黨大會ニ於テ採用）

一九二〇年ノ政戰ニ於ケル民主黨政綱ノ大要ヲ述フレハ左ノ如シ
民主黨「プラットフォーム」ノ劈頭其ノ大體方針ヲ示シテ曰ク「民主黨ハ社會上、經濟上及產業上ノ正義及發展ノ根本的進步主義ヲ確持シ之ヲ法律トシテ制定スルノ大業ヲ再興センコトヲ眼目トス」云々

一、國際聯盟

民主黨ハ國際聯盟ヲ以テ世界ノ平和ヲ維持シ大陸海軍建設ノ堪フ可カラサル負擔ヲ免ル丶唯一ノ手段ナリトハ必スシモ考ヘサルモ唯最モ確實ナル實際的手段トシテ之ニ贊成シ更ニ「ベルサイユ」條約ノ重要ナル規定ヲ削除セントスル留保及單獨講和ニ反對シ直ニ「ベルサイユ」條約ヲ批准センコトヲ主張ス

二、戰爭ニ對スル處置

大戰ニ對スル「ウイルソン」大統領ノ行動ヲ自贊シ大戰ニ於テ盡シタル陸海軍人及一般的國民ノ獻

身的行動ヲ賞揚ス

三、通貨金融政策

民主黨政府カ制定セシ「フエデラル、リザーヴ、システム」ヲ支持シテ政黨ノ上ニ超越セル當局者ノ手ニ依ル金融通貨ノ調節ヲ行ヒ不當ナル信用ノ膨張ヲ防止セル從來ノ政策ヲ自賛シ通貨信用ヲ投機的銀行業者ノ手ニ獨占セシメムトスル計劃ニ反對ス

四、租稅ノ改正

戰時ノ必要ニ應シテ制定シタル租稅制度ヲ平和時代ニ於テ繼續スルノ弊害ヲ述ヘ稅制ノ改革、戰時收入法ノ改正ヲ主張シ更ニ公平ト正義トニ合スル樣稅制ヲ修正シ之ヲ單純化セシコトヲ唱導ス

五、政費ノ節減

民主黨カ政費ノ節減、減稅ヲ行ヒタルコトヲ自贊シ共和黨カ口ニ政費節減ヲ唱ヘツヽ其ノ實行之ニ伴ハサリシヲ非難ス

六、高價生活費ニ對スル救濟

戰後生活費ノ昇騰セルヲ救濟スル爲ニハ生產ヲ促進スルト同時ニ政費ノ節減ヲ行ヒ更ニ戰後狀態ヲ利用シテ暴利ヲ貪リツヽアル人士ニ對シ不斷ノ追擊ヲ行フニアリトナシ政費ノ節減、暴利取締

法ノ制定及其ノ勵行ヲ主張ス

七、關　稅

關稅ニ關シテハ其ノ傳統的政策ヲ支持シテ收入關稅主義ヲ採リ利己的分子ノ要求ニ依ラス公平ナル委員會ノ研究ニ基ク關稅改正ヲ主張ス

八、總豫算制度

政費ノ節減ヲ行ヒ善政ヲ施スニ便ナラシメンカ爲憲法ノ精神ニ合セル總豫算制度ノ創設ニ贊成シ總豫算ノ編成權ヲ大藏長官ニ與ヘテ三分ノ二以上ノ贊成アルニ非レハ議會ニ於テ之ヲ增額スルコトヲ得サラシメムト同時ニ各院ヲシテ單行法案ニ依リ歲出豫算案ヲ提出スルコトヲ得セシメ以テ其ノ憲法上ノ特權ヲ行使セシメンコトヲ主張ス

九、上院規則

民主黨ハ立法事務ノ敏速ヲ期スル爲合衆國上院議事規則ノ變更ニ贊成ス

一〇、農業保護

民主黨ハ曩ニ農業保護ノ爲メ國民銀行法ヲ改正シ更ニ農業貸付銀行ノ制度ヲ採用シテ低利貸付ノ方法ヲ設ケタルカ益〻此ノ政策ヲ大成シ小作農ノ增加ヲ阻止スルノ方法ヲ講センコトヲ唱ヘ更ニ

共同取引ノ權利ヲ認メ又農産物ノ輸出ヲ容易ナラシムルカ如キ立法ニ贊成ス

一一、勞働及工業

民主黨ハ曩ニ勞働省ヲ設立シ其他諸種ノ勞働立法ヲ行ヒタルコトヲ述ヘ勞働ハ商品ニ非スシテ人間ナルヲ以テ權利ヲ有ス從テ國家ノ安寧ハ此ノ權利ヲ正當ニ承認スルニ在リ同時ニ國民生活ハ勞働ノ生産物ニ依賴スルヲ以テ勞働者ハ又國家ニ對シテ相互的ノ義務ヲ負フモノトナシ勞働立法ノ必要ヲ唱フルト共ニ勞働者ノ協力ヲ主張ス又勞働モ資本モ共ニ團結權及團體取引ノ權利アルコトヲ認ムルモ公安ヲ害スルヲ不可トシ國民ノ健康又ハ生命ヲ危クスルカ如キ同盟罷業及ヒ工場閉鎖ニ反對シ出來得ヘクンハ他ニ適當ナル手段ヲ立案センコトヲ主張ス

一二、婦人選擧權

婦人ニ對シ平等ノ選擧權ヲ賦與スル第十九合衆國修正憲法ニ贊成シ未タ之ヲ批准セサル諸州ハ速ニ之ヲ批准センコトヲ主張ス

一三、婦人幼年者ノ保護

母性及兒童ヲ保護シ以テ幼年生活ノ保護ニ對シテ各州ト協力センコトヲ勸說ス其ノ方法ハ幼年勞働ノ禁止並ニ勞働省ニ於ケル幼年局及婦人局設立ノ爲適當ナル豫算ヲ設ケンコト卽チ之ナリトス

一四、婦人勞働者

婦人又ハ婦人ノ利害ニ關スル事項ヲ掌ル委員會ニハ婦人代表者ヲシテ之ニ出席セシメンコトヲ主張シ而シテ外國人ニ嫁シタル米國在住ノ米國婦人ハ尚其ノ米國市民權ヲ保持スヘク男子同樣ノ歸化手續ヲ要スルモノトナス法律ノ制定ヲ主張ス

一五、敎育

無敎育者ノ絶滅及敎師給料ノ增加、公民敎育及職業敎育ノ豫算增加等ニ對シ直ニ合衆國政府カ各州政府ヲ援助センコトヲ要求ス

一六、廢兵

大戰ニ參加セル廢兵及戰死軍人ノ遺族ハ政府ニ於テ之ヲ救護スルノ必要アリ民主黨ハ曩ニ戰時保險局ヲ設立シタルカ更ニ職業敎育局ハ又其ノ一部ヲナスニ至ルヘキモノナリト信ス更ニ此等廢兵ヲシテ容易ニ土地及家屋ノ所有者タルヲ得セシムルカ如キ法律ヲ制定センコトヲ主張ス

一七、鐵道

合衆國政府ニ於テ鐵道ヲ管理シタルハ軍隊及軍需品ノ迅速ナル輸送ヲ行ハントシタルカ爲ニ外ナラス此ノ目的ヲ達成シタルニ當リ大統領ハ之ヲ私有ニ返還センコトヲ勸說シタルカ爾後一年ニ涉

リ兩院ニ於テ論議ヲ重ネ遂ニ一九二〇年輸送法案ヲ通過シタルモ時間切迫ノ爲大統領ニ於テ之ヲ拒否スルカ盲從スルカ其ノ一ヲ選フノ外ナキ事情ノ下ニ該法ノ制定ヲ見タリ議會カ法律ノ缺點ヲ改正シテ私有制度ノ下ニ政府ノ補助ナクシテ充分ニ有效ナル輸送ヲ行ヒ得ルコトヲ保證スルニ至ル迄ハ該法律ハ公正ニシテ完全ナル試驗ヲ經サル可カラストテ該法律ニ對スル反對ノ態度ヲ暗示ス

一八、國道ノ改良

改修シタル道路ハ商工業ノミナラス農業及田園生活ニモ頗ル重要ナリ民主黨ハ一九一六年合衆國道路法ヲ制定シテ適當ナル路線ノ建設ヲ計リタリ後其ノ修正ヲ見タルモ吾人ハ現行ノ合衆國補助計劃ノ繼續ヲ主張ス又民主黨カ從來郵便事務ヲ改良シテ生產品ノ分配ヲ有效ニシ生產者ノ利益ト同時ニ生活費ノ低下ヲ計リタル事實ヲ述ヘ郵便事務ニ自動車ノ使用ヲ贊成ス

一九、海　運

民主黨政府ノ下ニ今日ノ海運ヲ囘復シタルカ民主黨ハ米國ニ於テ製造セラレ米國旗ヲ揭クル船舶ノミヲ以テ米國製品ヲ全世界ノ商港ニ輸送シ得ルニ至ル迄繼續シテ米國商船ノ增加ヲ計ルヘシト主張ス

二〇、海港設備

民主黨ハ輸出入ニ拘ラス國內諸港同率ノ料金ヲ課シ以テ國產品ノ移動ニ對シ便宜ト料金トヲ公平妥當ナラシメンコトヲ主張ス

二一、內國水路

現在ノ鐵道輸送不適當ニシテ水路輸送ヲ行フコト緊要ナルヲ以テ海港及內國水路ノ開發利用ニ關シ包括的自由政策ヲ主張ス

二二、治　水

民主黨ハ一九一七年治水法ヲ制定シ「ミシシピー」河其他ノ治水ニ成功シタルカ更ニ此ノ政策ヲ擴張センコトヲ主張ス

二三、荒廢地開拓

民主黨ハ曩ニ荒廢地開拓計劃ヲ立テ着々效果ヲ收メツツアルカ更ニ此ノ大事業ヲ擴張スル爲充分ナル豫算ヲ計上センコトヲ主張ス

二四、商務委員會

競爭的事業ニ對シ公正ナル市場ヲ設ケンカ爲合衆國商務委員會ノ設立ヲ希望シ之ニ商業取引ヲ阻

害スル加キ特許權ノ不正ナル利用ヲ防止スル權限ヲ與フルコトヲ主張ス

二五、家畜市場

家畜ノ生產ヲ盛ニシ市價ヲ低廉ナラシメンカ爲合衆國政府ニ於テ各州ニ涉リ大家畜市場ノ監督ヲ行フヘキ法律ヲ制定センコトヲ主張ス

二六、墨國

墨國ハ漸次秩序ヲ囘復シ來リ過去多年ノ間今日程米國人ノ生命利益ノ安全ナルコト曾テ無キ狀況ナルヲ以テ若シ新政府ニシテ永久的ニ法律ト秩序トヲ維持スル能力アルコトヲ證シ又國際義務ヲ履行スルノ意アルコトヲ示シ且ツ成文法律ニ依リ外國ノ投資者カ權利ト義務トヲ有スルコトヲ規定スルニ於テハ米國ハ墨國政府ヲ承認シ同情アル援助ヲ與フヘキコトヲ主張ス

二七、石油

民主黨ハ米國カ更ニ石油其他ノ鑛物供給ノ富源ヲ獲得スルノ必要ヲ認メ之ヲ內外ニ涉リテ奬勵助長セサルヘカラサルコトヲ唱ヘ外國ニ於ケル鑛業權ノ獲得ニ關シ米國人カ他國人ト同樣ノ權利ヲ取得スル樣政府ニ於テ方法ヲ講センコトヲ主張ス

二八、新國家

民主黨ハ支那、「チエツク」、「フインランド」、「ユゴスラビヤ」、波蘭、波斯及其他最近代議政府ヲ建設シ民主制度ノ發達ニ努力シツツアル諸國ニ同情ス

二九、愛蘭

民族自決主義ハ米國カ大戰ニ參加シタル主要目的ノ一トシテ不斷ニ繰返ヘサレタル處ニシテ其勝利ハ終ニ此ノ主義ヲ確立シタリ民主黨ハ國際友誼及國際慣例ノ範圍內ニ於テ自治政府ニ對スル愛蘭ノ熱望ニ同情ス

三〇、「アルメニア」

民主黨ハ「アルメニア」人ノ不幸ニ深厚ナル同情ヲ表シ政府カ憲法及其ノ主義精神ニ基キ「アルメニア」人カ自已ノ政府ヲ建設支持セントスルノ努力ニ對シ出來得ル限リノ助力ヲ與フヘキコトヲ確言ス

三一、菲島

民主黨ハ「フイリツピン」諸島一千五十萬ノ住民ニ對シ遲滯ナク其ノ獨立ヲ許サンコトニ贊成ス

三二、布哇

中產階級ノ增加ヲ計ル爲公有地ヲ住宅地化スルノ政策ニ贊成シ更ニ布哇島ハ西境ノ外衞タル要地

ナルヲ以テ合衆國政府ニ於テ港灣道路ノ改良ヲ行ハンコトヲ主張ス

三三、「ポルトリコ」

民主黨ハ將來合衆國ノ一州トナス考ヲ以テ「ポルトリコ」ニ對シ傳統的ノ「テリトリアル、フォーム」ヲ有スル政府ヲ許可センコトニ贊成シ其行政ノ衝ニ當ルヘキ官吏ハ任命前ヨリ其地ニ住居シ居リタルコトヲ要件トスヘキモノナルコトヲ信ス

三四、「アラスカ」

民主黨政府ハ曩ニ「アラスカ」開發ノ爲交通產業ノ發展ヲ計リタルカ更ニ炭鑛森林等事業ノ發達ニ資スルノ諸施設ヲ行ヒ又將來合衆國內ノ一州トナス見解ヲ以テ「テリトリアル、セルフ、ガヴアンメント」ノ制ヲ行フ充分ナル方法トシテハ其ノ行政ニ當ル者ハ任命前ヨリ其地ニ住居シ居リタルコトヲ要件トスヘキモノナルコトヲ信ス

三五、亞細亞移民

亞細亞移民入國禁止ニ關スル合衆國政府ノ政策ハ米國人民ノ眞ノ見解ヲ表示スルモノナリ而シテ其ノ地理的狀況又ハ對內的事情カ此ノ政策ヲ形成セシメシ諸州及此政策ニ從テ制定セラレシ關係諸法律ノ執行ニ對シテハ民主黨ハ之ヲ支持スヘキコトヲ保障ス

三六、郵便事務

民主黨ハ郵便使用人ノ給料改正ニ關スル共同委員會ノ事業ニ贊成シ民主黨ハ一切ノ政府使用人ノ公正ナル待遇ニ贊成ス

三七、言論及出版

民主黨ハ言論出版ノ自由ニ關スル大原則ヲ尊重スヘキコトヲ斷言スルモ又敵國ノ宣傳及暴力ニ依リ合衆國政府又ハ州政府ノ倒壞ヲ計ラントスル者ニ對シテハ一モ容赦セサルコトヲ主張ス

三八、共和黨ノ腐敗

共和黨ノ諸候補者カ其ノ指名ヲ得ンカ爲使用セル金額ノ巨大ナル事實ヲ暴露セルカ彼ノ「ミシガン」州選出共和黨上院議員ノ選擧費濫用事件ト倂セ考フルニ選擧費ニ關スル法律ハ共和黨ニ依リ侵害セラレツツアリ民主黨ハ此ノ事實ヲ悲シムト共ニ一層此ノ法律ノ勵行ヲ期ス

第二節　民主黨領袖及名士略歷性格

ベーカー(Newton Diel Baker)前陸軍長官

一八七一年「ウエスト、ヴアジニア」州ニ生ル「ジョンスホプキンス」及「ワシントン、アンド、リー」大學卒業一八九六年ヨリ九七年迄時ノ遞信長官ノ祕書トナル九七年自州ニ歸ツテ辯護士開業、一九〇二年以後「オハヨー」州「クリーヴランド」市ニ公職ヲ勤メ一九一二年ヨリ一五年迄同市々長トシテ名聲ヲ擧ク、其後再ヒ辯護士ヲ開業シタルカ一九一六年三月第二次「ウヰルソン」內閣ニ入リ陸軍長官トシテ大戰中ノ軍事行政ニ其手腕ヲ顯ハセリ俊敏、能辯、皮肉ナリ現ニ「クリーヴランド」商業會議所會頭ナリ

「バルーク」(Bernard Mannes Baruch)紐育資本家

五十歲前後、生年月不詳、猶太人系ナリ一八八九年紐育市立「カレッヂ」卒業、紐育取引所員トシテ多年投機界ニ活動シ浮沈ヲ重ネ遂ニ大資本家トナル一九一六年米國參戰以後諸航ノ戰時行政機關ノ委員乃至委員長ニ擧ケラレテ活動シ巴里講和會議ニハ經濟及賠償事項米國委員トナレリ其財力ト機敏トニ加フルニ「ウヰルソン」大統領ノ昵近者トシテ民主黨員間ニ重キヲナス民主黨政費財源ノ一ナリト稱セラル氏ハ「ウイリアムカレジ」ニ於テ開催セラルル Institute of Politics ノ出資者ナリ

「ブライアン」(William Jenning Bryan)元國務長官

一八六〇年「イリノイ」州ニ生ル、州立法律學校ニ學ヒ辯護士トナリ一八八三年ヨリ同七年迄同州

ニ開業シ後「ネブラスカ」州ニ移ル一八九一年ヨリ同五年迄「ネブラスカ」選出中央下院議員トナリ州民主黨ニ重キヲナシタルモ未タ州外ニ其名聞エス一八九六年民主黨全國大會ニ州代表者トシテ列席シ雄辯ヲ揮ヒタルカ爲メ忽チ名聲ヲ博シ同大會ニ於テ大統領候補者ニ選定セラレタルモ共和黨ノ「マッキンレー」ニ破ラル其後民主黨大統領候補者ニ選定セラルルコト二回ナリシモ何レモ利アラス一九〇六年世界漫遊ノ途日本ニ來ル一九一三年「ウヰルソン」内閣ニ入リ國務長官トナリタレトモ「ウヰルソン」ト合ハス一九一五年辭職セリ氏ノ雄辯ハ世界ニ名高ク又平和論者、節制論者トシテ知ラル熱情家ナリ近時民主黨沈默ノ時ニ當リ同黨ノ Standard Bearer トシテ獨リ氣ヲ吐キツツアリ

「コルビー」(Bainbridge Colby) 前國務長官

一八六九年「セントルイ」ニ生ル、一八九二年紐育法律學校卒業後紐育ニ於テ辯護士ヲ開業シ其間紐育州ノ公職ニ携ハル共和黨急進派設立者ノ一人ニシテ一九一二年ノ總選擧ニ「ルーズベルト」ノ爲メニ活動ス嘗テ紐育共和黨急進派ヨリ上院議員候補者ニ推サルルコト二回ナリシモ成功セス一九一七年司法長官ノ特別助手ニ任セラレ同年十一月米國委員ノ一人トシテ巴里聯合國會議ニ臨ム一九二〇年三月「ランシング」ノ後任トシテ國務長官ニ任セラレ「ウヰルソン」内閣ノ終了ト共ニ紐

育ニ歸リテ辯護士ヲ開業ス拔目ナキ Politician ニシテ "Whenever he plays he plays for himself" ト稱セラル(談)

「コックス」(James M. Cox)前「オハヨー」州知事　一九二〇年民主黨大統領候補者

一八七〇年「オハヨー」州ニ生ル、父ノ農園ニ成長シ專問ノ教育ヲ受ケス新聞記者トシテ身ヲ立テ一八九八年同州 The Dayton Daily News ヲ又一九〇三年同州 The Springfield Press Republic ヲ買受ケテ經營ス一九〇九年ヨリ一九一三年迄中央下院ニ選出セラレ中央ニ其名ヲ知ラルルニ至レリ一九一二年民主黨候補者トシテ「オハヨー」州知事ニ當選シ州政治ノ刷新ニ着手シ再選シテ之ヲ大成ス一九一八年知事ニ三選シタルカ共和黨州タル「オハヨー」州カ民主黨知事トシテ氏ヲ累選シタル事實ハ氏ノ政治的輿望ヲ語ルモノト云フヘシ一九二〇年民主黨大統領候補者ニ選定ヲ受ケタルモ「ハーデング」ニ敗ル雄辯彗敏ニシテ機略ニ富ム政治家ナリ

「ダニエルス」(Josephus Daniels)前海軍長官

一八六二年「ノースカロライナ」州ニ生ル、辯護士ノ免許ヲ受ケタルモ開業セス新聞記者トシテ身ヲ立テ又嘗テ內務省ニ職ヲ奉ス一八九四年以來同州「ローレー」ノ The News and Observer ヲ所有經營ス州民主黨ノ有力者ニシテ一八九六年以來民主黨全國委員會「ノース、カロライナ」委員タル

コト二十餘年第一次及第二次「ウヰルソン」内閣ノ海軍長官トシテ米國海軍ノ大擴張ヲ遂行セリ夙ニ米國海軍ニ禁酒ヲ實行シ始メタルハ氏ナリ海軍部内ニハ寧ロ不評判ナリキ

「デヴィス」(John W. Davis)前駐英大使

一八七三年「ウエスト、ヴアジニア」州ニ生ル Washington & Lee University ヲ卒業シ辯護士ノ免許ヲ得一時母校ニ敎授トナリ後辯護士開業、嘗テ自州下院議員トナリ一九一一年以後中央下院ニ選出セラルルコト二回一九一三年「ソリシター、ゼネラル」トシテ中央司法省ニ入リ一九一八年迄在職同年駐英大使ニ任セラレ「ウヰルソン」内閣ノ終了ト共ニ之ヲ辭ス一九二〇年ノ民主黨全國大會ニ於テ大統領候補者ニ擬セラレタルモ成功セス一九二一年八月米國辯護士會々長ニ當選ス

「グラッス」(Carter Glass)「ヴアジニア」州選出上院議員前大藏長官

一八五八年「ヴアジニア」州ニ生ル幼時新聞業ニ關スル敎育ヲ受ク目下郷里「リチバルグ」ニ於テ二個ノ新聞ヲ所有ス嘗テ州上院議員トナリ一九〇二年以後中央上院議員ニ累選シ一九一八年十二月上院在職中大藏長官ニ任命セラレ「マカドウ」ノ後ヲ襲フ一九二〇年二月辭職シテ再ヒ上院ニ歸レリ「ヴアジニア」民主黨ノ有力者ナリ

「ヒチコック」(Gilbert M. Hitchcock)「ネブラスカ」州選出上院議員

一八五九年「オマハ」ニ生ル幼時獨逸ニ留學シ「ミシガン」大學卒業後辯護士トナリ郷里ニ開業ス一八八五年 Omaha Evening World ヲ設立シ目下同地ニ於テ三新聞ヲ所有シ一九〇三年以後中央下院ニ三選シ一九一一年以來上院議員ニ再選ス「ウヰルソン」在職中上院外交委員長タリ國際聯盟批准戰ニ際シテハ極力「ウヰルソン」ヲ支持セリ民主黨内ニアリテ同黨大統領候補者物色ノ役目ヲ勤ムト稱セラル

「キング」(William King)「ユタ」州選出上院議員

一八六四年「ユタ」州ニ生ル州立大學ニ學ヒ又英國ニ遊學シ以來法律ヲ研究ス一八八八年「ミシガン」大學卒業辯護士トナル州議會議員其他ノ州公職ニアルコト多年、中央下院ヲ經テ一九一六年上院ニ入ル「ヒチコック」ト共ニ國際聯盟支持ニ奮鬪セリ州民主黨ノ有力者ナリ

「キッチン」(Claude Kitchin)「ノース、カロライナ」州選出下院議員、下院民主黨院内總理

一八六九年「ノース、カルライナ」州ニ生ル辯護士ヲ業トス一九一一年以來中央下院ニ累選シ院内總理トナルコト數囘

「ランシング」(Robert Lansing)元國務長官

一八六四年「ニユーヨーク」州ニ生ル Amherst College ヲ卒業シ辯護士トナル合衆國政府ノ由來及

形式ト題スル著書ノ外國際法ニ關スル論說數種ヲ公ニシテ其學名ヲ知ラル一九一〇年ヨリ一五年迄外交問題特別顧問乃至法律顧問トシテ國務省ニ屬シ居タルカ一九一五年「ブライアン」ノ後任トシテ國務長官ニ擧ケラレ巴里會議ニハ米國全權ノ一人トシテ「ウキルソン」ニ從フ一九二〇年初獨斷ニテ內閣會議ヲ召集シタリトテ大統領ノ叱責ヲ受ケ辯職ス米國參戰後ノ主ナル外交問題ノ決定ハ大統領之ヲ專行シ氏ハ單ニ置物ニ過キサリシ觀アリ巴里會議ニ於テ其言ノ一トシテ「ウキルソン」ニ用キラレサリシハ自著 The Peace Negotiations ニ述フルカ如シ該著ハ寧ロ自己ノ不敏ヲ表明シタルモノナリトノ批評ヲ招ケリ氏ハ政治的外交的手腕ヲ有セス學究的法律家ニ過キスト稱セラル、所謂石井「ランシング」協定ノ署名者トシテ日米外交關係ニ於テ著聞ス

「マーシャル」(Thomas Riley Marshal) 前副大統領

一八五四年「インデアナ」州ニ生ル一八五五年辯護士トナリテ自州ニ開業シ夙ニ州民ノ間ニ其名ヲ知ラレ一九〇九年ヨリ一三年迄同州知事ニ選任一九一二年副大統領ニ當選シ一九一六年再選ス學殖深ク哲學的頭腦ヲ有シ政見穩當素直ノ人ナリ

「マカドー」(William Gibbs McAdoo) 前大藏長官

一八六三年「ジョージア」州ニ生ル後「テネシー」州ニ移リ同州々立大學ニ法律ヲ修メ二十一歲ノ時

辯護士トナル地方ニ開業スルコト數年一八九二年紐育ニ移リテ開業ス「ハドソン」河床「トンネル」開鑿工事ノ發案者ニシテ其工事ヲ目的トスル會社ヲ組織シ一九一二年ヨリ一三年迄社長ノ職ニ居リ又嘗テ民主黨全國委員會ノ委員副長トナリ一九一二年ノ總選擧ニハ臨時委員長トシテ活動ス一九一三年「ウヰルソン」內閣ニ入リ大戰中ノ財政ヲ處理シテ名聲ヲ擧ク一九一八年十二月個人的財政上ノ理由ニヨリ辭職シ再ヒ紐育ニ辯護士開業一九二二年春加州羅府ニ移住シテ開業ス「ウヰルソン」ノ女婿ナリ政治家トシテ一般的資格ヲ兼備シ勇氣ト實行力トニ富ム一九二〇年民主黨全國大會ニ於テ大統領候補者トシテ次點者ナリキ

「パーマー」(A. Mitchel Palmer)前司法長官

一八七二年「ペンシルベニア」州ニ生ル法律ヲ獨修シ辯護士トナル夙ニ同州民主黨間ニ重キヲナシ一九一二年及一九一六年ノ民主黨全國大會ニ同州ヲ代表シ又一九一二年以後民主黨國民委員ノ運動實行委員トナルコト數年嘗テ中央下院ニ選出セラルルコト三回一九一六年三月「グレゴリー」氏ノ後ヲ襲ヒテ「ウヰルソン」內閣ニ入ル一九一九年在米過激外人ノ大檢擧ヲ遂行ス一九二〇年ノ桑港民主黨全國大會ニ於テ大統領候補者ニ擬セラタルモ得點第三位ナリキ

「ポメーン」(Atlee Pomerene)「オハヨー」州選出上院議員

一八六三年「オハヨー」州ニ生ル一八八四年「プリンストン」大學卒業又「シンシナチ」法律學校ニ法律ヲ修メ一八八六年以來自州ニ於テ辯護士開業、其間二三ノ地方官職ニ就ク一九一〇年州民主黨大會ノ議長トナリ後副知事ニ選任ス一九一一年中央上院ニ選出セラレ一九一六年再選現ニ外交委員ノ一人ナリ「オハヨー」民主黨ノ有力者ナリ

「リード」(James A. Reed)「ミスーリ」州選出上院議員

一八六一年「オハヨー」州ニ生ル一八八七年「カンサス」市ニ移ル辯護士ヲ業トス夙ニ「ミスリー」州民主黨ニ投シ活動シ一九一一年同州ヨリ上院ニ選出セラレ一九一七年再選ス國際聯盟ニ反對シ所謂民主黨ノ頑固派ニシテ「ウキルソン」ト犬猿ノ間柄ナリ又四國條約批准ニ反對セリ頭腦頗ル彗敏ニシテ黨中錚々タル闘將ナリ最モ辯論ニ長シ嘗テ自州ノ一地方ニ於テ検事在職中既ニ Silver tongued Orator ナリトノ名聲ヲ博セリ

「ロビンソン」(Joseph Taylor Robinson)「アーカンソー」選出上院議員

一八七二年「アーカンソー」州ニ生ル同州々立大學ヲ卒業シ辯護士トナル一八九四年州議會ニ選出セラレテヨリ政界ニ投シ一九〇三年以後中央下院ニ選出セラルルコト五回一九一二年州知事ニ當選シ翌年就任シタルモ同時ニ中央上院議員ニ當選シタルヲ以テ前者ヲ辭職ス一九一八年再選ス所

謂「ウキルソン」系上院ノ雄ニシテ四國條約批准ニ反對セリ熱辯ナル闘將ナリ

「アンダーウッド」(Oscar W. Underwood)「アラバマ」州選出上院議員

一八六二年「ケンタキー」州ニ生ル「ヴアジニア」州大學ニ學ヒ一八八四年辯護士トナリ「アラバマ」州「バーミングアム」ニ開業ス州民主黨ノ有力者トナリ同州ヨリ中央下院ニ選出セラルルコト二回一九一五年中央上院ニ入リ一九二一年再選ス現ニ民主黨上院總理ナリ議會ヲ通シテノ關稅通ニシテ華府會議ニハ米國全權ノ一人トシテ支那關稅問題討議ノ衝ニ當リ四國條約批准戰ニ於テハ民主黨員十一人ヲ率キテ條約通過ヲ可能ナラシメタリ資性溫厚、圓滿ナル常識ヲ有スル政治家ト稱セラル嘗テ一九一二年ノ民主黨全國大會ニ於テ南方民主黨ノ推ス所トナリ大統領候補者ニ擬セラレタリ

「ホワイト」(George White)元下院議員、民主黨全國委員長

一八七二年「ニユー、ヨーク」州ニ生ル一八九五年「プリンストン」大學ヲ出テ實業ニ投シ石油鑛山等ノ事業ニ關係シ既ニ重油生產業ニ從事ス嘗テ「オハヨー」州議會ニ選出セラレ一九一一年以來同州ヨリ中央下院ニ選出セラルルコト三回

「ウキルソン」(Woodrow Wilson)前大統領

一八五六年「ヴアジニア」州ニ生ル士格蘭愛蘭人ノ血統ヲ受ク其父ハ宣敎師ナリシカ稀ナル學者ニ

シテ「ウヰルソン」幼時ノ教育ハ主トシテ父ヨリ受ケタルモノナリト云フ一八七九年「プリンストン」大學卒業後「ヴアジニア」州大學ニ入リテ法律ヲ專攻シ卒業後「ジョージア」州ニ於テ一時辯護士ヲ開業セルカ一八八三年「ジョンス、ホプキンス」大學ニ入リテ政治經濟及歷史ヲ修ム「ペンシルベニア」州ノ一「カレッヂ」及 Wesleyan 大學ニ教授タルコト數年ノ後一八九〇年「プリンストン」大學ニ聘セラレ法理學經濟學ヲ教ヘ一九〇二年同大學總長ニ選任ス一九一〇年「ニユージャージー」民主黨ヨリ州知事候補者ニ推サレ同大學ヲ辭ス氏ノ政治的生涯ハ茲ニ始マレリ同年十一月知事ニ當選在職中治績ヲ擧ケテ名聲頓ニ顯ハレ一九一二年ノ民主黨全國大會ニ於テ大統領候補者ニ推サレ「タフト」ヲ破リテ「ホワイト、ハウス」ニ入ル「クリーヴランド」以後十五年ノ共和黨ノ天下茲ニ民主黨ニ歸ス一九一六年再選セラレ其在任中歐洲大戰ニ參加シ尨大ナル戰時施設ヲ實行シ國民統一擧國一致ノ大業ヲ遂ケ又巴里講和會議ニハ所謂「ウヰルソン」ノ平和十四ケ條ヲ提ケテ一時歐洲ノ輿望ヲ一身ニ負フノ慨アリタルハ人ノ記憶ニ新タナル所ナレトモ國際聯盟ハ所謂上院頑固派ノ容ルル所トナラス於此「ウヰルソン」ハ民衆ノ輿論ニヨリ上院ヲ動カシ批准ノ促進ヲ謀ランカ爲一九一九年九月全國遊說ノ途ニ上リタルカ心身過勞ノ結果遂ニ健康ノ挫折ヲ來ス同月末「カンザス」州ヨリ華府ニ歸還シ爾來再ヒ立ツ能ハス一九二一年三月共和黨內閣ノ成立ト同時ニ華府西北區S街ニ隱退シ病軀ヲ養ヒツツアリ學識深蘊、高遠ナル政治的理想家ナルハ人ノ知ル所唯餘リニ自我自信ノ念强ク往々人ト容レス敵ヲ造ルヲ缺點トス自己ヲ政界ニ紹介シタル「ハーヴエー」ト絕チ「ウヰルソン」ノ智囊ト稱セラレタル「ハウス」大佐ト別レ「プリンストン」時代ヨリ「ホワイト、ハウス」ニ至ル迄忠實ナル祕書タリシ「タマルテー」トモ最近疎隔スルニ至レルハ上述ノ缺點ヲ立證スルモノナリ尙世人ノ敬信厚ク所謂 Wilsonism ノ支持者多ク又上院內ニモ尙多數ノ「ウヰルソン」系議員存スルヲ見ル、著書頗ル多ク就中 Congress and Government 最モ名アリ

第三節　民主黨主要新聞

一、東部諸州新聞

New York Journal　夕刊(日曜ヲ除ク)　所在、紐育市

主　義　　民主主義

發行部數　　六二二、八九二

創　立　　一八九六年

發行者　　Star Company

主筆　John R. Hastings

The World
- 朝刊
- 夕刊(日曜ヲ除ク)　所在、紐育市
- 日曜刊行
- 月曜、水曜、金曜刊行

主義　獨立民主

發行部數
- 朝刊　三三八、〇一四
- 夕刊　三五〇、八二九
- 日曜刊行　五九〇、九六五
- 月曜、水曜、金曜刊行　七九、八四八

創立
- 朝刊　一八六〇年
- 夕刊　一八八七年
- 月曜、水曜、金曜刊行　一八六〇年

發行者　Press Publishing Company

主筆　Herbert Bayard Swope

New York Times　朝刊　所在、紐育市

主義　獨立民主

發行部數　平日　三二七、二七五
　　　　　日曜　四九九、九二四

創立　一八五一年

發行者　New York Times Company

主筆　Michell 死亡後主筆ノ任命ナキモ實際ニ於テハ從前通 Carr Van Anda 權ヲ有ス

Baltimore Sun　朝刊（毎日）
　　　　　　　夕刊（日曜ヲ除ク）　所在、「メリイランド」州「ボルチモア」

主義　獨立民主

發行部數　平日（朝刊夕刊併セテ）　一七三、九八五
　　　　　日曜　一三二、〇九六

創立　朝刊　一八三七年
　　　夕刊　一九一〇年

發行者　A. S. Abell Company

二、南新諸州新聞

Times-Picayune　朝刊
　　　　　　　　木曜刊行　所在、「ルイジアナ」州「ニユー、オルリンス」

主義　獨立民主

發行部數
平日　七五、二四五
日曜　三八、〇三二
木曜刊行　三、三〇〇

創立　一八三七年

發行者　Times-Picayune Publishing Company

主筆　D. D. Moore

States
夕刊（日曜ハ朝刊）
日曜朝刊刊行
所在、「ルイジアナ」州「ニユー、オルリンス」

主義　民主

發行部數
夕刊（日曜ハ朝刊）　四一、五八一
日曜刊行　三八、〇三二

創立　一八八〇年

發行者　Daily States Publishing Company

Constitution　朝刊　所在、「ヂョルヂア」州「アトランタ」

主義　民主

發行部數　平日　五〇、八五一
　　　　　日曜　五七、五〇六

創立　一八六八年

發行者　Constitution Publishing Company

主筆　Clark Howell

News Leader　夕刊（日曜ヲ除ク）　所在、「ヴアヂニア」州「リッチモンド」

主義　獨立民主

發行部數　四五、三八三

創立　一八九六年

發行者　News-Leader Company

主筆　Douglas S. Freeman

Times-Dispatch　朝刊　所在、「ヴイヂニア」州「リッチモンド」

主義　民主

發行部數 ｛平日 二二、〇六三
　　　　 ｛日曜 四一、〇二二

創立 一八五〇年

發行者 Times-Dispatch Publishing Company

主筆 Charles Phillips Hasbrook

Tennessean ｛朝刊 ｛夕刊（日曜ヲ除ク） 所在、「テネツシ」州「ナシユヴイル」

主義 獨立民主

發行部數 ｛朝刊夕刊併セテ 四五、〇五一
　　　　 ｛日曜刊行 二九、四七五

創立 一八一二年

發行者 Tenesseean Publishing Company

（備考） 最近民主黨全國委員長ニ選擧セラレシ Hull カ同州ノ人ナルヨリ本紙ノ言論ハ今後注目ニ値スヘシ

第四章　社會黨

第一節　社會黨政綱（一九二〇年五月組育社會黨全國大會ニ於テ宣言）

一九二〇年ノ政戰ニ於ケル社會黨政綱ハ其前文ニ於テ民主共和兩黨ヲ Reactionary and Militaristic ナリト攻擊シ社會黨ハ公共的必要物ノ公有ト地理的職業的團體ノ代表者ヲ以テ組織スル政府トヲ基礎トシテ社會制度ノ革新ヲナサントスル信條ヲ遵奉スル人士ノ奮起ヲ求ムトノ趣旨ヲ宣言セリ其政綱ハ社會主義ヨリ來ル當然ノ結果タル主張ノ外別ニ目新シキ點ナキモ其要目ヲ擧クレハ左ノ如シ

一、社會問題

（一）人民ノ生存幸福ニ缺クヘカラサル事業卽チ鐵道、航運、電信、電話、鑛山、油田、發電所、農業、倉庫、荷造所、冷藏倉庫其他全國的規模ヲ以テ經營セラルヽ事業ヲ國有トスヘシ

（二）國有事業ハ營利ヲ目的トスルコトナク一面勞働者ニ正當ノ報酬ヲ與ヘテ人間ラシキ生計ヲ營マシムルト同時ニ他面公衆ニ對シ充分ナル便益ヲ與フル目的ヲ以テ政府及勞働代表者ノ

協力ニヨリ之ヲ經營スヘシ

(三) 諸種ノ銀行ヲ政府事業トシ其組織ヲ統一スヘシ

(四) 保險ヲ政府事業トシ其範圍ヲ擴張シ災厄、疾病、不具、老衰、失業ニ對スル保險ヲ網羅セシムヘシ

(五) 議會ハ改正憲法第十三、十四、十五條ヲ黑人ニ付テモ勵行シ又中央立法ヲ以テ黑人ヲシテ公權竝ニ政治、產業、敎育ニ關スル權利ヲ充分享有セシムヘシ

二、產　業

議會ハ法律ヲ以テ少年勞働ヲ禁シ最低賃銀ヲ定メ不定居住勞働者ヲ保護シ同盟罷業破壞ヲ禁シ勞働時間ヲ短縮スヘシ

三、政治事項

(一) 密偵法其他ノ抑壓的法令ヲ廢シ言論出版集會ニ關スル憲法上ノ自由ヲ囘復スヘシ

(二) 密偵法ニ基ク訴追ヲ止メ信仰、政見、產業的活動ニ基因スル犯罪ニヨリテ入獄中ナル囚人ヲ赦免スヘシ

(三) 政見ノ如何及勞働爭議ニ參加シタルノ理由ニヨリ外國人ヲ追放スヘカラス又如何ナル場

合ト雖モ審理ヲナサスシテ追放ヲ行フヘカラス

（四） 雇主ニ對スル勞働者ノ反對ヲ禁止スル爲メニ差止命令ヲ發シ得ルノ權限ヲ裁判所ヨリ奪フヘシ

（五） 合衆國判事ハ人民ノ投票ヲ以テ選任シ又之ヲ免職シ得ルコトトスヘシ

（六） 大統領及副大統領ノ選任ハ人民ノ直接選擧トシ又之ヲ免職シ得ルコトトスヘシ内閣々員ハ議會之ヲ任命シ議會ニ對シ責任ヲ負ハシムヘシ

（七） 選擧權ハ事實上モ法規上モ男女同權トスヘシ

（八） 居住事實ヲ選擧權行使ノ最重ナル要件トナスカ爲メ數百萬ノ市民カ選擧權ヲ行使シ得サル事態ニ顧ミ不定居住勞働者ヲシテ登錄及投票ヲ行フコトヲ得セシムル樣法規ヲ制定スヘシ

（九） 憲法ヲ改正シテ社會的政治的自由ニ對スル保障ヲ强固ナラシメ產業的社會的改革其他本政綱列擧ノ改革實行ニ對スル障害ヲ除クヘシ

四、外　交

（一） 米國ノ聯合國ニ對スル戰時債權ヲ帳消トシ又歐洲ヲシテ復活セシムル爲歐洲罹災國ニ對シ食料、材料、機械ヲ信用ニテ供給スヘシ

(二) 米國ハ國際聯盟解散運動ヲ開始シ又各國選出代表者ヲ以テ組織スル國際議會ノ創設運動ヲナスヘシ右議會ハ權利平等、民族自決、殖民地及附庸國ノ國民的生存權、水陸ニ於ケル國際自由交通々商、世界的武裝解除等ノ信條ヲ基礎トシ正義融和ヲ旨トシテ平和條約ヲ改訂スルヲ以テ目的トスヘシ

(三) 米國ハ中歐諸國ト共ニ速ニ平和條約ヲ締結シ又「ソビエット」政府ヲ承認スヘシ、直ニ愛蘭共和國ノ獨立ヲ承認スヘシ

(四) 米國資本家カ對外投資ヲナシ利權ヲ得ルハ自己ノ危險ニ於テ之ヲナスヘク之ニ基因スル紛爭要求等ニ對シ決シテ政府ノ後援ヲ與ヘサルコトヲ國是トスヘシ

五、財　政

(一) 中央政府ノ負ヘル戰時其他ノ債務ハ直チニ其全部ヲ償還スヘシ償還ニ要スル財源ハ之ヲ累進的財產稅ノ賦課ニ求メ殊ニ戰爭成金ノ負擔ヲ重カラシムヘシ

(二) 恆性的累進所得稅及等級相續稅ヲ賦課シ政府費用社會及產業ニ關スル機關ノ增設ニ當ツヘシ

(三) 地價ノ自然的騰貴ニ對シ課稅シ又使用セサル土地ニ對シテ其賃貸料ニ相當スル稅ヲ賦課

スヘシ

第二節　社會黨領袖及名士略歷

「デブス」(Eugene Victor Debs)　社會黨大統領候補者(一九二〇年)

一八五五年「インデアナ」州ニ生ル佛人系米人ナリ郷里ノ小學ヲ終ヘタル後「インデアナポリス」鐵道ノ火夫トナリ次テ郷里ノ一雜貨店ニ住込ムコト數年此間自ラ二三ノ勞働組合ヲ組織ス一八七八年火夫組合機關雜誌ノ記者トナリ後之カ支配人トナル之ヨリ漸次郷黨ニ其名ヲ知ラレ州議會ニ選出セラルヽコト二回其後一八九三年ニ至ル迄數年全國ヲ轉々遊說シテ同年米國鐵道從業者組合ヲ組織シ一八九七年迄之ヲ總裁ス其間大北鐵道ノ罷業ヲ率ヰ又一八九四年西部諸鐵道ノ所謂「プルマン、ストライキ」ヲ主宰シ Conspiracy ニ問ハレ審理中法廷侮蔑ノ廉ヲ以テ六ヶ月ノ懲役ニ處セラル一八九七年右鐵道從業者組合ヲ解散シ「ステドマン」及「ヴイクトル、バーガー」等ト共ニ社會民主黨ヲ組織ス一九〇〇年紐育ニ於ケル社會民主黨ト合同シテ黨勢ヲ擴張シ選ハレテ社會民主黨大統領候補者トナル爾後一九〇四年(先是同黨ハ單ニ社會黨ト改稱セリ)一九〇八年、一九一二年、一九二〇年ノ選擧ニ社會黨大統領候補者ニ選定ヲ受ク一九一八年六月「オハヨー」州ニ於テ戰爭反對演說ヲナシテ密偵法ニ觸レ懲役十年ニ處セラルル入獄中一九二一年十二月大統領ノ赦免ニヨリ出獄セリ社會主義ノ權化トシテ黨員ノ推戴スル所ナリ

「ステドマン」（Seymour Stedman）　社會黨副大統領候補者

一八七一年「カネチカット」州ニ生ル父母ト共ニ「カンザス」州ニ次テ「シカゴ」ニ移住シ或ハ商店ニ働キ或ハ「メッセンジャー、ボーイ」トナル十七歲ノ時辯護士タラントシテ法律學校ニ入リシカ中途ニシテ州民主黨ニ加ハリ遊說ヲナシ雄辯家トシテ「シカゴ」ニ名ヲ成セリ二十歲ノ時辯護士トナリタルカ時恰モ米國鐵道組合ノ大罷業ニ際シ之ニ投シテ「デブス」ニ識ラルルニ至リ爾後影ノ形ニ伴フカ如キ關係ニ於テ「デブス」ヲ助ケ來レリ「デブス」其他社會黨員カ密偵法ニ問ハルルヤ之カ辯護人トシテ活動セリ一九〇八年一九二〇年社會黨副大統領候補者ニ選定セラル

「ロンドン」（Meyer London）　紐育州選出下院議員

一八七一年露西亞ニ生ル一八九一年米國ニ移住シ一八九八年辯護士トナリ爾來紐育ニ開業ス社會黨及勞働問題ノ爲メニ約三十年、民主黨及共和黨ノ候補者ヲ破リテ中央下院ニ入ルコト三回、現議會ニ於ケル唯一ノ社會黨議員トシテ注目ヲ引キツヽアリ

「ラッセル」（Charles Edward Russell）　記者、著述家

一八六〇年「アイオワ」州ニ生ル「ヴアモント」州ノ一「カレヂ」卒業後新聞記者トナリ數多ノ新聞ニ筆ヲ執ル一九〇二年迄「シカゴ、アメリカン」ヲ經營ス後專ラ寄稿及社會學講演ニ從事シ次第ニ其名ヲ顯ハシ一九一〇年及一二年ニハ社會黨紐育州知事候補者ニ選定セラレ又一九一二年社會黨大統領候補者ノ一人ニ擬セラル一九一七年米國特使ノ一人トシテ露國「ケレンスキー」政府ニ派遣セラレ歸來 Unchained Russia ナル著書ヲ公ニス其他著述頗ル多ク社會主義學者トシテ其名ヲ知ラル

第三節　社會黨主要新聞

New York Call　朝刊

所在	紐育
主義	社會主義
發行部數	平日　二一、八五一 日曜　一六、九五六
創立	一九〇九年
發行者	Workingmens' Co-operative Publishing Association
主筆	Charles W. Ervin, James Oneal

Jewish Daily Forward　猶太語、夕刊、土曜日曜、朝刊

所　在　紐育市

主　義　勞働、社會主義

創　立　一八九七年

發行部數　平日　一五八、二六六
土曜　一四一、〇六三
日曜　一五一、九八二

發行者　Forward Association

主　筆　Abraham Cahan

尚本紙ハ費府版ヲ出シ「シカゴ」ニ於テ同名ノ新聞ヲ出ス

Oklahoma Leader　週　刊

所　在　「オクラホマ」州「オクラホマ」市

主　義　社會主義

發行部數　不　明

創　立　一九一四年

發行者兼主筆　S. Ameringer

Milwaukee Leader　夕刊、日曜休刊

所　在　「ウヰスコンシン」州「ミルウォーキー」

主　義　社會民主々義

發行部數　不　明

創　立　一九一一年

發行者　Milwaukee Social-Democratic Publishing Company

主　筆　Victor L. Berger

第五章　禁酒黨、農勞黨及社會勞働黨

第一節　各黨政綱

一、禁酒黨　一九一六年以前ニ於ケル禁酒黨政綱ハ憲法ヲ改正シテ全國的禁酒ヲ實行スルヲ以テ大主眼トナシ同黨ノ存在モ亦頗ル有意義ナリシモ一九一九年一月憲法改正第十八條ノ實施ヲ見テ同黨ノ大目的略達成セラレテ以後政黨トシテノ存立意義大ニ減シタルノ觀アリ然レトモ同黨ハ一九二〇年七月「ネブラスカ」州「リンカーン」ニ全國大會ヲ開キ政綱ヲ宣言シテ政戰ニ入レリ其政綱ハ禁酒勵行ヲ主張スル外左ノ諸點ヲ骨子トセリ

(一)　國際聯盟ニ贊成シ之ニ對スル解釋的留保條件ノ附加ニ反對セス

(二)　勞働者ノ生存狀態改善ノ爲中央政府機關ニ婦人ノ參與ヲ主張ス

(三)　農產物價格ノ平靜維持、農園勞働者ノ供給　農產物ノ協同賣捌等ニ助力ヲ致スコトヲ農業者ニ約ス

(四)　勞働爭議ノ解決ヲ目的トスル爭議裁判所ノ設置ヲ要求ス

二、農勞黨（一名第三黨）　農勞黨ハ Non-Partisan League 諸勞働組合其他過激的色彩ヲ帶ヒタル諸團體ノ分子ノ結合ナル爲一九二〇年七月市俄古ニ於ケル發黨ノ大會ニ於テ政綱議定ニ際シ各異分子カ自家ノ本領ヲ政綱中ニ採用セシメントシテ混亂ヲ極メタルカ結局前記ノ二分子カ勝ヲ制シ大様左ノ如キ政綱ヲ採用宣言セリ

（一）百「パーセント」米國主義ヲ主張ス

（二）a．國內及外國ニ於ケル帝國主義ヲ廢毀スヘシ

b．愛蘭共和國ヲ承認スヘシ．

c．Wall Street ニ頤使セラレテ墨國ヲ侵スコトニ反對ス

d．何時カハ全世界カ聯合ヲ形成シ君主ヲ廢シ戰爭ヲ絕ツヘキコトヲ理想トス

（三）産業ノ民主的支配ヲ要求ス

（四）鐵道、農業倉庫其他公共ノ必要事業及基本的富源ノ公有ヲ主張ス

（五）資本税ノ賦課及軍人賞與金支給ヲ要求ス

（六）Labor's Bill of Rights ヲ擁護シ同盟罷業禁止命令ノ廢止ヲ主張ス

（七）生産ノ增加ヲ計ルヘシ

（八） 生活費ヲ低下セシメヨ
（九） Non-Partisan League 其他ノ農業團體ニ訴ヘ農業者ノ繁榮ヲ計ルヘシ

三、社會勞働黨　社會勞働黨ノ一九二〇年政綱ハ差當リ詳カナラス同黨ハ一九〇〇年其黨員ノ大部分社會黨ニ投シテヨリ勢力大ニ衰微シ今日ニ於テハ僅カニ紐育ヲ中心トシテ其餘命ヲ保チ居ルニ過キス故ニ同黨政綱ノ追究ハ茲ニ之ヲ略シ只一九一六年ノ同黨政綱カ生産方法ノ社會的所有及勞働者階級ノ產業支配ヲ主張シ居ルコトヲ記シテ同黨本領ニ對スル一「ヒント」トナスニ止ムヘシ

第二節　各黨首腦者

一禁酒黨　一九二〇年ノ禁酒黨全國大會及政戰ニ活躍セル主要人物左ノ如シ

「ブレーム」孃（Miss Marie Caroline Brehm）

一八五九年「オハヨー」州ニ生ル小學敎育ヲ受ケタルノミニテ病氣ノ爲メ專門的敎育ヲ受ケサリシモ父ニ就キ獨逸語、佛蘭西語及法政ヲ學フ一八九一年以後 Young Women's Christian Temperance Union ニ關係シ其講演者トナリ又女權擴張ヲ說キ前記「ユニオン」ノ女權擴張部

ヲ主宰ス一九〇二年ヨリ同六年迄「イリノイ、ユニオン」ノ會長トナリ一九〇九年倫敦ニ開催ノ萬國反「アルコホール」大會ニ米國委員トシテ又一九一一年「ヘーグ」ニ開催ノ萬國反「アルコホール」大會ニ米國敎會側代表者トシテ出席一九一三年ニハ「スウヰス」ノ萬國日曜學校大會ニ演說シ次テ「ウヰルソン」大統領ノ任命ヲ受ケ同年九月「ミラン」ノ萬國反「アルコホール」大會ニ米國委員トシテ出席演說ス一九二〇年「ネブラスカ」州「リンカーン」ニ於ケル禁酒黨全國大會ニ議長ニ擧ケラル政黨ノ全國大會ニ婦人ニシテ議長トナリタルハ同氏ヲ以テ嚆矢トナス加州「ロングビーチ」ニ在任ス

「ヒンショー」(Virgil G. Hinshaw)　禁酒黨全國委員長

一八七六年「アイオワ」州ニ生ル一九〇八年「ミネソタ」州大學法科ヲ出テ全國大學禁酒協會ニ入リ其遊說部員トナリ各地ヲ廻リ約八年ノ間ニ百八十五ノ「カレヂ」ヲ訪ヘリト云フ一九一〇年ヨリ一二年迄「オレゴン」州「ポートランド」ニ辯護士開業一二年以後禁酒黨全國委員長タリ

「ワトキンス」(Aaron S. Watkins)　一九二〇年禁酒黨大統領候補者

一八六三年「オハヨー」州ニ生ル一八八六年「オハヨー」北部大學ヲ出テ後四年ニシテ辯護士トナル嘗テ「パブリツク、スクール」ノ敎師タリシコト數年一八九三年「メソジスト、エピスコパ

ル」敎會ニ入リ「オタワ」其他ニ牧師タルコト數年ナリ一九〇五年母校ニ敎授トナリ文學及哲學ヲ敎ヘ後其副學長ニ擧ケラル一九〇九年「ケンタッキー」ノ一「カレヂ」ノ學長トナリ居ルコト二年、後再ヒ牧師トナル夙ニ禁酒黨ノ爲メニ活動シ一九〇五年及一九〇八年同黨「オハヨー」州知事候補者ニ選定ヲ受ケ又一九〇八年及一九一二年ニハ同黨副大統領候補者ニ一九二〇年大統領候補者ニ選定セラル

二、農勞黨　農勞黨ハ成立僅カニ二年政戰ニ加ハルコト一回而モ既述ノ如ク過激派諸異分子ノ寄合ニテ各系統各〻己ヲ持シ居ル形ニアリテ黨ノ統率及中心未タ定マラス其ノ首腦人物モ判定スルニ由ナシ試ニ一九二〇年ノ同黨正副大統領候補者ヲ擧クレハ左ノ如シ

「クリステンセン」(Parley P. Christensen)　大統領候補者

五十一年前「アイダホ」州ニ生ル壯時農家ニ働キ後「コルネル」大學ニ法律ヲ學ヒ辯護士トナリ「ソートレーキ」市ニ開業ス嘗テ「デストリクト、アターネー」タルコト二回一九一二年共和黨急進派ニ投シタルモ一九一六年之ヲ脱ス Radical lawyer ト呼ハレ農勞黨大會ニ於テ過激的雄辯ヲ揮ヒテ大統領候補者ニ選定ヲ受ク

「ヘース」(Max S. Hayes)　新聞主筆副大統領候補者

一八六六年「オハヨー」州ニ生ル「クリヴランド」ニ定住ス一八九〇年 Cleveland Citizen ノ設立ニ與カリ一八九二年以來之カ主筆タリ一九〇〇年社會勞働黨ヨリ副大統領候補者ニ選定ヲ受ケタルコトアリ諸勞働組合及社會主義的團體ニ關係シテ役員トナルコト數回一九〇三年米國勞働組合ヨリ選ハレテ英國勞働組合大會ニ出席ス一九一九年 National Labor Party ノ實行委員會長タキ

三、社會勞働黨　省略

第二編　亞爾然丁國

（大正十年十一月調）

第二編　亞爾然丁國ノ政黨

第一章　急進黨

綱　領　本政黨ハ初メ共和國現大統領ノ叔父「レアンドロ、アレム」氏之ヲ組織ス同氏カ此政黨ヲ組織セル目的ハ寡頭政治ニ反對シ普通選擧ノ方法ニヨリ法治政府ヲ起シ亞爾然丁國ニ於テ民主制ノ下ニ純然タル共和國ヲ復興セシメントスルニアリキ卽チ急進黨ハ合法主義ノ復活ト嚴格ナル行政道德ノ樹立トヲ標榜ス

黨ノ組織　本黨ハ其總會地タル聯邦首府「ブエノスアイレス」ニ本部ヲ置ク聯邦首府ヲ二十區ニ分チ各區ニ支部ヲ置ク各縣首府及ヒ重要市町村ニモ同シク幹部又ハ支部ヲ置ク本黨ハ各派政黨中最モ秩序アリ訓練アル黨派ト稱セラル

勢　力　苦鬪三十年漸ク大統領「ローケ、サエンス、ペニヤ」氏ノ時代ニ至リ多年ノ努力ノ結果ハ遂ニ普通選擧ヲ實現セシメ有ユル選擧上ノ詐欺手段ヲ防止シ國民ヲシテ眞ニ其意志ヲ代表スル

者ヲ選出セシムルニ到ラシメ在來政府ノ舊弊ヲ一掃セルヲ以テ見ルモ本黨ノ勢力又頗ル健實ナルヲ知ルニ足ルヘシ

急進黨カ政權ヲ握リテ以來行政上各般ノ刷新着々進捗シ是迄何等ノ制裁モナク又時トシテハ政府自ラ之ニ關係セル幾多官權ノ濫用ヲ矯止セルカ如キハ其「インフルエンス」ノ顯著ナルヲ證スルモノナリ

地盤ト其擁護者　本黨ノ首府本部ニ於ケル在籍黨員ハ三萬人ナルカ上下貴賤ノ別ナク社會各方面ノ人士ヲ網羅ス加フルニ本黨員ハ保守黨ノ優勢地タル「コルドバ」縣及「コリエンテス」縣ヲ除キ他縣及聯邦領ニ於テ大多數ヲ占ム

領　袖　現大統領「イポリト、イリゴーエン」氏カ本黨總裁タルコトハ萬人ノ默認スル所ナリ政界不毛ノ原野ヲ開拓シ本黨ノ組織ヲ完備シタルハ實ニ「イリゴーエン」氏其人ニシテ是カ規律ヲ維持シ之ヲ指揮スル人亦氏ナリトス

兩院ニ於ケル活動振　兩院ニ於ケル急進黨員ハ九十九名ニシテ大多數ヲ占メ院內總務「ペレイラ、ローサス」太佐之ヲ率ヒ議員「エンリケ、マルネス」氏其祕書役タリ

本黨出身議員ノ議會ニ於ケル行動ハ多少政府ニ對シ獨立的ナルモノアルモ常ニ大統領ト態度ヲ

同ウシテ之ヲ援助ス尤モ黨員中往々自己ノ野心ヲ果スコト能ハス殊更大統領ニ反抗スルヲ以テ得意トナス徒ナキニアラサルナリ

急進黨ト政府トノ關係　反對黨ハ政府カ與黨ニ對シ常ニ偏頗ナリトテ之ヲ攻擊スルモ急進黨ハ現政府ヨリ公然何等經濟的援助ヲ受ケ居ラサルナリ

急進黨員ハ前述ノ如ク獨リ聯邦領ニ於ケルノミナラス「コルドバ」及「コリエンテス」ノ外他諸縣ニ亘リテ勢力ヲ有ス

但シ二縣ニ於テハ黨內分立ヲ見タル結果多少勢力ヲ失墜セリト雖モ漸次組織ノ改良ヲ計リツツアレハ遠カラスシテ保守黨ヲ驅逐スルニ至ルヘシト思量セラル

社會政策　勞資ノ爭鬪ニ關シテハ本黨並政府ハ明ニ勞働階級ニ味方シ而モ資本家側ノ正當ナル權利ハ敢テ之ヲ無視スルコトナシ無產階級ヲ擁護スルヲ以テ其趣旨トス從ツテ資本階級ヨリ强硬ナル反對ヲ受クルコトナキニアラサルモ勞働階級ハ痛ク是ヲ多トス本黨ハ崇高ナル愛國心ヲ具ヘ居ルモ極端論ヲ避ケ且ツ勞働階級ノ反對者タル一味ヲ保護スルカ如キ愛國心ヲ排ス

外交上ノ見解　祕密外交ヲ排ス「ゼノパ」會議ニ於テ亞國代表員ノ披瀝セル意見ハ卽チ現政府ノ意見ナリトス

本邦ニ關スル意見　日本人ニ對シテハ大體ニ於テ好感ヲ有ス日本人ハ眞面目ニシテ根氣强ク又進歩的ナル國民ニシテ大事業ヲ遂行シ得ル者ト思量ス又東洋ニ於ケル其位置ト極東問題ニ於ケル其勢力トニ依リテ歐米列强ノ間ニ大葛藤ヲ生セシムル可能性ヲ有スルモノト判斷ス當國人ハ屢々日本人ヲ賞讃スルモ是ハ彼等カ日本ノ事物ニ精通シタル結果ニアラスシテ本能的感覺ノ表彰ト看ルヲ適評ト云ヘフシ孰レニシテモ日本人ニ對シテ反感ナキコトハ確實ナリ蓋シ是レ日本人ハ他國人ト異リ未タ當國ニ於テ其ノ所有スル財力カ重キヲナササル如ク團體トシテモ何等重キヲ爲ササルカ故ナルヘシ

機關刊行物　黨ノ機關紙トシテ夕刊紙「ラ、エポカ」ヲ有ス其發行部數六萬ニ近シ之ニ次テ「ラ、レプブリカ」、「ウルチマ、オラ」、「ラ、ウニオン」、「ラ、モンターニヤ」紙等孰レモ急進黨ニ好意ヲ表ス

第二章　保守黨

綱領　本黨ハ國家カ名望家政府ヲ有スヘキヲ主張ス法律ヲ重ンスルヨリモ固有ノ慣例、祖先、家名、財産ヲ重ンシ絶對ニ國民ノ意志ヲ考量セス只有ユル手段ヲ盡シテ一九一六年以前ノ狀態卽チ寡頭政治ノ復活之ヲ換言スレハ地位ト身分ヲ重ンスル家族ノ組織スル政府ノ再現ヲ冀望ス大統領候補者ノ如キモ富裕階級ノ間ニ催サルル會議ニヨリ之ヲ推薦スルノ方針ナリ

黨ノ組織　本黨幹部ハ急進黨ト同シ但シ「ブエノスアイレス」縣ニ於テハ幹部ニ多能ノ士有ルヲ以テ比較的能ク秩序ヲ維持シ居ルモ他縣ニ於テハ黨紀頽廢セル實情アリ

勢力　一九一六年急進黨ノ勝利以來其ノ勢力ヲ失墜シ爾來日々衰勢ニ向ヒツツアリ

領袖　下院議員二十七名ニシテ「ロドルホ、モシノ」、「マチアス、サンチエス、ソロンド」兩氏之ヲ統率ス前者ハ副知事候補者タル「アンヘル、エリア」氏ト並ヒ「ブエノスアイレス」縣知事候補者ナリ

上院ニ於ケル保守黨ハ今尙ホ多數ヲ占ム上院議員「ベニト、ビリヤヌエバ」氏之ヲ統率ス

議會ニ於ケル活動振　本黨ハ急進黨政府並急進主義ニハ規則的ニ反對スルヲ以テ其黨是トナシ議

事ノ妨害ト不在主義及ヒ今日迄彼等カ獨占シ來リシ特權ノ侵害ヲ意味スル一切ノ改革ニ對シ頑强ナル抵抗ヲナスヲ以テ其黨略トセリ

保守黨ト地方政府トノ關係　大多數ノ黨員ヲ「コルドバ」及「コリエンテス」二縣ニ有シ同縣政府ニ對シテハ決定的援助ヲ與ヘ同時ニ此等政府ヨリ援助ヲ受ケ居レリ

社會政策　黨員ハ因襲ノ維持ニ贊成スル有福者ニシテ既ニ不都合ナル改新ニハ凡テ反對シ常ニ官僚主義ヲ擁護シ社會問題ハ之ヲ暴力ト强壓手段ニ依テ解決セントスルモノナリ

外交上ノ見解　本黨カ政權ヲ掌握セル時代ニハ祕密外交主義ヲ固守セリ而シテ其標本的人物ハ嘗テ再度大統領ニ選ハレタル「ローカ」將軍ニシテ「ムラツレ」博士之ニ次ク

機關新聞　「ラ、ナシオン」、「フロンダ」

右ノ内後者ハ「フランシスコ、ウリブリ」氏ノ經營スル所ナリ同氏ハ「ブエノスアイレス」市ニ於ケル負債者ノ筆頭ニ數ヘラレ猛烈ナル現政府反對論者ナリ

第三章　社會黨

所謂勞働階級ノ擁護ヲ標榜スト雖モ漸次共產主義ニ向ハントシツツアリ但シ亞國ニ於ケル社會黨ハ寧ロ改革主義ニ傾ケルモノニシテ代議制ノ效力ヲ信シ且ツ理想實現ノ手段トシテ暴力ヲ用フルコトニ反對ス

黨ノ組織　全共和國ノ黨員會議ニ於テ選ハルル委員會アリテ本黨ノ全權ヲ握リ其決議ハ全黨之ヲ遵奉ス黨紀頗ル健全ナリ

勢力　主トシテ勞働社會ニ其勢力ヲ張レルモ黨員中ニハ自ラ本黨ノ改革主義ヲ非難シ更ニ豁達ナル議論ヲ好ミ直接行動ヲトル向アリテ黨中ニ罅隙ヲ生シ黨勢衰微シツツアリ

地盤ト其後援者　勞働者階級之ヲ後援ス聯邦首府ニ於ケル黨員五萬ヲ算スルモ地方ニ於テハ其數僅少ナリ

領袖　黨ノ故參「フスト」氏首領タリ下院ニ於テハ八名ノ社會黨員ヲ有シ極力急進黨ニ反對シ又全然舊敎ヲ敵視ス

黨ノ主要人物ヲ擧クレハ「レペツト」、「チツクマン」、「ジトマス」氏ノ如シ

「ジトマス」氏ハ尚ホ年少有爲ノ士ニシテ本黨幹事長タリ

議會ニ於ケル活動振　本黨ハ政府ニ對シ猛烈ニ異議ヲ唱フルコトニノミ沒頭シ他ノ如何ナル政黨ニ對シテモ常習的ニ反對スル黨派ナリト云ヘハ足ルヘシ其誠意ナキハ常ニ非難サルル所ニシテ急進黨政府ヲ妨害スル爲メニ陰ニ保守黨ト聯合シ居ルト斷定シ居ル者アリ

社會政策　資本階級ヲ攻擊シ財產私有制ノ廢止ヲ主張シ（黨ノ主ナル指揮者「フスト、チツクマシ、レペツト」氏ノ如キハ財產家ニシテ地主ナルモ）僧侶ト「カトリツク」敎會ニ對シ强硬ナル反對ヲ試ム

外交上ノ見解　祕密外交ニ反對シ「ソビエツト」共和國ノ承認ヲ要求ス

機關紙　日刊「ヴアングアルデイヤ」ヲ有ス

第四章　民主改進黨

綱領　現時ニ於テハ急進黨ノ政府ニ對シ惡辣ナル常習的反對ヲ爲ス以外ノ目的ヲ有セス

黨ノ組織　一定組織ナク黨員或ハ解放政黨ノ落武者或ハ現政府ニ對スル不滿分子ヨリ成ル

勢力　「コルドバ」、「サンタ、フエ」縣ヲ除ケハ他縣ニハ根據地ナシ

地盤及ヒ其後援者　黨員ノ多クハ商人ニシテ知識階級ノ人アリ又社會的ニハ著名ナラサル人アリ

黨員二萬餘アリ

領袖　本黨ノ代表的人物ニシテ恐ラク唯一ノ領袖ト稱セラルル者ハ「リサンドロ、デラ、トレ」氏ナリ彼ハ博學ニシテ且辯舌ノ士ナリ然レトモ社會ハ氏ノ誠意ナキヲ非難ス氏ハ是迄屢々黨派ヲ變セル人ニシテ曾テ「イリゴーエン」氏ト意見ヲ異ニシテ急進黨ヲ去リタルコトアリ近年大統領候補者、下院上院議員候補者トシテ立チ家產ヲ蕩盡セルモ徒ニ連敗ヲ重ヌルニ過キサリキ

議會ニ於ケル活動振　所屬下院議員八名ハ結束シテ急進黨政府ヲ攻擊ス

社會政策　確固タル見解ナシ蓋シ其ノ爲ス所朝變暮改ノ觀ナキ能ハサルナリ

機關紙　當首府ノ日刊紙「ラ、ナシオン」、「ラ、プレンサ」紙ハ公平ナル見地ヨリ幾分本黨ヲ後援シ

居レリ兩紙ハ又政府及ヒ急進黨ノ反對黨ニ對シテ好意ヲ示セリ

機關トシテ「サンタフエ」縣「ロサリオ」市ニ於テ發行セラルル日刊紙「ラ、カピタル」アリ

右四黨ノ外未タ何等重キヲナサス亦其組織完成セサル狀態ナル左記小黨アリ此等ハ孰レモ僅ニ二千乃至五千ノ黨員ヲ有スルノミ

統一黨

農工商團（目下解散）

女權黨

共産黨

憲政黨（「カトリック」黨）

第三編　伊太利國

（大正十一年五月調）

第三編　伊太利國ノ政黨

第一章　序言

平和克復後伊國ニ於ケル政黨事情ハ著シク其ノ面目ヲ改メ從來ノ小黨ハ或ハ連衡シ或ハ分裂シ從テ各政黨々勢ノ上ニ大ナル消長ヲ來タシタルト共ニ時勢ニ順應シテ新ニ政黨政派ノ組織セラルヽアリ要スルニ現下ノ政情ハ最モ復雜ヲ極メ居レリト云フ可シ

大戰前既ニ存在シ居タル政黨ニ關シテハ今ハ之ヲ贅セス只其ノ黨勢ノ消長ヲ記述シ新黨派ニ就キテ詳述スル處アルヘシ

從來伊國政黨ノ分解ハ極メテ不鮮明ニシテ恰モ「プリズム」ヲ以テ光線ヲ分解シテ得タル七色ノ如ク種々ノ中間色存在シタルカ近時少シク其趣ヲ異ニシ政黨ノ旗幟稍々明瞭トナルニ至レリ

第二章　各政黨ノ名稱及主義綱領

現存伊國政黨ヲ分類スレハ左ノ如シ

一、保守自由黨

二、民主自由黨

イ、「ジョリッチー」派　ロ、「サランドラ」派

ハ、「オルラレド」派　ニ、「ニッチー」派

三、Popolare 黨

四、共和黨

五、急進黨

六、革新社會黨

七、伊國社會黨

八、共産黨

九、國民黨

十、Fascisti 派

十一、農民派

十二、「スラブ」系及獨逸系

第一節　保守自由黨

本黨ハ右黨ト稱セラレタルモノニシテ其ノ勤王黨ナル事及建黨以來幾多ノ大政治家ヲ出シタル事等ハ萬人ノ知ル所ニシテ伊國政黨中光榮アル團體ナリ現今前首相 Boselli 氏之ヲ統率シ居ルモ時勢ノ變遷ト共ニ漸次黨勢衰微シ特ニ Luzzatti 氏及 Boselli 氏ノ今春元老院入リトナリタルヨリ頓ミニ昔日ノ俤ヲ失ヒ今回ノ總選擧ニ於テモ十數名ノ代議士ヲ得タルニ過キス要スルニ本黨ハ光輝アル政黨トシテ認識セラルヽ迄ニシテ或ハ近キ將來民主自由黨ニ併合セラルヘシトサヘ觀測セラレ居レリ

第二節　民主自由黨

本黨ハ現時ニ於テハ舊中央黨及左黨ノ聯合黨ナリ右舊兩黨ノ沿革等ハ大正四年出版ノ「各國ノ政

中央黨ハ所謂「ソンニーノ」黨ナルカ近年「ソンニーノ」男ノ政界隱退（元老院議員タルニ過キス）ト共ニ同黨ハ自然「サランドラ」氏ノ手ニ依リテ統率セラルヽニ至リタルモ同氏ノ親「ジヨリツチー」主義ノ爲メ近時左黨ト聯合シタル次第ニシテ中央黨ハ卽チ「サランドラ」黨トシテ今日認識セラレ居ル狀態ナリ

「サランドラ」氏ノ聲望ハ依然トシテ高ク圓滿ナル政治家トシテ敬セラレ今回ノ總選擧ニ於テモBari區ヨリ最高點ヲ以テ當選シタルカ一朝「ジヨリツチ」氏桂冠ノ曉ハ「サランドラ」內閣組織セラルヘシトサヘ喧傳セラレ居レリ

左黨ハ卽チ「ジヨリツチー」氏ノ大傘下ニ集マル大團體ナリ本黨ハ從來常ニ右黨ト政權ヲ授受シ內政外交ニ新機軸ヲ出シ今日伊國ノ大ヲ爲サシメタル源泉ナリ世界大戰中黨首タル「ジヨリツチー」氏ノ Cavour ニ閑日月ヲ送ル間ト雖モ氏ノ股肱タル「オルランド」氏ニ依リテ權勢ヲ持續シ寧ロ黨勢ヲ擴張シタリ

「オルランド」氏ノ閱歷手腕ニ關シテハ周知ノ事實ナルヲ以テ贅セス氏ハ曩ニ代議院議長ヲ辭シテヨリ今日迄「ジヨリツチー」內閣後援ノ爲メ各地ニ遊說シ以テ對總選擧策戰ニ努メタリ今回氏モ亦

「パレルモ」區ヨリ最高點ノ榮譽ヲ得テ當選セリ

「ジヨリツチー」氏ノ出廬ハ本黨ノ最大强味ニシテ今日政府與黨ノ隨一トシテ活動シ居レリ

今回ノ總選擧ノ結果民主自由黨ハ約百〇六名ノ代議士ヲ贏チ得タリ

本黨ト「ニツチー」黨トノ關係ニ就テハ特ニ注意ヲ要スルモノアリ

曩ニ「ニツチー」氏ハ大戰終了後ノ難局ニ際シ内閣ヲ組織スルヤ社會黨ト接近シ之ヲ懷柔シテ自家ノ藥籠中ニ納メントシ反テ社會黨ニ乘セラレ一九一九年ノ總選擧ニ際シ俄然社會黨ヲ膨大セシメテヨリ國民ノ怨嗟ヲ買ヒ「パン」問題ノ爲メ進退谷リ遂ニ昨夏「ジヨリツチー」氏ニ内閣ヲ明渡シタルモノナルカ爾來同氏ノ信望甚敷ク失墜シタリ乍然伊國政界ノ惑星ヲ以テ目セラレ特ニ南部伊太利ニ堅固ナル地盤ヲ有スル同氏ハ未タ政治的ニ死シタルモノニアラス今回モ同氏自ラ陣頭ニ立チ「ジヨリツチー」内閣反對ヲ標榜シテ選擧戰ニ臨ミタルカ「ポテンツア」區ニ於テ最高點ヲ以テ當選セリ

「ニツチー」黨ハ今日十五名位ノ代議士ヲ得タルカ策士揃ト稱セラレ居ルヲ以テ同黨ノ一顰一笑ハ政界ニ多少ノ波瀾ヲ惹起セシムルモノト解セサル可ラス要スルニ社會黨ト握手シ易キ「ニツチー」黨ノ動靜ハ常ニ「ジヨリツチー」黨ノ警戒ヲ必要トスル所ナルヘク昔日「ジヨリツチー」對「ソンニ

リ」ノ爭覇戰ハ今ヤ「ジヨリツチー」對「ニツチー」ノ掛引トナリ伊國政界ノ敵モ重要ナル取組ナリト云ハサルヘカラス

第三節　Popolare 黨

加特力敎黨ノ沿革及黨情ニ關シテハ前述ノ理由ニヨリテ今ハ再說セス要スルニ Don Murri 師ノ創設セル基督敎民主黨ナルモノ近年迄政界ノ一角ニ存在セリト雖モ甚タ振ハス十名內外ノ黨議員ヲ有スルニ過キスシテ餘命無カルヘシト豫測セラレ居タリシニ現法王「ベネデツト」十五世ハ一八九五年「レオーネ」十三世時代ニ布告セラレタル敎徒ノ選擧運動ニ參加スルコトヲ禁止シタル廳令ノ無效ヲ默認スルヤ從來同黨ノ爲メニ一大障害タリシ城壁撤廢セラレタルヲ以テ自然黨情ヲ異ニスルニ至レリ乍然從前同黨ノ爲メ活動セルモノハ既ニ老朽トナリ此ノ新機運ニ際シ黨勢挽回ノ壯擧ニ出ツルモノ無カリシカ偶々一九一九年ノ初期ニ於テ「シヽリー」ノ僧 Don Sturzo 師ハ自已カ伊國各地敎會ノ監督書記タル地位ヲ利用シ各地ニ遊說シテ人心ヲ收攬スルト共ニ一方同志ノ糾合ニ努メ遂ニ一九一九年七月前加特力黨ヲ基礎トシテ新タニ Popolare 黨ト銘ヲ打チ正式政黨トシテ認許ヲ得タリ

其政綱ハ前身加特力黨ト勿論同一ニシテ特ニ伊國ニ於ケル離婚反對及自由試驗學制ヲ旗幟トセリ要スルニ戰後物質的改造ノ絶叫セラルヽ秋ニ際シ精神的改造ヲ叫ハントスルモノナリ本黨ハ其成立匆々「ニッチー」內閣ノ下ニ總選擧ニ參加シ社會黨ニ次ク大勝ヲ博シ一躍下院ニ約百名ノ議員ヲ有スルニ至リタルカ如斯勝利ハ當時世人一般ニ驚嘆ノ眼ヲ見張リタル所ナリ勝利ノ原因ハ他ナシ卽チ伊太利統一以來反宗敎施設ノミ行ハレタルカ是レニ對スル人心ノ反動ト戰後日尚淺キ今日一般ニ信仰心ノ嵩リタルニ乘シ同黨ノ策戰圖ニ當リタルカ爲メナリ

右ノ如ク同黨ハ第一次戰ニ成功シ下院ノ中央ニ堂々タル陣容ヲ示スニ至リ其向背ハ直チニ政府ノ生命ニ關スルモノアリタル爲メ老猾ナル「ジヨリツチー」氏ハ昨夏臺閣ニ上ルヤ本黨ノ領袖「メーダ」氏ヲ庫相ニ「ミケーリ」氏ヲ農相ニ擧ケ以テ本黨ヲシテ與黨列內ニ入ラシメタリ然ルニ昨秋ノ議會ニ離婚法案提出セラルヽヤ(民主自由派議員提出)當然本黨ハ大ナル反對運動ヲ開始シ右法案ヲ葬リ去ラントト努力シタルモ下院委員會ニテ社會黨ハ本案維持ニ盡力シタル爲メ遂ニ本黨ノ努力モ水泡ニ歸シタリ於茲本黨ハ若シ政府ニシテ本案ヲ本會議ニ付スルカ如キ事アラハ直チニ擧黨一致政府ニ反對スヘキ氣勢ヲ示シ「ジヨリツチー」內閣ノ基礎ヲ動搖セシメ遂ニ本案ハ政府ノ握潰ス所トナリテ終リヌ

越ヘテ本年春季ノ議會ニ於テ本黨ハ自由試驗學制改革案ヲ提出シ委員會ニテ數週間ニ渉リ辯難口論ノ未遂ニ否決セラレタルカ本黨ハ飽迄初志ノ貫徹ニ努メ新議會ニハ更ニ政府ヲシテ本案ヲ提出セシムヘキ事情アリ如斯本黨ハ既ニ伊國黨界ノ重鎭トナリテ今囘ノ總選擧ニ臨ミタルモノニシテ勝算歷々タルモノアリシカ果セル哉各地ニ於テ豫期ノ勝利ヲ收メタル外新領土「トレント」州ニ於テ同地ノ加特力敎黨團體ノ入黨ニ依リテ新議員ヲ增シ總計百八名ノ議席ヲ占ムル事トナレリ本黨ノ新議會ニ於ケル行動ハ俄ニ逆睹スル能ハスト雖モ恐ラク從來ノ如ク政府與黨トシテ現政府ヲ後援スルナラン但シ社會黨ノ向背如何ニ依リテハ同黨トノ行懸上或ハ與黨列外ニ立ツニ至ルヘキカト觀測セラル

本黨ノ幹部ハ「ナーヴア」、「メーダ」、「ミケーリ」（現農相）、「ロデイノー」（現陸相）、「ペコラーロ」ノ諸氏ナリトス尙本黨ト法王廳トノ關係ニ就キテハ直接ノ關係コソ無ケレ因緣淺カラヌモノ有ル事ハ當然ナリ

第四節　共和黨

本黨ハ光榮アル政黨ナリト云フ外現在ニ於テハ勢力無ク「マッヂニ」、「ガリバルヂー」諸名士ヲ始

メ在野ノ有力者ヲ糾合シテ伊國政界ニ活動シタリシ當年ヲ想起シ轉タ今昔ノ感ニ堪ヘサラシムルモノアリ

前期議會ニ於テ既ニ交渉團體タルノ資格ナカリシカ今次ノ總選擧ニ於テ更ニ少數トナリ現議員僅ニ九名ニ過キス

然ルニ本黨ノ末路ニ同情スルモノアリテ新議會ニハ他ヨリ二三名ヲ拉致シ來リ兎モ角モ院内團體トシテ存立セシメント斡旋中ナリト云フ

本黨ノ總理タリシ「コライアンニー」氏隱退セルヲ以テ目下ノ幹部ハ「デ、アンドレイス」氏及「キエーザ」氏ナリ

第五節　急進黨

本黨ハ共和黨ノ一分派ニシテ社會改良ヲ政綱トナスノ外特別ノ主義ヲ有セス

本黨ハ常ニ「ジョリッチー」氏ノ後援團ニシテ現在ニアリテモ亦然リ乍然黨勢漸次衰運ニ傾キ前期ニ於テ約六十名ノ黨代議士ヲ有シタルニ反シ今回ハ三十七名ヲ當選セシメタル位ニシテ而カモ黨ノ領袖株ノ落選セシモノ多シ卽チ總理タル「パンターノ」氏、幹部タル「サッキー」氏(共ニ以前「ジ

ヨリツチー」內閣ニ入閣セリ）、「テバスコ」氏及「フイレージ」氏等皆落選シ益々西風落日ノ感ヲ深カラシメタリ特ニ黨ノ元老タリシ前下院議長「マルコーラ」氏ハ過般上院ニ祭込マレタルカ爲メ黨ノ名譽アル金看板ヲ失ヒタルノ觀アリ

乍然共和黨ノ如ク頽勢挽囘スヘキモノナキニアラス新議會ニ於テモ與黨トシテ相當ノ重キヲ爲スヘキヤ必セリ現ニ同黨員ニシテ現閣ニ大臣タルモノ商工務ニ「アレッシオ」氏アリ遞信ニ「バスクワリーノ」氏アリ

第六節　革新社會黨

一九一一年頃伊國社會黨ハ餘リニ多士齊々ナリシカ爲メ多頭政治行ハレ勢ヒ黨中黨ヲ樹ツルモノヲ生スルニ至レリ

當時社會黨ハ表面一團ノ政黨ナリシモ裏面ヨリ觀察スル時ハ當年ノ自由黨ニ於ケルカ如ク左黨、中央黨、右黨及勞働組合派等ニ分割セラレ居タリ右ノ內右黨卽チ「ビッソラーチ」氏ヲ首領トスル一團ハ社會黨中最モ穩健ナル主義者ノ集團ニシテ自己ノ主張ヲ貫徹セシメン爲ニハ立憲諸黨ト提携スルヲ辭セストスルモノナリシカ遂ニ一九一一年本黨ハ「ジョリツチー」內閣ニ接近シ政府案ニ

對シ友黨ニ背キテ贊意ヲ表セリ於茲社會黨ノ中堅タル「ツラーチ」派ノ憤激ヲ買ヒ「ビツソラーチ」氏ヲ除名シタリ同氏ハ右ノ處分ヲ甘受シ政友約三十名ヲ基礎トシテ玆ニ革新社會黨ヲ建設セル次第ナリ

次テ歐洲大亂勃發スルヤ氏ハ率先シテ伊國ノ參戰ヲ主張シテ社會黨ニ對抗シ各地ニ奔走シテ大ニ愛國的氣勢ヲ昂メ尙開戰後ハ一兵士トシテ戰線ニ立チシカ遂ニ「サランドラ」內閣ニ起用セラレ國務大臣ニ任命セラレタリ

本黨ハ少數ナリト雖モ比較的ニ名士ヲ抱擁シ居リ卽チ「ベレニーニ」、「ボノーミ」、「デツロ、ズバルバ」、「トルトリーテ」氏等ハ共ニ手腕アル政治家トシテ從來院ノ內外ニ重キヲ爲セリ

其後本黨ハ政府與黨トシテ行動シ來タリタルカ大ナル盛衰ヲ見ス前期總選擧ニハ二十一名ノ議員ヲ當選セシメ次テ現內閣成立スルヤ「ボノーミ」氏入閣シテ陸相トナリ戰後ノ伊國陸軍ニ於テ大ナル手腕ヲ示シ國民ヲシテ或ハ近キ將來同氏ノ內閣ニ首班タル機會到來スヘキヲ思ハシメタリ氏ハ現ニ「メーダ」氏ノ後ヲ受ケテ國庫大臣ノ要職ニアリ

尙本黨ハ今次選擧戰ニ於テモ依然二十一名ヲ獲得シタルカ目下「ビツソラーチ」氏ノ遺志ヲ繼キ本黨ヲ基礎トシテ新ニ「社會民主黨」ナル一黨ヲ樹立セント奔走中ナリ

新黨ハ約三十名ノ團體タルニ至ルヘシト云フ

本黨ノ總理タリシ「ベレニーニ」氏(前下院副議長)今回不幸落選シ海軍次官タル「トルトリーチ」又當選セス依テ目下「ボノーミ」氏黨務ヲ總裁シ居レリ幹事長ヲ「ベネディウチ」氏トナス

第七節　伊國社會黨

最近十年間ニ於ケル社會黨ノ變遷ハ頗ル刮目ニ値スルモノアリ先ツ一九一二年ニハ Reggio ニ大會ヲ催シテ「ビッソラーチ」一派ヲ除籍シ次テ一九一四年ニハ Ancona 大會ニテ異分子タル「フラマーソン」一派ト分レ爾後今春迄兎モ角モ無産階級ノ味方トナリ革命的社會黨トシテ伊國政界ノ一方ニ陰然タル大勢力ヲ爲セリ

伊國ノ大戰參加當時本黨ハ僅ニ五十餘名ノ議員ヲ擁シタルニ過キサリシモ建黨以來三十年間ニ馴致シタル團體的訓練良ク體得セラレ常ニ一糸紊レスシテ政府攻擊ヲ續行シタリ爲ニ伊國當局ハ事毎ニ彼等ノ妨害ニ逢著シ政局ノ進展ニ支障ヲ來シタル事一再ニ止マラサリキ一九一九年戰雲收マリテ平和ノ曙光ヲ望ミ見タルモ伊國人心ハ永ク戰勝ノ酒ニ醉フ能ハス寧ロ戰爭ノ慘禍ヲ呪フカ如

キ風潮アルヤ本黨ハ直チニ之レニ乘シテ勞働階級及下層階級ヲ誘引シ一方「ニッチー」內閣ノ本黨接近策ヲ利用シテ宣傳大ニ努メ遂ニ同年十一月擧行セラレタル總選擧ニ於テ一躍百六十ノ議席ヲ贏チ得タルト共ニ院外團トシテ約三十萬ノ黨員ヲ有スルニ至レリ黨勢如斯昇天ノ勢ヲ示シタル爲メ遂ニ「ニッチー」內閣ヲ瓦解セシムル機運ヲ釀成シ次テ現「ジョリッチー」內閣組織セラルルヤ依然政府反對ノ大旆ヲ飜ヘシ議事妨害ヲ續行シタリ右ハ表面ヨリノ觀察ナルカ裏面ニハ又黨中不安ノ氣分漲リ遂ニ客年夏秋ノ交ニ至ルヤ黨中黨ヲ樹ツル分派生シ玆ニ同黨分裂ノ端ヲ發スルニ至レリ

分裂ノ原因ハ莫斯科二十一ケ條ノ承認實行ニ關シテ異論生シタルカ爲メナリ

右異論ノ結果本黨ハ三分セラレ一ハ Turati 氏一派、二ハ Serrati 氏一派、三ハ Bombacci 氏一派トナリ昨年末各派共分派會ヲ開催シ莫斯科過激派政府ニ對シ無條件無留保ニテ服從スヘキヤ否ヤヲ討議シ各自宣言書ヲ公表セルカ是レ卽チ有名ナル社會黨ノ三宣言ナルモノナリ

前二者ノ宣言ハ大同小異ニシテ共ニ黨ノ分裂ヲ悲ミ戰後階級戰ノ激甚ナル秋ニ於テ協同一致以テ中產階級及貴族階級ヲ擊破シ庶民階級ノ勝利ヲ謳歌セントスルモノナルモ今遽カニ「ボルシエビズム」ヲ遵奉シ伊國革命ヲ激發セントスルハ時機ニ適シタルモノニアラス卽チ强チ革命ニ反對ス

ルモノナラスト雖革命戰ニハ物質的及精神的ノ準備ヲ以テ臨マサルヘカラス今日伊國革命ニハ兩者ノ準備共ニ不完全ナルノミナラス寧ロ中產階級ハ擧テ社會黨ヲ敵視シ或ハ官權ヲ利用シ或ハ金力ヲ運用シテ反社會黨熱ノ昂騰ニ努メ居ルノ時機ナルカ故ニ革命戰ハ徒爾ニ終リ結局社會黨ハ一敗地ニ塗レ又起ツ能ハサルニ至ルヘシ要ハ Revolution ニ非ラスシテ Evolution ナリト謂フニアリ

是レニ反シ第三者卽チ「ボレバツチー」派ハ全然莫斯科二十一ケ條ヲ奉載シテ伊國革命ノ激發ニ努メ苟モ右主張ニ多少ノ反對ヲ爲スモノハ假籍セスシテ之レヲ除外スヘシト高唱セリ

三宣言發表セラレタルカ故ニ社會黨ノ分裂ハ旣ニ當然來ルヘキ事實ト觀測セラレ居タルカ越ヘテ本年一月十五日ヨリ「リヴオルノ」市ニ於テ全社會黨大會開催セラレ玆ニ黨是決定ノ大討論行ハレタリ

當時相會シタルモノハ單ニ伊國社會黨員ニ止マラス莫斯科政府代表者ヲ初メ歐洲各國ヨリ出席シタル共產黨及社會黨員ナリキ

會議ハ開會當日ヨリ無秩序トナリテ喧騷ヲ極メ鐵拳ヲ飛シ拳銃ヲ發スル等ノ狂態ヲ演出シタルカ二十日夜ニ至リ辛シテ最終投票ヲ行ヒ得タリ

論戰ノ要旨ハ既ニ前記宣言ニ明カナルカ如ク各派其宣言ニ準據シテ所論ヲ進メタルモノニシテ其間何等互讓妥協ノ途無カリキ

投票ノ結果ハ

「セツラーチ」派　九八、〇二八

「ツラーチ」派　五八、七八三

「ボンバツチ」派　一四、一九八

ノ成績ヲ示シ遂ニ「ボンバツチ」派ハ社會黨ヨリ分裂シ別ニ共產黨ヲ新設スヘキ旨ヲ宣言シタリ右ノ結果「セツラーチ　派及「ツラーチ」派ハ合同ヲ協定シ共產黨ニ對シ新タニ伊太利社會黨ヲ組織スルニ至レリ是レ卽チ現在ノ伊國社會黨ナリ

分裂ノ結果舊社會黨代議士百五十七名中十八名ハ共產黨ニ走リ爾餘ハ卽チ新社會黨ニ殘留シ「ツラーチ」氏「セラッチ」氏以下各派幹部新社會黨ノ幹部トナリ昔時ノ如ク多頭政治ヲ行ヒ居レリ

新黨組織後間モナク議會ハ解散セラレタルカ右解散ハ極左黨ニトリ一大痛棒タリシハ否ム能ハス如何トナレハ當時既ニ反社會黨熱國內ニ澎湃シ先年社會黨ヨリ除名セラレタル「ムツソリーニ」氏ヲ首領トスル Fascisti 黨ナルモノ組織セラレ言論ヲ以テ社會黨ニ對抗スルハ迂遠ナリトシ只管腕

力ト銃劍トヲ以テ同黨ヲ擊滅セントセリ本團ハ元ヨリ血氣盛ナル青年ノ團體ナレハ苟モ社會黨ノ一擧一動ニ對シ猛烈ナル對抗戰ヲ敢行シ官權亦之レヲ幫助スルノ傾向アリシ爲メ殆ト野猪的ニ社會黨ニ突擊セルカ故ニ伊國各地ニ於テ兩者ノ衝突ヲ惹起シ既ニ今日迄千餘件ニ達スル慘劇ヲ演出シタリ

尙伊國中產階級モ亦社會黨ノ横暴ヲ抑壓スルハ此際ナリト思惟シ極力反社會黨運動ヲ高潮セリ如斯社會黨ハ四面楚歌ノ重圍ニ陷リタルヲ以テ總選擧ニハ參加セス又各地方自治團ヨリ公職ニアル黨員ヲ辭職セシメ消極的ニ國家及政府ヲ苦シメントスル議論黨內ニ喧シカリシ程ナリシカ五月五日幹部會ヲ羅馬ニ開キ黨ノ對選擧策ヲ討議シタルニ幹部及多數黨員ハ此際不參加說ヲ執ルハ得策ニアラス今ヤ黨員ノ結束最モ堅ク他派ノ壓迫ニ對シ反抗心熾烈ナルノ折柄ナレハ人ノ和ヲ利用シテ天ノ時ニ勝ツヘシ反社會黨熱ニ脅サレ出陣セサルハ光輝アル本黨ノ歷史ヲ汚スモノナリト主張シ結局總選擧期日十日以前ニ對選擧方針決定セラレタリ

參戰ト決定スルヤ同黨ハ從來慣行シタリシ暴力ヲ封シ堂々言論ヲ以テ戰ヒ世人ノ豫期シタル交通機關、電燈瓦斯等ノ罷業ヲモ企圖セス大ニ文明的策戰ニ出テタルニ反シ Fascisti 派以下反社會黨團ノ行動動モスレハ世人ノ意表ニ出ツルカ如キ横暴振リアリ爲メニ選擧期日切迫ト共ニ社會黨ニ

對スル同情多少挽回セラレタルカ如キ觀アリキ

總選擧ノ結果ハ百二十二名ヲ當選セシメ前期ニ比シ十六名ノ減少ヲ見タルニ過キス特ニ今回ハ同黨ノ元動「エンリーコ、フエツリー」氏始メ多數ノ名士ヲ加ヘタルヲ以テ其質ニ於テハ優秀トナリタリトノ評アリ如斯好成績ハ我人共ニ意外トセル處ニシテ是レ偏ニ同黨ノ地盤強固ナルト反社會黨熱ニ對スル反動ノ結果タラスンハアラス新議會ニ於ケル社會黨ノ行動ニ就キテハ目下種々ノ臆說アリ或ハ「ジヨリツチー」氏ノ招キニ應シテ政府側ニ走ルヘシト云ヒ或ハ Popolare 黨トノ經緯アル爲メ兩黨ノ妥協成立スルニアラスンハ依然反對側ニ居据ハルヘシトモ傳ヘラレ未タ決定スルニ至ラス

何レニセヨ今回社會黨ノ政府援助ヲ云爲セラルヽニ至リタルハ全ク同黨ノ色彩ニ著シキ變化ヲ來タシ革命派ノ色彩ニ近似シ來タリタルコトニ原因スルモノト認メラルルカ此點ニ關シ當地諸新聞紙ノ論評ヲ見ルニ政府ハ總選擧ニ於テ豫期ノ如ク社會黨ヲ少數ナラシムル能ハサリシモ其色彩ヲ緩和シ得タルハ大成功ナリト稱シ居レリ

伊國社會黨近況　（大正十年八月二十日調）

伊國社會黨ハ本年五月ノ總選擧ニ際シ孤軍奮鬪シテ良好ナル成績ヲ收メ甚シク減衰スヘシトノ見込ニ反シ百二十餘名ノ代議士ヲ當選セシメタルハ政界ノ大番狂ハセトシテ當時世人ヲ驚倒セシメ

タリ總選擧當時ハ社會黨ノ最モ苦痛トセル時機ニシテ反社會黨熱全國ニ澎湃シ「ジョリッチー」政府亦其機ヲ利用シ陽ニ選擧ノ公平ヲ唱ヘ不干涉主義ヲ執ルヘキ旨地方長官ニ訓令シタル等ノ事アリタルモ裏面ニ於テハ盛ナル干涉ヲ行ヒ正面ヨリ社會黨ノ敵トシテ之カ攻撃ノ任ニ當レル「ファシスチー」一派ヲ援助シ兩者ノ爭鬪ニ際シテハ喧嘩兩成敗ノ擧ニ出テス常ニ社會黨候補者及同黨運動員ノミ選擧違反ニ問ハレ其件數約五百件ニ及ヒタリ

如斯形勢ニアリタルニ不拘開票ノ結果ハ上述ノ如ク一黨一派トシテハ社會黨ノ右ニ出ツルモノ一モ無ク再ヒ代議院內左翼ハ社會黨ヲ以テ其大部分ヲ占メラルルコトトナレリ此成績ヨリ觀ルモ伊國社會黨ノ地盤牢トシテ容易ニ拔クヘカラサルモノアルト共ニ少クモ幹部連中ノ政治運動ニ於ケル識見、輿望、手腕等ノ點ニ關シテハ他黨ノ翩々タル小政治家ノ企圖シ能ハサルモノアルヲ示メセリ

社會黨ノ大勝ニ對シ最モ癪ニ觸ハリタルモノハ政府ニモ非ス共產黨ニモアラス卽チ「ファシスチ」ノ團體ナリトス本團體ハ社會黨反對ヲ標榜シテ起チ全國ノ青年ヲ其ノ味方ニ引入レ多額ノ軍用金ハ富豪及戰爭成金輩ヨリ釀出セシメ而カモ陰然政府ノ後援アリ鬼ニ金棒的ノ形勢ニ在リテ戰ヒタルカ豫期ノ成績ヲ收ムル能ハス遂ニ社會黨ノ大ヲ切崩ス能ハサリシノミナラス選出シタル同團體

ノ代議士ハ元ヨリ烏合ノ衆ニシテ二三流タルヲ免カレス其數ノ如キモ亦三十有餘名ニ過キサリキ總選擧後「フアシスチー」ノ餘憤ハ社會黨ニ向ケ勃發シ社會黨、共產黨又相呼應シテ對抗セル爲メ國內各地ニ於テ連日兩者ノ衝突ヲ惹起シ其都度多數ノ死傷ヲ出シ或ハ兩黨事務所又ハ勞働組合等ヲ燒打チシ或ハ自黨拘禁者ヲ救出セントシテ監獄ヲ襲ヒ或ハ裝甲自動車ヲ連ネテ出動シ膺懲ノ軍ト銘ヲ打チテ敵黨町村ニ亂入スル等尙甚敷キニ至リテハ共產黨ノ一味ハ「フアシスチ」ニ面當的ニ裁判所（「ミラーノ」及「フエラー」兩市ニテ）構內ニ潛入シ石油放火ヲナシテ裁判記錄ノ多數ヲ燒棄シタリ此種事件ハ殆ト寧日無ク行ハレタルヲ以テ爲メニ人心恟々トシテ歸嚮スル所ヲ知ラス當局又高壓的ニ出テンカ反テ反動ヲ高メ事件ヲ助長スルヲ恐レテ十分官權ヲ伸張スル能ハス姑息的手段ニ訴ヘ來レリ

兩者ノ爭鬪ハ逐日白熱化シ恰モ內亂的騷擾ト化シタルヲ以テ現首相「ボノーミ」氏ハ國內平和策ヲ案出シテ茲ニ社會黨及「フアシスチー」ノ妥協ヲ計畫スル所アリ七月初旬首相ハ兩黨幹部ヲ招キテ懇談シ妥協促進ニ努メタリ兩黨幹部モ無名ノ爭鬪ニ飽キ無辜ノ良民ヲ苦シマシムルハヤカテ自黨ニ不利益ナルヲ悟リツツアルノ時ナリシカハ直チニ平和策ノ主義ニ贊成シタリ乍然約二ケ年來仇敵ノ關係ニアリシ兩者ノ平和ニ際シ條件形式等ノ問題ニ付キ折合ハス結局首相ハ一面政府自ラ仲

裁者タルハ事ヲ圓滑ニ納メ難キヲ慮リ他面兩黨ノ我利主義ニ愛想ヲツカシ萬事代議院議長ニ委任シテ手ヲ引キタリ

今ヤ國內ノ平和ハ國民一般ノ庶幾スル所ナリシヲ以テ議長「デ、ニコラ」氏ハ只管妥協成立ニ努メ日々兩黨代表者ヲ院內ニ招致シテ慫慂スル處アリ議大ニ進ミ不日成案ヲ得ントセル際又モ大ナル故障突發シタリ是レ卽チ Arditi del Popolo ト稱スル一團體ノ蜂起セルナリ本團體ハ共產主義或ハ社會主義ヲ奉スル輩ノ團結ニシテ「ファシスチ」橫暴ニ對抗セントスルモノナリ初メ北伊太利ニ蠢動シ居リタルニ漸次各地ニ加盟團體ヲ得テ强勢トナリ社會黨ト關係ナク獨立シテ「ファシスチ」ニ挑戰シタリ然ルニ「ファシスチ」黨ハ新團體ト社會黨トノ間ニ何等カノ脈絡存スヘシ然ル時ハ平和策ナト云爲スルハ愚ナリトナシ一時妥協々議ヲ中止シ左ノ三點ヲ指摘シテ「デ、ニコラ」議長ノ說明ヲ求メタリ

一、共產黨ハ平和策ニ反對ナリト言明シ居ルニ不拘社會黨ハ同黨ト共產黨トノ握手ヲ云爲ス其意如何

二、最近社會黨ニ好意ヲ有スル「アルデイチ、デル、ポーポロ」ト社會黨トノ關係如何

三、社會黨各機關紙及發行物ハ偏頗的ニ日常事件ヲ記載シ時局ヲ緩和スル事ヲ欲セス反テ激發

セシムルハ如何

右質問書ノ發表セラルルヤ社會黨中騷然トシテ「フアシスチ」派何スル者ゾ其態度ヤ不遜ナリトナシ平和策ニ反對スヘシナト主唱スルモノ生シタルモ「デ、ニコラ」氏ノ斡旋ニ依リ兩黨ノ不平分子ヲ慰撫シテ遂ニ八月三日大要次ノ條件ニテ妥協成立ヲ告クルニ至レリ（因ニ本妥協ヲ羅馬妥協ト稱ス）

一、兩黨從來ノ爭鬪ハ兄弟戰ナリ兄弟墻ニ鬩クハ徒ニ國內ノ平和ヲ害シ國利民福ヲ增進スル所以ニアラス兩黨ハ右ノ事實ニ顧ミ爭鬪ヲ中止スヘシ

二、社會黨及「フアシスチ」ハ各其本部事務所及勞働會議所等ヨリ奪出シタル物品ヲ還附スルコト

三、曩ニ暴力ヲ加ヘラルルカ爲メナリトノ理由ノ下ニ辭表ヲ提出セル市町村吏員及議員ハ復職スヘシ

四、兩黨ハ各自ノ徽號ヲ相互ニ尊重スヘシ

五、社會黨ハ「アルデイ、デル、ポーポロ」ト何等關係ナキヲ聲明ス

本妥協文書ニハ「フアシスチ」黨ハ黨首「ムツソリニ」氏ヲ始メ各ノ幹部之レニ署名シ社會黨側ハ幹

部代表者「バッチー」氏。院内團代表者「ムサッチ」氏、「モルガーチ」氏、勞働總組合代表者トシテ「バルデジ」氏、「ガッリー」氏及仲裁者タル議長「デ、ニコラ」氏等署名シタリ

如斯鄭重ナル形式ヲ以テ成立セル妥協モ旬日ヲ出テスシテ一片ノ空文トナリ又々現ニ今日各地ニ兩者ノ衝突ヲ惹起シ遂ニ「ファシスチ」黨内ニ大龜裂ヲ生シタルカ右事情ハ「ファシスチ」黨近況ニ於テ詳述スヘシ

伊國社會黨分派○ 本年一月「リヴォルノ」大會ニ於テ共産黨ヲ驅逐シ爾餘各派ハ之レヲ打テ一丸トナシ伊國社會黨ト改稱シ表面黨内平靜ニシテ善ク統一セラルルカ如キ觀アリタルカ總選擧後漸ク動搖ノ兆ヲ呈シ特ニ近時ニ至リ以前存在シ居タリシ三分派各々擡頭シ來リテ茲ニ種々ノ經緯ヲ生シ伊國社會黨ノ形勢亦頗ル紛糾シテ興味アル局面展開セラレントス

抑々現存伊國社會黨三分派トハ卽チ

1. Massimalisti Unitari 派

Serrati 氏 Baratono 氏之レヲ率フ

2. Comitato d'Unità socialista 派

Alessandri, Musatti, 及 Zilocchi ノ三氏之レカ最高幹部タリ

3. Concentrazionisti 派

Turati 氏 Treves 氏之レカ牛耳ヲ執ル

以上三派ノ主張ヲ大別スルニ

第一、「マッシマリスチー」派ノ主張ハ極端論ニシテ飽迄庶民階級ノ味方トシテ活動シ有産階級ノ勢力ヲ奪ヒ自己ノ政府ヲ建設センコトヲ終局ノ目的トス故ニ苟モ右主義ニ反スル軟弱者トハ共ニ伍シテ一黨中ニ存スルヲ欲セス而シテ又第三「インターナショナル」ニ接近シ曩ニ宣告セラレタル破門取消運動ヲ熱心ニ行ヒ又ハ行ハント努ムルモノナリ

第二、「コミタート、デユニター、ツシアリスタ」派ノ主張ハ中間論ニシテ第一及第三ノ兩派ハ來ルヘキ社會黨大會ニ於テ相互ニ滿足スル點ヲ發見スル迄隔意ナク討議スヘシトナシ又第三派ニ對シテハ是ニ社會黨本來ノ性質ヲ破ルモノナリ故ニ必ス大ナル反對ニ遭遇スヘシト忠告シ暗ニ餘リニ軟化セサルヘキヲ警告シ第一派ニ對シテハ單ニ極端論ヲ唱フルノミカ社會黨ノ本能ニアラス吾人ハ黨勢扶植ヲ以テ第一義トナシ常ニ無産階級ヲ防護シ其勢力増進ニ努ムヘキナリト云ヒ第一、第三兩派ノ和解ヲ以テ主眼トス

第三、「コンチエントラチオニスト」派ノ主張ハ卽チ團長「ツラーチ」氏ノ意見ニシテ庶民ノ味方

トシテ社會主義ヲ奉スル點ハ敢テ第一派ニ異ルナシト雖モ庶民ノ幸福增進ノ方法手段ニ關シテハ極端派ト異リ平和的ニシテ且ツ最モ時勢ニ適合スル方途ニ出ツヘシトナシ卽チ現在ニ於テハ他政黨ト握手共働シ以テ漸次ニ政權ニ近ツクヘシト云ヒ如斯共働論ヲ叫フトスルモ之レ決シテ節操ヲ變改スルニ非ラス寧ロ社會黨最後ノ目的ニ到達スル捷徑ナリト云フニアリ

第一極端論及第二中間論ニ對シテハ特ニ註釋ノ必要ナカルヘク唯第三共働論ニ對シテハ各新聞擧テ論評ヲ試ミタルモ要スルニ「ツラーチ」氏ノ穩健ナル所說ニ贊成ノ意ヲ表シタリ就中八月十二日「メッサジエーロ」紙ハ左ノ如キ論評ヲ爲シタリ

『「ツラーチ」氏及同氏一味ノ者ニ依リ今囘發表セラレタル文書ハ如何ナル程度ニ反響シ伊國社會主義者ハ如何ナル部分迄之レニ贊同スルヤ今俄カニ逆睹シ難シ伊國社會黨ハ他ノ政黨ト同シク其執ルヘキ方向ニ迷ヒ居ルナリ戰爭ハ社會狀況ヲ變化セシメタルト共ニ各政黨ノ方針ヲ根底ヨリ新タナラシメタリ而シテ右方針變化ニ對スル講策ハ漸ク今日行ハレントス此秋ニ當リ「ツラーチ」氏ノ大ナル抱懷ヲ發表セルアリ黨人ハ勿論吾人ハ新時代ニ對スル氏ノ意見ヲ眞面目ニ研究シ以テ伊國ノ幸福ニ資スヘキナリ

「ツラーチ」氏ハ大ナル決意ヲ以テ最モ率直ニ意見ヲ發表セリ右意見ノ要領ハ次ノ如シ

（一）抽象原理ニ走ラス過激主義方法ヲ排斥ス
（二）現時ノ如ク經濟的危機ニ際シ庶民階級ノ權力ノ地位ニ立ツハ吾人ヲ危機ニ陷レ恐ルヘキ失敗ニ導クヘキヲ以テ中產階級ノ尙伊國內ニ於テ完成スヘキ使命アルコトヲ認ム
（三）單純ナル評論的態度ヨリ眞ノ行爲的態度ニ移ルコト
（四）階級間ノ共働有產階級政黨ト社會黨トノ聯合內閣組織ニ對スル避ケ難キ引力アルヲ感知シ社會改新行爲ノ必要アルコトヲ認ム

以上四點ハ共ニ其意義深長ニシテ廣汎ナリ之レカ實現ヲ見ンカ一ノ大ナル新勢力ナリ之ノ勢力ハ卽チ伊國ノ國家的活動力トナリ國家經濟ノ全生命ノ中樞タルヘク又斯ル聯合內閣生レンカ多數國民ノ倚ルヘキ重心トナリ精神トナルヘシ

又一面ヨリ觀レハ伊國政界ノ因習ヲ打破シ伊國政治界改新ニ平和的革命ヲ爲スモノト云フヲ得ヘシ

吾人ハ更ニ「ツラーチ」氏意見ヲ分析研究セシニ右意見ハ次ノ三點ニ於テ他黨ト合意スルニ至ルヘシ卽チ

一、露國過激主義ハ從來ノ經驗ニ依リ今ヤ致命的失敗ニ終リタルコト

二、伊國各方面ノ危機ハ甚大ナリ各政黨ハ區々タル情弊ニ捉ヘラレ之レヲ看過スルノ時ニアラス

三、伊國社會主義ノ勢力增大

第一、第二ノ點ニ於テハ別ニ說明ヲ要セサルヘク只第三點ニ關シ一言スレハ伊國社會主義ハ今ヤ其飽和點ニ達セントス最近ノ總選擧ニ於テ大勝ヲ博セルモ其勢力ハ精一杯ナリ卽チ老境ニ入リタリト云フヘシ人アリ曰ハク南伊地方ハ未タ處女ニシテ社會黨ノ第二勢力タルヘシト乍然南伊ニ於ケル主義者ハ一朝小作農業問題解決センカ保守主義者ト化スルノ傾向アリ又北伊ニ於テハ其地盤ハ堅シト雖モ主義者ノ主張ニ大ナル變化アリ昔日ノ如ク極端論ハ漸次失ハレツツアリ於茲伊國社會主義問題解決トシテ次ノ二點ヲ指摘スヘシ

イ、現在伊國社會黨ハ强大ナリト雖モ孤立ナリ依テ之ノ變化ナキ又不毛ノ境遇ニ自滅スルヲ避クル一新行爲ヲ採ラサルヘカラス之レ卽チ他黨トノ共働ナリ

ロ、社會黨ハ單ニ無産階級ノ領域ニノミ止マラス中產階級ノ地帶ニ勢力扶植ヲ企圖スヘシ

「ツラーチ」氏ノ意見ハ卽チ「革命ハ方法手段トシテハ無用ナリ」ト云フニアルカ右等ノ意見ハ決シテ今日創造セラレタルモノニアラスシテ一九〇二年九月八日ノ「イモラ」會議一九〇四年四月十日

ノ「ボローニヤ」會議等ニ於テ「ツラーチ」氏ノ發表セル處ナリ伊國ニ於テハ改造スヘキモノ多々アリ乍然無政府主義ノ手段ハ改造ニアラス破壞ナリ社會黨ノ天下トナス以前部分的獲得ヲ爲ササルヘカラス之レ卽チ他黨トノ共働ナリトハ又同氏ノ意見ナリキ

共働ニ付キ「ツラーチ」氏ハ說キタルモ此事タルヤ既ニ實現セラレツツアリ卽チ各地方官廳ニ在リテハ社會主義者ト中產階級者トノ共働ナリ（市町村會、縣會）又最近勞働界ニ於テモ例ヘハ「ミラノ」市ノ綿糸業者及「ローマ」市ノ金屬業者ハ共ニ資本主ヲ救濟スル爲メ賃銀ノ低下ヲ承諾シタリ之レ勞資共働ナリ換言スレハ社會黨ト政府トノ共働ノ第一步ヲ爲スモノナリ

社會黨ハ一大勢力ナリ之レヲ撲滅セントスルハ非ナリ之レヲ否認セントスルモ非ナリ伊國ノ如キ若キ民主國ニ於テハ宜シク社會黨ニ對シテハ只其責任ヲ自覺セシムレハ足レリ今ヤ社會黨ハ舊套ヲ脫シ自己ノ大ナル責任ヲ自覺セントス他政黨ハ共働ハ新伊國々家主義ノ根本ヲ爲スモノトシテ又現代文明向上ノ一階段トシテ愼重考究スヘキヲ要ス」

右論評ハ最モ良ク伊國輿論ヲ代表セルモノト認メタル處果シテ「ツラーチ」氏意見ニ贊シ社會黨百二十四名ノ代議士中既ニ六十名ハ氏ノ傘下ニ馳セ參シタリト報セラル

一方伊國社會黨幹部會ハ八月十日ヨリ「ミラーノ」市ニ召集セラレ「ツラーチ」氏ノ共働論ニ付キ討

議シタル結果次ノ聲明ヲ公表シタリ

「共働策又ハ政府援護策ノ何レニモ斷然反對スル社會黨幹部ハ前記共働策又ハ援護策ニ贊同スルモノト同一黨中ニ共ニ伍スヘカラスト宣言スルノ必要アルヲ認ム」

此幹部會ノ聲明ヲ説明スル以前第三「インターナショナル」總會ニ於テ破門宣告ニ對スル伊國社會黨ノ請願ニ對シテ爲シタル決議文ヲ研究スルノ要アリ右ニ曰ク

「伊國社會黨ハ「ツラーチ」一派及是ヲ庇護スルモノヲ黨外ニ驅逐スルニアラサレハ第三「インターナショナル」ニ加入スルコトヲ得ス彼等異端ヲ悉ク驅逐セル曉ハ第三「インターナショナル」總會ハ實行委員會ニ命シ不純分子ヲ除去シタル社會黨ト國際共産黨唯一ノ「セクション」タル伊國共産黨トノ合同ニ付キ必要ナル手段ヲ講セシムヘシ」

ト云フニアリテ當時破門取消請願ニ赴キタル伊國社會黨代表者「ラッザリ」、「マッフイ」及「リボルデイ」ノ三氏ハ右決議文ニ對シ「出來ル丈ケハ努ムヘシ」ト約束シタリ右ハ來ルヘキ伊國社會黨大會（本年十月「ミラーノ」ニ開ク）ニ於テ前記莫斯科決議文ヲ承諾スヘシト豫想シタルカ爲メナリ

於茲上述ノ如ク過般ノ社會黨幹部會ニ於テ「セラーチ」氏（極端派首領）ノ動議成立シ共働派ヲ除籍

スルノ必要アリト聲明シ莫斯科政府ニ迎合スルノ態度ヲ示メセリ然ルニ代表者歸國後間モ無ク伊國共産黨機關紙「オルディネ、ヌオーヴォ」紙ハ莫斯科政府ノ眞意ナリトシテ伊國社會黨攻擊文ヲ發表セリ其要旨ヲ採錄スレハ

「伊國社會黨ハ共産黨ノ完成セル宣傳行爲ニ加擔セス本年一月遂ニ「リボルノ」ニ於テ分裂獨立ヲ爲シタルカ今日又自黨内ニ悶着ヲ惹起シタリ社會黨院内團ハ公然共働說ヲ唱ヘ他中産階級或ハ貴族階級政黨ト相伍シテ政權ニ參加セントナシ斯クシテ愈〻反逆者ノ實ヲ表ハシ革命反對ノ態度ヲ鮮明セリ

伊國社會黨ハ昨年迄ハ大聲叱呼シテ中産階級打破及大規模計劃ノ下ニ爭鬪ヲ爲スヘク標榜シタリ然ルニ軟化シテ平和風ニ誘ハレ仇敵タリシ「ファシスチ」ノ軍門ニ降服ヲ乞フノ不甲斐ナキ態度ヲ執レリ伊國無産階級ノ代表的人物ナリトセラレタル「ツラーチ」及「トレーヴエス」ハ共ニ公然吾人ヲ誹謗シ中産階級ニ阿諛シ以テ彼等ニ接近セント試ミツヽアリ如斯伊國社會黨ノ恥辱的喜劇即チ容易ニ變節シテ一大臣ノ椅子ヲ狙フカ如キ醜態ニ對シ世界ノ無産階級ハ驚愕ニ堪ヘス彼等破廉恥漢ニ對シ伊國勞働者ハ何ヲカ爲サントスルヤ必ス社會黨中ニ何等カ反動的氣勢勃發スヘシ」ト述ヘ更ニ筆鋒ヲ改メテ「セツラーチ」氏ノ人身攻擊ニ轉シ「彼ハ共産黨ノ敵ナリ吾人ハ彼ノ讒言ニ籍

スヘキ耳ヲ持タス宜シク天誅ヲ加フキナリ」ト結ヒタリ（因ニ「レニン」ハ莫斯科總會ニ赴キタル「ラツザリー」氏ニ對シ『吾人ハ「セツラーチ」ヲ許容スル位ナラ寧ロ「ツラーチ」ヲ許サン』ト云ヒタリト以テ「セツラーチ」氏ノ不人望知ルヘキナリ）要之前段莫斯科決議文ニハ單ニ異分子タル「ツラーチ」一派ノ首ヲ切レトアリシニ後段莫斯科政府機關紙ハ更ニ進ンテ「セツラーチ」一派ノ首ヲモ切ルヘシト云ヘリ

於茲「セツラーチ」氏ハ代表者「ラツザリー」等ノ言ヲ疑ヒ先キニ幹部會ニ於テ爲シタル代表者ノ報告ハ虚僞ナリ斯ル虚僞ハ代表者自身ノ誤リ信シタルモノナルカ或ハ故意ニ吾人ヲ欺キタルモノナルカトノ詰問書ヲ發シ玆ニ又々「マツシマリスチ」派内部ニ紛爭ヲ惹起シタリ

形勢斯ノ如シ共產黨ハ飽迄社會黨ヲ敵視シ依然兩者ノ關係ハ逐日險惡トナリツヽアリ依テ共產黨ニ於テハ社會黨カ全然甲ヲ脫キ降參スルニ非ラサレハ合同ナトハ思モ寄ラスト決心シ居ルモノノ如シ故ニ奇ヲ好ム空想家ト雖モ氷炭相容レサル兩者ノ妥協ハ到底不可能ナリト斷定スルノ外ナカルヘシ故ニ來ル十月（自八日至十二日）開カルヘキ「ミラーノ」社會黨大會ニ於テ假令共働主義者タル第三派ヲ除籍シ極端派ノミカ莫斯科ニ破門ノ免除ヲ願フトスルモ「セツラーチ」氏引退スルニアラサレハ實現不可能ナルヘシト觀測セラル

乍然「セツラーチ」氏自身モ自己ノ立場ヲ了解シ倂セテ伊國社會黨ノ將來モ顧念スル所アルヘキヲ以テ敢テ黨ノ分裂ヲ促シ反テ自己ノ破滅ヲ招キ倂セテ伊國社會黨ヲシテ支離滅裂ノ狀況ニ導クカ如キ愚策ニ出ツルコトナカルヘシ

要スルニ目下伊國社會黨ハ混沌タル狀態ニアリト雖モ十月ノ大會ニ於テ相當結末ヲ見ルヘク極端派モ分裂ヲ賭シテ迄共働派ニ對抗セサルヘク結局伊國社會黨中一分派トシテ存在スルニ至ルヘシト思考セラル

第八節　共產黨

本黨ノ沿革及主張ニ關シテハ前述ノ如シ

本年一月共產黨成立當時黨議員十七名アリ院外團トシテ約二萬ノ黨員ヲ有シ共ニ莫斯科政府ノ命令ヲ遵奉シ最モ過激ナル一團ナル事吹々ヲ要セス

總選擧前ニ於テモ彼等ハ社會黨ト趣ヲ異ニシ種々ノ隱謀的畫策ヲ逞フシ一般良民ヨリ蛇蝎ノ如ク嫌忌セラレ居タルカ選擧ニ際シテハ「ゼノア」、「トリーノ」、「ボローニヤ」、「アンコーナ」、「フロランス」等ノ各地ニ於テ意外ノ得點アリ遂ニ十五名ノ當選ヲ見タリ目下ノ伊國思潮ヨリ判スル時ハ本黨ノ黨勢モ現勢以上多大ノ進展ヲ見ルヘシト思ハレス友黨タルヘキ社會黨トモ亦不和ノ關係ニアルヲ以テ同黨ノ壓迫ヲ受クヘキト共ニ一方政府ノ監視警戒益〻嚴トナルヘキニ依リ過激思想ノ宣傳及黨勢擴張運動ハ自然萎微セサルヲ得サルヘシト思考セラル乍然莫期科政府ノ宣傳方法ハ最モ巧妙ヲ極メ黃白ヲ散シテ人心ヲ收纜セントシ既ニ約五百萬金貨留ハ伊國ニ移送セラレタリト聞ケリ又五月二十三日本黨ノ幹事長トモ云フヘキ「ミシアーノ」氏ハ兩三名ノ黨員ト共ニ莫斯科ニ赴キタルカ其目的ハ勿論今後ノ宣傳方法ニ關シ過激派政府ト打合セノ爲メナリト云フ

本黨總理ハ Graziadei 氏ニシテ幹部ニ Bombacci 氏及 Misiano 氏アリ

第九節　國民黨

歐洲大亂勃發スルヤ伊國ハ約十ケ年間中立狀態ニ在リタルカ當時國論ハ二派ニ分レ一ハ中立論ヲ唱ヘ一ハ主戰論ヲ主張シタリ主戰論ノ要旨ハ種〻アリシト雖モ伊國舊領恢復ヲ高唱シ中立論者ニ對抗シタルモノノ集團コソ卽チ現在ノ國民黨ノ發端ナリトス

黨首 Federzoni 氏ハ當時一新聞記者ナリシカ間モナク羅馬區ヨリ代議士ニ選ハレ前記同志ヲ糾合

シテ國民黨ナル一政黨ヲ組織シ以テ舊領恢復ヲ始メ伊國ノ外交發展ヲ綱領トナシ院内ニ嶄然頭角ヲ顯ハスニ至レリ乍然同黨未タ十五名内外ノ少數ナリシヲ以テ自由黨ト協同シ來レリ

今回ノ總選擧ニ於テ十六名ノ議員ヲ得タリ勿論少數黨トシテ數字ノ上ニ大ナル權威ナシト雖モ常ニ外交政策上ノ急先鋒トナリ一般國民ヲ啓發スル點ニ於テ重視セラル

第十節　Fascisti派

本派ハ純然タル反社會黨ヲ標榜スル團體ナリ黨首 Mussolini 氏ハ以前社會黨ノ幹部ニシテ又同黨機關紙「アヴアンチー」紙ノ主幹ヲモ勤メ伊國社會黨著名ノ士ナリシカ伊國參戰ニ贊成シテ同黨ヲ追ハルヽヤ飜然主義ヲ改メ極端ナル反社會主義者トナリ「ミラーノ」市ニ「ポポロ、デイタリヤ」ナル機關紙ヲ設ケ同志ヲ糾合シテ本團ヲ組織セルモノナルカ氏ハ又「ダンヌンチオ」氏ノ誠意ニ感激シ「ダ」氏ト共鳴スル所アリ故ニ「ダ」氏ノ殘黨又氏ノ麾下ニ集マルモノ多ク爲メニ本團ノ勢力漸次旺盛トナルニ至レリ

本團ノ主義ハ反社會黨ヲ眼目トシ次テ「ダ」氏ノ反「ニッチー」（「ダ」氏ハ「ヴエルサイユ」平和條約ニ反對ナレハナリ）及反「ジヨリッチー」（「ダ」氏ハ「ラバッロ」條約ニ反對ナレハナリ）主義ヲ繼承

スルモノナリ故ニ本團ハ現閣ニ對シ反對ノ態度ニ出ツル傾向アリ

本團ハ今次選擧ニ出場シ反社會黨熱旺盛ナル時運ニ乘シ約四十三名ノ議員ヲ得タルカ其結束堅固ナルヤ否ヤニ關シテハ頗ル疑問ナリトス如何トナレハ反社會黨熱ニ浮カサレ一時的ニ入團シタル分子尠カラストノコトナレハ熱ノ下降ト共ニ異分子ヲ生スヘク從テ本團ノ分裂ハ早晩來ルヘキ事實ナリト觀測セラレ居レリ

黨首「ムツソリーニ」氏ハ元社會黨畑ノモノナリ除籍セラレタル後ハ共和主義ヲ抱懷スルモノニシテ現ニ來ルヘキ開院式ニ當リ國王ノ行幸ヲ迎ヘスト言明シ居ルニ反シ同派議員中數名ノモノハ除名セラルヽモ行幸ヲ奉迎スヘシト宣言シタリ

是等ノ事實ハ既ニ本派ノ結合薄弱ナルヲ語ルモノニアラサルヤ

「ファシスチー」黨近況

社會黨及「ファシチー」黨間ノ妥協成立顚末ニ關シテハ前項ニ於テ詳述シタル通リナル處其後旬日ヲ出テスシヲ北部及中部伊太利各都市ニ騷擾起リ而カモ其主動者ハ「ファシスチー」團體ニシテ社會黨或ハ共產黨ニ當リ各地多少ノ死傷ヲ生シタリ

而シテ一方「エミリヤ」縣(「ボローニヤ」地方)「ファシスチー」黨支部ハ八月十五日總會ヲ開キ席上

社會黨トノ妥協ニ反對シ飽迄力ヲ以テ對抗スヘシト決議シタリ
一般國民ハ羅馬妥協成立シ國內ノ平和確保セラルヘシト聞キ大ニ祝福シ合ヒタルニ間モ無ク各地ノ秩序紊亂セラレ再ヒ騷亂ノ慘狀ニ接シ轉タ國家ノ前途ニ對シ危惧ノ念ヲ抱キ初メタル處其主動者ハ「フアシスチー」團ニシテ其責任大ナリト知ルヤ國民ノ怨嗟ノ聲ハ期セスシテ高マリ「フアシスチー」團ノ信望著シク地ニ墜チタリ
於茲黨首「ムツソリーニ」氏ハ次ノ如キ理由書ヲ發表シテ黨首辭職ヲ聲明シタリ
『「エミリヤ」縣支部ハ吾人ノ執リタル策ニ反對ヲ表明シタリ如斯黨內ニ反對分子生スル以上余ハ最高幹部トシテ今後其職責ヲ全フスルコト能ハス本黨ト社會黨トノ平和妥協ニ關シテハ羅馬ニ幹部會ヲ開キ三日三夜有ユル方面ノ問題ヲ研究シタル結果投票ニ問ヒタル所二十三對五ノ大多數ヲ以テ平和妥協ニ贊成シタリ然ルニ平和成立後旬日ヲ出テサルニ黨員ノ一部ハ單ニ吾人幹部ニ反對スルノミナラス尙黨ノ無秩序無訓練ヲ暴露シ各地ニ騷擾ヲ惹起シタリ
現在ハ最モ「デリケート」ノ時機ナルヲ以テ吾人ノ行動ハ大ニ愼重ナラサルヘカラス而カモ社會黨トノ間ニ契約成立セル以上當事者ノ一方トシテ十分他方ヲ尊敬セサルヘカラサルニ不謹愼ニモ事ヲ好メリ一方社會黨ハ秩序整然トシテ何等ノ異論モ生セスシテ吾黨ニ對セリ

如斯形勢ニ鑑ミ吾黨ハ敗軍ナリト云フノ外ナシ若シモ平和妥協ニシテ吾人ニ依リ十分訓練的ニ遵奉セラレタランニハ吾人ノ勝利ナリシモノヲ今ヤ勝敗ノ數ハ決セリ敗軍ノ將何ヲカ云ハン余ハ黨首ノ地位ヲ辭去セントス而シテ今後ハ「ミラーノ」支部ノ平黨員トシテ殘留スヘシ』

「ムッソリーニ」氏ノ黨首辭任ノ發表ハ伊國ノ政界ニ大ナル反響ヲ與ヘ特ニ「ファシスチー」黨自身ニ對シテハ實ニ黨ノ休戚問題ナリトシテ一面ニ大ナル狼狽ヲ爲サシメタルト共ニ他面大ナル反省ヲ促シタリ依テ本黨發祥地タル「ミラーノ」支部ヲ始メ全國各支部ハ急遽總會ヲ開キ協議ノ結果「ムッソリーニ」氏ニ留任勸告ヲ決議シ實行委員ヲ擧ケテ氏ニ說ク所アリタルモ氏聽カス現ニ今日同黨ハ唯一ノ頭首ヲ失ヒヲ針路ヲ定メサル難破船ノ如キ狀態ニアリ

一九一九年春「ムッソリーニ」氏ハ伊國青年團ヲ糾合シテ本團ヲ組織シ一方共產黨社會黨ノ橫暴ニ備ヘ他方伊國ノ內外ニ國權ノ伸張ヲ企畫シ一般國民ハ愛國ノ權化ノ如ク氏ヲ畏敬シタリ

其後約一年有半本團ハ社會黨其他過激分子征伐ニ從事シ大功アリタルモ地方團員中ニハ世人ノ氣受ケ善キニ慢心シ或ハ自黨ノ勢力增大スルニ從ヒ天下ノ事何事ヲモ爲シ得ヘシトノ自負心長シ政治經濟社會等各問題ニ容喙シ力ヲ用キテ自己ノ主張ヲ貫徹セシメントシタルヲ以テ漸次紛糾擾亂ノ主動者タルカ如キ態ヲ顯出セリ於玆輿論モ大ニ變調ヲ來タシ今迄救世主ノ如ク敬意ヲ拂ヒタル

モノモ漸次社會黨ヨリモ厄介ナル團體ナルカノ念ノ抱クニ至レリ

「ムツソリーニ」氏ハ玆ニ大ニ顧ル處アリ卽チ自黨ノ信望又昔日ノ如クナラサルヲ慮リ遂ニ自決スルノ餘儀ナキニ至リタルナリ

本黨ノ將來ニ關シテハ一般ニ悲觀說多ク結局烏合ノ團體ハ永續セス夏ノ夜ノ花火ノ如ク光芒一時ニ輝キテ後ハ闇夜ニ消エ失スルカ如キ觀アリ

來ル十月本黨モ大會ヲ開キ今後ノ黨是ヲ決定スル筈ナレハ其成行ニ徵シテ再報スヘシ

第十一節　農民黨

本黨ハ未タ正式ニ政黨組織ヲ成シタルモノニアラス故ニ寧ロ農民派ト稱スルヲ妥當トスヘシ

本派ハ今回ノ總選擧ニ際シ千六百萬ノ農民ヲ代表スル各農業組合團ノ組織スル所ニ係リ農民ノ利益增進及擁護ヲ其ノ政綱トナス選擧ノ結果自派候補者中ヨリ二十六名ノ當選者ヲ出シ豫期以上ノ成功ヲ收メ得タリ

本派ハ勿論政府與黨ニ加ハルヘク社會黨共產黨ノ敵黨タルヘキハ明カナリ

「フォンターナ」氏總理タリ

第十二節　「スラブ」系及獨逸系

戰後伊國ノ新領土ニ編入セラレタル「ゴリチア」及「パレンツォ」兩選擧區ヨリ今回五名ノ「スラブ」系議員ヲ選出シタルカ彼等五名ノ「スラブ」團ノ主張トスル處ハ「ラパッロ」條約ノ改締卽チ戰略上ノ見地ヨリ伊國ハ英佛ノ後援ヲ恃ミテ「ジューゴスラブ」國ヲ壓迫シ新國境ヲ劃定セルモ右ハ不當ニシテ恆久的平和ノ因ヲナスモノニアラス宜シク人種的見地ヨリ觀タル國境ナラサルヘカラス若シ本條約ニシテ永續センカ戰爭ハ免カレサルヘシト云ヒ又「トリエスト」、「パレンツォ」及「ゴリチヤ」各州議會ノ獨立ヲ要求スルニアリト云フ又「トレント」州ニ於ケル「ボルツアーノ」區ヨリ四名ノ獨逸系代議士ヲ出シタルカ彼等又「アディジエ」河上流地方ノ自治ヲ要求スヘシト云ハル

以上諸問題ハ議會ノ大局ヨリ觀テ大ナル反響ナカルヘケレト只問題トナルヘキハ彼等ノ使用言語ナリトス由來伊國議院法ニテハ佛語ノ使用ヲ許可ストアリ故ニ本條項ヲ準用シテ彼等「スラブ」系及獨逸系議員ハ獨逸語ヲ院內ニテ使用スヘシト云ハルルヲ以テ右用語ニ關シ新議會ハ何等カノ措置ヲ採ルニ至ルヘシ

尙是等兩系ノ新議員ハ共產黨ト相呼應シ自家ノ勢力ヲ張ラントスト謂ハル

補遺一、政黨ノ分立ト第二次「フアクタ」內閣成立ニ至ル政況

伊國政黨政派ノ離合集散常ナキ事ハ周知ノ事實ナル所大正十一年春季議會頃ヨリ黨人間ニ種々ノ運動劃策セラレ從來ノ政黨關係ニ大變動ヲ來シ愈々小黨分立ノ狀況ヲ呈スルニ至レリ本年七月一日內務省公表ニ依レハ現在ノ政黨數左ノ如シ

政黨及其說明

一、農民黨　代議士數二十三名

本黨ハ地主農民派ノ團體ニシテ共產黨、社會黨ノ政策ニ對抗センカ爲昨年早々結黨セルモノナルコト前記ノ通リナリ黨ノ方針益々右傾シ目下極右黨「サランドラ」派自由黨ト提携シツツアリ而シテ「フアシスチー」黨ニ聲援シ其ノ軍用金ノ一部ヲ負擔シ居ルコト公然ノ祕密ナリトス黨首 Attilio Fontana 第二次「フアクタ」內閣ニ入リテ國庫次官ニ又黨幹事 Gaetano Venino 殖民次官ニ任セラル

二、共產黨　代議士數十三名

本黨ニ關シテハ前ニ詳細記載シタル通リニシテ其後大ナル變化ナキカ如シ院內團ハ僅ニ十三ノ

少數ナリト雖モ常ニ社會黨ト氣脈ヲ通シ事每ニ政府及「ブルジョア」各政黨ニ反對シ院內ノ空氣ヲ攪亂シ議院騷動ノ原動力タリ又院外黨員約二萬ヲ擁シ最過激奇矯ナル行動ヲ謀策シツツアルハ事實ナリ「ファシスチー」黨トノ衝突ハ殆ント日常行事トシテ繰返ヘサレ其都度衆寡敵セス物質的及精神的ニ打擊ヲ蒙リ多少劣勢ヲ示シタルカノ觀アルモ遽カニ然リト斷定シ難キ程潛勢力强大ナリ政府ノ威力薄弱ナル今日一網打盡ノ壯擧ニ出ツル能ハサルハ勿論消極的ニモ何等ノ退治策アルヲ聞カス羅馬市內「サン、ロレンツォ」區域ノ如キハ最モ著名ナル本黨員ノ巢窟ニシテ全區域內ニ伊國三色旗ノ通過ヲ許サス又多數量ノ武器彈藥ヲ密藏シ居ルコト判明シ居ルモ曾テ官權ノ大手入有リタル事ナシ

要スルニ莫斯科過激政府ノ世界唯一ノ公認支部トシテ相當ノ勢力ヲ保持シツツアリト認メラル

黨首ヲ Belloni トナシ幹事長ヲ Garosi トス而シテ元老 Bombacci ハ「ファシスチー」黨ノ目標トセラルル程ノ勢力アル人物ナリ機關紙トシテ Comunisti ヲ始メ二三新聞ヲ發行ス

三、民主黨 (Democrazia) 代議士數四十二名

從來ノ自由民主黨ノ解體セラレタル後伊國元老「ジョリッチー」ノ下ニ結合セルモノヲ本黨ナリ

トス其主義主張ハ從前ノ如ク又新黨名ノ示スカ如ク民主主義ナルハ勿論ナリ「ジョリッチー」ノ聲望高カリシ當時其率ユル自由民主黨ハ伊國政界ノ重鎭タリシカ今ヤ「ジョリッチー」漸ク老込ミ昔日ノ威望ナシト雖モ（五十年間ノ官僚生活中氏ノ恩顧ニ浴スルモノ萬ヲ以テ算フヘク親分乾兒ノ關係最モ强固ナリト稱セラレ玆ニ一大「ジョリッチー」系ナルモノヲ築上ケ特ニ現皇帝ノ信認最モ厚シト云ヘハ氏ノ元老元勳トシテ伊國第一人者タル地位ニハ變動ナシ乍然時代ハ益々新人ヲ要求シツツアル矢先一九二〇年「ニッチ」ノ內政混亂ノアトヲ受ケ殆ント救世主ノ如ク迎ヘラレテ第五次內閣ヲ組織セルカ工場占領事件、パン値段引上問題ヲ初メ幾多ノ難關ニ逢著シ此間ニ處シテ鋭意經營ヲ施シ遂ニ下院解散總選擧ヲ斷行シテ議會組織ヲ變更シ社會黨ノ勢力ヲ打破セントシタルモ充分意ノ如クナラス七十九歲ノ老齡今ヤ施スニ策ナシト認メ遂ニ非難ノ聲ニ葬ラレ昨年六月二十七日挂冠骸骨ヲ乞ヘリ）氏ノ旗本トモ稱スヘキ本黨ニハ多數ノ名士ヲ抱擁シ前首相「オルランド」ノ如キ現首相「ファクタ」ノ如キ又大臣級ニCocco-Orti, Colossimo, Corradini, Rossi, Soleri 等皆本黨ノ幹部連ニシテ舊時ノ俤ヲ止メ居レリ第二次「ファクタ」內閣ニハ首相ヲ始メ法相ニ「アレッシオ」、陸相ニ「ソレーリ」相列リ內閣次官、海軍次官又本黨員タリ

四、伊太利民主黨（Democrazia Italiana）　代議士數三十六名

本黨ハ本年六月「ニッチー」氏ニ依リ新タニ組織セラレタルモノニシテ革新社會黨ニ次キ最モ左傾的民主主義ノ團體ナリ

黨首「ニッチー」ハ其後依然トシテ非難ノ的トナリ特ニ「フアシスチー」ヲ始メ右黨側ヨリハ國賊呼ハハリセラレツツアル今日本黨組織運動ハ失敗ニ終ルヘシト觀測セラレタルニ不拘遂ニ三十六名ノ代議士ヲ拉致シ堂々伊太利民主黨ト銘ヲ打チ院內ノ一勢力トナリタルカ是レ實ニ政界ノ惑星タル「ニッチー」氏ノ底力アルヲ證明スル印ナリ

是近傳ヘラレル本黨ト社會黨トノ提携說ノ如キ未タ實現セスト雖モ政界ノ雲行如何ニ依リテハ實現セラルル可能性アリト認ムヘク要スルニ「ニッチー」ハ左黨ヲ踏臺トシテ旗擧セント企テツツアルハ明白ナル事實ナリ

「エポカ」、「パエーゼ」ノ二機關紙ヲ有ス

現內閣ニハ國庫大臣「パラトーレ」及殖民大臣「アメンドラ」ヲ出シ陸軍次官亦本黨員ナリ

五、自由民主黨（Democrazia Liberale）　代議士數二十四名

「ジヨリツチー」氏ノ自由民主黨解體ノ際「デ、ナーヴア」氏（當國政治家トシテ有力ナル人物ナ

リ一九〇六年「ソンニーノ」内閣ノ内務次官ヲ振出シトシ戰時中工務大臣ニ次テ遞信大臣ニ任シ第二次「ニッチー」內閣ニ入リテ土木相トナリ次テ藏相タリ又下院外交調査委員長トシテ「ラパパロ」條約締結ニ功アリ）ヲ擁シテ分立セル新政黨ナリ

現內閣ニハ新領土大臣トシテ「ルチアーニ」ヲ出シ外ニ又戰時恩給次官ヲ出ス

六、社會民主黨（Democrazia Sociale）　代議士數四十一名

舊急進黨ノ改造セラレタルモノニシテ客年報告後特記スヘキモノナシ

黨首「デ、ビート」現閣ニ入リテ海相トナリ黨幹部「フルチー」又遞相タル外商船次官及內務次官共ニ本黨員タリ

七、「ファシスチー」黨　代議士數三十一名

本黨近況ニ關シテハ前ニ述ヘタルヲ以テ省略ス

八、無所屬　代議士數三十二名

伊國共和黨代議士八名ニ減シタル爲メ法定結黨數ニ足ラス依テ目下無所屬團ニ加入シ居リ又新領土選出獨逸派及「スラブ」派ヲ始メ二三烏合ノ衆ヲ以テ本團ヲ組織ス

九、國民黨（Nazionalisti）　代議士數十一名

本黨々勢ハ昨年來大ナル變化ナキモノト認メラル所屬代議士僅少ナレハ一黨トシテ十分ノ活動ヲ爲シ得サル關係上常ニ「サランドラ」派ノ右黨ト聯合シ所謂右黨ノ名ノ下ニ行動シツツアリ本年六月迄ハ「フアシスチー」黨トモ提携シ來リタルカ近時「フアシスチー」黨優勢トナリ他黨ノ援助ヲ要セサルハ勿論寧ロ足手纒ヒナレハトノ理由ニテ國民黨トノ提携ヲ解除セリ

本黨ハ黨首「フエデルツオーニ」（現下院副議長）奮鬪ノ爲メ政黨トシテノ命脈ヲ保持スルモ其地盤漸次「フアシスチー」黨ニ蠶食セラレ居レハ或ハ近キ將來兩黨ノ倂合ヲ見ルニ非ルヤト觀測セラル

（因ニ本黨所屬青年學生及少年等ハ共產黨、社會黨ニ對抗スヘク "Sempre pronti"（常備ノ意ナル義勇團ヲ組織シ各地ニ支部ヲ設ケ「フアシスチー」軍ト連絡ヲ取リテ策戰シツツアリ靑「シヤツ」隊ヲ其別名トス）

十、民主自由黨 (Liberali democratici)　代議士數二十一名

本黨ハ前首相「サランドラ」ノ率ユル團體ニシテ下院最右翼ニ席ヲ占メ保守勤王ヲ以テ主義トナス數字的勢力ヨリモ寧ロ歷史的ニ敬意ヲ表サレ居ル狀況ニシテ特ニ「サランドラ」アルカ爲メ其黨勢ヲ維持スト云フモ過言ナラサルヘク要スルニ伊國政界ノ風潮漸次左傾タラントスル時本黨

ノ如キ其影薄カラントスルハ當然ナルヘシ

（因ニ右黨除外問題ノ經緯ハ後述スヘシ）

現內閣ニハ土木相トシテ「リツチヨ」入閣シ外務次官及美術次官亦本黨員ナリ

十一、「ポポラーレ」黨　　代議士數百六名

本黨ノ外面的勢力狀況ニ關シテハ昨年來大ナル變更ヲ見ス但シ內面的ニハ特筆スヘキ變動アリシカ是レ卽チ黨中極左派ナルモノ樹立セラレタル一事ナリトス由來本黨ハ加特力敎黨ノ後身ナルモ決シテ法王廳ノ機關ニモ非ラス又坊間誤傳スルカ如キ保守的ノモノニモアラス大ニ民主的進步的政綱ナル事既報ノ如クニシテ卽チ基督敎的社會主義ト稱スルヲ得ヘシ乍然其爲ス所決シテ共產黨或ハ社會黨ノ如ク過激不穩ニ走ラス飽迄穩健ナル途ヲ進ミツツアルハ勿論ナリトス然ルニ本年ニ入リ同黨中所謂極左派ナル分派生シ其云爲スル處殆ト社會黨ノ主議綱領ト類似スルモノアリ而シテ本分派成立ニ努力シ又現ニ之レカ首長タル「ミリオーリ」ハ一九一三年以來無所屬代議士タリシカ其堅固ナル加特力主義者ノ故ヲ以テ一九一九年「ポポラーレ」黨ニ入黨セリ乍然氏ハ常ニ農民ノ味方庶民ノ後援者ヲ以テ自任シ「土地ハ百姓ヘ」ノ標語ヲ宣傳シ又社會黨ト共ニ非戰論ヲ唱ヘ戰時中ニ終始勞働問題ノ爲メ奔走シタル等一時ハ無政府主義者ナルヘシト認

メラレ要視察人扱ヒセラレタル事アリ其後本黨ニ入籍スルモ依然トシテ勞働問題ニ沒頭シ遂ニ選擧區タル「マントバ」地方ニ「ポポラーレ」黨ノ勞働組合ヲ組織シタルカ最近同志者約三十名ヲ誘ヒ前記ノ如キ分派ヲ樹立スルニ成功シタリ

如斯本黨ノ色彩漸次左傾的トナルヤ「フアシスチー」黨ハ是ヲ默過セス「クレモーナ」其他數多ノ地方ニ於テ敵對行動ヲ開始シ遂ニ前記「ミリオーリ」住宅燒打トナリ延ヒテ第一次「フアクタ」內閣瓦解ノ一幕ヲ演出シタルカ其詳細ハ後述スヘシ

本年ニ入リ「ポポラーレ」黨ノ最モ努力奮闘セルハ土地開墾問題（Latifondi ト稱ス伊太利封建時代ノ諸侯卽チ今日ノ貴族社會ハ現時ニ於テモ廣汎ナル土地ヲ世襲シ居ルモノナルカ其大半ノ土地ハ荒廢ニ委セラレ何等生產的方途ヲ講セス特ニ南伊太利ニアリテハ最甚敷ク渺茫タル荒原相連ナル有樣ナルヨリ一昨年來本黨及社會黨ハ是レカ開拓ノ急務ナルヲ說キ以テ耕地增大、生產ノ增加、失業緩和等經濟的見地及社會問題的見地ヨリ觀テ本問題解決ニ努力セリ）ニシテ遂ニ去ル八月ノ議會ニ於テ本案可決ニ成功セリ本案可決當日歡呼ノ聲ヲ揚ケタルハ本黨ト社會黨トノミニシテ「フアシスチー」黨ノ如キハ大ニ反對ノ氣勢ヲ上ケ上院ニテ之ヲ否決セシムヘシナト放言セルカ右ニ徵スルモ地主側ト「フアシスチー」トノ關係如何ナルモノナルカヲ推知スルコトヲ得ヘシ又本黨ハ社會黨ニ次ク大政黨ニテ其向背ハ直チニ内閣ヲ動搖セシメ（社會黨ハ常ニ政府反對ナレハ）目下ノ處如何ナル内閣モ本黨ヲ除外スル能ハサルナリ而シテ本黨ハ特殊ノ信念ニ基キ結黨セルモノナレハ他ノ政黨政派ノ如ク一問題每ニ紛爭シテ離合集散スルモノニアラス其地盤ノ强固ナル事當國政黨中第一ニシテ而カモ最高幹部タル「ドン、ストルツオ」師ヲ初メ多數ノ名士ヲ抱擁スル點ニ於テ大ナル强味ヲ有スト云フヘク要スルニ此後モ最モ囑目ニ値スル政黨ナリト認ム

黨首「メーダ」既ニ首相格トシテ敬意ヲ拂ハレ居ル外現内閣ニハ三大臣四次官ヲ出シ居ルナリ卽チ藏相「ベルトーネ」、文相「アニーン」及農相「ベルチーニ」ノ三氏及商工次官、司法次官、土木次官及新領土次官ナリトス

十二、社會黨

代議士數百二十二名

本黨近來ノ黨情ハ頗ル興味深キモノニシテ其成行如何ハ軈テ伊國政治界ニ大ナル影響ヲ及ホサントス本黨内部ノ空氣ハ昨年一月「リボルノ」會議當時ヨリ多少變調ヲ來シ院内團内部ノ軋轢、幹部ニ對スル不滿或ハ代議士團ト院外團特ニ勞働總組合トノ確執等事件ハ走馬燈ノ如ク廻轉シ時トシテハ黨ノ分裂破綻サヘ惹起スルニアラスヤト思ハシメタルモ兎モ角彌縫其事ナキヲ得タ

リ

社會黨一部人士中ニハ時勢ニ適應スル政策ヲ執リ以テ漸次社會黨ノ天下ト爲スノ得策ナルヲ力說シ現在ノ如ク如何ナル政府如何ナル政黨ニ對シテモ常ニ眞向ヨリ反對ノ態度ニ出ツルハ餘リニ固陋ナル黨是ト云フヘク頑迷其度ヲ失スル時ハ反テ信ヲ天下ニ失墜シ黨勢衰微ヲ來ス因由トモナルヘシ故ニ宜ク舊來ノ情弊ヲ脫シ他ノ「ブルジョアー」政黨ト提携シ有力ナル黨員ヲ入閣セシメ以テ閣議ノ上ニ自黨ノ方針政策ヲ實現セシメ漸次朝野ニ勢力ヲ張ル事本黨ノ天下トナスノ捷徑タルヘシトノ主義唱ヘラルルニ至リ所謂「共働派」(Collaborazionisti)ノ發生ヲ見タリ而カモ其首唱者ニハ社會黨ノ元勳領袖連多ク Turati, Treves, Modigliani 等之レカ牛耳ヲ執レリ先ツ本主義ノ爲メ著シク動搖セルハ勞働總組合ニシテ(伊國勞働總組合ハ社會黨代議士「ダ、ラゴーナ」(D'aragona)之レヲ總統シ社會黨ト同盟條約ヲ結ヒテ同黨ノ有力ナル一勢力タルコトハ明カナリ)諸勞働問題ノ解決モ從來ノ如キ社會黨ノ遣口ニテハ到底實現不可能ナルヘク然リトテ此際革命戰ニ訴ヘントスルモ其成敗明カナル今日共働主義ニ依リテ勞働者階級ノ改善ヲ計ル事然ルヘシトノ議旺盛トナリ遂ニ本年七月「ゼノア」ニ大會ヲ開キ二日ニ涉ル討議ノ末採決セル處共働派多數ヲ占メタリ乍然「絕對多數」ニ至ラサリシニ依リ更ニ近ク再投票ヲ行フヘシト云ハル右ノ結果共働派再ヒ多數ヲ占ムルコトアランカ勞働總組合ハ社會黨トノ同盟ヲ解除スルニ至ルヘク然ル時ハ伊國勞働界ニ大ナル變動ヲ來スヘキヤ必セリ

又 Turati 一派ノ院内團共働派ハ六月十日愈々結束ヲ固クシ(本派ニ贊同スル社會黨代議士既ニ四十余名ニ及フ)黨ノ幹部ヲ動カサント試ミタルカ「セラーチ」一派ノ「イントランシゼント」派之ニ應セス結局幹部會ヲ開キ協議セルモ纒ラス八十對四十四ヲ以テ共働派破レタリ當時共働派ハ直チニ脱黨シテ新政黨ヲ組織スルナルヘシト傳ヘラレタルモ是レ餘リニ皮想ノ觀測ニシテ元老タル Turati, Treves 等決シテ輕擧妄動セス只政策ノ相違ニシテ決シテ主義ヲモ捨テント欲スルモノナラサルヲ言明シテ黨内外ノ波瀾ヲ豫防シタリ

其後七月十九日第一次「フアクタ」内閣倒壞スルヤ容易ニ後繼内閣ノ成立ヲ見ス此間ニ處シテ共働派ノ暗中飛躍行ハレ遂ニ Turati ハ辻自動車ヲ驅ツテ參内シ政局收拾ニ關シ國王ニ奉答スル處アリタルカ如斯ハ實ニ社會黨空前ノ出來事ニシテ如何ニ同黨内部ノ空氣變調セルカヲ窺フニ足ルヘシ(本件後述スヘシ)

外部ノ黨勢黨情ニ關シテハ是レ又昨年來大ナル變化ヲ見タリ現在ノ黨勢ハ正黨員約七萬ニシテ本黨ニ附屬スル勞働者約百三十萬ナリトス

（因ニ一九一九年戰後本黨ノ最モ盛時ニアリテハ正黨員約二十萬、加盟勞働者二百萬ト稱セラレ居タリ）

如斯減勢ヲ來シタルハ「フアシスチー」黨ノ切崩シ運動及「ポポラーレ」黨ノ勞働組合組織運動成功セルト内部ノ不統一トニ原因セスンハアルヘカラス

就中「フアシスチー」黨ノ敵對行爲峻烈ヲ極メ殆ント完膚ナキ迄ノ武力攻撃ニ逢ヒ各地ニ於ケル日常ノ衝突ニハ必ス社會黨支部、勞働組合或ハ集會所ノ如キモノ燒却セラレ物質的ノ損害ヲ與ヘラルルノ外從來暴威ヲ振ヒシ社會黨所屬市町村會議員ヲ始メ自治團名譽職ニアル者ニ對シテハ生命ヲ脅威シテ辭職セシメ「ミラレ」、「ボローニヤ」、「ゼノア」等ノ大都市ヲ始メ多數ノ町村ニ於テ社會黨議員一掃セラレ特ニ最近八月一日ノ盟休後ハ「ゼノア」、「ネープル」兩地ニ於ケル港勞働者全部脱黨シ「フアシスチー」黨ニ降服セル等實ニ大ナル損害ヲ蒙リタリト云ハサルヘカラス

乍然今俄カニ本黨ノ衰滅ヲ豫想スルカ如キハ誤謬ナルヘク永年養ヒ來リシ地盤ハ一朝一夕ニ奪ハレサルヘク深ク宣傳セラレタル主義ハ庶民階級ヲ緊縛シ容易ニ退出セシメサルヘク加フルニ伊國現在ノ富力ヲ以テシテハ到底諸般ノ勞働問題、社會問題ヲ解決シ能ハサルヘク勞働者階級

ノ懷柔ナトハ覺束ナシト思考セラル現ニ「ファシスチー」黨ノ本黨攻擊ハ余リニ暴ニ失シ其傲慢不遜ノ態度ヲ快シトセサルモノ輿論ノ一部ニ現ハレツツアリテ暗ニ社會黨ニ同情ヲ寄スルノ現象サヘ見受ケラルルニ依リ本黨ノ運命如何ハ速斷シ難シ

十三、革新社會黨 (Socialisti Riformisti) 代議士數二十六名

「ボノーミ」本黨ヨリ出テテ首相トナリ大勳位トナリ多少本黨ノ爲メ氣ヲ吐キタリト雖黨勢振ハス昨年來何等變化ナシ

黨幹事「デッロ、ズバルバ」現閣ニ勞働相タル外文部次官及大藏次官ヲ本黨員トナス

要之伊國下院議員總數五百三十五名ニシテ政黨十三ニ分立シ而カモ極左黨百三十五名ハ常ニ反對者ナルヲ以テ如何ナル內閣ト雖妥協聯立ヲ必要トスヘク從テ問題每ニ紛爭ヲ生シ政變說不斷ニ傳ヘラレ居ルハ既知ノ事實ニ屬ス

補遺二、「フラマーソン」結社

中世歐洲諸國ニ於テ各階級各職業者ノ團結結社スル事流行セル際左官職團體ハ古昔「ゼルサレム」ニ「宇宙殿」建設ノ折右建築ニ關係セル左官團體ノ一組合ヲ組織セル古事ニ則リ一ノ共濟組合ヲ組

織シ之レヲ自由左官組合卽チ「フラン、マーソン」ト命名セリ然ルニ一七一七年佛國ニ於テ右、左官組合ノ基礎トセル新規組合ヲ作リ從來公開的ナリシカ爾後絶對祕密ノ結社トナリ又從來ノ如ク團體員ヲ單ニ左官職ト限定スルコトナク總テノ階級總テノ職業ヲ網羅シ且從來組合員ノ一ノ共濟機關タルニ過キサリシモノヲ擴張シテ會員ノ共濟ハ勿論苟クモ人道ニ副ヒタル各種ノ行爲ヲ爲スヲ第一義ト爲スニ至レリ而シテ其政治的目的ハ舊敎ニ反對シ法王廳ヲ攻撃スルニアリ（米國及加奈陀ノ「フラマーソン」ハ必シモ然ラス）主義ハ民主ニシテ傾向ハ共和的國際的ナリトス本結社ハ多額ノ金力ト巧妙ナル手段トニヨリ盛ニ宣傳ヲナシタル結果短年月間ニ歐洲各國ニ流布セラレ廳テ佛蘭西派、「スコツトランド」派及伊太利派ヲ生スルニ至レリ

如斯本結社ノ勢力漸次增大セントスルニ對シ法王廳ハ當時未タ法王ノ俗權旺ナル時代ナリシヲ以テ峻嚴ナル法令ト激烈ナル手段トヲ以テ極力「フラマーソン」ニ對抗シ苟モ舊敎徒ノ本結社ニ加入スルコトヲ嚴禁セリ

伊國「フラマーソン」ノ創設ハ一八六〇年頃ニシテ現「サヴォイヤ」王室ノ伊太利統一事業ト大ナル關係ヲ有シ當時維新ノ三傑ト稱セラレシ「ガリバルヂー」將軍及「マッチーニ」ハ實ニ伊國「フラマーソン」ノ元祖ナリトス

「マッチーニ」ハ佛蘭西「フラマーソン」ノ流ヲ汲ミ極端ナル法王廳反對論者ニシテ法王ノ王權ヲ剝奪シ舊敎ノ勢力ヲ衰頽セシメントノ隱謀ヲ企劃シツツアリシ際偶々「カブール」、「ガリバルヂー」等ハ「サヴォイヤ」家ヲ擁立シテ伊太利統一羅馬占領ノ軍ヲ起サントノ計劃アリ彼ハ直チニ馳セ參シテ是カ帷幕ニ在リテ劃策スルコト十年遂ニ維新ノ大業ヲ成就セシメタリ然シ乍ラ彼ハ「カブール」ト異リ飽迄共和主義（「ガリバルヂー」ハ當初「マッチーニ」ト同シク共和主義ニシテ「フラマーソン」社員タリシモ後「カブール」ニ說得セラレ王黨トナル）ニシテ大業完成後モ官途ニ就カス野ニ在リテ自ラ伊國「フラマーソン」初代ノ總裁トナリテ同社ノ擴張隆盛ニ努力セリ當時彼ハ第一ノ目的タル羅馬占領ヲ達成シ法王ヲシテ單ニ精神界ノ王者タルニ過キサラシメ法王廳ハ僅ニ羅馬ノ一角ニ餘喘ヲ保ツ程度ニ痛擊ヲ與ヘタルヲ以テ今後ハ共和主義ヲ高潮スヘシト爲シ共和黨ヲ組織シ政界ニ乘出セリ故ニ伊國「フラマーソン」ハ共和的傾向最モ濃厚ナルコト言ヲ俟タス

「マッチーニ」ノ沒後「レンミー」第二代ノ總裁トナリタルカ其後「マッチーニ」ノ落胤「ナータン」（「マッチーニ」英國留學中倫敦ノ猶太人「ナータン」孃ト相識リ其間ノ私生子）第三代總裁トナル彼ハ學識才幹共ニ群ヲ拔キ政治的手腕又父ニ劣ラサル程ナルヲ以テ同結社ノ隆盛ヲ致シ其强固ナル基礎ノ確立シタルハ實ニ此時ナリトス社員中猶太人多キハ勿論ナルカ「ナータン」ハ政治家學者

ヲ始メ實業家等ノ引入策ヲ試ミ更ニ各政黨、軍隊ニ宣傳シ共ニ之レニ成功シテ眞ニ隱然タル大勢力トナレリ（因ニ現「フアシスチー」內閣以前伊國歷代ノ首相ハ殆ント「フラマーソン」社員ニシテ其ノ生前秘密ニ附セラレタル者ハ葬儀廣告ニ依リ明白トナレルモノアリタリト云ハル現ニ「ジヨリツチー」、「ボノーミ」等ハ本社員ナリ又伊國三兌換劵發行銀行總裁等ハ勿論主ナル銀行家、企業家ハ本社員ナラサルナシト云フ有樣ナリ又軍人、官吏、醫者等ハ本社員ナレハ必ス進級速ニシテ榮達シ又繁榮ヲ來スコト殆ト不可思議ノ位ナリト稱セラル現ニ侍從武官長「ブルサーチ」中將ノ如キハ社員ノ錚々タルモノナリ尙先代國王「ウンベルト」陛下ハ本社名譽會員タリシハ公然ノ秘密ニシテ其入社セラレタル動機ニ關シテハ明白ナラサルモ今日傳フル所ニ依レハ一ハ結社側カ陛下ヲ奉戴シテ宣傳ニ利用セントシ一ハ陛下自身入社シテ以テ同社ノ共和熱ヲ緩和セント試ミラレタル爲メナルヘシト云フ現國王陛下ノ社員說アルモ事實ニ非ス）

總裁「ナータン」ハ永年羅馬市長トシテ令名アリ一昨年死去スル迄同結社ノ爲メ多大ノ努力ヲ繼續シタリ（第四代ノ總裁ハ當國著名ノ彫刻家「フエラーレ」之ヲ相續セシモ間モナク辭任シ現ニ第五代總裁「トツリジアーニ」ノ時代ナリトス）

伊國「フラマーソン」本部ハ羅馬市中 Palazzo Giustinidni ニ在リ全國ニ多數ノ支部ヲ設ク社內ノ事

情ヲ始メ會員ノ行爲ハ一切祕密ニ附セラレ幾多ノ隱語迄作ラレ第三者ノ窺知ヲ許サス又羅馬ニハ蘇格蘭派「フラマーソン」アリ主義綱領ハ前者ニ比シ頗ル穩和ニシテ單ニ舊敎ニ對スル反對ト會員ノ共助トヲ目的トシ政治的ノ色彩ハ愛國的ニシテ「フアシスチー」運動ニ多大ノ援助ヲ與ヘタル程ナリ本部ヲ Piazza del Gesū ニ置キ「リツカルデイ」之レカ牛耳ヲ執リ居ルモ勢力振ハス一ノ支部サヘ有セスト云フ

伊國「フラマーソン」ハ機關紙トシテ "La Rivista Massoneria" ナル雜誌ヲ刊行スルモ其非賣品タルハ勿論ナリ

次ニ本社ノ記號トシテハ三角定規(或ハ定規ニ「コンパス」)ノ形ヲ用ヰ一切ノ書類ノ頭及冠婚葬祭等ノ廣告ノ頭ニハ A∴G∴D∴G∴A∴D∴U∴ノ七字ト七ケノ三星トヲ記載スル慣例ナルカ右略字ノ意義ハ A gloriie de grand Architeche de Univers トノ事ナリ

尚一九一四年「アンコーナ」ニ於ケル社會黨大會ノ際當時社會黨員タリシ「ムツソリーニ」ノ提案ニ基キ「フラマーソン」ハ遂ニ社會黨ヨリ分離セルカ本月十五日「フアシスチー」幹部會ハ「フラマーソン」社員ニシテ「フアシスチー」黨員タルモノ多數アルモ兩者ノ主義綱領大ニ相反スルニ鑑ミ一人ニシテ同時ニ兩黨ニ籍ヲ置クコトヲ許サヽル事情アリ依テ其一ヲ選ミ去就ヲ明ニスヘシト決議

シ「フラマーソン」ト記錄セリ

右ニ對シ「フラマーソン」側モ一度他黨ニ走リシモノハ歸ヘルニ及ハストノ決議ヲ爲セリ於玆目下「ファシスチー」新聞及舊敎派タル「ポポラーレ」新聞ハ此「フラマーソン」ノ如キ大怪物ヲ沈默セシムルニハ大ナル力ヲ要スト爲シ「ファシスチー」ト「ポポラーレ」トノ接近ヲ暗示シ一方社會黨ハ目下ノ悲境ヨリ脫スル策トシテ「フラマーソン」ト古キ緣ヲ結フヘシト唱ヘ目下種々ノ暗中飛躍アルモノノ如シ

第四編　英吉利國

（大正十一年八月調）

第四編　英吉利國之政黨

第一章　各黨ノ名稱及主義綱領

第一節　政黨ノ名稱

（イ）總　說

英國ノ政黨史ヲ通シ今日程各政黨ノ地位ヲ記述スルニ困難ヲ感スルコトナカルヘシ過去ニ於ケル英國ノ政黨政治ハ自由、保守兩黨對立ノ政治ニシテ議會ノ分野モ亦極メテ明瞭ナリキ然ルニ歐洲大戰勃發ニ際シ組織セラレタル擧國一致ノ戰時聯立內閣ハ英國政黨史上ノ例外ト言フヘク戰爭終了センカ斯ル現象ハ自カラ消滅スヘシトハ一般ニ信セラレタル處ナリキ然ルニ戰後幾星霜ヲ經タル今日假令國步艱難ノ際トハ言ヘ依然聯立內閣政治行ハレ國民ヲシテ時ニ其適歸ニ迷ハシメタルコト一再ナラス

（ロ）名　稱

現在ニ於ケル英國下院ノ分野ハ之ヲ聯立派ト非聯立派ニ大別スルコトヲ得ヘシ

聯立派ハ保守黨卽チ統一黨及自由黨ノ聯合ヨリナル政府黨ナリ世上之ヲ稱シテ聯立統一黨及聯立自由黨ト呼フ而シテ下院ニ於ケル政府黨以外ノ各派ハ總テ聯立內閣ニ反對スルカ故之等ノ各派ヲ總稱シテ非聯立派ト云フコトヲ得ヘシ卽チ勞働黨ヲ初メトシ自由傳統派統一黨（「アルスター」統一黨及統一黨中愛蘭自治反對者ノ一團）國民黨、獨立黨其他少數ノ社會黨等之ナリ（註）

（註）「シンフエン」黨ハ七十二ノ黨員ヲ有スレトモ議席ニ着キタルコトナシ

政府反對黨各派ハ時ニ相呼應シテ政府ヲ論難攻擊スルカ如キコトアリト雖モ孰レモ其立脚點ヲ異ニシ主義主張ヲ同フセス各派ノ政府黨タル聯立黨ニ對スル態度ハ各派固有ノ政見ニヨリ對峙スルモノト言フヘシ

第二節　各政黨ノ政綱

第一　保守黨ノ政綱

（イ）概　說

一六六〇年「チヤールス」二世ノ王政復古以來 Tories 又ハ Church and King Party トシテ知ラレタルモノニシテ保守黨ナル名稱ハ一八三五年採用セラレタルカ其ノ淵源ハ遠ク一七八九年佛國革

命ニ際シ之ニ反對ナル政治上ノ主義者ノ糾合ニ存ス

（ロ）　保守黨ノ主義精神

保守黨ノ主義精神ハ

(一)保守主義　從來ノ舊習傳統ヲ尊ヒ自然未知ノモノニ對シ好感ヲ有セサルコト

(二)舊「トリー」主義　皇帝及敎會ノ擁護

(三)帝國主義的精神　帝國ノ統一維持ヲ念トシ本土ト植民地間ノ關係ヲ密接ナラシメ以テ英帝國ノ繁榮ヲ期セントスルニ在リ

（ハ）　社會進歩ニ對スル保守黨ノ態度

要之保守黨ノ精神ハ國家ノ統一繁榮ヲ策シ一意舊來ノ傳統ニ郎シ社會ノ變革ヲ喜ハサルニ在リト雖モ亦決シテ世運ノ趨移ニ從ヒ現有制度ノ改變ニ絕對反對スルモノニアラス唯夕之カ改革ヲ企圖スルニ際シテハ常ニ英帝國統一ノ大局ヨリ考察シ愼重事ニ當リ漸次ニ時勢ノ變遷ニ適應センコトヲ期セントス而シテ這般ノ保守黨ノ基調ヲナス保守主義若ハ傳統主義ハ實ニ今尚多數英人ノ心理ニ潛ム思想ナリ

（ニ）　保守主義ト自由主義トノ相違

保守主義ト自由主義トノ間ニハ各種ノ問題ニ付キ自ラ其ノ主義主張ヲ異ニスルハ自然ノ理ナリ左ニ其ノ主ナルモノ二三ニ付キ略述セン

(1) 國家對個人關係

保守黨ハ國家對個人關係ニ於テ自由黨ノ認ムル契約的義務（Contractual obligation）ヲ認メス從テ國家ノ救貧事業ニ關シ保守黨ハ社會ノ多數カ窮貧ニ苦マンカ社會ノ安寧秩序自ラ紊ルヘク惹テ國家主權ヲ害スルニ至ルヘキカ故ニ國家ハ之カ救濟ニ當ラサルヘカラストナスモノナレトモ其ノ立脚スル所ハ所詮人道的慈善的見地ヲ出テサルナリ

(2) 財政經濟問題

財政經濟問題ニ關シテモ保守黨ハ自由黨ト其ノ見解ヲ異ニシ

（イ） 保守黨ハ「土地ハ國民ニ屬ス」トノ自由主義者ノ觀念ヲ排シ極力其ノ私有ヲ主張ス

（ロ） 從テ又地租ニ關シ兩主義ノ主張自ラ分レ保守主義者ハ地價モ亦一般商品ト同樣需給ノ法則ニヨリ支配セラルヽ以上單ニ衡平テフ見地ヨリノミ土地ニ課税スルノ不可ナルヲ唱ヘ

（ハ） 更ニ國家ハ課税ヲナスニ際シ課税物件ノ所有者ノ如何ニヨリ之カ區別ヲ設クルノ權ナク

（ニ） 又假令課税カ社會政策ヲ目的トスル場合ニ於テモ貧者ノ利益ノ爲メニ富有階級ニ課税ス

ルハ正當ニアラス

（ホ） 將又課税ノ標準ハ擔税者カ之ニ堪ユルヲ限度トナサヽルヘカラス

(3) 對外商業政策

保守黨ハ自由貿易主義ニ反對シ關税改革ヲ唱道シ關税ノ改革ニヨリ輸入貿易ヲ調節セハ必スヤ國家ノ商業及産業ニ對シ有利ナル效果ヲ齎スヘク又特惠關税ニヨリ母國ト植民地トノ關係ヲ緊密ナラシメサルヘカラス

(4) 社會問題

（イ）宗敎　保守黨ハ舊敎會及王黨ノ直系ナルカ故ニ敎會ニ對スル寄進廢止、國家ト敎會トノ關係ヲ斷ツコトニ反對ス

（ロ）敎育　世俗敎育ヲ奬勵シ下層階級ノ狀況改善乃至向上ニ關スル社會的施設ノ要ヲ認メ又

（ハ）社會政策　勞働時間賃銀等ニ關シテハ國家ノ社會政策的立法ニ贊ス

尚保守主義者中ニハ勞働者ノ向上又ハ其ノ利益保護ニ付テハ國助ノ外勞働組合等ヲシテ之ニ當ラシメ自助ノ方面ヨリモ之カ達成ニ努メサルヘカラスト說クモノ尠ナカラス

(5) 外交政策

國際生存ノ根本義タル外交ノ方針カ政權ノ移動ト共ニ變動シテ定マルコトナキカ如キハ國際上國家ノ地位ヲ確保スル所以ニアラス此ノ點ニ付テハ自由、保守兩黨ノ間自ラ默契アリ非常ナル錯誤ナキ限リ内閣更迭スルトモ外交方針ノミハ襲踏繼續セラレタルコトハ過去ノ史實ノ實證スル所ナリ外交政策ニ付テハ保守黨ト自由黨トノ間大差アルニアラス唯タ保守黨ハ帝國ノ統一ヲ基調トシ國防ヲ案シ傳統ニ執着スルカ故ニ自由黨ニ比シ其ノ色彩濃厚ナルヲ見ルノミ色ノ相異セルニアラス濃度ノ同シカラサルニアリ

第二　自由黨ノ政綱

（イ）概　說

自由黨ハ其ノ名稱ノ示スカ如ク自由主義ヲ以テ其ノ信條トナシ人民主權ヲ基トシ普通選擧ニヨリ個人ヲシテ法律ノ制定ニ參加セシメ政治上經濟上其他凡百ノ問題ニ關シ國民ノ自由ヲ尊重シ之カ擁護ヲ期セントスルモノナリ卽チ

（ロ）　自由主義的精神

（一）　法令ノ許ス限リ一般個人ノ自由、言論著作、印刷、宗敎、敎育、職業ノ自由ヲ尊重シ男女ノ同權ヲ認メ

（二） 經濟財政問題ニ付テハ契約ノ自由ヲ說キ負擔ノ公平ヲ主張シ

（三） 對外商業政策ニ付キテハ自由貿易主義ヲ固執ス

（ハ） 施政ノ上ニ現ハレタル自由主義

自由黨カ其ノ本領トスル自由主義ヲ如何ニ其ノ施政ノ上ニ反映シタルカヲ知ラントセハ之ヲ同黨カ政權ヲ握リタル一九〇六年ヨリ一九一五年間ニ制定シタル各種ノ社會的立法ニ就テ見ルニ若クハナシ

今自由黨內閣カ右期間內ニ制定シタル法律ヲ擧クレハ左ノ如シ

Trade Disputes Act, Workmen's Compensation Act, Merchant Shipping Act（以上一九〇六年） Small Holding and Allotment（一九〇七年） Old Pension Act, Children's Act, Coal Mines Regulation Act（以上一九〇八年） Labour Exchange Act, Trades Boards Act（以上一九〇九年） Employment Act（一九一〇年） Insurance Act, Shot Act（一九一一年、一九一二年ニ修正） Minimum Wages Act（一九一二年） Trade Union Act（一九一三年、註）

註、本法ニヨリ勞働組合ハ政治上ノ目的達成ノ爲メ資金ヲ設クルコトヲ得ルニ至レリ然ルニ本年ノ議會ニ右資金ノ使用ヲ阻止セントスル修正案提出セラレタリ同案ハ勞働黨ノ大反對アリタ

ルニ拘ラス委員會ヲ通過セルカ近キ將來ニ於テ法律トナルヤ否ヤハ目下ノ處不明ナリ
其他住宅問題、農業勞働者ノ賃銀問題等ニ關シ施設計畫中ナリシカ大戰ノ爲メ中止セラレタリ

（ニ）　課稅問題ニ對スル自由黨ノ態度

尚租稅ニ關シ一言センニ一九〇六年茶稅ヲ一「ポンド」ニ付一片トナシ石炭一噸一志ノ輸出稅ヲ撤廢シ次テ一九〇八年ニハ不勞所得ト勤勞所得トノ區別ヲ設ケ又輸入食料品課稅廢止ノ主義ニ基キ砂糖ノ輸入稅ヲ半減セリ一九〇九年ノ所謂國民豫算ニテ社會政策的課稅ヲナシ不勞所得ヲ增徵スルト共ニ土地相續稅、地租、奢侈稅ノ稅率ヲ引上ケタリ一九一四年ニ獨逸ノ海軍ニ備フルカ爲メニナシタル海軍擴張ハ租稅ノ增徵ヲ見タルカ一般ニ富有階級ニ重課セリ

（ホ）　愛蘭問題ニ對スル自由黨ノ態度

愛蘭問題ニ付キテハ自由黨ハ從來愛蘭ノ自治ヲ主張シ來リタルカ自由黨內閣ハ右問題解決ニ關シ何等爲ス所ナクシテ了リタリ

（ヘ）　外　交　政　策

最後ニ自由黨ノ外國ニ對スル傳統的態度ハ平和ヲ基トシ自由ノ爲メ戰ヒツヽアリシ諸國ニ同情ヲ寄セ「パブリック、ライト」ノ觀念ヲ固持シ條約ヲ遵守シ國際義務ノ履行各國間ノ權利ノ尊重ヲ唱

フ(註)

註、自由黨領袖「サー、ジョン、サイモン」ハ一九二二年二月二十一日「ノッチンガム」自由黨大會ニ於テ將來ニ於ケル自由黨ノ外交政策ニ付キ演說シテ曰ク

(一)各國竝ニ世界ノ福祉ヲ確保センカ爲メニ世界各國間ノ了解ニ努メ(二)從テ平時ニ於テ世界ヲシテ不意ニ奈落ノ淵ニ陷ラシムルカ如キ祕密條約ハ勿論了解又ハ協定ヲ遂クヘカラス(三)特種ノ事情ノ下ニ於テハ或ル國民ニ對シ特ニ同情セサルヘカラサルカ如キコトアリ得ヘシト雖モ主義トシテハ各國民平等ナリ(四)何等ノ平和又ハ福祉ヲ齎ラサヽルカ如キ約定ヲナシ若クハ特ニ或國トノ親交關係ヲ策シ以テ平和ヲ增進セントスルカ如キコトハ之ヲ避ケ一般世界的空中陸海軍備撤廢ノ實施ニ努メ(五)國際聯盟ヲシテ名實トモ世界的平和機能ノ中樞タラシムルコトニ力ヲ致サヽルヘカラス

第三　勞働黨ノ政綱

(イ)　概　說

勞働黨ハ後述スルカ如ク勞働組合獨立勞働黨其他社會主義ノ團體等ヨリ成立セルモノニシテ社會主義ヲ基トシ議會ニ於テ勞働者ノ利益ヲ代表センコトヲ期スルモノナリ

（ロ）　勞働黨ノ主義

其ノ主義綱領ハ同黨カ數次ノ年次大會ニテ通過シタル決議ニヨリ之ヲ窺フコトヲ得ヘシ卽チ議會ニ於テハ自由黨ト提携シテ勞働者階級ノ境遇改善其他社會政策ノ實現ニ努メタリ

歐洲大戰勃發スルヤ極力中立ヲ主張シタル勞働黨モ國家ノ安危ノ下ニハ戰爭ヲ支持スルノ外ナク產業上ニ於テハ產業戰ノ休止ヲ宣シ政治上ニ於テハ政戰ノ停止ヲ約シ其ノ結果一九一六年十二月ノ內閣改造ニ際シ三名ノ勞働黨關係者入閣セリ

然ルニ一九一七年八月「ストックホルム」會議ニ關シ先ツ「ヘンダーソン」氏辭職シテ內閣ヲ去リ次テ政府ハ同會議參列勞働代表者ニ對シ旅行劵ノ下附ヲ拒絕スルヤ政府對勞働黨トノ抗爭開始セラルヽニ至レリ

勞働組合側ニ於テハ同年九月「ブラックプール」大會ニテ勞働黨ト妥協スヘキ決議ヲ通過シ十二月ニ至リ勞働黨及勞働組合ノ二團體ハ合同大會ヲ開キ戰爭目的ニ對スル覺書ヲ起草シ翌一九一八年二月ノ倫敦ニ於ケル聯合國社會主義及勞働者大會ノ綱領ノ基礎トナセリ

（ハ）　勞働黨ノ新綱領

勞働黨ハ一九一八年「ノッチンガム」大會ニテ右覺書ヲ採擇スルト共ニ同大會ニテ既ニ起草セル

新綱領案ノ採擇ハ之ヲ來ル六月ノ大會ニテ決スヘキコトヲ決議セリ

政治的方面ニ於テハ右述ヘタルカ如ク政府對勞働黨ノ抗爭既ニ開始セラルル一方大戰ノ末期ニ至リテハ社會ハ既ニ非常ナル變革ニ遭遇シ大罷業ハ各地ニ起リ産業戰ノ休止ハ事實上ニ於テ破ルルニ至レリ

這般ノ新形勢ニ處スルカ爲メ勞働黨ニ於テハ戰鬪的新綱領作成ノ必要ヲ痛感スルニ至レリ一九一八年六月二十六日ヨリ二十八日ニ亙リ大戰勃發以來最モ重要ナル會合開催セラレ劈頭勞働戰ノ休止ニ關スル問題ヲ討議シ大論戰ノ後一、七〇四、〇〇〇票對九五一、〇〇〇票ヲ以テ休戰ノ終止ヲ可決シ勞働黨ハ玆ニ再ヒ其ノ旗幟ヲ鮮明シ政治的産業的ニ戰鬪的態度ヲ執ルニ至レリ斯クテ同大會ニ於テ

(一) 國民最低生活ノ限度ヲ一般的ニ維持スルコト

(二) 産業ノ民主的管理

(三) 國民財産ノ改革

(四) 一般福祉ノ爲メ豐富ナル富ノ創造等ノ原則ヲ可決採擇シタリ之レ勞働黨ノ社會改造的新綱領ナリ

（三）外交政策

尙ホ勞働黨ノ外交政策ハ之ヲ一九一七年九月ノ「ブラックプール」大會ノ結果成立シタル戰爭目的ニ關スル覺書ニヨリ之ヲ窺知スルコトヲ得ヘシ卽チ同覺書ハ（一）戰爭（二）世界ヲ「デモクラシー」ノ爲メニ安固ナラシムルコト（三）領土問題（四）經濟問題（五）平和ニ關スル諸問題（六）荒廢地復舊及不法行爲問題（七）國際會議等ニ關シテ記述セラル又同黨ハ一九二二年六月末「ヱヂンバラ」ニ於ケル第二十二年次大會ニ於テ其ノ外交政策ヲ宣明シテ曰ク（一）（イ）「ベルサイユ」條約ハ歐洲ノ政治及經濟的改造ニ適應セシムル樣之ヲ修正シ（ロ）獨乙ノ賠償責務ハ之ヲ佛白荒廢地帶ノ復舊ニ限定スヘク（ハ）此ノ結果生スヘキ諸問題ハ之ヲ公平ナル仲裁手續方法ニヨリ解決シ（ニ）獨乙領土ノ軍事的占領ハ卽時ニ撤退スヘシ（二）速ニ露國政府ヲ承認シ露國及中歐諸國トノ通商ヲ增進セシメムカ爲メ確乎タル手段ヲ執ルコト（三）日本軍ノ西比利亞ヨリ撤退ヲ要求ス（四）軍事同盟又ハ協定ニ反對ス（五）總テノ自由ナル國民ノ參加ニヨリ修正鞏固且ツ平民化セシメタル國際聯盟並國際勞働團體ノ組織ハ世界ノ平和維持ニ最モ望マシキ機關ナリ尙政府ハ出來得ル限リ列强間ノ政治又ハ經濟的問題ニ付キテハ國際聯盟ヲ利用シ其ノ加入資格ヲ擴張シ總テノ國民ヲ包含セシメヌントスルコトハ政府ノ方針ナルコトヲ宣シ又軍備制限ヲ督勵シ軍需工業ノ國有、兵器賣買ノ國際的取締ヲ主張シ將又國際勞働會議ノ採擇シタル國際勞働規約草案ヲ議會ニ提出シ議會ニ於ケル英國代表者選定ニ際シテハ勞働界及婦人勞働ノ代表者ニ對スル要求ヲ考量センコトヲ望ム旨ノ決議ヲナシタリ

（ホ）　勞働黨ノ主張ト其ノ實勢力

想フニ英國勞働黨カ未タ實際政治上ノ勢力ヲ握ラサル今日同黨ノ主義綱領乃至宣言カ往々ニシテ理想ニ趨リ批判的ニ傾クノ事實ハ之ヲ否認スルコト能ハスト雖モ同黨ハ院內ニテハ七十五ノ議席ヲ有シ院外ニテハ無慮四百萬ノ會員ヲ擁スル勞働組合ヲ背後ニ控ヘ今ヤ議院ノ內外ニ於テ隱然タル一大勢力ヲ有シ實際政治ニ對シ全然無力ナリト云フヘカラス若シソレ歐洲ノ國際財政經濟ノ眞相ヲ探究センカ勞働黨ノ主義主張ノ多々肯綮ニ當レルコトヲ悟ルモノハ獨リ筆者ノミニアラサルヘシ

第二章　各黨派ノ勢力根據及各黨派黨勢ノ優劣

第一節　各黨派ノ勢力ノ根據

（イ）　各黨派ノ地理的分布

各政黨ノ根據ニ付テハ何等地理的ニ之ヲ定ムルコト能ハス保守自由兩黨ハ勿論勞働黨ニ屬スル議員モ孰レモ各地ヨリ選出セラル然レトモ概言セハ英蘭ノ南部卽チ「バアーミングアム」及ヒ其附近「ミンドランド」、「リバープール」、「ランカシャー」愛蘭ノ「アルスター」及蘇格蘭ノ西南部「アングリア」ノ東部及其近接諸洲「ウェールス」ノ一部及倫敦ハ保守黨卽チ統一黨員多ク蘇格蘭ノ大部分「ヨークシャー」、「ダーハム」、「ノーサンバランド」南部「コオンウオール」及「ボンシア」諸州及「ウエールス」ノ部ハ自由黨ニ屬スルモノ多シ

愛蘭ハ「アルスター」以外ハ全然愛蘭國民黨ニ屬ス而シテ勞働黨ヲ贊助スルモノハ主トシテ鑛業地方ナリ

（ロ）　統一黨ノ根據

統一黨ノ根據ハ主トシテ當國門閥家素封家其他資産家ノ住居地ニアリ從ツテ統一黨ヲ贊助スルモ

ノハ主トシテ貴族資産家英國教會ノ教職ニアルモノ富有ナル商人及製造業者ノ大部分又ハ一定ノ收入ニヨリテ生活シ其地位ノ異動少ナキ職業ニ從事スルモノナリ而シテ小賣商人其他中流階級ニ屬スルモノハ大體ニ於テ自由黨ト保守黨トノ贊助相半ハス要之保守黨ハ(一)傳統貴族教會地主階級(二)「ボナロー」、「チエンバレーン」諸氏ニ統率代表セラルル英國重工業派(三)軍閥及官僚ノ三要素ヨリ成立セルモノト云フヘシ

「ナショナル、ユニオン、オブ、コンサーバテイズム、アンド、コンステイテユーショナル、アソシエーション」(National Union of Conservatism and Constitutional Association)カ一八六七年ニ創立セラレタル事ハ既ニ述ヘタリ

「プリモウスリーグ」(Primouse League)ハ一八八四年ニ創立セラル同協會ハ熱心ナル保守主義者ニヨリ組織セラレ且最モ早ク會員ニ婦人ヲ抱擁セシ政治的團體ノ一ナリ婦人ノ政治運動就中選擧ノ際遊說運動ヲナスニ至リタルハ婦人カ未タ選擧權ヲ獲得セサリシ時代ヨリ已ニ行ハレタルカ之ヲ充分ニ利用シ初メタルハ「プリムローズ、リーグ」ヲ以テ嚆矢トナス

保守黨ニ於テ地方ノ協會ト協力シ「レセプション」宴會其他ノ會合ヲ催シ其主義ノ宣傳ニ努メツツアルカ田舍地方ニ於テハ舊保守主義ノ傳統タル族長又ハ封建主義的精神今尚存在シ富有階級ト貧

民階級トノ關係ヲ巧ニ持續シツツアリ

尚保守黨ノ本部トシテ「ゼ、ナショナル、ユニオニスト、アソシエーション」(The National Unionist Association)及「アソシエーション、オブ、コンサーバティブ、クラブス」(Association of Conservative Clubs)アリ其他「クラブ」カ政治ニ重要ナル關係ヲ有スル事ハ自由保守兩黨トモ同樣ナルカ其傾向ハ保守黨最モ顯著ナルカ如シ倫敦ニ於ケル同黨ノ主ナル「クラブ」ハ「コンサーバチブ、クラブ」(Conservative Club.)「カルトンコンスティテユーション、クラブ」(Carlton Constitution Club)(一八三一年創立)「ジュニアー、カルトンクラブ」(Junior Carlton Club)等ナリ尚地方ニ於テモ各地ニ同樣ノ「クラブ」存在ス

(ハ)　自由黨ノ根據

專門的職業ニ從事スルモノ及實業家ノ多數ハ主トシテ自由黨ニ屬ス從ツテ同黨ハ金融船舶業者「ランカッシャー」派及一般輸入業者ヲ背景トス

尚勞働者ニシテ勞働黨ヲ贊助セサルモノハ多ク自由黨ニ傾クカ如シ「ナショナル、リベラル、アソシエーション」(National Liberal Association)ハ自由黨ノ本部ニシテ一八七七年創立セラル爾後地方ノ各協會ト協力シ黨ノ勢力擴張ニ勉メツツアリ(註)

註、「リベラル、セントラル、アソシエーション」(Liberal Central Association) ハ「ウイ、フリー」ノ本部ナリ

「プリムローズ、リーグ」(Primrose League) ニ對抗シ一八八七年「ウイメンス、リベラル、フエデレーション」(Women's Liberal Federation) 組織セラレタリ之「ウイメンス、ナショナル、リベラルアソシエーション」(Women's National Liberal Association) ノ前身ナリ

倫敦ニ於ケル自由黨ノ主ナル「クラブ」ハ「リフォーム、クラブ」(Reform Club) (一八三六年創立) ヲ初メトシテ「ナショナル、リベラル、クラブ」(National Leberal Club)「エイテイ、クラブ」(Eighty Club)等ニシテソノ他各地ニ自由黨「クラブ」存在ス

自由黨ハ階級的臭味ハ絶對ニ避ケ政治上ノ會合ニハ常ニ其信條トスル自由平等主義ヲ標榜ス然レトモ戰後同黨員中資産家増加シ這般ノ金力階級カ同黨ノ會合等ニ一種ノ影響ヲ與ヘツアルハ蔽フヘカラサル事實ナリ

(二) 勞働黨ノ根據

勞働黨ノ根據ハ勞働組合並ニ各種ノ社會主義的團體ニアリ

然レトモ勞働者ノ團體ニ屬スルモノ必スシモ全部勞働黨員ト稱スルコトヲ得ス自由黨ニ屬スルモ

ノ又少ナカラスト雖モ同黨カ主トシテ勞働者ノ特種利益ノ保護增進ヲ主張スルモノナル以上勞働黨ノ主力カ勞働ニアリト云フヲ妨ケス

勞働黨ノ選擧民ニ對スル關係カ自由保守ノ兩黨ト異ナル所ハ選擧民ノ政見ノ保守主義ナルト自由主義ナルトヲ問ハス常ニ勞働者階級ノミニ向ツテ其政見ヲ訴フル點ニアリ尙勞働黨ハ非政治的性質ヲ有スル自治團體ニ勞働者ノ代表者ヲ送リ以テ其勢力ヲ計ラントシツツアリ

（ホ）　愛蘭國民黨及「シンフエン」黨ノ根據

兩黨トモ人種的觀念ヲ以テ其ノ基礎トナス即チ「アルスター」ヲ除ケハ他ハ總テ之ヲ贊助ス然レトモ「シンフエン」黨ハ議會ニ列席セス國民黨ハ一九一八年ノ總選擧ニ僅ニ七名ヲ當選セシメ居ルニ過キス

第二節　各黨派宗教上ノ根據

宗教上ノ見地ヨリスレハ英國教會ニ屬スルモノハ大體ニ於テ保守黨ニシテ自由黨ヲ宗教的ニ支持スルモノハ總テ非國教徒ナリ非國教徒中「ウエールス」教派ニ屬スルモノノ中ニハ保守黨員ナキニ非ラスト雖モ英國及威州西ノ非國教徒ハ全部自由黨員ナリ

羅馬舊敎ハ愛蘭國民黨ニ關係アル外他ノ政黨ニ關シテハ何等著シキ影響ナシ
蘇格蘭ハ英帝國中宗敎ノ最モ盛ナル地方ナレトモ殆ント政治ト沒交渉ナリ聖公會ハ英國敎會トノ關係上保守黨ニ左袒スルモノナレトモソノ數少ク又蘇格蘭敎會牧師同敎會員等モ聖公會同樣ノ政治的傾向ヲ有スルモノト言フヘシ

第三節　各黨派黨勢ノ優劣

A　上下兩院ニ於ケル各黨ノ勢力

大正十一年六月末ニ於ケル上下兩院議員ヲ其所屬黨派ニ從ヒ分類スレハ

(イ)上院　上院ニ於テハ保守黨三百三十二、統一黨百十八、自由黨百十六、自由統一黨十一外ニ黨派ニ屬セサルモノ及僧官議員百十八等ナリ

(ロ)下院　下院ニ於テハ聯立統一黨三百十二、聯立自由黨百十九、勞働黨七十五、「シンフエン」黨七十二、自由黨三十六、「アルスター」統一黨二十一、統一黨十一、獨立黨十、「ナショナル、デモクラット」黨九、國民黨七其他十一ナリ(補缺選擧ヲナスヘキ選擧區三)

(ハ)勢力ノ比較　上院ニ於テハ自由黨ハ到底統一黨ノ敵ニ非ラス然レトモ一九一一年上院否認權

ニ關スル議院法案ノ通過以來上院ノ政界ニ於ケル勢力大ニ減殺セラレ且ツ上院議員中殆ント議席ニ就カサルモノ尠カラス從テ上院ニ於ケル黨派ノ勢力如何ニ依リテ各黨政派ノ實際勢力ヲ測定スカラサルハ勿論ナリ從テ各黨派ノ實際勢力黨勢ノ優劣ハ之ヲ下院ニ就テ初テ知ルヲ得ヘシ尤モ政府ハ愈々本年七月上院改造案ヲ上院ニ提出シタルヲ以テ今後ノ議會ニ於テ該法案ノ審議ノ進行ニ伴ヒ上院ニ於テハ相當論議ヲ生スヘシ

B　政府黨及反對黨

(イ)政府黨　現聯立内閣ヲ支持スルモノハ聯立統一黨及聯立自由黨ナリ卽チ政府黨ハ聯立統一黨三百十二、聯立自由黨百十九合計四百三十一ヲ占メ下院ニ於テ絕體多數ヲ占ム尤モ聯立統一黨員ニシテ聯立政府ニ反對スルモノアレトモ其數僅少ナリ

(ロ)反對黨　聯立統一黨及聯立自由黨ヲ除ケハ全部政府ニ反對ナリト見做スヲ得ヘシ然レトモ各派反對黨ハ孰レモ其主義政綱ヲ異ニシ政府反對ノ立脚點ヲ同シクセサルヲ以テ反對黨カ一團トナリテ反對投票ヲナスカ如キコトナシ

(1)勞働黨　純然タル意味ニ於テ目下下院ニ於ケル唯一ノ政府反對黨ニシテ目下七十五ノ議席ヲ有ス之ヲ總議席七百七ニ對比スルトキハ約十分ノ一ノ勢力ヲ有スルニ過キサルモ總選擧後ノ補缺

選擧ニ屢々聯立黨ヲ破リ下院ニ於ケル政府反對黨ノ中堅ニシテ議院內ニ於テ隱然タル勢力ヲ占ム

(2)愛蘭國民黨　政府反對黨ナレトモ目下僅カニ七名ノ黨員ヲ擁スルニ過キス「レドモンド」逝クヤ昔日ノ影ナシ

(3)「ダイ、ハード」(Die Hard)「アルスター」統一黨、統一黨及少數ノ聯立統一黨員ヨリ成ル一團ニシテ愛蘭ニ對スル政府ノ政策ニ絕對ニ反對スルノ外各種ノ政府ノ政策ヲ批難シ聯立內閣ヲ倒壞シ兩黨對立政治ノ復歸ヲ高唱スル一團ニシテ約七十有餘ノ同志ヲ糾合ス而シテ「モーニング、ポスト」ハ絕エス之ニ聲援ヲ與ヘ同紙ハ最近國民ニ訴ヘ「ダイ、ハード、ファンド」(Die Hard Fund)ヲ求ムルヤヨク國民ノ同情ヲ博シ二萬磅以上ノ基金ヲ得之ヲ同團體ノ基金トシテ提供セリ之レト同時ニ同團體ハ「ソルスベリー」侯ヲ其首領トシテ戴キ漸ク政府黨的色彩ヲ帶フルニ至レリ

(4)「ウイフリー」(Wee Frees)「アスキス」氏ノ率ユル所謂傳統的自由黨ニシテ僅ニ下院ニ三十六名ノ勢力ヲ有スルニ過キサレトモ「アスキス」氏統率ノ下ニ院ノ內外ニ於テ重キヲ爲ス尙本團體カ來ルヘキ總選擧ニ於テ採ルヘキ向背如何ハ總選擧ハ勿論選擧後ノ政局ニ重大ナル關係ヲ有ス

ルコト勿論ナリ即チ本團體カ自由黨ニ復歸スヘキカ將又勞働黨ト提携スルニ至ルヘキカハ今後英國政界ノ趨移ニ伴ヒ興味アル問題タルヘシ

（ホ）　其他政府反對黨側ニ與スヘキモノハ十數名ニ過キサルヘシ

由是觀之政府反對黨側ニ屬スヘキモノハ結局二百ニ上ラサルヘシ

第三章　既往ニ於ケル各黨各派ノ勢力消長ニ關スル變遷

第一節　英國ニ於ケル政黨ノ萠芽

英國ニ於ケル政黨ハ「エリザベス」女王時代ニ其萠芽ヲ發ス當時「ピユーリタン」(淸敎徒)ハ信敎ノ自由並ニ敎會議式ノ變更ヲ希望シ大ニ畫策スル處アリシカ女王ノ允許ヲ得ルコト能ハス到底宮廷ノ援護ヲ得ルコト能ハサルコトヲ知ルヤ同敎徒ハ全力ヲ盡シテ同敎徒ヨリ議會ニ多數ノ議員ヲ選出スルコトヲ努メ遂ニ他ノ王權ニ反對スルモノト相提携シ下院ニ多數ヲ占ムルニ至レリ女王カ王權ヲ以テ商業獨占ヲ允許セラルルヤ右淸敎徒ハ擧リテ此ニ反對シ其後「ゼームス」一世ノ治世王權ノ亂用ヲ見ルニ至ルヤ彼等ハ益々其鋒鋩ヲ現ハシ降リテ「チヤールス」一世ノ時代ニ至リテ國王ノ專斷的行爲一層甚シク近侍ノ士衰龍ノ袖ニ隱レテ陰謀ヲ逞クシ延ヒテ國民ノ憤怒ヲ招キ其反抗心ヲ挑發シタル結果淸敎徒及之ト一味ノ士ハ益々王權ト遠カリ玆ニ「カバリエー」及「ラウンドヘッド」ノ名稱ノ下ニ純然タル二政黨ノ現出ヲ見タリ前者ハ極端ニ王權ヲ擁護シ後者ハ民權ヲ支持シテ民主共和主義ノ先鋒者トナレリ爾來其名稱ヲ異ニシ幾多曲折ヲ經タル處アルモ前記ノ

二主義常ニ相對峙シテ讓ラス當國政界ノ變遷波瀾ハ結局該二主義ノ確執ト見ルコトヲ得ン歟

第二節　「ホイッグ」及ヒ「トーリー」

(Whig and Tory)

(イ)　兩黨ノ政綱

一六八〇年右二黨派ハ「ホイッグ」及ヒ「トーリー」ト呼ハルルニ至レリ初メハ嘲弄ノ意ヲ以テ斯ル名稱ヲ與ヘタルモノナルモ遂ニ國家ノ自由安寧ノ擁護ニ須要ナル大原則ヲ代表スル大政黨ノ名稱トナレリ前者ハ個人ノ自由ヲ尊重シテ議會及人民ノ獨立權ヲ擁護シ國法ニ反シテ王權ヲ亂用スル國王ニ反抗スルヲ適法ノ行爲ト認メ後者ハ國王ノ神權ヲ認メテ其不可侵ヲ說キ王權ノ最高權力タルコトヲ認メテ國民ノ之ニ對スル絕對服從ノ義務ヲ唱道ス兩者共ニ君主制ヲ擁護スルモ「ホイッグ」黨ハ王權ノ發動ヲ國法ノ範圍內ニ局限セントシ「トーリー」黨ハ國家竝ニ敎會ニ於テ君主ハ絕對權力ヲ行使シ得ルモノトセリ尙宗敎上ノ點ニ關シテハ「トーリー」ハ英國敎會ヲ擁護シテ其敎理ノ樹立ヲ計リ「ホイッグ」ハ信仰ノ自由獨立ヲ主張シテ所謂非國敎主義ヲ信奉ス貴族地主地方紳士大學關係者英國敎會徒ハ代々重ニ「トーリー」黨ニ組シ商工業者ハ重ニ「ホイッグ」黨ヲ支持シタリ

（ロ）「ジョージ」三世時代ニ於ケル「トーリー」ノ優勢

右兩黨其政綱ヲ固執シテ相讓ラス政權ノ爭奪ニ關シ互ニ雌雄ヲ爭ヒ來リシカ「ジョージ」三世ノ治世ニ至リ國王「トーリー」黨ヲ支持シ其黨員ヲ重用シ以テ黨勢ノ擴張ヲ助クル處アリタレトモ「ホイッグ」ノ勢力ハ漸次減退シテ政權ニ遠カルニ至レリ

（ハ）兩黨ト米國獨立戰爭

偶々米國獨立戰爭ノ開始ニ際シ「ホイッグ」ハ當時ノ「トーリー」政府ニ對シ激烈ナル反抗ヲ爲シ兩黨ノ確執一層其度ヲ進メタリ變革ヲ嫌ヒ反抗ヲ惡ム「トーリー」黨ハ全部擧リテ米國ノ獨立運動ヲ非難シ如何ナル犧牲ヲ拂フモ之ヲ鎭壓セサルヘカラストシ之レニ反シ「ホイッグ」黨ハ殖民地人民ト雖モ等シク英國民タル以上其代表者ヲ帝國議會ニ選出スルハ當然ノ權利ニシテ該權利ノ要求ヲ容レサルハ實ニ壓制ノ甚シキモノトシテ之ニ對スル政府ノ措置ヲ難スル所アリシモ當時同黨ニ與スルモノハ單ニ勞働者及小商人ノ階級ニ過キス議會ニ於ケル勢力微々トシテ振ハサルモノアリシヲ以テ遂ニ其主張ヲ貫徹スル事能ハス到底勝算無キ事ヲ看破シ一七七六年一月ニ至リ「ホイッグ」黨員ハ議會ニ出席セス米國問題ニ關スル措置並ニ此ニ對スル全責任ヲ「トーリー」黨ニ負ハシメ全然傍觀ノ態度ヲ執ルニ至レリ然ルニ「トーリー」政府ハ米國獨立運動ヲ容易ニ鎭壓スル事能ハス是

ニ加ヘテ難ヲ佛國ニ構フルニ至リタルヲ以テ漸次政府ニ對スル國民ノ輿望薄ラキ來レリ此機ニ際シ「ホイッグ」ハ黨勢ヲ整ヘテ政府黨ニ肉薄シ遂ニ一七七八年政權ヲ其手ヨリ奪フニ至レリ

（ニ）「ホイッグ」ノ勢力恢復

斯クシテ「ホイッグ」黨ハ一時其勢力ヲ恢復シタルカ時ノ皇帝ハ別ニ近侍ノ勢力家ヲシテ内政ニ關與セシムルノ途ヲ開カレタル爲彼等ノ勢力ハ侮ルヘカラサルモノトナレリ

（ホ）王黨ノ出現

時ニ「ホイッグ」ノ領袖「ロードロッキン」死去シタルカ皇帝ハ前記王黨ノ首領「ロードセルボーン」ヲシテ「ホイッグ」ト提携シテ新内閣ヲ組織セシメント企畫セラレタル處時ノ「ホイッグ」黨首領「フオックス」ハ王黨ニ與ミスルヲ欲セス該内閣ノ班ニ列スルヲ拒絶シタリシ爲メニ「ロードセルボーン」ハ一時政權ヲ一手ニ掌握スルヲ得タリ然ルニ王黨ハ皇帝ノ權力ヲ借リ一時勢力ヲ把持スルコトヲ得タルモ元來根抵深キモノナラサルヲ以テ何時カ勢力失墜ノ機來ラン事ヲ恐レ「ホイッグ」並ニ「トーリー」ニ交涉シテ其何レカト提携センコトヲ努メタルモ成ラス

（ヘ）「ホイッグ」「トーリー」ノ提携

從來其政綱ヲ異ニシ政敵トシテ爭ヒ來レル「ホイッグ」「トーリー」兩黨ハ正ニ相接近シ遂ニ聯合ス

ルニ至レリ右兩黨ノ聯合ハ元來王黨ノ存在ヲ好マス殊ニ「ロードセルボーン」ノ提出セル提携條件ハ不條理ニシテ非難スヘキ點尠カラサリシニ基クモノナリト雖モ尚兩黨カ從來死力ヲ盡シテ爭ヒタル米國戰爭モ終リ兩者ヲ隔絶スヘキ大ナル事由少ナク且兩黨共ニ王權ノ制限ヲ希望シ居リタル上時ノ兩黨ハ首領カ肝膽相照ノ間柄ナリシヲ以テ遂ニ該聯合成ルニ至レリ然レトモ從來ノ歷史ニ徵シテ「ホイッグ」「トーリー」ノ聯合ハ最モ不自然ナルモノニシテ其黨員中眞ニ其政綱ヲ信仰スルモノハ漸次之ニ遠サケラレントシ兩黨ノ聯合到底健全ナル發達ヲ望ム能ハサル形勢トナレリ

（ト） 王黨ト「トーリー」ノ聯合

「トーリー」黨ハ當時非凡ノ才能ヲ有シ弱年ニシテ尙能ク人心ヲ收攬スル力量ヲ有スル新進氣鋭ノ「ウイリアムピット」ヲ擁立シテ同黨ノ特長ヲ維持センコトヲ努メ王黨ハ帝權ヲ制限セントスル該聯合黨ヲ惡ムコト甚タシクシテ之カ分裂ヲ希望シ國民一般ハ右兩黨ノ幹部カ其希望ヲ無視シテ不自然ナル結合ヲ散行シ以テ黨益ヲ阻害スル事少ナカラサリシヲ憤リ且其ノ首領ニ對スル嫌疑ノ念强カリシヲ以テ遂ニ兩黨ハ分雖シ王黨ト「トーリー」黨ハ聯合スルコトトナレリ於是「ホイッグ」黨ハ其勢ヲ失ヒ以後五十年間英國ノ政權ハ王黨及ヒ「トーリー」ノ掌中ニ歸スルニ至レリ一七八四年ノ總選擧ニ於テ「ピット」ノ名聲一層高ク從ツテ其統率セル「トーリー」黨ノ基礎ハ鞏固

トナレリ名門素封家商人英國々敎徒非國敎徒殆ント凡テ同黨ニ左袒スルコトトナレリ「ピット」ハ元來「ホイッグ」ノ家庭ニ生レ同黨ノ敎育ヲ受ケタル人ニシテ一時ハ王權ヲ制限シテ民權ノ擴張ヲ努メタルコトアル程ナレハ「トーリー」ノ政綱ニ關シテハ深キ信仰ヲ有セス才幹衆ニ勝リ皇帝ノ信任ヲ增シテ同黨ニ入リシモノナルカ彼カ非凡ナル政治的才能ハ各種ノ權勢ニ援ケラレテ其鋒鋩ヲ現ハシ多タノ先輩ヲ凌駕シテ同黨ノ首領ニ擧ケラレタルモノナリ勇將ノ下ニ弱卒ナク彼ノ率ヰタル「トーリー」ハ漸次其勢力ヲ增進シ來レリ

（チ） 佛國革命ト英國政界

米國獨立戰爭以來歐州各地ニ唱道セラレタル民主思想ト革命的觀念ハ遂ニ佛國革命ヲシテ爆發セシメタリ英國國民中ニハ之ニ贊成スルモノト反對スル者トノ二者ニ別レタルカ「ホイッグ」ハ此中間ニ介在シ民主共和ノ精神ヲ獎勵モセス亦之レニ反對スルコトモナクシテ自由ヲ保持センコトヲ期シタルモ同黨共和主義者ハ之ヲ以テ滿足セス遂ニ民友協會 (Society of Friends of Peaple) ナルモノヲ組織シ「ホイッグ」黨ヨリ脫シテ之ニ加盟シタル數多ノ政客ト共ニ大ニ革命主義ヲ鼓吹セリ是ニ於テ「ピット」ノ率ユル「トーリー」ハ「フォックス」派ノ「ホイッグ」トノ聯合ヲ計リ以テ共和主義者ニ拮抗セントスルモノナリシカ「フォックス」ハ漸次共和主義ニ傾キ人民ノ主權ヲ主張スルニ

至リ遂ニ右ノ計劃ヲ拒絕シタリ

佛國革命變亂愈々激烈ヲ極ムルニ至ルヤ英國ニ於テハ人民漸次「ホイッグ」黨ヲ遠カリ同黨員ニシテ「トーリー」ニ變スルモノ少ナカラス其政黨ニ執著シ誠意同黨ヲ思フノ士ナキニ非サリシモ「ホイッグ」黨ハ萎縮シテ振ハサルモノトナレリ

「ホイッグ」ノ黨勢振ハス孤城落日ノ觀アルニ際シ「ピット」ハ實ニ旭日昇天ノ勢ヲ示シ英國カ立憲政體ヲ採用シ政黨政治ヲ行フニ至リテ以來彼「ピット」ノ如ク社會各階級ニ亙リテ有力ナル支持者ヲ有シタルモノナク從ッテ斯ノ如ク絕體的權勢ヲ掌握シタルモノ殆ト之レナカリシナリ爾後十九世紀初年ニ至ル迄多少ノ變動アリタルニ拘ハラス「トーリー」ハ其黨勢ヲ持續セリ

(リ)　「トーリー」ノ失勢

然ルニ同時代ニ及ヒ米國共和國ハ既ニ確立シ佛國ニ勃發シタル革命的精神ハ全歐洲ニ瀰漫シ民主共和ノ觀念漸次强固トナリ一方ニ於テハ商工業殷盛ヲ加ヘテ農業衰退シ從ッテ都市ノ勃興ヲ來タシ教育普及シテ國民一般ノ智識高マリ來リテ單ニ舊慣ヲ墨守セントスル「トーリー」一派ノ信念ニ疑惑ヲ生スルニ至リタルカ「トーリー」政府ハ此時代精神ニ適應スル政策ヲ實行シ得ス爲ニ從來同黨ニ歸依シタルモノニシテ漸次之ヲ離ルルモノ生シ來レリ加フルニ嘗テハ同黨渴仰ノ中心タリ

シ「ピット」去リ彼ノ後繼者タル「ロバート、リバプール」死去シ爲ニ多數ノ脱黨者ヲ出シ黨勢頓ニ振ハサルニ至レリ然ルニ久シク政權ニ遠サカリ居タル「ホイッグ」一派ハ當時勃興シ來レル民主主義ヲ唱道シ國民多數ノ同情ヲ買ヒ漸次其黨勢ヲ挽回シ一八三〇年ニハ政權ヲ掌握シ奴隷ノ解放愛蘭敎會ノ改革救貧法ノ改正等ヲ實行シタリ

是ヨリ先「トーリー」内閣ハ其瓦解ニ先チ議員法ヲ改良シ選擧權ノ擴張ヲ爲シタルカ其結果立憲「ホイッグ」黨ノ慣例ヲ顧ミサル議員選擧セラレ「ホイッグ」ヨリ尙極端ナル共和主義ヲ唱道スルニ至レリ「ホイッグ」黨ハ從來平民ノ友トシテ權勢ニ反抗シ來リタル行懸モアレハ是等過激派ノ政治家ト調和提携スルコト容易ナルカ如キモ事實ハ之ニ反シ「ホイッグ」黨ハ之ヲ目シテ田夫野人トナシ容易ニ相調和セス一般黨勢ノ弱リタル處政府ニ於テ愛蘭ニ對シ多少强壓的ノ政策ヲ執ル處アリシカハ從來政府ノ與黨タリシ同島選出議員ハ茲ニ一團ヲ爲シテ愛蘭ニ對スル政府ノ措置ニ反對シタリ

第三節　保守黨ト自由黨 (Conservatives and Liberale)

(イ)　總　說

斯クノ如ク政府黨カ内訌ヲ事トセルニ際シ反對黨「トーリー」ハ黨名ヲ改メテ保主黨ト爲シ民主共和主義ノ普及ニ反抗シ以テ憲法ノ維持ヲ努メ同時ニ諸般ノ制度ヲ破壞セスシテ之カ改善ニ當ラン事ヲ天下ニ聲明シ國民多數ノ輿望ニ副ハン事ヲ努メタル結果漸次其黨勢ヲ挽回シ來レリ是ニ於テ「ホイッグ」黨ト過激派及愛蘭黨ヲ打チテ一團トナシタルモ内部ニ於ケル意見ノ統一ヲ保ツコト難ク遂ニ一八四一年ノ總選擧ニ於テハ保守黨ノ勝利ニ歸シ「ロバートピール」出テ内閣ヲ組織スルコトトナレリ

（ロ）「ピール」内閣

是レヨリ先「ホイッグ」ハ穀物關稅輕減或ハ撤廢ヲ其政綱ノ一トシ「トーリー」ハ之ニ反シテ保護貿易主義ヲ唱道シ來リタルカ此頃ニ及ヒ英國本土内ニ於テハ一面ニ食料品ニ對スル需要漸次ニ增加シ來リタルト他方ニ於テ同時ニ商工業發展策ヲ以テ國益增進ノ方策ト認ムル說勢力ヲ占メ來リタルカ「ピール」ハ到底此大勢ニ反抗スルコト難ク所詮保護關稅ヲ輕減シ自由商業ノ主義ヲ確立セサルヘカラストナシ其黨員中反對スルモノアルニ拘ラス穀類ニ對スル關稅輕減ヲ實行シタリ一八四二年英本土ニ於テハ非常ノ凶作ニテ穀物關稅反對同盟會ノ運動着々功ヲ奏スルニ至リタルヲ以テ「ピール」ハ遂ニ穀物關稅撤廢ヲ斷行シタリ然ルニ右ハ保守黨從來ノ政綱ヲ拋棄スル措置ニシテ

黨員中之ヲ非難スルモノアル上彼ノ率ユル保守黨員中ニハ地主其他農業ニ關係アルモノ少カラス是等ハ該政策斷行ノ爲直接蒙ルヘキ損害大ナルカ爲「ピール」ノ措置ニ關シ非常ナル反感ヲ懷キ遂ニ「ピール」ヲシテ同黨首領タルヲ得サラシムルニ至レリ

（ハ）　「パーマーストーン」內閣

「ピール」政界ヲ退クヤ自由黨ハ保守黨中「ピール」ノ政見ヲ信奉シテ他ノ純粹ナル「トーリー」ニ與セサル所謂自由保守黨員ヲ迎ヘテ其黨勢ヲ鞏固ニシ遂ニ保守黨ヲ破リテ聯合內閣ヲ組成シ其後「パーマーストーン」出テ其ノ基礎ヲ鞏固ニシテ爾來暫クノ間同聯合黨ハ英國ノ致權ヲ掌握シタリ

（ニ）　第一次「ヂスレリー」內閣

自由黨ハ一八六五年「パーマーストーン」死シテ以來黨勢振ハス政權更ニ保守黨ニ歸シ殊ニ一八六八年「ヂスレリー」出テテ同黨ノ首領トナリ其卓越セル才幹ヲ以テ鋭意黨員ヲ敎育誘導シ倂セテ黨勢ノ擴張ニ努ムル處アリシヲ以テ保守黨ノ地盤益々鞏固トナリ牢乎トシテ拔クヘカラサルモノアルニ至レリ

當時自由黨ニハ新進氣鋭ノ「グラッドストーン」在リテ牛耳ヲ取リ居タルカ其政敵「ヂスレリー」ノ率ユル保守黨ノ黨勢日ニ隆盛ヲ加フルヲ見テ心平ナラス常ニ此レカ顚覆ヲ希望シテ已マサルモノ

アリシカ偶ミ愛蘭ニ於テ英國ノ治下ニアルコトヲ好マスシテ同島ヲ獨立セシメントスル陰謀發覺シテ之ニ關係セルモノ多數或ハ死刑ニ處セラレ或ハ長期ノ禁錮ニ處セラレ益ミ英蘭ニ對スル反感ヲ强メ來リタルカ時ノ政府ニ於テハ同島不穩ナルヲ認ムルト雖モ果シテ其原因何レニアルカヲ確カムルコト能ハス單ニ同島ニ於ケル各種敎會ノ財產及特權ノ統一ヲ計リ併セテ地主及小作人ノ關係ヲ改善スルノ策ニ出テントシタルニ際シ「グラッドストーン」ハ愛蘭敎會ヲ廢格シ法律ニ依ル小作人ノ境遇ヲ改善シ併セテ同島敎會ノ改良ヲ計ルヘキコトヲ唱道シタルカ國民其雄辯ニ醉フテ之レニ贊成スルモノ尠ナカラス議會ニ於テモ彼ニ贊同スルモノ少カラス增加シ政府ノ反對ニ拘ラス同敎會廢格ニ關スル決議頻々トシテ通過シ政府ノ聲望漸時衰フルニ至レリ

是ニ於テ「ヂスレリー」辭表ヲ呈出シタルカ女王之ヲ聽許セラレス遂ニ議會ヲ解散シ總選擧ニ於テ國民ノ輿望ヲ確メ是ニ依テ去就ヲ決スル事トセリ

（ホ）　第一次「グラッドストーン」內閣

一八六八年議會解散セラレタリ自由黨ノ領袖「グラッドストーン」ハ自カラ出テ各地ニ遊說ヲ爲シ至ル處歡呼ノ裡ニ迎ヘラレ非常ノ成功ヲ博シ總選擧ノ結果自由黨總員ノ數保守黨ニ超ユルコト百二十名ニ達スルコトヲ得タリ

是ニ於テ「ヂスレリー」辭シテ第一次「グラッドストン」内閣組織セラレタリ内閣ハ自由放任主義ヲ以テ其政綱ノ骨子トナシ信敎商業ノ自由ニ妨害アルモノハ凡テ之ヲ除去スルコトヲ以テ立法ノ目的トシテ一八六八年ニ强制的敎會稅ヲ廢シ翌年愛蘭英國敎會ノ格式ヲ廢シ一八七〇年ニ文官任用法ヲ試驗制度ニ改メ其他諸般ノ改革ヲ行ヒ其勢力當ルヘカラサルモノアリタルカ一八七〇年ノ敎育法及一八七二年ノ酒類ノ賣買免許法ハ其精神ニ於テハ何等非難スル所無シト雖モ未タ之等ノ改革ヲ實行スル時機ニ到達セサルヲ以テ國民一部ノ反感ヲ買フニ至リタルト同時ニ一八六六年ヨリ一八六九年ニ至ル間英蘭及威州西ニ於ケル貧民殆ト二十萬人モ增シ來リ國家問題トシテ之カ救濟ヲ計ルノ急務ナリシニ拘ラス政府ハ之ニ對シテ何等ノ措置ヲ執ラサルノミナラス其他一般人民ノ生活改善ニ關シ企劃スル所少ナカリシヲ以テ政府攻擊ノ聲各地ニ聞ユルニ至レリ加之政府ハ一八五六年露國カ「ダーダネルス」條約ヲ破棄セルヲ默認シ「アラバマ」號事件ヲ仲裁裁判ニ附託シタルヲ以テ國威ヲ損スル外交政策ナリトシテ非難スルモノ少カラサリキ

然レトモ一方ニ於テ「ヂスレリー」ハ英國舊來ノ諸制度ノ維持全英帝國ノ保全及國民遇境ノ改善ヲ標榜シテ國民ニ訴ヘ黨勢ノ伸長ニ努メ漸次其ノ聲望ヲ挽回シ來リタルカ一八七三年政府提出愛蘭大學法案敗レタルヲ以テ前記ノ狀況ヲ看取セル「グラッドストーン」ハ直チニ辭表ヲ闕下ニ呈シ次

テ新內閣組織ノ大命ハ「ヂスレリー」ニ下レリ然ルニ當時保守黨ハ議會ニ於ケル少數黨ニシテ假令此大任ヲ拜命スルモ到底其政綱ヲ實行スルコトヲ得サルノミナラス直チニ反對黨ニ征服セラルルコト明カナレハ「ヂスレリー」ハ此際輕々シク內閣ヲ引受ケンヨリハ寧ロ暫ク野ニ在リテ折角挽回シ初メタル黨勢ヲ伸長スルコトニ努力シ適當ノ時機ニ於テ捲土重來大ニ爲ス所アラント欲シ大命ヲ辭シタルヲ以テ「グラッドストーン」依然トシテ職ニ留ルコトトナレリ

然ルニ是ヨリ先キ一八六九年電信事業ヲ全部國有トスルコトトナシタルカ之カ買收ヲ爲シタル政府員ハ議會ノ協贊シタル買收費ニ不足ヲ告ケタルヲ以テ其協贊ヲ經スシテ擅ニ國費ヲ支出シタル事發覺シ世上物議ヲ釀シ來リタル爲メ「グラッドストーン」ハ將來斯カル違法行爲ノ再發ヲ防クヘキ事ヲ議會ニ保證シ同時ニ閣員ノ交迭ヲ行ヒ自カラ大藏尙書ヲ兼任スルコトトセリ然ル所一七〇八年及一八六七年ノ議員法中ニハ議員ニシテ既ニ內閣員タルモノカ政府ノ他ノ要職ヲ兼任スルモノハ其議席ヲ失フヘシト解釋セラルル條項アリ反對黨ニ於テハ該條項ニ依リ「グラッドストーン」ノ議席ヲ拋棄センコトヲ主張シ一時議會ノ大問題トナリ來リシカ當時自由黨員中前述ノ通リ其黨策ニ對シテ慊焉タラサルモノアリ黨勢舊ノ如ク隆盛ナラサリシ際其首領ノ地位ニアリナカラ議會ヨリ去ルコトハ「グラドストーン」ノ敢テ爲シ能ハサル所ナリシカ偶々翌年度ノ財政計劃ニ關シテ

閣員ト意見ヲ異ニスル事アルニ至リタルヲ以テ「グラッドストーン」ハ遂ニ議會ノ解散ヲ奏請シ一八七四年總選擧ヲ行フ事トナレリ

（へ）　愛蘭國民黨

同選擧ノ結果保守黨員三百五十人自由黨員二百四十四人選出セラレタル上愛蘭ヨリ五十八人ノ同島自治黨員ヲ選出セリ右自治黨員ノ選出ハ英國憲政史上最モ注目スヘキ一時代ヲ劃スルモノニシテ從來ノ二黨ニ第三黨ヲ加ヘ來リ從ツテ從來ノ兩黨對立政治ハ其終リヲ告クルニ至レリ是ヨリ先一八七二年「ダブリン」ニ設立セラレタル愛蘭自治政府協會ハ大ニ其主張貫徹ノ爲メ企劃スル所アリ一八七一年及二年ノ補缺選擧ニ於テ六名ノ議員ヲ議會ニ出シテ以來之ヲ增加シ一八七四年ノ議會解散當時ハ十名ニ達シ居タルカ該總選擧ニ於テ國民ノ豫想セサル大成功ヲ奏シ前記多數ノ議員ヲ選出スルコトトナレリ然レ共尙到底自由保守兩黨ニ對抗スルノ勢力ヲ有スルモノニ非ラス從ツテ議院ニ於テモ初メハ其存在ヲ重要視セラレサリシモ元來同黨員ハ同島ノ自治ヲ計ランコトヲノミ期スルモノニシテ該目的ニ關係ナキ政策ニ關シテハ全ク淡白ナルモノニシテ從テ自由保守何レノ黨カ政權ヲ掌握スルコトアルモ殆ント介意スル事ナク從來ノ政黨ト全ク其色彩ヲ異ニスルモノナルヲ以テ之ヲ操縱スル上ニ於テモ多少ノ困難ナキ能ハス遂ニ議院內ニ於ケル議事其他ニ關スル

慣行ニ變更ヲ加ヘサルヘカラサル形勢ニ達シタリ

（註） 同黨ハ爾來自由黨內閣ヲ支持シテ愛蘭自治ノ實現ニ努力シ來リタルカ一九一七年三月首領「レドモンド」不遇ノ裡ニ死シ翌年ノ總選擧ニハ僅カニ七名ノ議員ヲ選出シ得タルニ止マリ殆ント全滅ノ悲境ニ陷リ之ニ代リ同島ヨリハ「シンフェン」黨員七十二名選出セラルルニ至レリ

（ト） 第二次「ヂスレリー」內閣

上述ノ如ク總選擧ハ保守黨ノ勝利ニ歸シ「グラッドストーン」ハ內閣ヲ開放シテ野ニ退キ第二次「ヂスレリー」內閣組織セラレタリ「ヂスレリー」ハ初メ議會ニ多數ノ支持者ヲ得勞働者家屋ノ改良衞生事業ノ改善其他ノ社會改善ニ關スル事業ヲ行ヒタルカ特ニ顯著ナル功績ヲ擧クルコト能ハサリキ

「グラッドストーン」ハ其分裂セントスル黨員ヲ統一セントスル共通ノ政策ヲ發見スルコト能ハス黨員ノ至誠ノ念ニ乏シキヲ見到底將來捲土重來反對黨ニ肉薄シテ雌雄ヲ決スルノ見込ナシトシ黨友ノ反對ニ拘ラス一八七五年自由黨ノ首領ヲ辭シ「ロバート、ハーケントン」ニ讓リタリ而シテ自由黨ノ實權ハ同黨員中過激分子ニ移リ「バーミングアム」ヲ以テ其中心トセリ其後「チエンバレーン」氏一派カ民主代表ノ下ニ設立シタル自由協會會員ハ自由黨中「ホイッグ」ヲ以テ何等定見ナキ臨機應變者ニシテ政府ノ要職ニ就カンコトヲ以テ其能事トナスモノナリトシテ反對黨ヨリモ却ツテ之ヲ惡ミタリ同協會ノ成功ニ鑑ミ各地自由黨モ之ヲ範ニ取リテ各々改良ヲ施シ居タルカ一八七七年近東問題起リテ國論沸騰ノ際「バアーミングアム」ニ於テ同問題ニ關スル大演說ヲ爲シ自由黨協會ノ聯合ヲ造リタリ

一八七六年「バアーミングアム」ヨリ選出セラレタル「チエンバレーン」氏ハ其後愛蘭法案ニ關スル意見ノ衝突ノ爲メ自由黨ヨリ遠サカルニ至ル迄黨員中最大ノ勢力家トシテ自由黨ノ牛耳ヲ執レリ右自由黨協會聯合ニハ特別ナル政綱ヲ標榜セス單ニ協會カ其首領ト仰キタル幹部ノ措置ニ信頼シ黨員ハ單ニ之ヲ支持スルヲ本領トセリ當時ノ保守黨內閣ノ外交政策ハ國民ノ輿望ニ添フコト能ハス殊ニ「アフガニスタン」(Afghanistan) 及「ツーランド」(Zuland) ニ於ケル戰爭ニ干涉シタル爲幾多世人ノ非難ヲ受ケ加フルニ外國貿易ノ不振、國帑不足、租稅增加及農業ノ不振ヲ以テシ內閣ノ聲望全ク地ニ墜ツルニ至レリ是ニ於テ議會ヲ解散シ總選擧ヲ行フニ至リシカ一八八〇年ノ總選擧ハ自由黨三百四十七、保守黨二百四十愛蘭國民黨六十五ノ議員ヲ選出スルコトヲ得タリ

（チ）　第二次「グラッドストーン」內閣

斯クテ新內閣ハ「グッドストン」ニ依リテ組織セラレタリ新內閣ノ平和主義ノ遂行財政緊縮並ニ諸般ノ改良カ其政綱トシテ生シタルカ不幸ニシテ各種ノ戰爭引續キ而カモ一八八二年埃及遠征軍カ功ヲ收メタルノミニシテ南阿「アフカニスタン」及蘇丹ニ於テハ逐一失敗ニ歸シタルヲ以テ到底政綱ヲ實行スル能ハス卽チ一八八四年ニ選擧法ヲ改正シテ選擧資格ヲ擴張シ選擧者權者ヲ三百萬ヨリ五百萬ニ增加シ得タルノミ該選擧法ノ改正ハ國民ノ多クカ歡迎シタル所ニシテ之ニヨリ遂ニ內閣ノ聲望ヲ繼クコトヲ得タリ

然ルニ內閣ノ一員タル「チエンバレーン」氏ハ當初ヨリ「グラッドストン」氏ト肝膽相照ノ間柄ニ非ラス動モスレハ政見相違スルコトアリタルカ「チエンバレーン」氏ノ漸時非妥協態度ヲ持スルニ至リ遂ニ黨ノ承諾ヲ得スシテ單獨ニ重複投票ノ廢止普通選擧ノ實施所得稅ヲ累進セントスルコト大地主ノ所有土地ノ分割等ヲ唱道シ黨內一部ノ反感ヲ買ヒ來レリ愛蘭ニ關シテハ「ダブリン」ニ地方政府ノ中央局ヲ設ケ之ヲシテ同島紛擾ノ鎭壓ニ當ラシメンコトヲ申出テタリ「グラッドストン」氏ハ互讓ノ精神ヲ以テ之ニ贊同スル處アリシモ他ノ內閣員ハ之ニ反對シ遂ニ「チエンバレーン」氏ノ辭職トナレリ斯クシテ黨內一致ヲ缺クト同時ニ他方「カートウム」ハ陷落シ「ゴルトン」將軍戰死シ蘇丹ハ放棄スルコトトナレリ是ニ於テ平和ヲ標榜スル內閣聲明漸ク薄ラキ一八八五年六月豫

算案討議ノ際政府黨敗レ遂ニ内閣ノ辭職ヲ見ルニ至レリ

是ヨリ先一八六七年保守黨ニ於テハ各地方ノ團體ヲ連絡シ互ニ同心協力シ黨勢ノ伸長ヲ計ル目的ヲ以テ立憲保守國民協會（合黨派ノ勢力ノ根據第二項參照）ヲ組織セリ之レ正ニ自由黨カ國民自由黨ヲ連合シタルニ先ツコト十年ナリシモ其組織妥當ヲ缺キタル爲ニヤ充分其目的ヲ遂行スルコト能ハス常ニ自由黨ノ淩駕スル所トナリ居タルカ自由黨カ「バアーミングアム」運動ニ成功セルヲ見テ大ニ其團結組織ヲ改良スルノ必要ヲ感シ鋭意改善スル所アリシカハ一八八一年「デスレリー」死去シ且黨内幹部中ニ多少意見ヲ異ニセルモノアリシニ拘ラス漸次勢力ヲ得來リタリ

（リ）第一次「ソリスベリー」内閣

折柄自由黨内閣ノ瓦解ヲ見ルニ至リシカハ皇帝ノ招請ニ應シ「ソリスベリー」卿新内閣ヲ組織シ一八八〇年ニ總選擧ヲ行ヒタルニ三百三十五人ノ自由黨員二百四十九人ノ保守黨員八十六人ノ愛蘭黨員ノ選出ヲ見タリ然ルニ「グラッドストン」ハ愛蘭黨員ノ唱道セル同島自治問題ヲ支持スルコトトシテ同黨ト一種ノ連衡ヲ造ルコトト爲シタルヲ以テ新議會ニ於テ再ヒ數ヲ制限スル事トナレリ之ヲ以テ「ツルヌベリー」内閣ハ到底其勝算ナキヲ感知シ同年閣員連袂辭表ヲ提出シ「グラッド

ストン」新タニ內閣ヲ組織セリ

（ヌ）　第三次「グラッドストン」內閣

「グラッドストン」內閣ハ前述ノ如ク愛蘭自治問題ヲ支持スル事ヲ決シタルヲ以テ新內閣ニ於テハ勢同問題ヲ以テ其政綱トシテ爭ハサルヘカラサル行懸トナリタルカ之ヲ黨派問題ト爲スコトニ關シテハ黨內異論ヲ唱フルモノ少ナカラス殊ニ「ホッグス」分子及「チエンバレーン」一派ハ之ニ反對シテ遂ニ「チエンバレーン」ハ一八八六年四月自由黨ヲ脫シテ自由統一黨ト結ヒ保守黨ト共同スルニ至レリ之ニ拘ラス政府ハ遂ニ愛蘭自治法案ヲ議會ニ提出シ其議ニ附スル所アリシカ「チエンバレーン」一派五十名モ連袂之ニ反對シタルヲ以テ同案ハ第二讀會ノ際三百十三票ニ對スル三百四十三票ヲ以テ破ルルコトトナレリ是ニ於テ直チニ議會ヲ解散シ總選擧ヲ行ヒタルカ其結果保守黨三百十九名自由統一黨七十八名自由黨百九十一名愛蘭黨八十五名ノ選出ヲ見「グラッドストン」內閣ハ直チニ辭表ヲ提出セリ

（ル）　第二次「ソリスベリー」內閣

「ソリスベリー」ノ新內閣ハ自由統一黨ノ援助ニヨリテ議會ニ多數ヲ制シ爾後六ケ年間格別ナル波瀾モ無ク其命脈ヲ支持シ他方自由黨ニ於テハ一時多數ノ黨與ヲ失ヒ少ナカラサル打擊ヲ蒙リタ

ルカ殘餘ノ黨員ハ凡テ愛蘭自治運動ヲ支持スルノ士ニシテ之カ爲黨內ノ一致ヲ維持スルコト容易ニシテ數ニ於テ失ヒタル勢力ハ質ニ於テ之ヲ挽回スルコトヲ得タルカ如シ一八九一年「ニユーカツスル」ニ於ケル自由黨大會ニ於テハ愛蘭自治問題ノ外威州西敎會廢格問題選擧法改正議員歲費支給問題上院改良問題土地加稅問題等ヲ其政綱ト定メ步武堂々其黨勢ヲ擴張スル所アリシカ一八九二年總選擧ニ於テハ保守黨三百十五自由黨二百七十四愛蘭黨八十一ノ選出ヲ見タリ同年八月議會開會セラルルヤ自由黨ハ愛蘭黨ト步調ヲ合セ政府不信任案ヲ議決シタル爲メ六ケ年間無事繼續シタル「ソリスベリー」內閣直チニ崩壞シテ第四次「グラツドストン」內閣組織セラレタリ

（ヲ） 第四次「グラツドストン」內閣

此際「グラツドストン」ハ既ニ八十三ノ高齡ニ達シ元氣昔日ノ如ク旺盛ナラス且ツ「ニユーカツスル」政綱中ニハ過激ナル政綱ヲ包含シ爲ニ國民中之カ實行ニ際シテ危惧ノ念ヲ懷クモノ少ナカラス從ツテ今次ノ「グラツドストン」內閣果シテ豫期ノ成果ヲ收メ得ルヤ否ヤ疑念ナリキ一八九三年政府ハ愛蘭自治法案ヲ議院ニ提出シ屢次討議ノ上遂ニ下院ヲ通過シタルモ上院ニ於テ否決セレタリ

「グラツドストン」ハ視力聽力漸次減退シテ激務ニ堪エ離キニ至リ海軍豫算ニ關シ閣僚ト見解ヲ異

ニシタルヲ以テ「グラツトストン」ハ直チニ議會ヲ解散センコトヲ主張シタルモ閣僚ノ容ルル所トナラス遂ニ自カラ首相ノ地位ヲ勇退スルコトトセリ

（ヲ）「ローズベリー」内閣

茲ニ於テ皇帝ハ自由黨首領「ローズベリー」ヲ首領ニ任命セラレタルカ時ノ同黨院内總理「ウイリアム、ハーコート」ハ首相ト會見ヲ異ニセル處少ナカラス從ツテ同郷ノ首相タルコトヲ好マス往々衝突スルコトモアリ黨ノ統一充分ニ維持スルコト能ハサリシカ一八九五年六月豫算ニ關スル分擇投票ノ際政府敗レ遂ニ内閣ノ辭職トナレリ

（カ）第三次「ソリスベリー」内閣

「ソリスペリー」卿再ヒ出テテ保守黨内閣ヲ組織シ直チニ總選擧ヲ行ヒ保守黨四百十一自由黨百七十七愛蘭黨八十二選出セラレ保安黨ノ勝利ニ歸シタリ英國民ノ多數ハ從來貴族階級ノ專横ヲ好マス國民ノ權利ヲ主張セントシテ該階級ニ抗スル自由黨ヲ援ケ來リタルモ「ニユーカツスル」政綱ノ如キハ極端ナル政策ヲ含ミ之カ實行ノ結果ハ自己直接ノ權利ヲ侵害サレンコトヲ怖ルルモノ少ナカラス之レニ反シテ貴族黨モ漸次國民一般ト同化シ來リタルコト少ナカラサリシヲ以テ自由黨員漸ク去ツテ反對黨ニ歸依スルモノヲ見ルニ至レリ又勞働者階級ニ於テハ自由黨政綱中直接自己ヲ

利スルモノ少ナキヲ以テ從來ノ如ク自由黨ヲ渴仰スルモノ少ナシ而カモ「グラッドストン」ノ之ヲ率ヒタル間ハ同氏ノ力量德望ニ信賴シ尙同黨ノ勢脈ヲ保チ來リシモ同氏一度政界ヲ去リシヨリ自由黨ノ勢力頓ニ減退シ過去一世紀ニ於テ同黨史上嘗テ見サル悲境ニ陷リタリ「ローズベリー」卿ハ辭職後一ヶ年名義上同黨首領タリシモ遂ニ之ヲ辭シ「グラッドストン」ノ衣裘ヲ襲エル「サー、ウイリアム、ハーコート」之ニ代レリ

「ソリスベリー」新內閣ハ議會ニ統一セル多數ノ黨員ヲ有シ其計畫セル諸般ノ事業ヲ爲シ近代ニ於ケル最モ成功セル內閣ト云フヘシ此期ニ於テ國內及海外商業モ殷盛ヲ來シ政府ノ財政ニ餘裕ヲ生シ英本國ト海外植民地トノ連結モ一層密接トナリ勞働者救助法ヲ制定シテ貧民ヲ霑ホシ斯クシテ國民ハ益々政府ヲ信任シ來リ加フルニ一方ニハ「カートウム」陷落シ他方南阿戰爭ニハ兎ニ角最終ノ勝利ヲ收メ政府ノ信用愈々高マリ來リタリ

（ヨ）「バアルフオーア」內閣

然ルニ南阿戰爭後財政逼迫シ戰爭繼續中ハ國民モ喜ンテ戰費ノ支出ニ應シタルモ戰後重加セル課稅ヲ歡諾スルヲ好マス從ッテ政府ノ財政方針ニ不滿ヲ抱クモノヲ生スルニ至レリ且勞働者階級中ニハ失業ノ結果非常ノ窮乏ニ陷ルモノ少ナカラス殊ニ南阿戰爭カ不必要ニ永續シタルハ畢竟軍隊

組織ノ不完全ナルト軍制ノ缺點少ナカラサルニ基クモノナルコト明カナルニ至ルヤ一度旭日昇天ノ勢ヲ示シタル政府ノ勢望著シク減退シ殊ニ一九〇二年「ソリスベリー」卿辭職シ「アーサー、バルフォーア」之ニ次キ敎育法ノ改善ヲ施スヤ國民ノ多數殊ニ英國々敎徒外ノモノハ痛ク其措置ヲ惡ミタリ從來保守黨中ニ於テモ自由貿易ヲ論スルモノ少ナカラサリシカ戰後上述ノ如ク政府ノ聲望墜落スルヤ之ヲ恢復シテ國民ノ信任ヲ負ハンカ爲メ保護政策ヲ唱道シ戰後財政ノ不振ハ全ク諸國ノ既ニ拋棄シタリシ自由貿易主義ヲ壓迫スルニ基因スルモノトセリ一九〇三年「ジョセフ、チエンバレーン」南阿旅行ヨリ歸英シ國家ノ急務ハ帝國主義ノ鞏固ヲ計ルニアリ之カ爲ニハ英本國ト殖民地トノ間ニ特惠關税制度ヲ設ケ兩者ノ關係ヲ密接ナラシメ他方國內產業ヲシテ外國トノ競爭上有利ナル地位ニ立タシメ關税制度設定ノ結果勞働者ノ負擔ヲ增スコトアリトスルモ他方政府ノ收入增加ノ結果行ハルヘキ諸般ノ社會政策ニ依リテ其福利ヲ增加スルコトヲ計ルヘキコトヲ唱道セリ然ルニ保守黨員中右ノ政策ヲ歡迎セサルモノアリ殊ニ首領「バルフォーア」ハ自由黨ノ唱道スルカ如キ自由貿易論ヲ支持スルニ非ラサレトモ然リトテ極端ナル保護貿易論ヲ懷クモノニモ非ラサルコトヲ聲明シ「チエムバレーン」カ上述關税政策ヲ保守黨ノ政綱トセンコトヲ迫リタルニ拘ラス「バルフォーア」ハ其內閣存命中ニ何レ之ヲ討議スヘキ機會ヲ與フヘシト言ヒシノミニシテ强ヒテ之レヲ支持スルノ傾向ナカリシヲ以テ「チエンバレーン」氏ハ閣員ヲ辭シ之ニ次イテ閣員中四名ノ自由貿易論者連袂シテ辭職セリ是ニ於テ「バルフォーア」ハ同主義ノ黨員ヲ以テ前記內閣ノ辭職ニ依ル空席ヲ塡補シ從來ヨリ容易ニ閣員ノ統一ヲ保ツ事ヲ得タルモ人心既ニ保守黨政府ニ倦ミ屢々ノ補缺選擧ニ於テ政府黨失敗シタルヲ以テ「バルフォーア」ハ一九〇五年十二月議會休會中突然辭職シタリ

（タ）「ヘンリー、バンナマン」內閣

是ニ於テ自由黨首領「ヘンリー、キャナルバンナマン」ハ「アスクイス」「ホールデン」「グレー」等新進氣鋭ノ士ヲ率ヒテ新內閣ヲ組織シ翌年一月總選擧ヲ行ヒタルカ其結果保守黨百五十八名自由黨三百九十八名愛蘭黨八十四名勞働黨三十名選出ヲ見タリ

（レ）「アスクイス」內閣

一九〇六年組織セラレタル「ヘンリー、バンナマン」內閣ハ何等ノ頓挫モナク其命數ヲ保チ居タル所一九〇八年四月「バンナーマン」死亡シタル爲メ「アスクイス」其後ヲ襲ヒ茲ニ第一回「アスクイス」內閣組織セラレタリ然ルニ翌年上院ハ政府カ提出シ下院ヲ通過シタル歲入案ニ對シ國民ノ贊同ヲ得タル後ニ非ラサレハ之ニ同意スルコト能ハストシ幾多熱烈ナル討議ヲ重ネタル結果遂ニ同

案ヲ否決シタリ斯クノ如ク上院カ下院ヲ通過シタル法案ヲ否決シタルコトハ近代議會史上ニ稀ナルコトニシテ政府黨ハ之ヲ以テ憲政ノ危期ト絶叫シ國論大イニ沸騰シ來タリタルカ政府ニ於テハ一度其法案上院ニ於テ否決セラレタル以上最早其地位ニ止ルヘクモ非ラス早速議會ヲ停會シ次イテ之ヲ解散シ去就ヲ國民ニ問ハンカ爲一九一〇年一月總選擧ヲ行ヒタルカ其結果自由黨二百七十五勞働黨四十國民黨八十二保守黨二百七十三名ノ選出ヲ得タリ

同總選擧ニ於テ政府ハ必ラス絶體大多數ヲ占ムルト信シ居リタルニ前記ノ通リ反對黨ニ對シ僅カ二名ノ多數ヲ得タルニ過キス社會改良等ノ問題ニ付キ利害ヲ一ニセル勞働黨ヲ加フルモ近々四十有餘ノ多數ヲ有スルニ過キス結局愛蘭黨ノ向背如何ニ依リテ其運命ヲ左右セラルル事トナレリ政府ハ新議會ニ於テ先歳入案ヲ議シ然ル後上院否認權ノ制限並ニ其組織改正案ヲ討議セン考ナリシモ愛蘭黨員ハ其選擧區ニ於ケル歳入案反對熱並ニ「オブライカン」派カ「ジョンレッドモンド」ニ對抗シテ組織セル獨立國民黨勃興シ歳入案ニ全然反對ノ態度ヲ示スニ至リタルヲ以テ先上院否認權案ヲ先決問題ナリトシテ政府ニ逼ル所アリ自由黨內急進派及勞働黨員モ之ト同樣ノ見解ヲ把持シタルヲ以テ政府モ遂ニ上院否認權制限決議案ヲ第一トシ豫算ハ後廻シニスルコトトシ辛フシテ國民黨ト折合フコトヲ得タリ斯クシテ多數ノ與黨ヲ得タル政府ハ下院ニ於テ其計劃セル上院否認權

制限案ノ通過ヲ計ルコトヲ得ルトスルモ上院ニ於テ必ス否決セラルルコト明カナリ然ルニ上院ニ於テハ輿論ノ趨向ニ鑑ミ自カラ同院ヲ改造セントスルノ議アリ政府ハ若シ前記總選擧ニ於テ絶對多數ヲ得タランニハ之ヲ楯ニシテ陛下ニ大權行使ヲ請願シテ自由黨ノ新貴族ヲ造リ以テ上院ニ於ケル自黨ノ勢力地盤ヲ固フセンコトヲ計劃シ居タルモ選擧ノ結果上記ノ通リニテ其運ヒニ至リ兼ネタル所偶々「エドワード」皇帝崩御アリ政府ノ地位ヲシテ益困難ナラシメタリ新皇帝ハ上院ノ形勢ニ鑑ミラレ上院問題ニ關シテハ兩黨ノ妥協ニ依リ政界ノ風雲ヲ一掃センコトヲ希望セラレタルカ如ク國民モ凶變ニ際會シ靜カニ國家ノ形勢ヲ考慮シタル結果妥協說大イニ勢力ヲ得遂ニ兩黨委員會ヲ開キテ妥協問題ヲ議スルコトトナリ前後二十一囘ノ會議ヲ重ネタルモ遂ニ何等協定ヲ見スシテ終結セリ是ニ於テ政府ハ當時ノ諸般狀況ニ鑑ミ同年十一月議會ヲ解散シ十二月總選擧ヲ行ヒタルカ其結果自由黨二百七十二勞働黨四十二愛蘭國民黨七十六獨立國民黨八統一黨二百七十二ノ選出ヲ見タリ該總選擧ノ結果ハ自由保守兩黨ノ得點相伯仲シ同年一月ニ於ケル總選擧ノ結果ト何等相異セル所無ク從ツテ政府ハ之ニヨリテ特別有利ナル地步ヲ占メタリト言フヘカラサルカ如キモ前總選擧ニ於テハ歲入問題上院否認權制限問題及上院改造問題等ヲ主タル政綱トシテ逐鹿場裡ニ爭ヒタル結果總選擧後ニ於ケル勞働黨及愛蘭黨ノ向背曖昧ニシテ動モスレハ政府案ニ反對セン

トスル形勢ヲ示シタルコト一再ナラス然レトモ今回ノ總選擧ニ於テハ上院問題ヲ主ナル政綱トシテ爭ヒ而カモ右ハ勞働黨竝ニ愛蘭ニ於テモ政府黨ト意見ヲ一ニシテ政府ヲ翼賛スルニ吝アラサルモノナレハ同選擧ノ結果政府ノ地位ハ一層鞏固ヲ加ヘ來リタルモノト云フヘシ政府ハ豫定ノ通リ一九一一年春新議會ニ所謂議會法案ヲ提出シ其協賛ヲ得テ同年夏之ヲ上院ニ廻附シタルニ同院統一黨ハ同案ニ根本的修正ヲ施シテ之ヲ下院ニ廻附シタリ茲ニ於テ政府ハ遂ニ新貴族任命ノ手段ニ出テテ同案ノ通過ヲ計ル勅許ヲ得タル旨ヲ宣明スルヤ「ラウンスダウン」侯ニヨリテ統率セラルル上院統一黨ハ飽ク迄其修正案ヲ固守スルヲ不得策トナシテ遂ニ一九一一年八月十四日ノ深夜上院ハ百三十一對百十四票ヲ以テ修正案ヲ固守セサルコトトナリ全國ヲ沸騰セシメタル大問題モ茲ニ大體政府案通リ上下兩院ヲ通過スルニ至レリ於是十數年間英國政界ノ宿題トシテ稀有ノ政爭ヲ惹起シタル問題モ一段落ヲ告ケ政局ニ搖曳セル暗雲ハ一先ツ除去セラルルニ至レリ

同年末ニ至リ「バルフォア」氏統一黨ノ首領ヲ辭ス後任トシテ「ウォルターロング」氏ト「オースチン・チエンバレーン」氏ノ呼聲高カリシカ大勢「ボナロー」ニ傾キ同氏推サレテ其首領トナル斯クテ陣容ヲ新タニシタル統一黨ハヨク政府ト戰ヒ「ボナロー」ハ議會ニ於テ自カラ陣頭ニ立チ政府ヲ叱咤スル樣ハ眞ニ近代英國議會ノ一大偉觀タリキ斯クノ如ク自由保守ノ兩黨ハ一九一二年ヨリ一九

一四年ニ亙リ愛蘭問題ヲ中心トシテ相爭ヒ政府ハ勞働黨愛蘭黨ノ翼賛ノ下ニ下院ニ大多數ヲ制シ步武堂々其政策ノ遂行ニ勉メ統一黨ハ國民多數ノ信念自黨ニアリトノ確信ヲ以テ相拮抗セリ一九一四年五月愛蘭自治案第三讀會ニ際シ兩黨ノ政爭ハ殆ント其極點ニ達シ同案審議ニ際シテ下院ハ大混亂ニ陷リ議長ハ遂ニ反對黨首領「ボナローー」氏ニ對シ黨員ヲ沈靜セシメンコトヲ求ムルヤ「ボナローー」氏ハ言下ニ之ヲ拒絕シ爲ニ遂ニ同案ノ審議ハ中止セラルルニ至レリ偶〻勃發シタル歐洲大戰ハ此ノ爭議ヲ中止セシムルニ至リタルカ若シ戰爭發生セサリシナラハ勢ノ極マル所當時ノ形勢如何ニ發展シタルヘキカ之レヲ知ルヘカラス

歐洲大戰開始セラルルヤ反對黨首領「ボナローー」ハ政戰ノ休止ヲ宣シ且ツ戰爭ノ遂行ニ關シ統一黨ハ擧ケテ政府ニ支援ヲ與フヘキコトヲ約シ玆ニ過去八ヶ年間ニ亙ル自由保守兩黨ノ抗爭ハ中止セラレタリ

同時ニ勞働黨ハ「ラムゼー・マクドナルド」氏ヲ通シ愛蘭國民黨ハ「レドモンド」ニヨリ孰レモ統一黨同樣ノ宣言ヲナシ擧國一致「アスキス」首相ヲシテ一意戰爭目的ノ遂行ニ從事セシメタリ然ルニ其後戰爭ニ關シテ政府ノ政策ヲ難スルモノ漸ク增加シ來タルカ爲「アスキス」首相ハ一九一五年五月九日豫メ「ボナローー」氏ト協議ノ結果下院ニ於テ政府カ內閣改造ノ意アルコトヲ聲明シ越テ翌月

三日第一次戰爭聯立內閣組織セラレタリ

第四節　勞働黨

（イ）概　說

一九〇六年一月ノ總選擧ニ勞働黨カ二十九名ノ議員ヲ選出スルニ至ル迄ニハ幾多ノ波亂曲折ヲ經タリ從ツテ英國勞働黨ノ現在ニ於ケル構造ハ可ナリ復雜ナリ

英國勞働黨ノ成立事情ヲ知ラントセハ勢過去ニ於ケル各種ノ社會團體運動ノ一般ヲ述ヘサルヘカラス

（ロ）勞働組合

一八一八年ノ改正選擧法ニ依リテ選擧權擴張セラレタル結果勞働階級モ亦選擧權ヲ有スルコトトナリタルヲ以テ勞働者ノ利益ヲ擁護スル爲勞働組合ハ組合ヲ代表スル議員ヲ選出スル目的ヲ以テ勞働組合會議（The Trades Union Congress）ヲ組織シタルカ一八八五年ニ至リテハ更ラニ勞働選擧團體（Labour Electoral Association）ヲ設立シ拮据經營專ラ議員ノ選出ニ努力シタル結果遂ニ一八七四年以後ノ總選擧竝ニ補缺選擧ニ於テ少數ナカラモ代表者ヲ選出シ得ルニ至レリ而シテ之等ノ選

出議員ハ自由保守兩黨以外ニ別ニ一團ヲ作ランコトヲ冀ヒタルハ勿論ナルモ勞働組合其自身ノ團體鞏固ナラサル一方議員ノ人數少ナク到底其ノ目的ヲ達スル能ハス從ツテ之等ノ議員ハ議會ニ於テハ主トシテ自由黨ト連絡シ勞働者ノ利益ヲ擁護スル爲メ有利ナル立法ノ通過ニ努力セリ其後一八九二年同派中錚々ノ名アル「ジョン・バーン」カ議員ニ選出セラルルヤ同派ノ聲望俄ニ上リタリト雖モ尙勞働者ノ利益伸張ニ充分ナラス且「グラッドストーン」沒後自由黨トノ提携又意ノ如クナラサルニ至ルヤ大勢勞働團體ノ大同團結ヲ策スルノ外ナキヲ悟リ遂ニ「ブラントフォード」ノ大會ニテソノ實現ヲ見ルニ至レリ

（ハ）「フェビアン」協會

一八八三年「フエビアン」協會ト稱スル社會主義者ノ團體ハ組織セラレ同主義ノ下ニテ國政ヲ行フヘキコトヲ唱道シ同主義ノ宣傳ニ努ムル處アリタルモ政治上未タ何等重大ナル結果ヲ擧タル能ハス

（ニ）社會民主同盟(Social Democratic Federation)

一八八一年社會主義ヲ信スル勞働者ニ依リ社會民主同盟組織セラル彼等ハ富ノ生產分配方法ヲ調節シ勞働ヲ資本及土地ヨリ解放スヘキコトヲ主張シ社會主義ノ宣傳ニ努メ各地ニ支部ヲ設ケ侮ル

ヘカラサル一勢力ヲ形成シ同盟委員ヨリ各種公共團體ノ役員竝ニ議員ヲ選出シ其勢力ヲ擴大セン事ヲ計レリト雖モ本同盟ト勞働組合トノ間ニ何等連絡ナカリシ爲大多數ノ勞働者ヲ動カスニ足ラス其效果ハ僅カニ思想的方面ノミニ局限セラルルノ感アリキ

（ホ） 獨立勞働黨(Independent Labour Party)

之レ今日ノ勞働黨ノ中堅ヲナスモノナリ一八九三年一月國內ニ於ケル各種ノ社會主義者ノ團體ヲ結ヒ其ノ勢ヲ擴張セン事ヲ期シ「ブラツトフオード」ニ大會ヲ開キ茲ニ獨立勞働黨ナルモノハ組織セラレタリ同大會ニハ前記勞働組合「フエビアン」協會及社會民主同盟ヨリ參加シタルモノ少ナカラス同黨ハ

(1) 共同所有權及生產分配手段ノ管理

(2) 八時間勞働制

(3) 賃請仕事ノ廢止及十四歲以下ノ幼者ノ勞働制限

(4) 疾病及養老ニ關スル救恤

(5) 宗派ニ沒交涉ナル敎育

(6) 失業者保護

(7) 自然所得ノ課税
(8) 國際軍備撤廢
(9) 婦人ニ選擧權賦與

等ヲ綱領トシ成ル可ク多數ノ議員ヲ議會ニ送リ之カ實行ヲ期セントナシタリ想フニ獨立黨組織ノ目的ハ自由保守兩說以外ニ獨立シタル勞働者ノ政黨ヲ造リ勞働運動ニ基礎ヲ置キテ社會主義ノ實現ヲ企圖セントセリ而シテ之カ爲黨ノ指揮者ハ革命ト階級鬪爭ヲ主張セス勞働組合ノ精神ヲ酌ミ可成多數黨員ヲ抱擁シテ其企圖ヲ實現セントシタル結果ハ勞働者ニシテ純然タル社會主義ニアルモノト雖モ苟モ同黨ノ主義政綱ヲ贊スルモノハ之ヲ黨員トシテ歡迎セリ然レトモ勞働組合ニ屬スルモノニシテ社會主義ニ依ラス尙勞働者ノ境遇改善ノ可能ナルコトヲ信スルモノハ未タ俄カニ同黨ニ參加スルヲ好マサルモノニ反シ社會民主同盟員ハ多クハ極端ナル社會主義ヲ主張シ同盟カ社會主義以外ノモノヲ包含スルコトヲ喜ハスシテ同黨ニ參加セサルモノ少ナカラス

獨立勞働黨ノ組織ニ依リ全國社會主義者竝ニ之ニ贊同スルモノノ大同團結組織セラレタリト雖モ同好ノ士ニシテ同一ノ希望ヲ有スルモノノ參加セサルモノ少ナカラス且財力豐カナラサル爲一般勞働者ニ與エタル影響極メテ微弱ニシテ到底豫期ノ目的ヲ達成スル能ハス故ニ一八九五年ノ總選

擧ニハ八十二名ノ候補者ヲ出シ奮闘シタルモ一名ノ議員タモ選出スル能ハス嘗テ一度議員タリシ同黨ノ首領「ケーヤーハーデイー」ノ如キモ落選ノ悲運ニ際會シタリ

（ヘ）勞働黨ノ組織

(1) 勞働代表委員會(The Labour Representation Committee)ノ組織

同好同志ノ士少ナカラサルニ拘ハラス其見解軟硬ノ差アル爲其勢力ノ統一ヲ缺キ廿八名ノ候補者悉ク一敗地ニ塗ルルノ悲運ニ遇フヤ勞働黨組織ノ新氣運ハ期セスシテ隱密ノ間ニ動キ初メタリ加之一八九七年及一八九八年ノ機械及ヒ石炭坑夫ノ同盟能業ハ數ケ月ニ亙ル惡戰苦闘ノ後遂ニ慘敗シ一八九八年ニ「グラッドストン」ノ沒スルヤ自由黨ノ制定シタル勞働組合法ハ漸次裁判所其他ニ於テ蹂躪セラルヽニ至リ勞働組合幹部ハ漸ク自由黨トノ提携ヲ疑フニ及ヒ勞働黨成立ノ機運漸ク熟セリ勞働組合カ一八九九年初秋其年次大會ヲ「プリマウス」ニ開クヤ獨立勞働黨ノ幹部ハ直チニ好機ヲ捕ヘタリ元來同大會ニハ賃銀勞働者若ハ組合有給吏員ニアラサレハ出席スル能ハサルヲ以テ先ツ自個ノ起草セル決議文ヲ鐵道從業合同組合ノ「ホルムス」ヲシテ提議セシメ同決議ハ大會ヲ通過セリ右決議ノ結果トシテ英國及威州西ニ於ケル各種勞働組合勞働者協會社會主義者ノ團體等之ニ參加シ從來ヨリモ廣キ範圍ニ亙リ同主義者ト提携シ次期ノ總選擧ニ

於テ勞働者ノ利益ヲ代表スヘキ勞働議員ヲ可成多數議院ニ送ランカ爲同志者協力スルニ至リ皆目的ノ爲勞働代表委員會ナルモノヲ設立スルニ決シ勞働組合會議ノ對議會委員ヨリ四名獨立勞働黨社會民主同盟「フェビアン」協會ヨリ各二名ノ實行委員ヲ出シ以テ準備委員會ヲ設置シ大會準備ニ着手セシメタリ

(2) 勞働代表委員會ノ權威

翌一九〇〇年二月倫敦ニ於テ大會ヲ開キ右委員會ヲ勞働代表委員會ト命名シ獨立勞働黨主張ノ如ク議會ニ對スル勞働議員候補者ハ勞働代表委員會ニ代表者ヲ送レル團體ニ屬スル者ニ限リ委員會ノ構成ハ勞働組合ヨリ七名獨立勞働黨ヨリ二名社會民主同盟ヨリ二名「フェビアン」協會ヨリ一名計十二名ヨリ成ル斯クシテ「ラムゼー・マクドナルド」ソノ幹事ニ推サル同年内ニ三十七萬五千九百三十一人ノ加盟會員ヲ得ルニ至レリ(註)之レ實ニ現在勞働黨ノ前身ト成ルモノナリ

註、個人ニ非スシテ組合若クハ團體ニ限ラル個人カ個人タル資格ニテ會員タル事ヲ得ルニ至リタルハ一九一八年ノ以後ナリ

(3) 社會民主同盟ノ脫退

之ヨリ先一九〇〇年二月ノ倫敦大會ニ於テ社會民主同盟側代表者ハ同大會ニ於テ黨ノ基礎ヲ純

然タル社會主義ノ實行及階級戰ノ實現ニ置カンコトヲ主張シタルモ大會ノ容ルヽ所トナラサリシカ翌一九〇一年ノ大會ニ於テ再ヒ民主同盟側ヨリ同樣ノ提議ヲ爲シタルモ全會一致拒絕セラレ社會民主同盟ハソノ結果該大會ヨリ脫退シ茲ニ社會主義團體ハ兩分セラルヽニ至レリ

(4) 勞働黨ノ成立

勞働代表委員會ハ漸次健實ナル發達ヲ遂ケ同委員會ヲ創立シタル一九〇〇年ノ總選擧ニハ十五人ノ候補者ヲ擧ケテ戰ヒ能ク二名ヲ當選セシメタリ翌一九〇一年ニハ社會民主同盟ノ脫退ヲ見タリト雖モ勞働組合ノ數ハ六十五增加シ總加盟會員四十五萬五千四百五十八人ヲ算シ一九〇二年ニハ八十六萬一千二百人トナレリ一九〇二年乃至四年ニ亙ル補缺選擧ニテ四人ノ候補者ヲ當選セシメタリ一九〇五年保守黨內閣倒レ「バナナアマン」自由黨內閣ヲ組織スルヤ翌一九〇六年一月總選擧行ハレタルカ創立以來茲ニ六ヶ年無慮九十萬ノ加盟員ヲ有スル勞働者代表委員會ハ好機措クヘカラスト爲シ五十名ノ候補者ヲ逐鹿場裡ニ送リ克ク二十九人ノ多數ヲ當選セシメタリ總選擧ニ於ケル勞働者ノ這般ノ勝利ハ茲ニ社會ニ對シ勞働黨カ獨立シテ社會改造ヲ企圖シツヽアルコトヲ面ノアタリ知悉セシムルニ至レリ

於是黨ノ名稱ヲ勞働黨ト改メ議院ノ一隅ニ勢力ヲ占ムルニ至レリ當時炭抗夫組合ハ未タ勞働委

員會ニ參加セス同組合ヲ代表スル十四名ノ議員ハ議會ニ於テハ獨立勞働黨ト稱シ自由黨ニ屬シタルカ一九〇八年ニ至リ同黨ハ勞働黨ト誓約ヲ結ヒ議會ニ於テハ同一總理ノ下ニ其行動ヲ共ニスルニ至リタルカ爾來議會ニ於テハ這般ノ一團ヲ目シテ勞働黨ト稱スルニ至レリ

（註）爾後ノ發展ニ就テハ後述スヘシ

第四章　各黨現首領株ノ人物略歴

第一節　統一黨

(イ)　下　院

「アンドリユー、ボナ、ロー」(Andrew Bonar Law) ハ一八五八年九月「ニユー、ブランスウイツク」ニ生ル「ハミルトン、ギルバート、フイールド、スクール」及「グラスゴー」ノ「ハイ、スクール」ニ學ヒ業ヲ了ヘテ後暫ク「グラスゴー」ニテ鐵商ニ從事セリ

一九〇〇年同地ヨリ選出セラレ代議士トナル一九〇二年ヨリ五年ニ亙リ商務次官タリ一九一一年十一月「バルフオアーア」統一黨首領ヲ辭スルヤ推サレテ同黨首領トナリ同黨ヲ率ヒ自カラ陣頭ニ立チ自由黨ト白熱的政戰ヲ爲シタルコトハ人ノ知ル處ナリ歐洲大戰勃發スルヤ政戰ヲ休止シ自由黨內閣ヲ援ケ戰勝ノ遂行ニ專念ナラシメタリ

一九一八年ノ總選擧後「ロイド、ジヨージ」自由保守黨ヨリナル聯立內閣ヲ組織スルヤ入リテ國璽尚書兼下院聯立黨ノ首領トナル一九二一年過勞ノ爲閣員及下院ノ首領ヲ辭スルヤ與黨タルト政敵タルトヲ問ハス一齊ニ氏ノ隱退ヲ措マサルハナク異口同音靜養後下院ニ復歸センコトヲ望マサ

ルハナカリキ政界ノ塵俗ヨリ離レ春光薫ル南佛蘭西ニテ「ラッケット」ヲ樂シミタル氏ハ普ク健康ヲ回復シ本年ニ入リテ又氏ノ姿ヲ下院ニ見ルニ至レリ

「ジョセフ、オースチン、チェンバレーン」(Joseph Austin Chamberlain) ハ一八六三年ニ生ル父ハ帝國主義ノ主唱者トシテ有名ナル「ジョセフ、チェンバレーン」ナリ「ラグビー」ヲ經「ケンブリッヂ」ニ學ヒ二十八歳ノ時ニハ既ニ「バーミングアム」ヨリ選ハレ下院議員トナル統一黨内閣ニハ屢々入リテ要職ヲ占メ又聯立内閣ニハ統一黨ヨリ入リテ其閣員タリ一九二一年「ボナ・ロー」ノ辭スルヤソノ後ヲ襲ヒ下院首領トナリ今日ニ至ル善ク統一黨ヲ率ヒ現下ノ混然タル政局ニ處シ國策遂行ニ努メツヽアルカ如キ乃父ノ面影ヲ偲ハシムルモノアリ

尚下院ニ於テハ「ロバートボーン」(大藏大臣)「サー、グリフイス、ボスカウヱン」(農務大臣)「スタンレー、ボトウイン」(商務院總裁)「サー、ランミング、ウオージントン、ヱバンス」(陸軍大臣)ヲ初メ其他「ジョージ、ヤング」等多士濟々タリ

(ロ) 上　院(保守黨ヲ含ム)

「バルフォアー」卿 (Earl Balfour) 一八四八年「スコットランド」ニ生ル「イートン」、「ケンブリッヂ」ニ學ヲ修メ二十六歳ニシテ早クモ「ハートフォード」ヨリ選出セラレ下院議員トナル各種ノ要職行

ク所トシテ可ナラサルハナク遂ニ一九〇二年ニハ「ソリスベリー」卿ノ後ヲ襲ヒ保守黨內閣ノ總理大臣トナル

一九一一年十一月ニ多年其椅子ニアリタル保守黨首領ノ職ヲ辭シ之ヲ「ボナ・ロー」ニ讓リ黨ノ局面展開ヲナセリ歐洲大戰勃發スルヤ再ヒ出テ聯立內閣ノ重職ニ就キ講和會議ニハ善ク「ロイドジヨージ」ヲ援ケ一九二一年ノ華府會議ニハ英國ヲ代表シ世界平和ノ樹立ニ貢献シタリ

一九二二年ニハ多年ノ功ニ依リ伯爵ニ列セラレ下院ヲ去リ其議席ヲ上院ニ移スニ至レリ卿ハ齡古稀ヲ過クルモ矍鑠若者ヲ凌キ「テニス」ヲ好愛スル下院ノ「ボナ・ロー」ト好一對ナリ外相「カーゾン」卿近時健康ヲ害シ親シク外政ヲ見ル能ハサルニ至ルヤ再ヒ出テテ外政ヲ處理シツヽアリ

「カーゾン」卿(Lord Curzon) ハ一八五九年一月「ケドレストン」ニ生ル資性英敏學生時代ニ已ニソノ頭角ヲ露セリ一八八六年西南「ランカシヤー」、「サウスポート」選擧區ヨリ保守黨ノ代議士トシテ選出セラル一八九五年外務次官トナル一八九九年ニハ印度總督ニ任命セラレ一九一五年マテ其職ニ在リテ一九一六年以降ハ上院ニ於ケル政府黨首領タリ一九一八年「ロイドジヨージ」氏ノ聯立內閣ニハ樞密院議長トナリ次ヒテ「バルフオアー」ノ後ヲ襲ヒ外務大臣ニ任セラレ歐洲戰後ノ

劃策ニ參與シテ以テ今日ニ至ル

卿ハ甞テ中央亞細亞波斯「アブガニスタン」、「パミール」暹羅、交趾支那、朝鮮等ノ各地ヲ遍歷シタルコトアリ英國政府部內有數ノ東洋通ナリ

一八九八年男爵ヲ賜リ爾來榮進一九二一年ニハ侯爵ニ列セラル

政務多端ノ爲メ近時健康ヲ害シ外相ノ職ハ「バルフォアー」卿之ヲ代理シ專ラ靜養ニ勉メツツアリ

「バーケンヘッド」卿(Lord Birkenhead) 一八一二年七月「バーケンヘッド」ニ生ル父ハ「ミッドルテンプル」ノ辯護士タリ「オックスフォード」ニ學ヒ法理學ノ研究ニ拔群ノ成績ヲ示シ表彰セラルヽ所アリ業ヲ了ヘタル後同大學ノ講師及試驗委員トナル

一九〇三年以來保守黨議員候補者トシテ「リバプール」ニ逐鹿シタルモ成ラス一九〇六年漸ク其志ヲ達シ下院議員トシテ選出セラル議會ニ於ケル處女演說ニテハ嘖タル名聲ヲ博シ一九一九年ニ至ルマテ同選擧區ヨリ引續キ選出セラル一九一九年ニハ男爵ニ列セラレ大法官トナリ上院議長タリ

一九二一年ニハ子爵トナル克ク「ロイドジョージ」氏ヲ援ケ聯立內閣ノ支持者タリ卿ノ演說ハ今ヤ圓熟ノ境ニ達シソノ名句ト雄辨トハ院ノ內外ニ其疋敵ヲ見ス未來ノ首相ヲ以テ目セラルヽト云

フモ過言ニ非スト云フヘシ

「ダービー」卿(Lord Derby)　一八六五年四月倫敦ニ生ル當初ハ軍籍ニ身ヲ投シタルモ後文官ニ轉ス一八九二年「ランカッシャー」西「ハウトン」選擧區ヨリ選出セラレ下院議員トナル一九〇二年ニハ郵遞大臣トナル

一八八六年ニハ男爵ニ列セラレ一九一四年ニハ伯爵トナル

一九一八年ヨリ一九二〇年ニ亙リ駐佛英國大使トナリ英佛親善ニ努力スル所大ナリ今日ト雖モ巴里ニ赴キ親佛主義ノ鼓吹者ナリ鄕ハ保守黨ノ中堅ニシテ政界ニ牢固タル勢力ヲ有シ將來最モ囑望セラレツヽアリ

其他保守黨ニハ「デューク、オブ、ノーサンバランド」侯「ラウンスダウン」侯「ピール」卿等著名ナリ

第二節　「ダイ、ハード」

「ソリスベリー」卿(Lord Salisbury)ハ　一八六一年十月倫敦ニ生ル一八八五年ニ「ダーウェン」選擧區ヨリ保守黨代議士トシテ選出セラル一九〇〇年ヨリ一九〇三年ニ亙リ外務次官タリ卿ハ從來ハ上院ニ於テ政府ノ政策ヲ縱横ニ批判シ來レルカ一九二二年七月下院ニ於ケル「ダイ、ハード」ノ

首領トナル而シテ「ダイ、ハード」運動ノ進捗ニ件ヒ卿ハ今後ノ英國政界ニ於ケル一遊星トシテ世人ノ注目ヲ惹キツヽアリ

尚下院ニ於テハ「サー、ジョイン、ヒック」等ヲ中心トシテ同志ノ糾合ニ努メツヽアリ

第三節　自由黨

(イ)　下　院

「ロイド、ジョージ」(David Lloyd George) ハ　一八六三年「マンチエスター」ニ生ル父ハ「リバプール」ノ「ユニテリアン、スクール」ノ校長タリ卒業後獨學シテ一八八四年辯護士トナル一八九〇年「カーナボン」選擧區ヨリ下院議員トシテ選出セラル一八〇五年「バーナマン」内閣ニハ商務院總裁トナリ一九〇八年「アスキス」氏内閣ヲ組織スルヤ大藏大臣トナリ有名ナル「人民豫算」ニ其手腕ヲ認メラレ名聲嘖々タリ一九一六年「アスキス」内閣ノ崩壞スルヤ其後ヲ繼キ第二次戰時内閣ヲ組織シ遂ニ戰勝ヲ收メ一九一八年ノ總選擧ニヨリソノ地歩ヲ固メ自由保守兩黨ヨリナル聯立内閣ヲ組織シ其首相トナリ以テ今日ニ至ル

歐洲戰後ノ講和會議ハ勿論歐洲ノ安定世界ノ平和樹立等世界各般ノ問題一ツトシテ其ノ方針ニ出

テサルハナシ總選擧ノ近ツクト共ニ世上聯立內閣ノ將來ニ關シ各種ノ揣摩臆測ノ行ハルト共ニ「ロイドジョージ」ノ將來ヲ云々スルモノ多シ「ロイドジョージ」氏カ如何ニ今後ノ英國政界分野ヲ糾合スヘキカ實ニ今後ノ興味アル問題タルヘシ

「ウインストン、チャーチル」(Winston Sepencer Churchill)ハ　一八七四年十月ニ生ル父ハ「マルボロー」侯爵ノ第三子「ランドルフ、チャーチル」卿ナリ「ハロー」ニ學ヒ十九歲ニシテ陸軍ニ入リ一八九八年ニハ埃及遠征軍ニ參加シ「カーツーム」戰役ニ參加セリ

一九〇〇年ニハ保守黨議員候補者トシテ當選ス一九〇六年ニ同黨ヲ去リ自由黨ニ入リテ殖民大臣トナル一九〇八年ニハ商務大臣トナリ一九一一年ニハ海軍大臣トナリ爾來一九一五年迄ツノ職ニアリ海軍計劃宜シキヲ得歐洲大戰勝利ヲ得ル素因ヲ齎シタリ一九一八年「ロイドジョージ」氏聯立內閣ヲ組織スルヤ自由黨ヲ代表シ陸軍及航空大臣トナリ後轉シテ殖民大臣トナリ今日ニ至ル善ク首相ヲ援ケテ印度、埃及、愛蘭等ノ問題ヲ處理シツヽアリ

其他「マクナマラ」(勞働大臣)「ショート」(內務大臣)「フイシャー」(敎育大臣)「サー、アルフレット、モンド」(衞生大臣)「マンロー」、「サーハマー、グリンウッド」、「チャーレス、マッカー、デイ」(自由黨院內總理)「サー、ジョージ、サイモン」、「サー、ドナルーマクリーン」、「ヂェームス、マイ

ルス、ホッヂ」等ノ名士少ナカラス

又上院ニ於テハ「クルー」卿ヲ初メ「グラドストン」卿「インチケープ」卿等ハ自由黨中ニテモ重キヲ爲ス

第四節　自由傳統派

(イ)　下　院

「アスキス」(Henry Herbert Asquith) ハ　一八五二年九月「ヨークシャー」ニ生ル「シチー、オブ、ロンドン、スクール」卒業後「オックスフォード」大學ニ學ヒ一八七六年辯護士トナル一八八六年下院議員トシテ選出セラル一八九二年ヨリ九五年ニ亙リ内務大臣トナル一九〇五年ヨリ八年ニハ大藏大臣タリ一九〇八年「バーナマン」氏死去スルヤソノ後ヲ襲ヒ總理大臣トナリ一九一四年歐洲大戰ニ至ル迄自由黨内閣ノ首班タリ歐洲大戰勃發スルヤ反對黨ト政戰ノ休止ヲ約シ各派支持ノ下ニ大戰ニ當リタルカ一九一六年遂ニ内閣ヲ辭ス「ロイドジョージ」氏カ第二次戰時内閣ヲ組織スルヤ之カ正面ノ敵手トナルニ至レリ

一九一八年ノ總選擧ニハ不幸落選シタルカ其後「バズレー」ノ補缺選擧ニハ當選シ議會ニ於ケル自

由傳統派ヲ率ヒ政府反對黨ノ急先鋒トナリ其言論ハ院ノ内外ニ於テ重キヲ爲ス

（ロ）上院

「グレイ」卿(Lord Grey)ハ　一八六一年四月「ノーサンバランド」ニ生ル「オックフォード」ニ學フ一八八五年ニ下院議員トシテ選出セラル一八九二年ヨリ一九〇五年迄外務次官タリ一九〇五年ニハ外務大臣トナル其ノ徳性才幹ハ國民一般ノ敬服嘆稱スル所トナル歐洲大戰開始當時ニ於ケル卿ノ外交ハ善ク人ノ知ル所ナリ一九一六年「アスキス」氏内閣ヲ投出スヤ卿モ亦氏ニ伴ヒ閣外ニ去レリ一九一六年功ニ依リ子爵ニ列セラル一九一九年ニハ臨時駐米英國大使トナリタルカ歸英後ハ政界ヨリ隱退シ一意靜養ニ努ムル所アリタルカ一九二一年ニハ再ヒ政界ニ復活シ「アスキス」氏ト提携シ大ヒニ活動シ上院ニ於テハ常ニ政府ノ政策ヲ縱横ニ批判ス總選擧ニ際シテハ卿ノ活動刮目シテ見ルヘキモノアルヘシ

第五節　勞働黨

「アーサー、ヘンダソン」(Arthur Henderson)ハ　一八六三年「グラスゴー」市ニ生ル「ニユー、カッスル」市「ロバート、ステフエンソン」會社工場ニテ鑄型工トシテ傭使セラレタルカ其ノ才幹ハ衆人ノ認ムル處トナリ數多ノ職業組合等ノ役員ニ選擧セラレ又「ニユー、カッスル」市會「ダーントン」區會議員ニ選ハル一九〇三年ニハ「ニユー、カッスル」市長ニ就任ス同年「ウイドネス」選擧區ヨリ選出セラレ下院議員トナル議院內ニテハ勞働黨議長トナル第二戰時聯立內閣ニハ入リテ閣員ノ椅子ヲ占メタリ勞働黨ノ重鎭ニシテ其ノ言論ハ內外ニ重キヲナス一九一八年ノ總選擧ニハ不幸ニシテ落選シタルカ其ノ後ノ補缺選擧ニ當選シ今日ニ至ル次期總選擧ニ對スル勞働黨ノ劃策ハ總テ氏之ニ當リツツアリ

「クラインス」(John Robert Clynes)ハ　一八六九年「ヲーダム」ニ生ル一九〇六年「マンチヱスター、プラチング」選擧區ヨリ勞働黨院代議士トシテ選出セラレ今日ニ至ル戰時聯立內閣ニハ入リテ食糧監督官ノ要職ヲ占メタルコトアリ經濟勞働ニ關スル學殖ニ富ミ其ノ言論ハ一般ニ傾聽セラレ勞働黨ノ補缺選擧戰ニハ氏ノ姿ヲ見サルハナク院ノ內外ニアリテヨク勞働黨ヲ統率ス同黨中最モ將來アル士ナリト云フヘシ一九二一年勞働黨院內會長ニ推サレ今日ニ至ル

「ラムゼー、マクドナルド」(Ramsay Macdonald)ハ　一八六六年蘇格蘭ニ生ル父ハ勞働者ナリ當初ハ新聞事業ニ從事セリ「社會主義運動」等ヲ初メトシ社會勞働經濟問題ニ關スル著書尠ナカラス一九〇六年「レスター」選擧區ヨリ選出セラレ歐洲大戰開始直前ニハ勞働黨ヲ率ヒ戰爭防止ニ奔走シ

名聲頓ニ擧リ又議會ニテハ勞働黨院內會長タリシコトアリ一九一八年ノ總選擧ニハ落選シタリト雖モ同黨カ勝利ヲ博スルニ至リタルハ氏ノ勞ヲ多トセサルヘカラス

尚勞働黨ニテハ「スノーデン」、「トーマス」、「スマイリー」、「ジョウヱット」、「マクリーン」、「フランク、ホッヂ」等院ノ內外ニ名士少ナカラス

第五章　地方自治團體ト政黨トノ關係

英國地方自治體ノ一切ノ行政ハ「カウンチイ、カウンシル」及「ボナーローカウンシル」ニ於テ行ハレ其議員ハ總テ租稅負擔ノミニヨリテ選擧セラル選擧ニ際シテハ候補者カ各黨派ニ分レ主義綱領ヲ發表シテ互ニ相爭フカ如キコトナシ從ッテ地方自治團體ト各政黨トノ間ニハ何等ノ關係ナシト云フヘシ

尤モ近時勞働黨カ其ノ主義政綱ヲ標榜シ之等自治團體ノ合議體ニ自黨議員ヲ送ラント勉メツツアルコトハ已ニ述ヘタルカ如シ(勞働黨ノ政綱參照)

第六章　各黨ノ黨報及機關紙

第一節　統一黨

統一黨ノ機關紙トシテ發行セラルルモノハ「ゼ、コンスチチユーシヨナル、アルマナツク」(The Constitutional Almanac) 及「コンスチチユーシヨナル、イヤー、ブツク」(The Constitutional Year Book) アリ尚同黨ヲ支持シ若シクハ保守黨ニ好意ヲ有スル新聞紙ヲ掲クレハ左ノ如シ

倫敦 (London)

「モーニングポスト」(Morning Post) 日刊

「デーリー、テレグラフ」(Daily Telegraph) 日刊

「オブザーバー」(Observer) 週刊

「スペクテーター」(Spectator) 週刊

「バーミングアム」(Birmingham)

「バーミングアム、ポスト」(Birmingham Post) 日刊

「バーミングアム、メイル」(Birmivgham Mail) 日刊

「ブリストル」(Bristol)

「ブリストル、タイムス、アンド、ミラー」(Bristol Times and Mirror)　日刊

　「カーヂフ」(Cardiff)

「ウヱスタン、メイル」(Western Mail)　日刊

　「ヨークシヤー」(Yorkshire)

「ヨークシヤーポスト」(Yorkshire Post)　日刊

　「リバプール」(Liverpool)

「リバプール、デイリー、クーリヤー」(Liverpool Daily Courier)　日刊

　「ニウカッスル」(Newcastle)

ニウカッスル、デイリー、ヂヤーナル、クウラント」(Newcastle Daily Journal Courant)

　「シエフイルド」(Sheffield)

「シエフイルド・デイリー・テレグラフ」(Sheffield Daily Telegraph)　日刊

　「ウヱールス」(Wales)

「サウス、ウヱールス、ウヰークリー、ポスト」(South Wales Weekly Post)

「タウントン」(Taunton)

「タウントン、クーリヤー」(Tauton Courier) 週刊

「ヨーク」(York)

「ヨークシヤー、ヘラルド」(Yorkshire Herald) 日刊

「エヂンバラ」(Edinburgh)

「スコッツマン」(Scotsman) 日刊

第二節 自由黨

自由黨ノ機關雜誌トシテハ月刊ノ「ロイド・ジョージ、リベラル、マガジーン」(Lloyd George Liberal Magazine) 發行セラル尚自由黨ヲ支持シ若シクハ同黨ニ好意ヲ有スル新聞紙ヲ掲クレハ左ノ如シ

「マンチェスター」

「マンチエスター・ガーディアン」(Manchester Guardian, Manchester) 日刊

倫敦

「デーリー・ニウス」(Daily News) 日刊

「スター」(Star) 夕刊

「デーリー、クロニツクル」(Daily Chronicle) 日刊

「バーミングアム」

「バーミングアム、ガゼツト」(Birmingham Gazette, Birmingham) 日刊

「ブリストル」

「ブリストル、ウヱスタン、デーリー、プレス」(Bristol Western Daily Press)

「カーヂフ」

「カーヂフ、タイムス」(Cardiff Times) 日刊

「サウス、ウヱールス、ニウス」(South Wales News) 日刊

「リード」

「ヨークシヤ、イーブニング、ニウス」(Yorkshire Evening News) 夕刊

「リバプール」

「リバプール、デーリー、ポスト、アンド、マークリー」(Liverpool Daily Post & Mercury)

「ニユウカツスル」

「ニユウカツスル、デーリー、クロニツクル」(Newcastle Daily Chronicle) 日刊

「シヱフイールド」

「シエフイルド、デーリー、インデペンデント」(Sheffield Daily Independent) 日刊

「タウントン」

「サンマーセット、カウンテイ、エキスプレス」(Somerset County Express, Taunton)

第三節　自由傳統派

自由傳統派郎チ「ウイフリー」ノ機關トシテ「ザ、リベラル、マガジーン」(The Liberal Magazine) 及「ザ、リベラル、イヤー、ブック」(The Liberal Year Book) ノ外「ウエストミンスター、ガゼット」(Westminster Gazette 倫敦日刊) ハ其ノ機關新聞ナリ

第四節　勞働黨

勞働黨ノ機關紙トシテハ「デーリー、ヘラルド」(Daily Herald 日刊) アリ而シテ同黨ハ其本部ヨリ絕ヘス「パンフレツト」ヲ發行シ居レリ

(註) 尙右ノ外勞働黨ヲ支持スルモノニ「クラリオン」(Clarion)「ジヤスチス」(Justice) (以上倫敦週刊)「レーバーマガジーン」(Labour Magazine) (倫敦月刊)「ウイクリー、シチズン」(Weekly Citizen) (リード週刊) 及「レーバー、リーダー」(Labour Leader) (マンチエスター版) 等ナリ

尤モ「パンフレツト」ハ統一黨及自由黨トモ可ナリ廣ク利用セラル

第七章　最近ニ於ケル英國政界

第一節　第一次戰時聯立內閣

一九一四年八月歐洲大戰ノ勃發スルヤ「アスキス」氏ヲ首班トスル自由黨內閣ハ各黨派支持ノ下ニ「グレイ」外相ヨク外政ニ當リ「チャーチル」海相其ノ任ニ適シ藏相「ロイドジョージ」巧ニ財政ヲ處理シ一意戰勝ニ努メタルカ同年末ニ至リ出征軍人ノ妻ニ對スル給與、小麥供給、戰爭暴富、產業組織等ノ問題ニ付キテ議會ニ於テ政府ノ政策ヲ訊スモノアリ又一九一五年ノ初頭ニハ高爆發彈供給問題ニ關シ議論アリ一方「チャーチル」ト「ロードフイツシャー」トノ間ニ意見ノ杆格アリ自由黨政府ノ地位漸ク動搖ヲ見ルニ至レリ於是首相「アスキス」ハ「ボナーロー」ト協議ノ結果五月十九日ノ下院ニ於テ內閣ノ改造ヲ聲明シ越テ六月三日自由黨ヨリ十二名統一黨ヨリ八名勞働黨ヨリ一名外ニ陸相「キチナー」ヲ加ヘ合計二十二人ノ閣員ヨリ成ル聯立內閣成立セリ「アスキス」依然內閣ノ首班タリ然レトモ戰爭ノ進展捗々シカラス獨乙潛航艇戰ノ脅威、食糧品ノ缺乏等ハ一般世人ヲシテ政府ノ戰爭政策ニ對シ漸ク不安ヲ感セシムルニ至レリ殊ニ「ノースクリッフ」系新聞ハ盛ニ政府ヲ攻擊シ首相「アスキス」氏カ內閣ノ首班タル限リ戰爭事項ニ付キ政府カ敏活ニ其決定ヲナスコトノ不可能ナルヲ說キ戰爭事項ノ決定ハ之ヲ陸相(「キッチナー」元帥死後「ロイドジョージ」其職ニアリ)ノ手ニ委スヘシト論シ一方「ロイドジョージ」ハ戰爭事項ノ決定ニ關シテハ絕對的支配權ヲ有スル少數ノ委員ヨリナル軍事內閣會議ヲ設立シテ之ニ當ラシムヘク而シテ右委員ニハ「ボナーロー」、「カーゾン」、「ヘンダーソン」及「ロイドジョージ」ノ四氏ヲ任命シ專ラ戰爭事務ノ敏活ヲ期スヘク首相「アスキス」氏ハ政務多端到底專念之ニ當ルコトヲ得サルヘシトノ理由ヲ以テ同委員ヨリ除外スヘキコトヲ提議セリ然ルニ首相ハ右提議ヲ容レサル結果「ロイドジョージ」ハ十二月五日ソノ職ヲ辭セリ是ヨリ先統一黨側ニ於テモ內閣ノ改造ヲ欲スルモノアリ首相「アスキス」氏ハ遂ニ挂冠スルニ至レリ

第二節　第二次戰時內閣ノ組織

「ボナーロー」氏後繼内閣ノ組織ヲ命セラレシカ「アスキス」氏カ後繼内閣ノ一員タルコトヲ拒絕シタルヲ以テ自由黨ノ分子ヲ抱擁スル鞏固ナル内閣ヲ組織スルノ困難ナルヲ理由トナシ大命ヲ拜辭セリ於是内閣組織ノ大命「ロイド・ジョージ」氏ニ降下セリ「ロイド・ジョージ」氏ハ自由黨ノ後援ヲ確保シ以テ「ボナーロー」並ニ其統率セル統一黨ノ支持ヲ得更ニ進ンテ勞働黨トノ提携ヲ試ミ之ニ成功シ十二月十日統一黨ヨリ十五名自由黨ヨリ十二名勞働黨ヨリ三名其他ヨリ三名計三十三名ヨリナル「ロイド・ジョージ」ヲ首班トセル第二次戰時聯立内閣組織セラレタリ

新内閣組織ニ關シ「ロイド・ジョージ」首相ハ重要ナル椅子ハ多ク之ヲ統一黨側ニ與ヘ且同黨首領「ボナーロー」ヲ下院ノ「リーダー」トナシ以テ統一黨ノ支持ヲ確保シタル外「サー、アルバート、スタンレー」、「ロード、ローンダ」、「ジョセフ、マクレー」等ノ實業家ヲ入閣セシメ以テ實業界ノ勢力ヲモ代表セシメタリ

而シテ又首相「ロイド、ジョジ」、「ロード、カーゾン」、「ロード、ミルナ」及「アーサー、ヘンダーソン」ヨリ成ル戰時内閣ヲ組織シ戰爭事項ヲ處理スルコトトセリ

各黨派ノ新内閣ニ對スル態度ハ自由黨側ニ於テハ「アスキス」氏及其追從者カ新政府反對側ニ立チタル外多數ノ黨員ハ「ロイド、ジョージ」氏ヲ支持シ統一黨及勞働黨モ大體ニ於テ政府ヲ翼贊セリ

唯愛蘭自治案ニ關シ愛蘭國民黨ハ全然政府ニ反對ノ態度ヲ執ルニ至レリ

斯クテ「ロイド、ジョージ」氏克ク內閣ヲ統率シ內國民ヲ指導シ外ハ聯合側ノ協調ヲ保チ一意戰勝ヲ追ヒ偶々勃發シタル露國ノ革命ハ益々國民ノ發奮ヲ促スニ至レリ

一九一七年ノ春統一黨中ニ多少ノ反對アリシニ拘ラス人民代表法案ヲ通過シ選擧權ヲ擴張シ婦人ニ選擧權ヲ賦與セリ

*(註)本法ニテ一定ノ資格ヲ有スル年齡三十歲以上ノ婦人ハ選擧權ヲ賦與セラル

尙本法案ハ翌年法律トナリ其結果選擧權ヲ獲得セルモノ八百萬ニ上レルカ內六百萬ハ婦人ナリ又政府カ本案ヲ制定シタルハ自由黨ノ主義綱領ヨリ出テタリト云フヨリモ寧ロ戰爭ニ關スル婦人ノ努力ヲ認メラレタル結果ナリト云フヘシ

同年七月「ウインストンチヤーチル」及「モンターギユ」ノ二氏自由黨側ヨリ入閣スルヤ統一黨內ニ不平アリ且ツ小麥燕麥ノ價格保持手段等ニツキ「アスキス」氏ノ政府攻擊アリタリト雖モ孰レモ大事ニ至ラス其後佛軍「ネイユ」將軍ノ攻擊失敗、露國ノ革命、伊軍ノ失敗、國內食糧品供給問題ニ關シ國內人心漸ク不安ノ念ニ驅ラルルニ至リタルカ曩ニ最高聯合國會議ニ關シ首相ニ訊ス所アリシ「アスキス」氏ハ再ヒ一九一八年二月ノ「ベルサイユ」ノ「ウオー、カウンシル」(War Concil) ニ

付政府ニ質シ越テ五月ノ議會ニハ獨逸ノ三月ノ攻擊ノ前英軍ノ戰鬪力ニ關シ政府ノ爲シタル陳述ニ關シ審査委員會ヲ開クヘキコトヲ提議シタルカ首相ハ之ヲ拒否シ信任投票ヲ求メタルカ其結果二百九十三票對百七票ヲ以テ政府ノ勝利ニ歸セリ

右信任投票ニ際シ自由黨中七十三名ハ政府ヲ支持シ九十九名ハ「アスキス」氏ニ支援ヲ與ヘタリ於是「アスキス」氏カ再ヒ自由黨ノ首領トナルヘキ總テノ希望ヲ失ヒタルコトヲ實證セリ又「ロイド、ジョージ」氏ハ一方益々其地步ヲ鞏固ニセリト雖モ自由黨ハ之カ爲メ遂ニ分裂ヲ見ルニ至レリ一九一八年七月ニハ二三閣員ノ移動行ハレテ同年十一月十一日首相ハ對獨休戰條項ヲ下院ニ發表シ玆ニ歐洲大戰モ愈々終末ニ近ケリ

第三節　一九一八年ノ總選擧

(イ)　概説

漸ク戰勝ニ到達シタル聯立內閣ハ一般公衆ノ歸嚮ヲ察シ好ク國民的熱狂ニ棹シ恒久平和ノ樹立戰後ノ大策ヲ提ケテ國民ニ訴フルニ至レリ之レ有名ナル「カーキー」總選擧ナリ總選擧前卽十一月二十二日政府ハ「ロイド、ジョージ」、「ボナーロー」ノ共同宣言ヲ發表シ政府ヲ支持シ恒久平和ノ樹

立國際聯盟ノ組織ノ必要ヲ選擧民ニ訴フル處アリタリ

而シテ這般聯立內閣ノ綱領ハ講和及戰時施設ノ整理ニ關スル特殊事項ノ外自由保守兩黨間ニ於ケル從來ノ懸案ノ解決ヲモ含ムモノニシテ

（イ）自由黨側ノ政策トシテハ愛蘭ノ自治案ト戰後ノ改造問題

（ロ）保守黨側ノ政策トシテハ關稅改革、上院改造問題

等ニ關シ兩黨互讓スル所アリタリ

蓋シ出征軍人ノ歸還ニ伴フ失職問題、印度問題、愛蘭問題等一抹ノ暗雲政局ノ前途ニ搖曳シ人心動モスレハ動搖セントスルヲ以テ「ロイド、ジョージ」ハ總選擧前新聞紙ヲ通シテ

一、獨逸皇帝ノ審問

二、戰時中殘虐ヲ爲シタル責任者處罰

三、獨逸ヲシテ充分ニ賠償セシムルコト

四、英國ノ社會上及產業上ノ復歸

五、戰爭ニ依ル創痍ノ囘復

六、總テノモノニ對スル善キ國家

等ヲ約シ克ク人心ノ機微ニ觸レ以テ總選擧ニ望ミタリ

（ロ）　聯　立　派

聯立黨ノ候補者ハ其統一黨タルト自由黨タルト將叉勞働黨タルトヲ問ハス總テ「ロイドジョージ」及「ボナーロー」兩氏ノ共同推薦ノ下ニ政戰場裡ニ角逐スルモノ實ニ五百名以上ニ上リ全國ヲ通シテ聯立派ノ候補者ヲ見サル選擧區ナキ偉觀ヲ呈セリ而シテ聯立派ニ於テハ共同推薦狀ヲ受ケサル者ハ凡テ之ヲ反對黨ト見做シ之レト爭フニ至レリ而シテ自由黨ハ大體ニ於テ選擧ニ際シ不利ナル地位ニ立テリ蓋シ其多數ハ聯立黨ニ屬シ從テ聯立內閣ノ推薦ヲ受ケタルヲ以テ純然タル自由黨ノ主義ノ下ニ戰フコト能ハサレハナリ

（ハ）　自由傳統派

自由黨中「アスキス」氏及氏ニ追從スル自由傳統派ハ「ロイド・ジョージ」氏カ國民的熱狂ヲ巧ニ選擧ノ上ニ利用セントスルヲ排シ何等聯立內閣ノ政綱ニ裏書キヲ與ヘス自由黨本來ノ主義政綱ニヨリ政戰ニ望メリ其數二百九十ヲ算セリ

（ニ）　勞　働　黨

勞働黨カ一九一八年六月ノ大會ニ於テハ堂々勞働戰休止ノ終了ヲ宣言シ次テ社會改造ニ關スル新

綱領ヲ可決シ政治的、産業的ニ戰鬪的態度ヲ取リ以テ總選擧ニ莅ミタルコトハ既ニ述ヘタリ（勞働黨ノ政綱ノ部參照）是ヨリ先キ勞働黨ハ時代ノ變化ニ伴ヒ時勢ノ適應ヲ期センカ爲メ先自黨ノ改造ヲ企圖シ一九一七年八月ニハ自黨規約改正準備委員會ヲ設ケ新規則ノ立案ニ着手シ翌年二月特別委員會々議ニテ之レヲ採擇セリ從來勞働黨組成ノ單位ハ個人ニ非ラスシテ社會主義團體及勞働團體ナリシカ新規約ニ依リ黨ノ規則ト綱領ヲ是認スル限リ個人ノ男女モ入黨スルコトヲ得ルニ至レリ

於是勞働黨ノ門扉ハ今ヤ有識無産者階級ニ向ツテ開カルルト共ニ他方勞働者ハ社會主義的綱領ヲ與ヘラルルニ至レリ斯クテ總選擧ニ際會シタル勞働黨ハ一方新規則ヲ活用シ他方選擧權ノ擴張ヲ巧ニ利用セリ十一月二十八日ニハ勞働黨ノ國民ニ對スル要求宣言ヲ發セリ

一、反働政策反對

二、愛蘭ノ自治

三、土地ノ國有

四、國費ニ依ル家屋ノ供給、資本課税

五、關税改革反對自由貿易支持

等ノ政綱ヲ標榜シテ實ニ三百六十一名ノ候補者ヲ政戰場裡ニ送リ唯一ノ政府反對黨トシテ選擧民ニ訴ヘタリ

第四節　總選擧ノ結果

斯クテ選擧ハ左ノ如キ結果ヲ以テ聯立派ノ大勝ニ歸セリ

政府黨即チ聯立派	
聯立統一黨	三三四
聯立自由黨	一三三
聯立勞働黨	一一
計	四七八
反政府黨即非聯立派	
勞働黨	六三
統一黨	四八(註)
自由黨	二八

「シンフェン」黨	七三
國民黨	七
獨立黨	一〇
計	二三九

（註）統一黨四十八中ニハ「アルスター」統一黨二十五ヲ含ム

卽チ聯立派ハ實ニ二百四十九ノ多數ヲ制スルニ至レリ而シテ「シンフェン」黨ハ議席ニ就カサルヲ以テソノ數ヲ控除スレハ政府黨ハ更ニ多數トナルヘシ

總選擧ニテハ聯立統一黨大多數當選シ「アスキス」氏ノ率ユル自由傳統派ハ「アスキス」氏ヲ初メ大多數落選シ僅ニ二十八ノ議席ヲ獲得シタルニ過キス

之ニ反シ勞働黨ニ於テハ「ヘンダーソン」、「スノーデン」、「ジョウエット」、「マクドナルド」等ノ領袖落選ノ悲運ヲ見タレトモ一躍六十三ノ議席ヲ獲得シ第三黨タル基礎ヲ形成セリ而シテ勞働黨ノ這般ノ勝利ハ一般ノ非常ナル注意ヲ喚起スルニ至レリ

愛蘭國民黨ハ殆ント全滅シ新ニ「シンフエン」黨七十三名選出セラレタリ

當選議員ヲ概觀スルニ從來ノ議員ト異リ富有者及ヒ老年者著シク增加シ且議論ノ慣例等ニ通セサ

ルモノ少ナカラス増加シタリ

第五節　聯立新內閣ノ組織

總選擧ノ結果一九一九年一月十日ニ聯立新內閣成立セリ卽チ「ロイド、ジョージ」ヲ首班トシ「ボナーロー」國爾尙書兼下院首領ニ推サレ「バルフォーア」外相ノ任ニ就ケリ

同六月四日ニハ新議會召集セラル同議會ニ「アスキス」氏ノ姿ヲ沒シタルコトハ痛ク一般ノ同情ヲ惹ケリ

勞働黨ハ「シンフエン」黨議席ニ就カサルヲ以テ院內ニ於ケル最大ノ政府反對黨トナリ英國議會ニ於テ政府反對黨ハ自由保守ノ何レカ一黨ナルノ從來ノ慣例ハ玆ニ破レ政府反對黨ノ地位ハ自然第三黨タル勞働黨ニ移リ斯クテ英國議會史上ニ一新紀元ヲ劃スルニ至レリ

第六節　總選擧後ニ於ケル形勢

（イ）一般形勢

勞働黨カ一九一八年ノ總選擧ニ於テ一擧克ク六十三ノ議席ヲ獲得シ反對黨タル地位ヲ確立スルニ至リタルコトハ既ニ述ヘタルカ如シ（各黨派ノ優勢ノ部參照）

而シテ總選擧後本年七月迄ニ行ハレタル七十三回ノ補缺選擧ノ勝敗ハ一般形勢ヲ察知スルニ足ルヘシ之ヲ表示スレハ左ノ如シ

	政府黨 聯立派	反對派 勞働黨	反對派 自由傳統派	「インデペンデント」及「アンチウヱースト」
議席維持	三八	七	二	二
議席獲得	二	一四	四	四
議席喪失	二〇	二	一	

右表ニ付キテ之ヲ見ルニ政府黨タル聯立派ハ差引キ十八議席ヲ喪失シタルニ反對派タル勞働黨ハ十二、自由傳統派卽チ「ウイフリー」ハ三、其他四、計十九ノ議席ヲ增加シタリ

今之ヲ總選擧投票數ニ付テ觀察センカ過去七十三四回ノ補缺選擧ニ於テ政府黨タル聯立派ノ獲得シタル總投票數ハ六十九萬千二百十八票(註)ナルカ之ニ對シ勞働黨ハ五十二萬七千百四十二票ヲ「ウイフリー」ハ二十六萬二千三百四十五票ヲ獲得シタリ今若シ勞働黨ト「ウイフリー」ノ獲得シタル總投票數ノミヲ通算スル時ハ七十八萬九千四百八十七票ニ達シ實ニ聯立派ニ超過スルコト九萬八千票以上ニ達スヘク之ニ「インデペンデント」及「アンチウヱースト」ノ得票ヲ通算スル時ハ更

ニ多數ニ上ルヘシ又以テ一般ノ趨向ヲ窺フニ足ラン

（註） 勞働黨カ全然候補者ヲ擁立セサリシ「トウイドルデイ」及「トウイドルダム」ノ投票數ヲ含ム

（ロ） 各黨ノ將來

「エリオツト、ドツズ」（Eliot Dodds）ハ其ノ近著「リベラリズム、イン、アクシヨン」（Liberalism in Action）中英國政黨ノ將來ニ言及シテ曰ク今後十數年內ニハ現在ノ英國政黨ノ分野ハ（一）右黨（二）左黨及（三）中央黨ニ三分セラルヘシ卽チ右黨ハ保守黨之ヲ占メ左黨ハ社會黨之ニ當リ而シテ中央黨ハ自由黨及溫和勞働黨ヨリ形成セラルルニ至ルヘシト、著者ノ言カ如何ナル點マテ適中スルニ至ルヤハ今俄ニ之ヲ斷スヘカラスト雖モ又以テ將來ニ於ケル英國政黨ノ趨向ノ一端ヲ窺知スルニ足ルヘシ

想フニ戰後幾星霜ヲ經タル今日假令國步艱難ノ時トハ言ヘ聯立內閣政治依然行ハレ國民ヲシテ屢〻其去就ニ迷ハシムル事一再ナラス今ヤ議會ノ內外ニ政黨對立政治ノ復歸ヲ要望スル聲漸ク高カラントス

反對黨側ニ於テハ勞働黨ハ勿論、「アスキス」氏ノ率ユル「ウイ・フリー」ハ其ノ自由傳統ノ主義ニ立

依ニ義主守保其ハ「ドーハイダ」ルルラセ率統リヨニ侯「ーリベスルソ」シ策ヲ壞破ノ立聯ニ常シ脚

準シ絶ヘヌ保守黨ノ獨立ヲ高唱シツツアリ之ヲ實際ノ事情ニ徵スルニ聯立內閣ノ影日々ニ薄ラキツツアルハ覆フヘカラサル事實ナルニ拘ラス而カモ聯立カ破レントシテ破レス僅ニ彌縫シ政局ノ現狀維持ヲ事トセルハ畢竟弱點ノ自由保守兩黨ノ雙方ニ存在スルヲ暗示スルモノニ非ラサルカ「ロイドジョージ」カ勞働黨ノ社會主義化ヲ高調警戒スル所保守黨側ニ憂色アリ又「ロイドジョージ」ヲ中心トスル各派ノ大同團結ハ保守黨側ニ於テヨク之ヲ痴人夢ヲ說クモノトシテ雲煙過眼視シ得ヘキヤ

本年三月政界ニ搖曳セル暗雲ハ遂ニ「ロイドジョージ」ヲシテ保守黨首領「チヱンバレーン」ニ對スル辭意ヲ通告スルニ至ラシメタルカ右ニ對シ保守黨幹部ハ鳩首協議ノ結果ハ首相ヲ支持スル以外何等策ナキカ如キ又一九一三年ノ勞働組合法案ニ修正ヲ加ヘテ勞働組合ノ資金ヲ政治運動ニ使用スルコトヲ阻止セントシツツアルカ如キ將又極力「ウイ、フリー」ノ社會主義化ヲ宣傳シツツアルカ如キ何レモ這般ノ消息ヲ傳ヘサルナシ

實ニ政局ノ發展ハ朝ニ夕ヲ測ルヘカラス變遷ノ道程ニアリトモ言フヘキ英國ノ各政黨政派ハ來ルヘキ總選擧ニ於テ發生スヘキ風雲ニ際會シ如何ニ糾合セラルヘキヤ圖リ知ルヘカラス現下英國政

界離合ノ「スフインクス」ハ繋リテ一ニ聯立內閣ノ決裂如何ニアリト云フモ過言ニアラス若シ夫レ來ルヘキ總選擧ニ於テモ自由、保守兩黨ノ聯立維持セラルルト假定セハ勞働黨ト自由傳統派トハ自カラ期セスシテ政府反對黨トシテ選擧ヲ爭フヘク而シテ之ヲ過去ノ補缺選擧ニ徵シ勞働黨カ現在ヨリモ其議席ヲ增加スヘキコトハ疑ナキカ如シ唯問題ハ如何ナル程度迄ノ增加ヲ見ルヘキカニ存ス尤モ近時自由黨ト勞働黨就中自由傳統派トノ關係漸ク世上ニ喧傳セルルニ至ルヤ勞働黨ハ七月ノ「エヂンバラ」大會ニ於テ勞働黨ノ獨立ヲ宣言シ以テ世評ニ答フル處アリタリト雖モ過去ニ於ケル數次ノ補缺選擧ニテ「アスキス」氏ノ率ユル自由傳統派ト提携シ聯立政府黨ニ對抗シタルノ事實ハ假令其妥協カ特殊ノ選擧區ニ於テ行ハレタリトハ言ヘ類似ノ事實ノ發生ハ之ヲ來ルヘキ總選擧ニ於テモ其絕無ヲ期スヘカラス而シテ世上既ニ聯立政治ニ飽キタル今日聯立黨カ果シテ一九一八年ノ如キ勝利ヲ博シ得ヘキヤ否ヤハ疑問ト言ハサルヘカラス殷鑑遠カラス過去ノ補缺選擧ニアリ

想フニ目下ノ形勢ヲ以テ政局趨移スルトセハ自由、保守兩黨提携シテ總選擧ニ望ムニ至ルヘシト觀測セラル然レトモ聯立內閣ハ今後永ク持續スヘクモアラス其ノ崩壞ハ時機ノ問題ト云フヘク早晚決裂スルニ至ルヘシ而シテ勞働黨カ第三黨トシテ院ノ內外ニ一大勢力ヲ擁スルニ至リタル今日

這般ノ變態的聯立內閣政治カ如何ニ打開セラレ兩黨對立政治ニ復歸スルニ至ルヘキヤハ今後ノ英國政界ニ於ケル興味アル問題タルヘシ　（終）

第五編　埃及國

（大正十年八月調）

第五編　埃及國ノ政黨

緒　言

現在埃及ニ於ケル政黨並ニ其主義ニ關シ目下英國ニ派遣セル埃及獨立交渉委員附「デスキ、アバザ、ベイ」カ倫敦ニ依テ發行セル埃及「ジャルナル」紙上公表セルモノナリトテ本月二十八日發行埃及「メール」紙上大要左記ノ通轉載セルカ右ハ政府側ノモノニ依リ公表セラレタルモノナルヲ以テ「ザグルール」ノ勢力ヲ輕視且ツ非難シ過キル點有之多少斟酌ノ要アリト雖モ現下埃及ニ於ケル政黨界ノ大勢ヲ窺知スルコトヲ得ルノミナラス獨立問題研究上ノ參考トナルヘキニ依リ左ニ之ヲ抄譯ス

目下埃及ニハ五政派アリ今右政派ノ名稱並ニ埃及獨立交渉ニ關スル各態度ヲ記スレハ左ノ如シ

一、「アドリー・パシャ」（現内閣總理ニシテ正式獨立交渉委員長）一派

二、「ザグルール、パシャ」（非公式獨立交渉委員長タリシ人）一派

三、埃及民主黨（The Egyptian Democratic Party）

四、埃及國民黨（The Egyptian Nationalist Party）
五、獨立埃及協會（The Independent Egypt Society）
ノ五派ナリ

第一章　「アドリー・パシヤ」一派

「アドリー、パシヤ」一派ノ主義ハ數度ノ聲明ニ依リ明カナルカ如ク保護制ヲ撤廢シ獨立ヲ要求スルニ在リテ其聲明中ニハ「ミルナー」案ニハ留保ナシニ之ヲ承認セサルコト、埃及ニ於ケル英國並ニ各國ノ利益ノ安固ヲ保障スルコト並ニ現行新聞檢閲戒嚴令等ノ撤棄アリ且ツ「アドリー、パシヤ」ハ獨立問題ニ關シ英國ト交渉ヲ遂クルヲ以テ最モ有效ナリト確信シ獨立案決定ノ上ハ國民議會ヲ召集シ其ノ可否ヲ決セントスルモノナリ

第二章　「ザグルール」一派

本派ハ主義ニ於テ「アドリー」一派ト異ナル處ナシト雖モ「アドリー」一派ニ反對スル所以ノモノハ「ザグルール」カ公式獨立交渉ノ委員長タルコト能ハサリシニ依レリ之レ衝突前ニ於ケル「ザグルール」ノ數度ノ演説ニ於テ「アドリー」内閣ノ綱領ニ贊成ナル旨ヲ聲明シ居レルヲ以テ明カナリ彼ハ英國ト協商スヘキヲ主張スル一派ナリ曩ニ「ザグルール」ヲ委員長トセル非公式獨立交渉委員ハ全員十九名ナリシカ内四名ヲ除ク外今ヤ皆「アドリー」一派ニ屬ス

第三章　埃及民主黨

本派ハ數年前ノ創立ニ係リ會長ヲ有セス「アジス、ミルホム」幹事タリ其主張トスル所ハ埃及ノ完全ナル獨立、議會政治、新聞言論ノ自由、義務敎育及市民權ノ平等等ニシテ埃及ニ於ケル英國官憲ハ戰時中ニハ特ニ本黨ニ對シ警戒ヲ嚴ニシ屢〻會員ノ住宅ヲ搜索シ會員等ノ行動ニ檢束ヲ加ヘタリ近年大イニ活動セルヲ以テ其ノ會員ヲ增加セリ本派ハ全然「アドリー」內閣一派ヲ援助スルニ躊躇スト雖モ主義ニ於テ相離ルトコロ遠カラサルヲ以テ現內閣一派ノ豫定計畫ト一致スルモノノ如シ本黨ハ「ミルナー」案ヲ愼重考慮シ之ニ對スル意見書ヲ內閣ニ提出シ現ニ倫敦ニ於ケル公式委員ノ顧問並ニ書記官ノ半數ハ本黨員ナリ

第四章　國民黨

本黨ハ「ムスタフア、パシヤ」ノ創立ニ係リ「フアドリツド、ベイ」之ヲ繼キ埃及政界ニ於テ一時重キヲナシタルコトアリシカ目下同黨モ首領ナク其主義ニ於テ以前ト稍々異ナルモノアルカ如シト雖モ畢竟スルニ埃及獨立並ニ英人排斥ニアリ本黨ハ他黨ノ如ク漸進的獨立ヲ希望セス直チニ埃及蘇丹等ノ絶對的獨立ヲ要求シ英國カ埃及及ヒ其屬部ノ獨立ヲ宣言シ之ヲ放任スルニ非サレハ到底英國ト協商ヲ遂クルコト能ハサルヘシトスルモノナリ從ツテ現狀ノ儘英國ト交渉スルニ反對シ領袖ハ英國ト交渉ヲ必要トスル「アドリー」一派並ニ「ザグルール」一派ノ孰レヲモ援助セサルヘキヲ宣言セルカ目下「アドリー」一派カ英國ト交渉セルニ對シ「ザグルール」一派ハ之ニ反對シ居ルヲ以テ目下「ザグルール」一派ニ對シ同情ヲ有ス

第五章　獨立埃及協會

本派ハ數月前ノ創立ニ係リ會頭ハ Dr. Hafez Bey Afifi ニシテ會員中ニハ Shukri Pasha (元司法次官) Ali Fahmy Pasha, Hassan Abdul Razek Pasha. (元「アレキサンドリア」知事)等ヲ網羅シ法律家醫師等多シ本黨ノ主義ハ國民協同シテ事ニ當リ政府ノ行動ヲ監視シ國民議會召集ニ當リ公平ナル總選擧ヲ得セシムルニアリテ本會ハ目下現內閣派ヲ援助シツツアリ

第六編　濠地剌利聯邦

第六編　濠地剌利聯邦ノ政黨

第一章　各政黨ノ政綱

第一節　濠洲國民黨政綱（The Australian National Federation）

（一九一九年七月「メルボルン」同黨總會ニ於テ採用セラレシモノ）

聯邦ト英帝國トノ關係

一、（イ）英帝國統一ノ維持

（ロ）英帝國ノ諸問題ヲ處理スル爲規則的ニ屢々帝國會議ヲ開催スルコト

聯邦ト各州トノ關係

二、濠洲聯邦及各州ノ各政黨代表者ノ會合ヲ催シ聯邦ト各州トノ關係及其相互ノ權限問題等ヲ討議シ相互間ノ軋轢ヲ豫防シ且一層有效ナル經濟的政治ヲ目的トスルコト

歸還兵復業事務

三、歸還兵復業事業ニ關スル聯邦政府ノ計畫ヲ經驗ノ爲發達セシメ其效力ヲ最大ナラシムルコト

四、右事業ニ關スル政府ノ責任ヲ重大ナラシムルコト

五、右事業ニ關スル苦情ヲ受附クル爲各州政府ニ獨立ノ訴願受附官吏ヲ任命スルコト

六、各州ニ於ケル歸還兵復業事務局及同上委員會ノ役員トシテ婦人ノ任命ヲ認ムルコト

防禦政策

七、濠洲防禦ノ爲現在ノ市民敎練制度ヲ維持繼續スルコト但敎練期間ヲ短縮スルコト

原始生産ノ保護

八、砂糖業保護政策ヲ維持繼續スルコト

九、小麥ノpool制度ヲ維持シ且小麥以外ノ原始生産品ニ對シテモ生産者ニ於テ共同販賣ヲ欲スルニ於テハ同制度ヲ適用スルコト

一〇、原始生産奬勵ノ爲適當ナル組織ニ依リ市場ヲ開拓擴張シ運輸ノ便宜ヲ供シ且學術及技術ノ智識ヲ普及スルコト

一一、新市場開拓其他輸出貿易奬勵ノ爲聯邦及各州ノ一致協力ヲ計ルコト

勞働ノ保護

一二、勞働カ濠洲ノ生産力增進ニ貢獻スル事實ヲ具體的方法ニ依リ認ムルコト

一三、聯邦產業仲裁法（The Commonwealth Conciliation and Arbitration Act）ヲ改正シ一層其效用ヲ大ナラシムルコト

一四、勞働組合ヲ法律上認メ國法ニ依リ其權利ヲ明定スルコト

一五、歸還陸海軍兵士ニ勞働上ノ優先權ヲ與フルコト

一六、雇主ト被雇人トノ關係ハ英國改造委員會（The British Reconstruction Committee）ノ報告中ノ主義ヲ認ムルコト（Whitley Report）

一七、失業保險ヲ設クルコト

一八、被雇者株主制度、被雇者共同事業制度、利益分配制度ヲ奬勵援助スルコト

一九、技術的專門的智識及技能ヲ有スル勞働者ト各州資本ヲ結合シ新產業ヲ勃興セシメ又ハ既存產業買收ノ爲一切ノ援助ヲ與フルコト

商業保護

二〇、保護政策ヲ實行スルコト但生產者、勞働者及消費者ノ利益ヲ考量スルコト

二一、利益配當ノ保障又ハ資本ノ貸附ニ依リ濠洲產業ニ應分ノ援助ヲ爲スコト

二二、英本國及自治領間ノ貿易ニ對シ特惠制度ノ適用ヲ擴張スルコト

二三、濠洲安全ノ爲缺ク可カラサル產業ヲ樹立スルコト
二四、新產業及新商業樹立ノ爲外國ヨリ機械ヲ輸入シ同時ニ之ヲ取扱フ技術員ヲ招致スルコト
二五、外國人ノ所有スル濠洲諸會社ノ株劵ヲ監視スルコト
二六、外國品ノ濠洲內ニ於テ投賣セラルルコトヲ防止スル爲適當ナル手段ヲ取ルコト
二七、造船業ヲ奬勵スルコト
二八、濠洲內ニ於テ產出セル原料ヲ使用スル產業ヲ奬勵スルコト

社會政策

二九、白濠政策ヲ維持スルコト
三〇、歸化ノ一要件タル濠洲內在住期間ヲ延長スルコト
三一、歸化出願者ノ試驗ヲ一層嚴重ニスルコト
三二、外國人ノ入國制限ヲ一層嚴重ニスルコト

官吏ノ待遇

三三、服務制ヲ改造シ其能率ヲ增進スルコト
三四、老朽淘汰ヲ斷行スルコト但國庫補助及積立制度ニ依リ退隱料ヲ給スルコト

財政

三五、事務能率ト兩立スル限リ議會及諸官廳ノ經費ヲ節減スルコト、實行シ得ル限リ聯邦及各州ノ官廳ヲ合併スルコト

三六、競馬以外ノ諸遊興ニ課シタル遊興稅ヲ廢止スルコト

三七、養老年金及病者年金ノ額ヲ增加スルコト

聯邦首府

三八、「カンベラ」(Canberra)ニ聯邦首府ヲ設立スヘキコトヲ憲法ノ條文中ニ定ムルコト

大陸橫斷鐵道

三九、南濠洲ト「ノーザン、テリトリー」トヲ連結スル鐵道ヲ敷設スルコト

第二節　勞働黨政綱 (Australian Labour Party)

(一九二一年十月同黨總會ニ於テ採用セラレシモノ)

目的

濠洲精神ノ養成

白人濠洲主義ノ維持

文化的獨立團體ノ發達

一般政綱

一、勞働黨ハ產業、生產、分配及交換ノ社會化(Socialization)ヲ目的トス

二、前記目的ヲ遂行スル爲勞働黨ハ產業及立法上ノ機關ノ立憲手段ヲ利用スヘシ

三、現代ハ社會的生產時代ナルコトヲ認ムルヲ以テ勞働黨總會ハ同業組合制度(Craft organization)カ勞働階級保護ノ武器トシテ適セサルコトヲ宣言シ同時ニ現在ノ黨員ハ勿論將來ノ黨員ト雖モ總テノ產業ニ涉ル勞働者ノ組織(勞働組合)ヲ勸奬スヘキヲ誓言ス

四、銀行業及其他ノ主要產業ノ國有化ニ努力シ且局限セル地方ニ於テ其地方ノ特ニ必要トスル勤勞及物件ハ其地方ニ於テ得ルコト最善ノ效果ヲ齎スモノト思考スルニ付之等ノ勤勞及物件ヲ地方有トスルコト

右目的ノ爲地方團體ノ權限ヲ擴張スルニ努ムヘシ但成年選擧制ハ之ヲ維持スヘシ

五、勞働者(產業ニ從事シ又ハ團體ニ雇傭セラレ居ル者)ハ國有產業ノ管理ニ參加スルノ權利ヲ有スヘシ

六、一切ノ國有產業ヲ管理スル爲選擧セラレタル委員ヨリ成ル最高經濟會議ヲ組織スヘシ
七、勞働調査局及勞働者敎育機關ヲ設置スルコト右敎育機關ハ勞働者ノ國有產業ノ管理ニ必要ナル敎育ヲ授クルモノトス
八、勞働黨總會ハ國際紛爭ヲ戰爭ニ依リ解決セムトスルハ野蠻未開ノ手段ニシテ交戰國ハ勿論全世界ノ人類ニ苛酷ナル災厄ヲ蒙ラシムルモノナルコトヲ信スルヲ以テ今後起ルコトアルヘキ國際紛爭ハ國際仲裁裁判ニ依リ解決セムコトヲ欲スルヲ以テ右目的ノ爲諸國ノ勞働者カ實行會議(Council of Action)ナルモノヲ組織シ同會議ノ幹事ヲシテ各國各勞働組織間ノ聯絡ヲ保タシメムコトヲ勸告ス特ニ太平洋ハ今後起ルコトアルヘキ世界大戰ノ戰場トナルヘシト思考スルニ付太平洋ニ隣接スル諸國ニ於ケル各勞働組織ト相聯絡シ上記ノ目的ヲ達セムコトヲ希望ス

第三節　地方黨政綱 (The Country Party)

(一九二一年三月同黨總會ニ於テ採用セラレシモノ)

一、白人濠洲ノ觀念及英帝國ノ安全ヲ骨子トスル濠洲精神ヲ涵養鼓吹スルコト
二、立憲政治及其實行

三、（イ）公費ノ有效ナル管理
（ロ）行政上ノ經費節約及能率增進
（ハ）聯邦及各州ノ地租及所得稅ノ賦課及其評價ノ爲一官廳ヲ設クルコト
（ニ）課稅ヲ單一ニスル爲五ケ年間ノ平均課稅額ヲ基礎トシテ課稅スルコト
（ホ）聯邦及各州ノ選擧事務ヲ掌ラシムル爲一官廳ヲ設クルコト
四、成ルヘク速ニ聯邦會議ヲ開催シ聯邦憲法ノ改正ヲ審議スヘキコトヲ主唱ス右會議ハ聯邦選擧人名簿ニ依リ各州ヲ五選擧區ニ分チ比例代表制ニ依リ各選擧區ヨリ三名ノ代表者ヲ選擧スヘシ
五、就職及土地開墾事業ニ付歸還兵及其家族ニ對シ優先權ヲ與フヘシトノ公約ヲ實行スル爲充分ノ規定ヲ設クヘシ
六、聯邦發展ニ必要ナル一切ノ產業ヲ獎勵スルコト
七、直チニ選擧法ヲ改正シ上院ニ對シテハ比例代表制ヲ衆議院ニ對シテハ優先投票制ヲ定ムルコト
八、生產業者ノ利益ヲ掌ル局又ハ委員會ニハ必要ノ場合過半數ノ生產業者ノ代表者ヲ參加セシムルコト右代表者ハ生產業者組合ニ依リ指名選擧セラレタルモノナルヲ要ス

九、各州間ノ通商ハ絶對自由タラシムヘク移出ヲ禁止セシメサルコト

一〇、商業ニ干渉セサルコト但「トラスト」又ハ獨占業ニシテ公益ニ害アルモノニ對シテハ此限ニ非ラス

一一、一切ノ協同企業ノ奬勵

一二、盛ニ移民ヲ奬勵スルコト、但移民ノ選擇ニ留意シ英國生レノ農業家、農業勞働者及家僕ニ優先權ヲ與フルコト

官有地使用拂下等ニ關スル條件ヲ寬大ニシ團體的移住地域ニ指導機關其他ノ利便ヲ備ヘ且移住者ノ取締ヲ便ニスル等ノ計畫ヲ確定的ニ實行スル爲聯邦及各州相協力シテ其準備ヲ整フルコト

一三、防禦費ハ當時ノ國際關係ニ照ラシ濠洲ノ安全ヲ保ツニ足ル最少限度ニ止ムルコト但通商上ノ航空業ヲ奬勵スルコト

一四、租稅ノ二重課稅及選擧人名簿ノ二重調製ヲ廢止スル迄現存基礎ニ於ケル per capita agreement ヲ持續スルコト

右ニ關スル總テノ事務ハ聯邦當局ヲシテ之ヲ爲サシムヘク其報告ハ五年每ニ開カルル聯邦及各州聯合會議ノ承認ヲ得ルコトヲ要ス

一五、原始産業者ノ必需品ニ對スル輸入税ヲ輕減シ且英本國ヨリ輸入セラルル原始產業用機械器具ニ對シテハ免税シ以テ生産費ヲ低廉ニシ生產ノ增加ヲ計ルコト

一六、地方ニ於ケル郵便及電信ノ利用ヲ擴張シ且其料金ヲ低減シ且商業用無線電信ヲ奬勵スルコト

一七、砂糖業ヲ共同管理シ總テノ關係當事者ニ對シテ公平ニ事務ヲ處理スル代表的仲裁裁判所ヲ設クヘシ

白濠主義ニ有害ナル不正ノ競爭ヲ斥ケ濠洲產業ヲ擁護スル爲ノ聯邦政策ヲ法律ニ依リ定ムルコト

一八、政府ハ左記事項ヲ奬勵援助スルコト

（イ）砂糖副產物ノ利用ニ關スル實驗（例ヘハ molasses ヨリ motor spirit ヲ製出スル實驗）

（ロ）砂糖過剩生產ノ場合ニ於テ砂糖「プール」ヲ組織スルコト

（ハ）砂糖ヲ原料トスル製造品ノ輸出ニ對シ必要アルトキハ輸出補助金ヲ與フルコト

（ニ）砂糖ノ製造、精製及市場搬出ニ對シ協力スルコト

一九、濠洲北部ノ移住民及發展ニ付確定的政策ヲ定ムルコト

二〇、大規模ノ水利計畫ヲ樹テ且集約的農業ニ適スル地方ニ灌漑ノ便ヲ講シ以テ同業ノ振興ヲ援助スルコト
二一、個人經營ノ生産業ヲ奬勵シ州經營ハ之ヲ一般公衆ノ利便及發展事業ノミニ限定スルコト
生活費ヲ標準トスル勞働賃銀ヲ維持スルコト
二二、聯邦産業仲裁裁判法ノ適用ヲ受クル産業ノ種類ヲ確定シ同裁判所ヲシテ地方ニ依リ勞働賃銀及條件ヲ區別スルノ權能ヲ有セシムルコト
二三、堆積セル濠洲生産物ノ輸送ニ充分ナル容積ヲ有スル快速力ノ巨船ヲ備ヘ聯邦航路ヲ擴張スルコト
以上ノ外些細ナル條項アルモ之ヲ除ケリ

第二章　濠洲聯邦各政黨ノ勢力

國民黨（現政府黨）

下院　三十八名（七十五名中）

總理　William Morris Hughes.

國民黨ハ元勞働黨ニ屬セシカ一九一六年末現同黨總理ニシテ當時ノ勞働黨總理タリシ「ヒユーズ」氏カ倫敦ニ於テ開催セラレタル帝國會議ヨリ歸濠シ强制徵兵制度ヲ採ルノ必要ヲ力說シ之ヲ實行セムト試ミルヤ自己ノ率ユル勞働黨內ニ反對者多ク却テ在野黨タリシ自由黨ニ於テ徵兵案ノ提出ヲ希望シタル關係上「ヒユーズ」氏ハ勞働黨中自己ノ私的勢力下ニ在ル少數ノ一派（National Labour Party）ヲ率キ勞働黨ト分離シ內閣ヲ組織セシカ少數黨ノ故ヲ以テ（當時上院三十六名中「ヒユーズ」黨ハ十一名下院七十五名中同上十三名）其政務ノ遂行上事每ニ在野黨タル「リベラル」黨ノ援助ヲ仰カサルヘカラサルニ至リシカ幸ニ兩黨共最後迄戰ヒ勝利ヲ得サルヘカラストスル政策即チWin the War Policy ニ於テ主義一致セシヲ以テ同年十一月議會開會早々勞働黨ノ首領「チユーダー」氏（Tudor）ノ提出セル政府不信任案ハ自由黨ノ援助ニ依リテ否決スルヲ得タルヲ初メトシ兩黨

ノ接近日ヲ追テ著シク同年末英本國政府ヨリ英帝國軍事會議ニ濠洲代表者ノ派遣ヲ促シ來リタル事實ハ端ナクモ兩黨結合ノ動機トナレリ蓋シ大英帝國各自治領代表者ヲ網羅スル英國軍事會議開催ニ對スル濠洲ノ輿論ハ同會議カ濠洲ニ重大ナル關係ヲ有スル舊獨領太平洋諸島處分問題及戰後ノ諸政策ヲ決定スヘキ會議ナルヲ以テ是非共濠洲ヨリ代表者ヲ派遣セサルヘカラサルカ同會議ニ濠洲ヲ代表シテ其使命ヲ恥カシメサル者ハ首相「ヒユーズ」氏ヲ措テ他ニ求ムヘカラストナス者多ク首相自身ニ於テモ代表者タラムコトヲ切望セルハ勿論ナリシカ前述ノ如ク當時自黨ノ政界ニ於ケル立場ハ安心シテ濠洲ヲ去ルヲ許ササル事情アリシヲ以テ氏ハ先ツ其地盤ヲ固メムト欲シ翌一九一七年一月早々自由黨首領「クツク」氏(Joseph Cook)及勞働黨首領「チユーダー」氏ニ對シ戰爭遂行上戰時中黨爭ヲ休止シ各黨聯立ノ國民內閣ヲ組織セムコトヲ提議セシカ勞働黨ハ之ヲ拒絕セシモ自由黨ハ數多ノ曲折ノ後遂ニ「ヒユーズ」黨ト提携スルコトヲ諾シタルヲ以テ同年二月「ヒユーズ」氏ヲ首相トシ「クツク」氏(前揭「リベラル」黨ノ首領)ヲ海軍大臣トスル兩黨聯合內閣ノ組織ヲ見ルニ至レリ

然ルニ聯合政府黨ハ下院ニ於テハ多數ヲ占メシモ上院ニ於テハ反對黨過半數ヲ制セシヲ以テ政務ノ運用ニ支障尠カラス依テ政府ハ當時ノ人心漸ク勞働黨ノ跳梁ニ嫌厭タラサル所アルヲ看取シ同

年三月下院ヲ解散シ同年六月末滿期トナルヘキ上院ノ半數改選ヲ五月初旬ニ於テ總選擧ヲ行ヒタル所政府黨ハ以外ノ勝利ヲ博スルヲ得タリ卽チ

	上院	下院
政府黨	二五	五三
勞働黨	一一	二二
合計	三六	七五

サレハ政府黨ハ其內閣組織ノ最大目的トシテ聲明セル必勝政策(Win the War Policy)及之カ遂行上必要ナル立法行政上ノ施設ヲモ何等ノ支障ナクシテ意ノ儘ニ實行スルヲ得タリ

然ルニ其後歐洲ノ戰局聯合國ニ利アラス露國ノ形勢ハ日增シニ悲境ニ陷リ伊國軍ハ敗走スル等悲報頻々トシテ來ルニ加ヘ出征中ノ濠洲軍ハ死傷疾病者十一萬人以上ニ達シ其補充募兵困難ナリシヲ以テ政府ハ同年十一月愈强制徵兵制度案ヲ國民投票ニ訴フルコトニ決シ若シ同案ニシテ國民ノ容ルル所トナラサレハ現內閣ハ此危機ニ當リ政務ノ責ニ任スル能ハストノ威嚇的聲明ヲ爲セシニ不拘「レフレンダム」ノ結果ハ國民ノ容ルル所トナラス政府ノ强制徵兵案ハ遂ニ否決セラレタリ

サレハ政府ハ其言質上直チニ又ハ遲ク共濠洲國民カ同案ヲ否決シタルニ不拘聯合軍ノ勝利ニ歸シ

平和會議開催ノ時ニ於テ辭職スヘシトハ當時一般ニ豫期セラレタル所ナリシカ依然居据ハリタル
ノミナラス平和會議代表者トシテ「ヒユーズ」氏自ラ列席スルニ決セシヲ以テ一時輿論ハ政府ノ食
言不信ヲ責メ盛ニ首相「ヒユーズ」氏ヲ攻撃セリ故ニ同氏カ平和會議列席ノ爲メ濠洲ヲ去ル際ニ於
テモ一二新聞ヲ除キ其他ハ孰レモ同氏ヲ攻撃セリ

如斯立場ニ在リシ國民黨總理「ヒユーズ」氏トシテハ靑天霹靂的ノ最新奇妙ノ藝當ヲ爲シ濠洲民ヲ
魔醉セシムルニアラサル限リ政界ニ於ケル再生ハ之ヲ望ムヘカラス而モ斯ル藝當ノ種ハ望ムヘク
シテ容易ニ得ラルルモノニ非ス然レハ世界外交ノ檜舞臺タル平和會議ニ列席スルノ光榮ヲ以テ滿
足シ歸濠後ハ反對黨（勞働黨）ニ政權ヲ讓ルカ又ハ幸ニシテ何等カ都合好キ口實ヲ得ルトシテモ自
己ノ提携者「リベラル」黨ニ其首班ノ職ヲ讓ラサルヘカラストハ人モ認メ我モ覺悟シタル所ナリシ
カ茲ニ意外ニモ其覺悟ヲ裏切リ政界九死ノ狀態ヨリ同氏ヲ蘇生セシメタル救世主ハ現ハレタリ之
レ卽チ日本ノ人種平等案ナリ

同氏カ本問題ヲ如何ニ取扱ヒシカハ既ニ世人ノ周知セル所ナルヲ以テ多言ヲ要セス卽チ瀕死ノ狀
態ニ在リシ自己ノ政治的生命ヲ絕ツカ蘇生セシムルカハ一ニ本問題ヲ如何ニ取扱フカニ依リ定マ
ルモノナリト聰慧ニモ「ビスマーク」ノ故智ニ倣ヒ先ツ濠洲國民ノ欝憤ヲ外部ニ發散セシメムト欲

シ日本全權ノ言行態度ニ關スル報道ハ大小トナク濠洲新聞ニ供給シ濠洲民ノ恐怖ト猜疑心乃至排日感情ヲ煽動シ次テ之ニ對スル自己ノ强硬ナル態度ヲ知ラシメ以テ人心ノ收攬ニ資セリ

右「ヒユーズ」ノ方案ハ豫期以上ノ效果ヲ奏シ同氏ノ凱旋スルヤ濠洲國民ハ同氏ヲ以テ濠洲ノ救世主ナリトテ其德ヲ表頌スルニ之レ日モ足ラス從テ同氏出發前ニ於テ其不信ヲ責メタル濠洲輿論ハ全ク其影ヲ沒シタル有樣ニテ加フルニ同氏ノ機ヲ見ルニ敏ナル歸濠後盛ニ當時ノ花形タル歸濠兵ノ優待、暴利取締等ノ政策ヲ提ケ遊說シタルヲ以テ何人モ同氏ヲ以テ濠洲ノ救世主ナリト崇メ反感ヲ有スル者モ一般輿論ニ反シ同氏ヲ攻擊スルノ勇氣ナカリシ爲メ此機會ヲ利用シテ總選擧ヲ行ハムト欲シタル「ヒユーズ」氏ハ改選期ヲ俟タス大正八年末議會ヲ解散セリ改選ノ結果ハ同氏ノ計畫見事ニ的中シ兩院ニ於テ絕對多數ヲ占ムルニ至レリ卽チ左ノ如シ

	上院	下院
政府黨（國民黨自由黨聯立）	三五	三八
勞働黨	一	二四
地方黨		一二

無所屬　一

合計　三六　七五

備考　政府黨ハ選擧當時三十九名アリシモ間モナク一名ノ脫退者アリタルヲ以テ三十八名トナリシナリ

斯クモ「ヒユーズ」氏ノ勢力絕頂ニ達シ自由黨ノ如キハ全ク國民黨ノ名ニ依リ eclipse セラレ濠洲國民中今ヤ自由黨ノ存在ヲ知ル者無ク偶々アルモ舊自由黨ト呼フヲ常トス實際上ニ於テモ自由黨總理タリシ Sir Joseph Cook カ大正十年末在倫敦 High Commissioner ノ任命ヲ受諾セシ以來自由黨ハ其影ヲ沒シタルモノト看做スヲ得ヘシ但總理「ヒユーズ」氏ノ獨裁的態度ハ從來親睦關係ニ在リシ地方黨ハ勿論自黨議員ノ反感ヲ煽リツツアルヲ以テ機會アル每ニ同氏排斥ノ聲ヲ高ムルニ至ルヘシト雖モ國民黨ノ勢力ハ當分繼續スルモノト觀測セラル

備考　同氏ノ率ユル國民黨員中同氏ニ對シ最モ反感ヲ有スル者ハ前大藏大臣「ワツト」氏（William Alexander Watt）及其一派ナリ同氏カ何故「ヒユーズ」氏ニ對シ反感ヲ有スルヤト言フニ大正九年末「ワツト」氏カ時ノ大藏大臣トシテ濠洲羊毛買收金其他財政上ノ重要用務ヲ帶ヒ倫敦ニ出張中「ヒユーズ」首相カ同氏ヲ出シ拔キ倫敦政府ト直接電報交渉ヲ爲シ產毛業者ノ間ニ自

己ノ手柄ヲ誇ラムトセシ結果「ワット」氏ノ憤怒絶頂ニ達シ遂ニ倫敦ヨリ辭表ヲ提出シ其職ヲ退キシニ始マル同氏ハ舊自由黨ニ屬シ同黨ニ於テハ「クック」氏（現在倫敦 High Commissioner）ト相並フ首領株ニシテ同氏ニシテ愈鮮明ナル反旗ヲ飜スニ至ラハ舊自由黨員中同氏ト進退ヲ共ニセムコトヲ欲スル者尠カラサルヘシ

勞働黨

下院　二十四名（七十五名中）

總理　Frank Gwynne Tudor

大戰前迄ハ勞働黨ノ勢力濠洲ヲ風靡セシモ其後漸次勢力衰微シ今ヤ上院三十六名中一名下院七十五名中二十四名ヲ有スルニ過キス其玆ニ至レル重ナル原因ハ(1)戰時政府ノ Win the War Policy ニ反對シ獨逸トノ單獨講和ヲ慫慂宣言シタル爲非勞働階級ハ勿論其後大勝利後ニ於テハ勞働階級ニ於テモ同黨ニ對シ反感ヲ抱ク者增加セルコト(2)勞働黨ノ政綱ノ實現ハ卽チ赤化ヲ意味スルモノニシテ而モ大正八九年ノ頃勞働黨ノ本據タル「クインス、ランド」州鑛山等ニ於テハ此傾向甚シク白晝赤旗ヲ飜シタルコトアリシ程ナリシヲ以テ勞働者ト雖モ穩和派ハ同黨ヲ危險視スルニ至レルコト(3)株ニ同黨カ愛蘭獨立黨ニ同情ヲ有スル濠洲「カソリック」徒ノ援助ヲ求ムル爲英本國ヲ敵視シ甚シキニ至リテハ洲總督ノ官邸前ニ於テ大會ヲ催シ英國國旗ヲ燒棄スルカ如キ示威運動ニ加擔セルコトモアリシヲ以テ一般人民ヲシテ同黨ヲ援助スルハ卽チ濠洲ノ保護者タル英本國トノ分離ヲ意味スルモノナリトノ觀念ヲ抱カシムルニ至レルコト(4)同黨ニハ人物尠ク總理「チューダー」氏ハ近來病身ニテ單ニ名義上ノ總理ニ過キス其後繼者トシテ人モ許シ我モ自認シ居リタル前「クインス、ランド」州首相「ライアン」氏カ最近死亡シタル以來能ク黨ヲ統一シ民心ノ變化ヲ悧察シ臨機ノ政策ヲ取リ得ル者殆ト皆無ナルコト等之ナリ

地方黨

下院　十二名（七十五名中）

總理　Dr. Earle Page

地方黨ハ大正八―九年ノ總選擧ノ際農民保護ノ旗幟ノ下ニ組織セラレタル新政黨ニシテ總選擧ノ際現政府黨（國民黨）ヨリ多大ノ援助ヲ受ケタルト勞働黨ヲ嫌惡スル關係上當初ニ於テハ萬事政府黨ニ盲從セシカ近來政府黨ノ總理「ヒューズ」氏カ地方黨ヲ恰モ國民黨ノ延長ノ如ク取扱フノ故ヲ以テ反感ヲ抱ク者尠カラス殊ニ同黨新總理「ページ」博士ハ「ヒューズ」氏ノ傲慢ナル態度ニ痛快ナル一擊ヲ與フヘク機會ヲ狙ヒ居ル由ナルヲ以テ政府黨內「ワット」氏一派カ同黨脫黨ノ好口實ヲ

得ルノ機會ヲ捕フルニ至ラハ之ト相提携スルノ氣運ニ向フヘキハ一般ニ期待セラルル所ニシテ從テ將來現內閣ヲ顚覆シ之ニ代ル資格ヲ有スルモノハ下院七十五名中現在僅ニ十二名ヲ有スル地方黨ト現政府黨內ノ「ワット」派（舊自由黨）ノ聯合黨ナリト云フヲ得ヘシ

備考　地方黨カ僅ニ十二名ノ下院議員ヲ有スルニ過キサルニ近來其ノ勢力侮リ難キハ同黨カ現政府黨ト勞働黨トノ中間ニ介在シ Casting vote ヲ有スル爲ニシテ既ニ述ヘタルカ如ク地方黨員ノ多クハ元々政府黨ノ援助ニ依リ選擧場裡ニ勝ヲ制シタルモノナルヲ以テ俄ニ忘恩的ノ態度ニ出ツル能ハサル事情アリタル外勞働黨ヲ嫌惡スルコト甚シク且未タ各種ノ問題ニ關スル意見一致セス從テ重要問題ニ付一黨トシテ進退ヲ共ニスル域ニ達セス各議員ニ對シ贊否票決ノ自由ヲ與ヘ居ルヲ以テ現政府黨ノ運命ニ關スルカ如キ重大事件ニ遭遇セハ自黨內閣組織ノ見込附カサル限リ尠クトモ其一部ノ者ハ現政府黨ヲ倒シ勞働黨內閣ノ建設ヲ誘致スルカ如キ行動ニ出テサルヘク此點ヨリ言ヘハ各政黨ヲ勞働黨及非勞働黨ノ二ニ分ツヲ以テ當ヲ得タルモノナリト云ハサルヘカラス從テ現內閣ノ倒ルルカ如キコトアラムニハ其後繼內閣組織ノ望ハ勞働黨ヨリモ寧ロ其數ニ於テ少數ナル地方黨ニ多シト云フヲ得ヘシ蓋シ後者ハ現政府黨員中「ワット」一派ノ舊自由黨ト相提携シ得ヘキ望ミアルニ前者ハ全然他黨ノ援助ヲ期待スル能

ハサレハナリ

第七編 墺地利國

（大正十一年三月調）

第七編　墺地利國ノ政黨

第一章　墺國議會ト政黨

一九二〇年末ノ總選擧ノ後墺國議會（聯邦議會及國民議會）ニ議席ヲ有スルハ基督社會黨、社會民主黨、農民團及市民實務黨ノ五者ニシテ其勢力關係ハ左ノ如シ

第一節　聯邦議會（Bundesrat）定員四拾六名

基督社會黨二拾二名、社會民主黨二拾名、大獨逸黨四名

第二節　國民議會（Nationalrat）定員百七拾五名

基督社會黨八拾二名、社會民主黨六十六名、大獨逸黨二拾名、農民團六名、市民實務黨一名

墺國ニ於テハ革命後二年間ハ社會民主黨議會ニ多數ヲ占メ同黨單獨ニ又ハ基督社會黨ト提携シ政權ヲ握リシカ一九二〇年末ノ總選擧前大獨逸黨創立セラレ又同選擧ニ於テ基督社會黨比較的多數

ヲ得タル爲爾來基督社會黨ト大獨逸黨聯合ノ內閣組織セラレ最近ニ至リタルモノナリ然ルニ過般墺國及「チエツク」間ノ政治協約批准ニ關シ右兩國間ニ意見ノ相違ヲ生シ大獨逸黨ハ聯合ヲ脫退シタル爲目下基督社會黨單獨ニ少數內閣ヲ組織シ農民團及「チエルニン」伯ノ援助ヲ得議會ニ僅ニ數名ノ多數ヲ有シ居ル次第ナリ尙ホ基督社會黨及大獨逸黨ハ共ニ保守黨ニシテ兩者共單獨ニ政見ヲ實行シ得ル勢力ヲ有セス國民ノ輿論モ亦强固ナル內閣ノ成立ヲ要求シ居ル際ナルヲ以テ從來ノ聯合ハ不遠復活セラルヘク目下妥協條件ニ關シ兩黨首領間ニ交涉中ノ趣ナリ

第二章　維納市會及各州會ニ於ケル政黨ノ勢力

(一)維納市會　維納市ハ社會民主黨ノ尤モ確實ナル地盤ニシテ市會定員百六拾五名就中社會民主黨百名、基督社會黨五拾名、「チエックスラバック」人團八名、猶太人團三名、獨逸國民黨二名國民々主黨一名、民主黨一名ナリ

(二)各州々會　墺國各州ハ「ケルンテン」州ノ例外ヲ除キ基督社會ノ地盤ニシテ各州會ニ於ケル政黨ノ勢力關係左ノ如シ

州名	基督社會黨	社會民主黨	大獨逸黨	農民團	無所屬	總數
Niederösterreich	三二	二二	六	—	—	六〇
Oberösterreich	三八	二二	一二	—	—	七二
Steiermark	三二	二三	九	六	—	七〇
Tirol	二八	八	四	—	—	四〇
Kärten	八	一九	四	—	一一	四二
Salzburg	二一	一二	—	—	七	四〇

Vorarlberg	二二	三	八	|	二	三五
計	一八一	一〇九	四三	六	二〇	三五九

第三章　各政黨ノ現狀及政綱

第一節　基督社會黨

同黨ハ地方農民ヲ基礎トシ保守的ナルモ黨勢擴張ノ便宜上必スシモ政總ニ拘泥セス同黨ノ特色ハ大體左ノ三點ニ概括スルコトヲ得ヘシ

（イ）　創立ノ當時極力猶太人排斥ヲ高唱セルコトニシテ右ハ基督社會黨カ今日ノ地盤ヲ築上ケタル最有力ノ動機ナリ猶太人問題ハ最近公然論難スル者尠キモ尚ホ墺國政界裏面ヲ支配スル有力ノ一要素ナリ

（ロ）　黨勢擴張ノ爲羅馬加特力下級僧侶ト結托シ「プロテスタント」敎會ヲ痛擊セルコトニシテ目下同黨カ各州會ニ有力ノ多數ヲ有スルハ主トシテ加特力敎會應援ノ結果ト認ム可キモノナリ

（ハ）　地方農民黨タルト同時ニ都市ニ於ケル勢力扶殖ヲ閑却セサルコトニシテ殊ニ同黨ノ創立者 Doktor Luegner ハ維納市ニ於ケル地盤開拓ニ苦心シ當時自由黨及社會民主黨ニ對抗シ惡戰セル經歷ヲ有セリ今日基督社會黨カ維納市會ニ五拾名ノ議員ヲ有スルカ如キハ全ク同人奮鬪ノ餘慶ト認ム可キモノナリ

第二節　社會民主黨

社會民主黨ノ具體的政策ハ一九〇一年維納ニ開催ノ同黨大會ニ於テ決定セラレタルカ同席上黨首 Viktor Adler ハ現社會ノ欠陷ハ生產ノ全手段カ資本階級ニ依リ獨占サレ居ル事實ヨリ發生スルモノナルコト竝ニ社會民主黨ハ上述ノ欠陷ヲ矯正シ國民ヲ經濟的ニ救濟セシカ爲出現セルモノナル旨ヲ高調シ同時ニ同黨ハ Verelendungstheorie 其他「マルクス」主義中ノ過激ナル條理ヲ採用スルモノニアラサルコトヲ附言セリ

墺洪帝國瓦解後社會民主黨中ニハ勞働組合主義ノ社會政策ヲ固執スル者民主的共和ニ滿足シ場合ニ依リテハ有產階級ト妥協セントスルモノ共產主義的共和國ヲ建設セントスル者ノ三派ヲ生シタルカ結局右諸說ヲ折衷シ各派ヲ滿足スヘキ政綱ヲ發見スルコトニ妥協シ其結果一九二〇年一月維

納市ニ開催セラレタル國際社會主義大會ニ於テ當國社會民主黨ハ(一)民主々義ハ貧民階級ノ解放ヲ意味セサルモ階級戰爭ニ關シ貧民ノ爲有利ノ素地ヲ準備スルモノナルコト(二)階級戰爭ノ手段ハ當該國ノ經濟及社會的條件竝ニ貧富階級間ノ武力ヲ考慮シ決定スヘキモノナルコト(三)「プロレタリア」ノ獨裁政治ハ階級戰爭ノ最後ノ瞬間ニ於テ有産者カ反抗ノ態度ヲ執リタル場合ニ限リ使用スヘキモノナルコトノ三點ヲ綱領トセル第四國際社會主義聯盟ヲ提議シ採用セラレタリ要之當國社會民主黨中ニハ共産主義者ヲ除外セル各種ノ社會主義者ヲ一括シ居ル次第ナルカ同黨ハ創立者 Viktor Adler 以來時代ニ適應セル實地政策ヲ遵奉スル訓錬ヲ有シ其他革命ノ成果カ自黨ニ執リ偉大ナリシコトヲ充分ニ認識シ居ルモノナルヲ以テ當分ノ中ハ大勢ニ順應シ實利ヲ以テ終始スルモノト認メサル可カラス

第三節　大獨逸黨

一九二〇年末ノ總選擧前大地主、大學敎授官僚ノ一部ヲ中心トシテ創立セラレタルモノニシテ獨墺合併、猶太人排斥ヲ政綱トスル純保守黨ナリ同黨ハ最近墺國及「チエツク」間政治協約批准ニ關シ基督社會黨ト意見ヲ異ニシタル外終始同黨ト提携シ聯合與黨ヲ組織セルモノナリ

第四節　獨逸農民黨

一九二〇年ノ總選擧後創立セラレタルモノニシテ大獨逸黨ト政黨ヲ同フスル保守農民ノ一團ナリ所屬議員六名ニシテ議會ニ於テハ之ヲ大獨逸黨中ニ計上シ居レリ「ケルンチン」州撰出下院議員「グレスバウエル」ヲ首領トス

第五節　市民實務黨

維納市ノ富豪及商工業家ノ團體ニシテ一九二〇年ノ總選擧ニハ Czernin 伯一名ヲ選出シタルニ過キス政黨トシテ何等考量セラルヘキ實力ヲ有スルモノニアラス同黨ハ猶太人庇護ノ點ニ於テ基督社會黨及大獨逸黨ト異ナリ又富豪ノ味方タル點ニ於テ正面ヨリ社會民主黨ト衝突シ居ルモノナリ

第六節　共產黨

墺國共產黨ハ露國ヨリ歸還セル俘虜及社會民主黨ヲ脱黨セル過激的分子ニ依リテ一九一八年ノ末創立セラレタルモノナルカ當國勞働者ノ多數ハ依然社會民主黨ニ所屬シ居リ共產主義者ハ社會民

主黨カ政府ニ對抗スル必要上彼等ヲ利用セントセル場合ニ限リ僅ニ其存在ヲ示シ得タルニ過キサルモノナリ

共産黨ハ露國過激派ト連絡ヲ通シ同派ヨリ運動費ヲ受ケ居リタルモノニシテ同黨ハ「レニン」ノ要求ニ依リ一九二〇年ノ墺國總選擧ニ參加シタルカ墺國ノ全體ニ於テ僅ニ壹萬九千票ヲ得タルニ過キス同黨ノ候補者ハ全部落選セリ

尙ホ同年十一月ノ墺國勞働會ノ選擧ニ於テ全投票廿四萬四百廿八票中社會民主黨二十二萬六千七百九十六票共産黨壹千二百八十九票ヲ取得セリ

第七節　帝制主義者

舊王室所屬官吏貴族及軍人等ヨリ成ル箇人的一團ニシテ其勢力ハ重要視スヘキ程ノモノニアラス又同主義者ハ墺國政黨中比較的基督社會黨ニ接近シ居ルモノナルカ然カモ後者ハ決定的瞬間ニハ共和制支持ヲ宣言シ帝制論者ト別物ナルコトヲ辮明シ居ル次第ナリ尙ホ帝制主義者ハ系統上左ノ三派ニ區別スルコトヲ得

（イ）　Habsburg 復辟論者前外務省新聞局長 Wiesner 及前帝室財政局長 Schager 等ヲ中心トシ

之ニ貴族及基督將校團ノ參加シ居ルモノナリ同派ハ從來洪牙利同志ヨリ運動費ヲ受ケ居リタル模樣ニシテ同國ニ於テ復辟運動ノ失敗セル以來屏息ノ有樣ナリ

（ロ） Wittenbach 王室ヲ推戴セントスルモノ一九一九年「バイエルン」ニテ共產黨政府創立セラレタル際同國ノ右黨カ墺國々境內ニ避難シ同地方有志ト反革命團體ヲ創立シタルニ由來セルモノニシテ同派ハ「ザルツブルグ」州參事 Steindl ヲ首領トシ墺國西部ニ勢力ヲ有シ會員三拾萬ニ達シ居ル由ナリ

（ハ） Hohenzollern 皇族ヲ擁立セントスルモノ戰爭終末ノ墺國參謀總長 Krauss 大將ヲ中心トシ之ニ墺國國々民將校團竝ニ「プロテスタント」敎會ノ一部參加シ居ル趣ナリ

第四章　各政黨首領株ノ略歴

第一節　基督社會黨

（イ）　Dr. Ignaz Seipel（一八七六年維納出生）神學博士ニシテ維納大學敎授ノ經歴ヲ有シ戰爭終末ノ內閣ニ社會省大臣タリシコトアリ加特力敎會ノ勢力ヲ代表シ同派農民ヲ取纏ムルニ便宜ノ地位ヲ有スルモノナリ

（ロ）　Leopold Kunschak（一八七一年維納出生）馬具職工出身ニシテ青年時代ヨリ基督社會黨勞働團體ノ創立ニ奔走シ居リタルカ政敵攻擊演說ノ辛棘ナリシヲ以テ黨首 Dr. Lueger ノ認識スル處トナリ漸次立身セル人物ナリ極端ナル猶太人排斥論者ニシテ勞働者操縱ニ關シ一種ノ手腕ヲ有スルモノナリ

（ハ）　Dr. Richard Weiskirchner（一八六一年維納出生）維納市廳下級吏員ナリシカ基督社會黨首 Dr. Lueger ノ知遇ヲ得漸次立身セル人物ナリ

Dr. Lueger 死後維納市長ニ選擧セラレ又一時商務大臣タリシコトアリ現ニ墺國下院議長ナリ

其勢力 Seipel 及 Kunschak ト匹敵シ元老トシテ黨内ニ重キヲ爲シ居ルモノナリ

(二) Dr. Anton Rintelen「グラツ」大學教授、聯邦議會議員等ノ經歷ヲ有シ現ニ「スタイエルマルク」州知事ノ職ニ在リ革命後共産主義者ヲ壓迫セリトノ理由ニ依リ甚タシク同主義者ヨリ嫌惡セラル基督社會黨中地方流ノ首領ニシテ一部黨員ヨリ未來ノ武斷的首相トシテ囑望サレ居ル由ナリ

右ノ外 Dr. Mayr (前首相) Hauser (加特力僧侶) Fink (下院議員) 等モ相當ノ勢力ヲ有ス

第二節　社會民主黨

(イ) Karl Seitz (一八六九年維納出生) 維納市ノ孤兒院ニ養育セラレタリ後小學校ニ敎鞭ヲ執リ居リタルカ當時維納市長 Dr. Lueger ヨリ社會主義鼓吹ノ嫌疑ヲ以テ免職セラレタルコトアリ青年時代ヨリ社會民主黨ニ加入シ得意時代ニ殖財ヲ忘レサリシハ同人カ黨内ニ今日ノ地位ヲ築上ケタル一原因トセラル革命後最初ノ大統領ニ選擧セラレ現ニ下院副議長ナリ

(ロ) Dr. Karl Renner (一八七一年出生) 下院圖書事務員ヨリ新聞記者ニ轉シ舊帝國當時民族問題ヲ取扱ヒテ著名ナリ同人ノ全盛期ハ記者時代ト認ム可キモノナリ革命後首相兼外相トシテ

「サン、ゼルマン」條約ヲ締結セル經歴ヲ有シ社會民主黨中妥協派ヲ代表スル一元老ナリ

（ハ）Dr. Otto Bauer（一八八一年維納生）「チエック」ノ富豪ノ子ニシテ少壯ヨリ社會民主黨ニ屬シ新聞記者トシテ令名アリ戰爭終末頃率先獨墺合併ヲ唱導セルハ著名ノ事實ニシテ今日ノ獨墺合併ハ同人ニ端緒ヲ發シ居ルモノナリ又革命後「レンネル」內閣ノ外相タリシカ聯合國ノ抗議ニ依リ「サン、ゼルマン」條約締結前退職スルノ巳ムナキニ至レリ社會民主黨中ノ少壯派ヲ代表シ事實上黨首同樣ノ勢力ヲ有ス

（ニ）Dr. Friedrich Adler（一八七九年維納生）社會民主黨ノ創立者 Viktor Adler ノ子息ニシテ戰爭ノ終末當時ノ首相 Stürgkh 伯ヲ暗殺セルヲ以テ著名ナリ同人ハ社會民主黨中過激性ノ分子ヲ代表シ上述 Bauer ニ次テ有力者ナリ

（ホ）Anton Hueber（一八六一年「ピルセン」出生）旋盤職工ノ出身ニシテ「バウエル」及ヒ「アドラー」ノ部下トシテ勞働者ノ操縱ニ從事シ居リ下層黨員ノ間ニ勢力ヲ有ス

第三節　大獨逸黨

（イ）Dr. Franz Dinghofer（一八七三年出生）裁判官辯護士其ノ他「リンツ」市長等ノ經歴ヲ有シ

戰時中同市食料監督委員長トシテ令名アリ其後墺國憲法議會第三次議長ニ當選セリ獨墺合併問題ニ對スル態度ハ頑强ナルモ爾余ノ政見ハ概シテ穩當ノ由ナリ

（ロ） Dr. Felix Frank （一八七六年維納出生） 一九二〇年總選擧後始メテ政界ニ入リタル人ニシテ現職ハ維納市控訴院檢事ナリ

右ノ外維納市商事會議所顧問 Kandl 及「メラン」市農業家 Kraft 等同黨ノ有力者ナリ

第四節　市民實務黨

Czernin 伯（一八七二年出生）前皇太子「フランツ、フエルジナンド」大公ノ知遇ヲ受ケ立身セル人ニシテ一九一七年戰爭末期ノ內閣ニ外相タリ市民實務黨ハ商工業者ヲ代表シ居ルモノナルモ同伯ハ箇人トシテ基督社會黨ニ接近シ居ル由ナリ

第五節　共產黨

（イ） Tomann 勞働者出身ニシテ俘虜トシテ露國ニ抑留セラレ同地ニ於テ共產主義ニ加盟セルモノナリ墺國同主義者中比較的穩健ノ人物ナリ

（ロ） Dr. Frey 社會民主黨ノ機關紙「アルバイター、ツアイツング」ノ記者ナリシカ同黨中適當ノ位置ヲ得ル能ハス一九二〇年以來共産黨ニ加盟セルモノナリ同人ハ野心家ニシテ手段ヲ擇ハサルヲ以テ著名ナリ

（ハ） Dr. Friedländer 著述家ニシテ當國共産主義者中唯一ノ智識階級人物ナリ上述「トーマン」ト共ニ露國ニ抑留セラレ同地ニ於テ共産主義者ニ加ハリタルモノナリ

（ニ） Elfried Friedländer「ドクトル、フリードレンダー」ノ妻ナルカ同人ニ比シ一層過激ニシテ獨墺同志間ヲ往復シ居ル「フアナチツク」ノ人物ナリ

第五章　宗教ト政黨

羅馬加特力教ハ墺國國民間ニ特殊ノ地位ヲ有シ同教會ノ勢力ハ各政黨ノ閑却シ能ハサル一ノ重要要素ナリ之ヲ各州ニ區別シ人口一千八ニ付「ニイダー、エステルライヒ」ニ於テ加特力九百五十人、「プロテスタント」二十六人、猶太教五十二人、「オーベル、エステルライヒ」ニ於テ加特力九百七十二人、「プロテスタント」二十四人、猶太教一人、「チロル」ニ於テ加特力九百九十人、「プロテスタント」六人、猶太教一人、「スタイエルマルク」ニ於テ加特力九百八十人、「プロテスタント」十二人、猶太教二人ノ割合ナリ

各政黨中加特力教會ヲ巧ミニ利用セルハ基督社會黨ニシテ同黨ハ同教會ノ勢力ヲ繼承シ現在ノ地盤ヲ築上ケタルモノナリ大獨逸黨ハ宗教關係ニ於テ一層自由ニシテ基督社會黨ノ如ク加特力教會ニ偏私スル必要ヲ有セサルモ尙ホ黨略上國家及宗教ノ分離、婚姻制度、自由文化政策等ニ關シテハ努メテ加特力教會トノ衝突ヲ避ケ居ルモノナリ

結局當國ニ於テ忌憚ナク民衆ノ思想及政治上ノ自由ヲ主張シ正面ヨリ加特力教會ニ反對シ得ルハ社會民主黨ノミト認ム可キモノナリ

第六章　猶太人ト政黨

墺國ニ於テ猶太人排斥ハ十九世紀ノ後半頃ヨリ開始セラレタルカ右ハ當時ノ大政派自由黨中ニ猶太人ノ勢力强大ナリシコト及商工業並新聞經營等ニ關シ猶太人カ獨占的地位ヲ占メタルニ基因スルモノナリ現在ニ於テモ基督社會黨及大獨逸黨カ猶太人排斥ヲ重要政綱ノ一ト爲シ居ルカ如キ社會裏面ニ於ケル同人種ノ跋扈ヲ反證シ居ルモノナリ

革命後當國猶太人ハ積極的ニ政治ニ關係セサレトモ尚ホ之ヲ二種ニ大別スルコトヲ得ヘク富有ニシテ獨逸文明ニ同化セルモノ卽チ又商工業家ノ類ハ「チエルニン」伯ノ率ユル市民實務黨ニ同情シ中流及下流ノ多數ハ社會民主黨ニ入リ其殘部ハ共產黨ニ參加シ居ルモノナリ尚ホ猶太人排斥ノ反動トシテ革命後下級猶太人ノ一部ニ依リ國民猶太黨ナルモノ組織セラレ墺國憲法議會ニ一名ノ代表者ヲ出シタルカ其後ノ墺國議會總選擧ニ於テハ同黨候補者ハ全部落選セリ

第七章　外國ニ對スル各政黨ノ態度

（一）基督社會黨　同黨ハ聯合國ニ對シ事實上「インヂファレント」ト認ム可キモ尙ホ聯合國カ現時歐羅巴ノ決定的勢力タルコトヲ承認シ出來得ル限リ之レト協調ノ態度ヲ執ラント欲スルモノナリ

同黨下院議員ノ多數ハ墺國革命後一時佛國ニ好感ヲ表シタルカ右ハ當時在墺佛國公使カ同黨懷柔ヲ極度迄行ヒタルコト及黨員中有力ノ一團カ獨墺合倂ニ疑惑ヲ有シ居リタルニ基因スルモノナリ然ルニ其後墺國財政上ノ破綻ハ明瞭トナリ反動的ニ國民的思想擡頭シ來ルト共ニ彼等ノ對佛同情ハ漸次冷却シテ現在ニ於テハ同黨議員ノ大多數ハ事實上獨墺合倂論者ト認ム可キモノナリ

基督社會黨ハ「プチットアンタント」ニ對シ何等好感情ヲ有スルモノニアラサルモ經濟上ノ必要ヨリ「チエック」トノ協力ヲ希望シ過般「チエック」及墺國間ノ政治協約批准ニ贊成セリ

同黨ハ保守的ナル自己ノ性質上洪牙利ニ同情ヲ有シ同國ノ政治組織カ反動的ナルコトヲ承認シツツ尙ホ同國トノ親善關係ヲ開拓セント希望シ居ルモノナリ

(二)社會民主黨　同黨ハ聯合國ノ對外政策ニ獨露ニ對スル決議ヲ以テ資本的帝國主義ノ傍若無人的暴露ト見做シ階級戰爭ノ立場ヨリ聯合國ニ對シ强度ノ反感ヲ有スルモノナリ又同黨ハ革命當時ヨリ終始一貫獨墺合併ヲ高調シタルカ右ハ同黨ノ標榜スル民族自決主義ノ理想ノ外同計畫ノ實行ニ依リ中歐ニ獨墺合併ノ大民主國ヲ創設シ永久的ニ自黨優越ノ地位ヲ確保セントスル實利上ノ打算ニ基因スルモノナリ

尙ホ同黨ハ經濟上ニ於ケル相互助力ヲ必要竝ニ「ハプスブルク」廢立問題ニ關スル利害ノ一致ヨリ「チエツクスロバツク」ニ對シ同情ヲ有ス

(三)大獨逸黨　同黨ハ政綱トシテ獨墺合併ヲ主張シ正面ヨリ聯合國ニ反對ス獨墺合併論者タル點ニ於テ基督社會黨及社會民主黨ト大差ナキモ右兩黨カ實際政策ヲ把持シ國際政局ノ緩急ヲ考慮ニ加フル餘裕アルニ反シ大獨逸黨ハ時機ヲ論セス卽時獨墺合併ヲ實行セント熱中シ居ルモノナリ又大獨逸黨ハ少數獨逸人種保護ノ立場ヨリ「スラブ」系隣國殊ニ「チエツク」ニ對シ惡感ヲ有シ其反動トシテ伊太利ニ一種ノ同情ヲ表シ居ルモノナリ

最後ニ墺國實業家ノ對外的態度ヲ要述セハ彼等ハ獨逸企業家ノ活動及其世界的連絡ヲ恐怖スル關係上獨墺合併ヲ悅ハス其多數ハ英佛實業家ト提携シ墺國商工業ノ獨立ヲ維持セント希望シ居ルモノナリ

第八章　各政黨ノ機關紙

（一）Reichspost 主筆（Friedrich Funder）基督社會黨ノ機關紙、聯合國ノ對獨政策ヲ攻撃シ又獨墺合併問題ヲ高調スル等必スシモ同黨幹部ノ意向ニ盲從セス夕刊トシテ Wiener Stimme ヲ發行ス

（二）Arbeiterzeitung（主筆 Frietz Austerlitz）社會民主黨ノ機關紙、同黨ノ首領 Otto Bauer 編輯ニ關シ有力ノ發言權ヲ有ス民主政體維持ノ立場ヨリ獨墺合併ヲ高調シ又同一ノ趣意ヨリ「チエツク」及墺國間ノ政治協約ニ贊成セリ夕刊 A. Z. Am Abend ヲ發行ス

（三）Deutschösterreiche Tageszeitung（主筆 Hans Hartmeyer）Wienermittag（主筆 Silberbauer）兩紙トモ獨逸實業家「スチンネス」ノ出資ニ依リ經營セラレ大獨逸黨ノ准機關紙ナリ獨墺合併ヲ高調ス

（四）Rote Fahne（主筆 Tonn）社會民主黨攻撃ノ記事及論說ヲ連載スル外特色ナシ

（五）Neue Freie Presse（主筆 Sternberg）中立ヲ標榜シ居ルモノナルモ「チエルニン」伯ノ牽ユル市民實務黨ニ接近シ猶太人實業家ト特殊ノ開係ヲ有ス經濟上繼承國間ノ協力ヲ主張ス（終）

第八編　和　蘭　國

（大正十年十月調）

第八編　和蘭國ノ政黨

第一章　各政黨ノ名稱及其主義綱領

蘭國ニ於ケル現在政黨ノ名稱ヲ擧クレハ

a. 加特力黨　b. 基督歷史黨　c. 反革命黨　d. 自由民主黨
e. 社會民主勞働黨　f. 聯合自由黨　g. 共產黨　h. 基督社會黨
i. 基督民主黨　j. 中立黨　k. 社會民主黨　l. 社會黨
m. 中產階級黨

等ニシテ所謂小黨分立ノ狀ヲナシ議會ニ於テ絕體多數ヲ占ムル大政黨ナク之等政黨ハ確乎タル政綱ヲ有セス從テ各政黨ノ主義綱領ヲ的確ニ明示スルコト甚タ困難ナルモ今主ナル政黨ノ所謂Programト稱スルモノヲ略記スレハ左ノ如シ（基督民主黨、基督社會黨、社會民主黨、社會黨、中產階級黨、中立黨ノ六黨ハ其勢力甚タ微弱ニシテ議會ニ於テ僅ニ一名ノ議席ヲ有スルニ過キス一定ノ政綱ナルモノヲ有セサルニ付茲ニ記述セス）

第一節　加特力黨

一、加特力黨ハ加特力敎ノ信念及道義觀念ヲ基礎トス
一、和蘭ノ歷史的ニ發達シ來レル國情ニ鑑ミ法律ノ定ムル宗敎ノ平等主義ヲ認メ和蘭皇室ヲ尊崇シ憲法ノ定ムル國家組織ノ根本法則ヲ固守ス
一、羅馬法皇ニ對スル蘭國使節派遣ノ復興ヲ期ス
一、國家敎會竝ニ個人ノ協力ニ依リ社會狀態ノ改善ヲ計リ社會道德ノ腐敗ヲ防クヘシ
一、國家ハ當ニ敎會ヲ認メ之ヲ敬シ且必要ニ際シ保護ヲ與フヘシ
一、政府ノ組織ニ關シテハ政黨ノ比例的代表ヲ欲求ス
一、財政商業ニ關シテハ
イ、近接諸外國ノ商業政策ニ鑑ミ通商條約及輸入稅ノ改正ヲ望ム
ロ、生活必需品ニ對スル消費稅ノ輕減及撤回ヲ期ス
ハ、租稅ノ改正
一、植民地統治上土民ノ物質竝ニ道德上ノ利益ヲ顧慮スルヲ要ス

第二節　反革命黨

一、反革命黨ハ蘭國々民性ノ基樞ヲ代表シ民情ノ變化ニ應シ時代ノ必要ニ適應シ之ヲ發展セシム

一、主權ノ源ハ國民ニ非ス法律ニモ非ス唯神ニ於テ之ヲ見ルノミ故ニ一方ニ於テ人民主權ノ主義ヲ採ラサルト共ニ他方神ノ指導ニヨリ我歴史ニ根源深キ「オランヂ」王朝ヲ崇敬ス

一、憲法ニ基ケル皇帝ヲ和蘭ニトリ最モ適切ナル統治者ト認ム

一、我歴史ノ要求ニ應シ國民ノ意志ノ國會ヲ通シテ國權ニ對シ適法ニ及フヘキヲ期望ス

一、地方的自治並ニ自治都市ハ國家統一ノ目的ニ反セサル限リ地方分權ニヨリ回復サルヘシ

一、國會組織ヲシテ少數國民ノ權利侵害ヲ惹起セサラシムルタメ他ノ選擧法實施ヲ要求ス

一、歳入ト歳出トノ均衡ハ租税ノ增徵ニヨラスシテ必要ナル節儉並ニ國家干涉ノ制限ニヨリテ保タルヘシ又租税ハ國民生活ノ發展ヲ阻害セサル樣改革スヘシ

一、植民地政策ニ關シテハ植民地ヲ以テ國庫ノ財源トナサムトスル利己的政策ハ之ヲ排シ道德的義務ニ基ク政策ニ出ツヘシ

第三節　社會民主勞働黨

一、勞働黨ハ富竝ニ文明ノ源泉ナリ

目今ノ社會狀態ニ於テハ勞働ハ資本階級ノ「モノポリー」トナリ之ニヨリテ生スル勞働者ノ資本家ニ對スル從屬關係ハ凡テノ災害ノ源因ナリ勞働者ヲ救濟シ以テ勞働ヲ社會ノ共有物タラシムルト共ニ勞働生産物ノ公正ナル分配ヲ要求ス

一、不當ナル賃銀法ノ廢止、一切ノ苛求ノ廢棄及一切ノ社會竝ニ政治的不平等除却ノ爲努力スヘシ

一、男女ノ平等ナル權利義務ヲ認メ婦人ノ救濟ヲ期ス

一、一般直接單選擧制ノ實施、第一院ノ廢止、自治團體ノ自治權ノ擴張

一、言論及集會ノ自由

一、國家ノ敎會トノ分離

一、義務敎育年限ヲ十四歳迄トシ右期間授業料ヲ免除スルコト

一、現行軍隊制度ヲ廢シ國際紛爭ハ仲裁々判ニヨリテ決スヘシ

一、勞働賃銀規定ノ改正及八時間勞働ノ實施

第四節　聯合自由黨

一、自由主義ヲ以テ國政ノ基礎竝ニ民主政治ノ必要條件ト認ム

一、我國民ノ獨立ヲ維持シ我國土（歐洲本國及植民地）ノ安全ヲ保持シ之カタメ必要ナル程度ノ犧牲ヲ提供ス

一、法律上ノ秩序及自由ノ絶對的維持

一、精神竝ニ宗教上ノ自由侵害ニ對スル保障

一、美術及科學ノ奬勵、敎育ヲシテ實際的方面ニ發展セシメ實社會的生活ニ適應セシム

一、政治上及經濟上ニ於ケル男女ノ平等

一、一般幸福增進ノタメ自由營業ノ發展

通商交通ノ增進、自由貿易主義ノ維持、官僚主義打破

一、民力增進及社會的正義ノ要求ニ基キ個人ノ發展ヲ出來得ル限リ可能ナラシム

一、生産ノ增加ヲ計ルト共ニ勞働者ノ利益ヲ保護ス

社會主義ナル名目ノ下ニ於ケル社會生産組織ノ變更ニ反對シ資本勞働智力ノ協力ヲ要求シ勞働

條件及內部組織ニ對スル勞働者ノ發言權ヲ支持ス

一、勤儉貯蓄ノ念ヲ奬勵シ有力ナル中產階級ノ維持ヲ以テ生產分配ノ必要條件トス

一、負擔能力ニ基ク租稅制度ノ維持、增稅ニ反對シ行政費ノ節約

一、東印度及西印度ニ於ケル自治制ノ扶持、植民地土人ノ精神上竝ニ社會的地位ノ向上促進、植民地資源ノ開發

第二章　各黨派成立ノ由來其勢力ノ優劣及其勢力ノ根據

蘭國ニ於ケル諸政黨中加特力黨、反革命黨、自由黨ノ三黨ハ最モ古キモノニシテ蘭國立憲創始當時ヨリ既ニ存在シ社會民主黨、民主自由黨ハ前三者ニ比シ比較的新シク共產黨及聯合自由黨Vryheidbond ハ其成立極メテ最近ノ事ニ屬ス

「世人ハ蘭國ニ加特力黨ナシト云フヘカラス又等シク加特力黨アリト云フヘカラス」ト Nuyens 博士ノ稱セル如ク蘭國ニ於テ加特力黨ハ一種ノ輕視スヘカラサル潛勢力ヲ有ス然レトモ同黨ハ未タ議會ニ於テ絕對多數ヲ占ムルニ至ラス古來ヨリ各派ト握手ヲ求メ來リシカ一八六四年以來自由黨トノ握手ハ破レタリ偶々一九一八年十一月社會民主勞働黨ノ革命運動ノ失敗ハ却テ加特力黨ノ結束ヲ固クシ其勢力ヲ增大スルニ至リ今ヤ他黨トノ握手ヲ要セサルノ程度ニ達セリ

最近羅馬法皇トノ外交關係復活問題ニ關シ Maasbode（加特力黨機關紙）ノ Nederlander（基督歷史黨機關紙）ヲ攻擊セル事實ハ加特力黨ノ勢力增長シ最早 Coalition ノ必要ヲ認メス自黨ノ政策ヲ行フニ充分ノ勢力ヲ有スルヲ自覺スルニ至レル一證ト見ルヘク且婦人參政權ノ實施ニヨリ將來益其勢ヲ加フヘシ「Twente 及 Gelderland」（「ゲルデルランデ」州）Noordbraband（「ノールドブラバ

ンド」州）「リンブルグ」州、南「ホーランド」諸州ニ於ケル其勢力ノ根底甚タ固シ

反革命黨ハ前領袖 Kuyper 博士ノ創立セルモノニシテ同氏ハ自由黨及社會黨ニ對抗センタメ新敎ヲ基礎トスル一政黨ヲ組織シ主トシテ中流階級ノ人士ヲ網羅シ多少民主的色彩ヲ帶ヒ北「ポーランド」州ヲ其根據地トス基督歷史黨及加特力黨ト密接ナル關係ヲ保持シツツアリ Kuyper 氏ノ病歿後 Colyn ニヨリ襲繼セラレシモ氏ハ Kuyper 氏ノ如キ偉大ナル人物ニ非ス近キ將來ニ於テ同黨政策ノ改革ヲ要スルノ時期到來スヘシ

基督歷史黨ハ反革命黨ヨリ其數少ナク又反革命黨ノ如ク保守的ナラス Jhr. Savorin Lohman 永年ノ間同黨ノ領袖トシテ令名アリ今ヤ同氏政界ヲ退キ後任領袖未タ決定セス確乎タル根據地ヲ有セス

社會民主勞働黨ハ十九世紀末葉歐洲大陸ニ現レタル國際的運動卽チ社會階級戰ノ結果生レタルモノニシテ一八九四年 Internationale（一八六五年「アムステルダム」市ニ設立セラレタル和蘭最初ノ社會民主々義ヲ標榜セル勞働者側ノ團體ナリ）竝ニ Domela Nieuwenhuis ヲ領袖トスル Sociale Democratsch Bond 黨員ノ合體シテ組織セルモノニシテ勞働者間ニ勢力ヲ有シ「グロニンゲン」州及「フリースランド」州ハ其勢力ノ根據地ナリ是レ「フリースランド」州ノ社會生活狀態不均衡

ニシテ且ツ住民民主的思想ヲ帶ヒ最モ社會黨ノ勢力擴張ニ適スレハナリ社會民主勞働黨中ノ急進派ハ同黨ヨリ分離シテ共產黨ヲ組織セルカ「ワインコープ」ヲ領袖トシ前回總選擧ニ於テ漸ク議會ニ三名ノ議席ヲ獲得セルニ過キス「フリースランド」ヲ其根據地トス

聯合自由黨ハ獨立自由黨及統一自由黨竝ニ經濟同盟會ノ合同セルモノニシテ統一自由黨最モ進步的色彩ヲ帶ヒ獨立自由黨ヨリモ其數多シ近年加特力黨ノ勢力優勢ヲ加ヘ來レルニ反シ左黨ノ結束鞏固ナラス加フルニ現內閣 Coalition 黨內ノ分離ノ傾向益々其度ヲ加ヘ四圍ノ形勢政黨ノ新合同促進ノ傾向ヲ誘致シ左黨ハ三派合同ノ必要ヲ感知シ遂ニ本年四月聯合自由黨ヲ組織スルニ至レルモノニシテ「ドレッセルホイス」Dresselhuys ヲ領袖トシ專ラ自由主義ヲ標榜ス

第三章　各政黨現領袖株ノ人物、略歴

(a)　「ノーレンス」氏（Nolens）（加特力黨領袖）

一八六〇年 Venlo ニ生ル一八八〇年ヨリ一八八四年迄「ユトレヒト」大學ニ學ヒ一八八七年牧師ノ稱號ヲ受ク一八九〇年二月「ユトレヒト」大學ヨリ法學博士ノ稱號ヲ授與セラル一八九六年第二院議員トナリ自一九一二年至一九一三年第二院議長タリ一九〇九年「アムステル」大學勞働法講師トナル一九一六年任特命全權公使「バテカン」駐劄被仰付一九一八年内閣組織ノ大命ヲ拜セシモ成功セサリキ一九一九年華府勞働會議蘭國委員トシテ出席一九二〇年勞働最高會議臨時議長トナル

(b)　「コライン」氏 Colyen（反革命黨領袖）

一八六九年生、一九〇一年任陸軍大尉、一九〇五年任蘭領東印度 Gajo 及 Alaslanden 理事官一九〇九年任蘭領東印度外部領土行政顧問、一九一〇年第二院議員ニ當選ス一九一一年任陸軍大臣在官三年其間蘭國陸軍改革ヲ斷行ス、一九一三年「バタピヤン」石油會社ノ支配人トナリ同時ニ第一院議員タリ、一九二一年反革命黨領袖トナル

(c)　「トルーストラ」氏 Troestra（社會民主勞働黨領袖）

一八六〇年「レーウワルデン」ニ生ル一八八八年法學博士ノ稱號ヲ受ク一八九三年社會黨新聞 Branbreker ヲ創刊シ其主筆トナル、一八九七年第二院議員トナル一九〇〇年社會民主勞働黨機關紙 Het Volk 主筆トナル

社會民主主義ニ關スル幾多ノ著書アリ Theorie en Beweging Social Christendom, Woorden van Vrouwen van Leed en Stryd 等ヲ主ナルモノトス

(b) 「マルシヤン」氏 Marchant (自由民主黨領袖)

一八六九年 Deventer ニ生ル一八九四年辯護士トナリ一九〇〇年第二院議員トナル一九〇六年自由民主黨機關紙 Land en Volk ノ主筆トナル一九一六年自由民主黨領袖トナル

(e) 「ドレツセルホイス」氏 Dresselhusy (聯合自由黨領袖)

Tiel 市ノ辯護士タリ司法省次官ヲ經テ一九一八年第二院議員トナル一九二〇年四月聯合自由黨領袖ニ推サル

第四章　現在議會ノ黨派別

現在議會ニ於ケル黨派ヲ分チテ左黨及右黨トス右黨ニ屬スルモノハ加特力黨、反革命黨、基督歴史黨トシ加特力黨最モ其數多ク反革命黨之ニ次キ基督歴史黨最モ少數ナリ左黨側ハ之ヲ分チテ二派トス聯合自由黨及社會黨之ナリ聯合自由黨ハ獨立自由黨、統一自由黨及經濟同盟會ノ合同セルモノニシテ統一自由黨最モ進歩的色彩ヲ帶ヒ又自由黨ト社會黨トノ中間ニ自由民主黨アリ Marchant 氏ヲ領袖トシ社會民主黨ト最モ近接ナル關係ニ在リ一九一八年總選擧ノ結果ニ基キ議會ニ於ケル左右兩黨ノ勢力ヲ示セハ左ノ如シ

羅馬加特力黨	三〇	統一自由黨	六
反革命黨	一三	獨立自由黨	四
基督歴史黨	七	自由民主黨	五
		社會黨	二六
		經濟同盟會	二

大戰勃發當時組織セラレシ Cort van Linden 内閣ハ自由黨系ニシテ戰時ノ難局ニ處シ相當ノ效果

ヲ擧ケシカ右選擧ノ結果遂ニ Coalition 內閣(右黨系)ヲ現出スルニ至レリ然レトモ右黨所屬三黨ヲ合スルモ議會ニ於テ議員百名中五十名ヲ捷チ得ルニ過キスシテ絕對的多數ヲ占ムル能ハス Coalition 政策ヲ行フ事困難ナリシヲ以テ他黨ノ援助ヲ求メサルヘカラサリシナリ卽チ經濟同盟會ト接近ヲ計リタリ然レトモ Coalition 黨內ノ分離傾向益々其度ヲ加ヘ來リ內閣ハ自黨ノ援助ヲ失ヒ他黨ニヨリ援ハレシコトサヘアリ本年七月陸相軍制改革案討議ノ際ニ於ケル反革命黨、基督歷史黨ノ態度ノ如キ之ナリ四圍ノ形勢ハ政黨ノ新合同促進ノ傾向ヲ誘致シ來リツツアリ是ハ來年度ノ總選擧ノ結果トシテ實現セラルヘシ

第五章　地方政府及地方自治體ト政黨トノ關係

地方自治團體中「アムステルダム」ハ社會民主勞働黨ノ勢力最モ强ク海牙、「ロッテルダム」兩市ニ於テハ特ニ優勢ナル政黨ナシ「アムステルダム」市會ニ於ケル各政黨ノ勢力關係ヲ示セハ左ノ如シ

舊會

統一自由黨	三
經濟同盟會	一
中產階級黨	一
獨立自由黨	三
中立黨	一
社會民主勞働黨	一三
社會黨	一
共產黨	六

市會（本年六月選擧ニ係ル）

聯合自由黨	五
社會民主勞働黨	一四
共產黨	三
基督歷史黨	四
中立黨	一
ギルダー團	二
自由民主黨	二
反革命黨	四

加特力黨	七
基督歴史黨	二
反革命黨	二
合計	四〇

加特力黨	八
コムミツテー、デン、ヘルトホ	一
合計	四四

第六章　各黨主要機關紙

加特力黨機關紙　De Maasbode

反革命黨機關紙　De Standard

基督歷史黨機關紙　De Nederlander

聯合自由黨機關紙　De Vryheid（週刊新聞）

聯合自由黨所屬政黨中獨立自由黨及統一自由黨ハ夫々　De Nieuwe Courant, Het Vaderland ナル機關紙ヲ有ス

自由民主黨　De Vryzinnig Democraat（週刊新聞）

社會民主勞働黨　Net Volk（「アムステルダム」市ニ於テ發行）
Vooruit（「ロッテルダム」市ニ於テ發行）

共產黨　De Tribune

第九編　加奈陀聯邦

第九編　加奈陀政界及政黨ノ近況

緒　言

加奈陀政界ノ近況ヲ敍スルニ當リ先ツ大正九年ニ於ケル狀況ヨリ述ヘンニ當時加奈陀ニ於テハ歐洲大戰中擧國一致ノ主旨ニテ組織セラレシ聯立內閣ハ戰爭終熄ニ依リ既ニ其ノ存在ノ理由消滅シタルヲ以テ更ニ總選擧ヲ行フヘシトノ說アリテ之ニ贊成ヲ表スル者少カラサリシモ政府黨カ下院ニ於テ依然三十名內外ノ多數ヲ有シ且下院議員ノ任期モ今後二ケ年以上ヲ餘セルコト故政府ハ可成滿期前ノ解散ヲ避クルノ意嚮ナリト傳ヘラレシモ新ニ入閣シタル二大臣ノ特別再選擧其他二、三選擧區ニ於ケル補欠選擧ノ結果カ政府黨ニ有利ナルニ於テハ今回ノ內閣改造及政綱政策ノ刷新ハ間接ニ選擧人ノ是認ヲ經タルモノト認ムルニ足ルヘク從テ總選擧ヲ避クルニ便ナルヘキモ不幸ニシテ反對ノ現象ヲ呈スル場合トモナラハ勢ヒ之ヲ餘儀ナクセラルルニ至ルヘキヤニ觀測セラレタリ

然ルニ其後一ケ年間政界ノ成行ハ政府ノ豫期ニ反シ現狀ニ對シ不滿ノ感情益〻國內ニ瀰蔓シ遂ニ

首相ハ本年内ニ總選擧ヲ斷行スヘク發表スルニ至リタリ依テ其ノ事情形勢等ヲ左ニ記述スヘシ

第一章　現内閣ニ對シ國内不満不平ノ徴證

昨年七月内閣改造政綱政策發表以降補欠選擧ノ執行及其ノ成績左ノ如シ

選擧日	選擧區		前議員	新議員
(1) 一九二〇年九月三十日	コルチエスター	N.S.	エフ、ビー、マツカルデー（政）	エフ、ビー、マツカルデー（政）
(2) 同上	セント、ジヨーン	N.S.	アール、ダブルユー、ウイグモア（政）	アール、ダブルユー、ウイグモア（政）
(3) 同十一月二十二日	イースト、エルガン	Ont.	デー、マーシャル（政）	エス、エス、マクデルモンド（農）
(4) 同上	エール	B.C.	エム、バーレル（政）	ジエー、エー、マクケルヴイ（政）
(5) 一九二一年二月七日	ウエスト、ピーターバロ	Ont.	ジエー、バーナム（政）	ジオージ、ゴルドン（自）
(6) 同五月二十八日	ヨーク―サンベツク	N.B.	エチ、エフ、マクレヲド（政）	アール、ビー、ハンソン（政）
(7) 同上	ヤマスカ	Gne.	ジエー、エー、グラデユ（自）	エム、ブーシヤール（自）
(8) 同六月二十七日	メデイスンハツト	Aib.	エー、エル、シフトン（政）	アール、ガーデナー（農勞）

（政）ハ政府黨　（自）ハ自由黨　（農）ハ農民黨　（勞）ハ勞働黨

右ノ內(1)及(2)ハ入閣ノ爲ニ再選擧ノ手續ヲ經タルニ過キス其ノ再選ハ形式上ノ事ニ係リ重キヲ置クニ足ラス(3)ヨリ(8)ノ六選擧ニテハ政府ハ全力ヲ擧ケテ奮鬪セルニ拘ラス辛フシテ(4)ト(6)ノ二選擧區ヲ維持シ得タルニ止マリ其他ノ四選擧區ニ於テ失敗シ殊ニ(5)及(8)ノ二選擧區ニ於テハ政府從來ノ地盤ヲ奪却セラレ且(8)ノ場合ニ於テハ他黨ノ候補者非常ノ大多數ヲ得政府黨ハ見苦シキ程ニ慘敗シタリ

選擧者ノ投票數ヲ以テ輿論ノ絕好ナル指針トナセル當國ノコト故前述ノ結果ハ政府ノ甚タシク失望驚愕セル處ニシテ之ニ反シ反對黨殊ニ新政黨ナル農民黨ハ得意滿面補欠選擧ノ結果ハ政府ノ信認缺乏ノ明證ナリト叫ヒ立チタリ(8)ノ選擧ハ首相滯英中ニ行ハレタルモノニシテ加奈陀首相カ他ノ自治領首相ニ先チ急遽倫敦出發ノ模樣アリシハ全ク右ノ事情ニ依レルモノノ如シ

第二章　國內不平不滿ノ原由

現在ノ議會ハ一八一七年ノ末專念戰勝ヲ目的トシ當時ノ保守黨政府カ反對黨タル自由黨ノ一部ヲ羅致シ擧國一致內閣ノ題目ヲ立テ總選擧ヲ行ヒタル結果ニシテ其閣員モ今尙兩黨聯立セル狀態ナルカ右ハ戰時ノ變態ニ係ルヲ以テ戰爭終熄後相當ノ歲月經過ノ今日ニ至リテハ兩黨對立ノ狀態ニ復スル爲可成速ニ總選擧ヲ行ハサルヘカラスト云ヘル反對黨（卽チ前總選擧ノ際ヨリ引續キ聯立內閣ニ反對セル自由黨ノ一派）ノ主張ハ一應ノ理由アリト首肯セラルル所ナルカ之ニ加フルニ戰爭中政府ノ斷行シタル鐵道ノ買收、船舶ノ建造、新設稅法等其結果豫想ニ反シ攻擊的ノ輿論勃興シ更ニ又戰後ニ於ケル輸出貿易ハ頓挫劇減シ產業萎靡シ失業者續出シ歲入減少シテ歲出ハ增加シ對米貿易上大入超トナリ不換紙幣增發ノ結果ト相俟ツテ元來同價タルヘキ米、加貨幣ノ爲替相場ニ一割以上ノ打步ヲ生スルニ至リ更ニ米國ハ關稅率ヲ引上ケテ特ニ加奈陀生產品ノ輸入ヲ阻止セントスル態度ヲ示スモノト認ラルル等悲運ノ事態續出シ來レルヲ以テ反對黨ハ右不幸ナル事態ノ原因ハ政府ノ失政ニアリトシテ盛ニ之ヲ攻擊シ其說ハ頗ル俗耳ニ入リ易クシテ不平不滿ノ念漸ク國內ニ瀰蔓スルニ至レルモノノ如シ

第三章　自由黨ノ現勢

一九一七年十二月ニ行ハレタル總選擧ニ於ケル自由黨議員選出數ハ政府黨卽チ聯合黨ノ百五十三人ニ對スル八十二人トナリ殊ニ加奈陀政界ノ大立物ニシテ三十二年間自由黨ノ首領タリシ「サー、フリド、ローリエー」カ一九一九年二月十七日病死シタル以來同黨內比較的少壯ノウィル政治家「マッケンジーキング」氏同黨大會ノ公選ニテ首領ニ選擧セラレ黨內有力ノ敏腕家ト公認セラルルモ故「ローリエー」氏ニ比スレハ霄壤ノ差アリ且黨內々爭アリテ協調セサルモノノ如ク其後補欠選擧ニ依リ議員二人ヲ加ヘ八十四人トナリタルモ政府黨ノ現在議員百三十四人（外十六人ハ總選擧ノ際政府黨員トシテ選出セラレタルモ後分離シテ農民黨トナリタリ同黨ノ事ハ後章ニ記スシ）ニ比スレハ著シク劣勢タルヲ免レス殊ニ一九一七年聯立內閣組織ニ當リ自由黨ノ名士ニシテ同黨ヲ去リテ新內閣ニ入リタルモノ「ローウエル」、「カーヴエル」、「バランタイン」、「ミウバルン」、「シフトン」、「クリーラー」、「カルダー」、「ガスリー」、「ロバートソン」、「マクレーン」ノ十人ニ達シタレハ黨內ノ實質モ自然衰退ノ色アリ加フルニ一九一九年中勃興シタル農民黨ハ後章記載ノ通其根據ヲ元來自由黨優勝ノ地盤タリシ中原諸州（「ブレーリー、プロヴインセス」）ニ占メ政府黨ニ反對蹶起セルト同時ニ自由黨ニモ反抗スルノ形勢ヲ示スニ至リタレハ其黨勢頗ル振ハス大政治家「ローリエー」統率ノ下ニ同黨カ引續キ十六年間政權掌握ノ時代ニ比スレハ人ヲシテ今昔ノ感ニ堪ヘサラシムルモノアリ

第四章　第三黨ノ蹶起

加奈陀領ハ一八六七年聯合成立以降政界ハ保守自由ノ兩黨ニ分野セラレ爾來五十餘年間總選擧ヲ行ヒタルコト十三回ナルモ何レモ兩黨間ノ接戰ニシテ其間無所屬議員ノ選出セラレタルコト三回アレトモ毎回ノ頭數ハ最高僅ニ七人、最低一人ト云ヘル樣ノ次第ニテ政黨分野上考量ニ値セサルノ常例ナリシカ最近ニ至リ第三黨蹶起シ更ニ第四黨ノ擡頭ヲ見ントスルノ形勢ヲ呈セリ其由來左ノ如シ

中原州（Prairie Provinces）ト稱スル「マニトバ」、「サスカチワン」及「アルバータ」ノ三州ハ東西加奈陀ノ中央ヲ占メ農業、牧畜ニ適シ重ニ最近二、三十年内ノ開發ニ係リ東部工業發展ノ地方若ハ西部タル「ビー、シー」州鑛業、漁業、産果業等ヲ重要産業トスル地方ト異リ保護的關税政策ハ農業器械、器具其他日需品ノ價格ヲ高ムルノミニテ何等保護税ノ恩恵ニ浴スルコトナシトテ保守黨ノ保護税政策ニ反對セリ是ヲ以テ一九一一年ノ總選擧ニテ元來保護貿易主義ニ反對セル自由黨大敗ノ際ニ於テモ該三州ニ於ケル自由黨候補者ノ當選者ハ政府黨ノ十八ニ比シ十七人ニ上リタル程ノ成績ヲ收メタリ然ルニ一九一七年擧國一致内閣ヲ題目トセル總選擧ニ於テ

ハ該三州ニ於テ政府黨ノ四十一人ニ對シ反對黨（卽チ政府ニ反對セル自由黨ノ一派）僅ニ二名ノ當選者ヲ出スニ過キサル慘敗ヲ受ケタルモ該總選擧ハ一意專念戰捷政策ヲ目的トスル問題ノ爲ニ戰ヒタル次第ニシテ關稅政策問題ノ如キハ暫ク高閣ニ束ネラレタル結果ナリト觀測スルヲ妥當トスヘシ

右ノ次第ナレハ前總選擧時代ニ於ケル國論其ノ目的ヲ達シテ戰捷ヲ得タル後ニ至リ戰時經濟施設ノ大激變ヲ釐革スルノ必要目前ニ迫ルノ秋ニ當リ農產物ノ價格ハ暴落シタルニ反シ他ノ日需品ノ價格ハ久シク戰時中ノ舊態ヲ維持シ容易ニ下落ノ模樣ナキ時機ニ臨ミ中原州ノ不滿不平ノ念カ益〻昂騰シ來レルハ固ヨリ當然ノ趨勢ナリトス

是ヨリ先一九〇〇年代ノ最初頃ヨリ該地方農業家ノ間ニ起レル政治運動史ヲ案スルニ議會ノ議員ハ商工業若ハ資本家又ハ知識的階級等都市住民ノ利益ヲ代表スルニ偏重シ地方農業家ノ利益ハ甚タシク閑却セラレタリトテ一九〇三、四年ノ頃ヨリ自家ノ利益ヲ進捗主張又ハ辯護スルヲ目的トセル農業團體前記三州ノミナラス人口最多繁榮ナル「オンタリオ」州ニモ組織セラレ會員ノ加入資金ノ醵出等急速力ニテ進行シ其組織ノ整備進退ノ步調等驚クヘキ進步ヲ遂ケ一九〇八、九年ニ至リ農民黨大會ヲ各地ニ開催シ廣汎ナル政綱政策ヲ議定シ明カニ政黨ノ色彩ヲ示シ來リ先ツ州議會議員ノ選擧ニ於テ自黨ノ候補者ヲ選出スルニ努メ一九一九年十月中ニ行ハレタル「オンタリオ」州々議會總選擧ニ於テハ農民黨比較的大多數ヲ占メ勞働黨ト提携シ以テ從來同州ノ政權ヲ相互ニ授受シ來レル自由、保守ノ兩黨ニ對峙シ內閣ヲ組織シ本年八月中「アルバータ」州々議會總選擧ニ於テモ農民黨選出議員過半數（總數六十一人中三十七人）ヲ得テ政權ヲ掌握スルニ至リ又中央政界ニ及ホセル影響ヲ案スレハ一九一七年聯立內閣組織ニ當リ農務大臣トシテ入閣セル「マニトバ」州出身「クリーラー」氏ハ從來自由黨員ナリシモ中原諸州農民黨ト極メテ密接ノ關係ヲ有シ同黨ノ發展上貢獻多キ人ニシテ關稅政策上自由貿易主義ナルヲ以テ此ノ點ニ於テ最初ヨリ首相及他ノ閣員ト意見扞格セリト傳ヘラレタリシカ其選出地方ニ於テ農民黨ノ氣勢前記ノ如ク昂上スルニ當リ其在閣ヲ許ササル事情切迫シ來レルモノノ如ク一九一九年六月中退閣歸鄕シ黨內他ノ有力者ト共同シテ力ヲ農民黨ノ發展ニ傾注シ之ヲ國民進步黨ト改稱シ次期ノ議會會期ニ於テハ政府黨及自由黨所屬議員十五、六人各自ノ黨籍ヲ脫退シテ國民進步黨ニ轉スルニ至リ爾來黨勢益々伸暢ノ形勢ヲ示セルニ因リ今回ノ總選擧ニ於テハ目醒マシキ活動ヲナシ政府黨及自由黨ノ强敵タルニ至ルヘシト豫期セラル

第五章　第四黨ノ擡頭

當國勞働運動史ヲ案スルニ勞働者ノ利益ヲ進捗スル爲團結セル勞働及職工「ユニオン」ノ組織ハ數十年來ノ歷史ヲ有スルモ專ラ經濟的運動ノ範圍ヲ出テス一九一九年ニ至リテハ「ウイニペック」市ニ於テ總罷工ノ手段ニ依リ暴力ニ訴ヘ之ニ參加セサル勞働團體ノ全權ヲ奪取スルト共ニ市政廳ヲ顚覆セント企テタルコトサヘアレトモ斯ハI.W.W.其他過激派ノ反逆ニ出テタルモノニシテ右鎭定ノ結果比較的穩健派勞働運動ノ牛耳ヲ執ルコトトナリ憲法的手段ニ依リテ目的ノ貫徹ヲ期スルノ論勝ヲ制シ是ニ於テ經濟的團體ノ外政治的ノ結黨ヲナシ其方面ニ大努力ヲ試ムルコトトナリ同年十月「オンテリオ」州々議會總選擧ニ當リテハ其候補者ヲ各區ニ選定シテ奮鬪ノ結果議員總數百十一人中一躍十一人ノ當選者ヲ出シ內閣組織ニ臨ミ農民黨ニ參加シ二名ノ閣員ヲ出スニ至レリ前記ノ如ク勞働派ノ氣勢昂上ノ際今回領議會ノ總選擧ニ接セル次第ナレハ客月下旬「ウイニペッグ」市ニ開カレタル全國加奈陀勞働大會ニ於テハ「加奈陀勞働黨」ナル新政黨ヲ組織シ總選擧場裏ニ奮鬪スヘキコトヲ公表シ且農民黨卽チ國民進步黨ト提携スヘキ意嚮ヲモ示シタレハ總選擧ノ結果或ハ政界ノ一勢力タルニ至ルヤモ測リ知ルヘカラス

第六章　加奈陀政界ノ前途

前述ノ事情ヲ綜合シ新聞紙ノ所報政客ノ意見等ヲ參酌考量スルニ加奈陀從來ノ二黨ハ增シテ四黨トナリ政府黨ハ去ル一九一一年以降拾ヶ年間政權獨占ノ結果人心倦ミ來リテ一變ヲ望ムノ輿情ナルニ加ヘ政府ノ施設ニ對スル不滿不平モ戰爭中必勝專心ノ好題目下ニ抑壓セラレ餘儀ナク忍耐シタル向モ近頃ニ至リテハ政界刷新ノ急務ヲ叫ヒ當局ノ更迭ヲ冀フノ感情瀰蔓シタレハ現首相「ミーエン」氏カ傑出ノ政治家トシテ人格、手腕、辯論等他ノ群星ニ比シ遙ニ卓越セルニ拘ハラス今回ノ總選擧ハ甚タシキ苦戰タルヲ免レサルヘク自由黨ハ擧國一致內閣組織ノ際黨內二分ノ創痍癒エサルノミナラス黨內ノ協調意ノ如クナラスシテ黨勢振ハス此際ニ當リ國民進步黨及勞働黨ノ二者新進氣銳動モスレハ相結合シテ舊兩黨多年間ノ情弊ヲ暴露シ攻擊シ以テ人心ヲ收攬シ敵壘ニ迫ラントスルノ氣勢アリ是故ニ今回總選擧ノ結果ハ未タ何人モ豫測ニ苦シム所ナリ首相「ミーエン」氏ハ總選擧ニ對シ先ツ政府ノ陣容ヲ整ヘンカ爲目下一部閣員ノ更迭ニ努力中ナルコトハ公然ノ祕密ニシテ其結果ハ近日中ニ發表セラルヘシト豫想セラル

第七章　加奈陀農民黨ノ成立及其政綱

一、總説

加奈陀ハ一八六七年聯合成立以來保守、自由二大黨對立シテ互ニ政權ノ授受ヲ爲シ時ニ第三黨乃至ハ四黨ノ出現ヲ見タル事ナキニ非ラサルモ何レモ強固ナル根底ヲ有セス殆ト論スルニ足ルモノナカリシ處最近ニ至リ農民ノ自覺ハ遂ニ組合運動トナリ一轉シテ政治的活動ニ入リ遂ニ政黨ヲ組織スルニ至レリ右新政黨ハ農民ノ組合運動ニ淵源シ人口ノ大多數ヲ占ムル農民ノ主張ニ根底ヲ置クニ依リ其基礎强固ニシテ政權極メテ明瞭ナルヲ以テ團結力頗ル强ク昨一九二一年領議會總選擧ニ於テハ議員總數二百三十五名中實ニ六十六名ノ農民黨議員黨選シ自由黨ノ百十七名ニ比スレハ尙劣ルト雖保守黨ノ五十名、獨立勞働ノ各一名ニ較フレハ遙カニ之ヲ凌ク而シテ聯合議會成立以來五十年二大政黨ノ對立ヲ以テ一貫シ來レル歷史ニ徵スル時ハ同政黨ノ出現ハ加奈陀政治史上ニ於ケル一大驚異ニシテ單調ナリシ政界ニ一波瀾ヲ惹起セルモノナリ而シテ多數黨タル自由黨モ絕對多數ヲ占ムル事能ハス從テ新國民進步黨ノ援助ヲ得ル事最モ緊要ナルニ依リ全黨カ自由內閣ノ政策ニ及ホス直接間接ノ影響些少ニ非サルハ疑ナキ處ナリ

他方當領內各州議會ニ於ケル各政黨ノ勢力ノ按配ヲ見ルニ自由黨ハ「ケベック」州東部沿海州地方竝B.C.州議會ニ於テ多數ヲ制シ農民黨ハ「オンタリオ」州竝中部平原地方ニ於テ多數ヲ制ス保守黨ハ何レノ州議會ニ於テモ多數黨タルヲ得サル有樣ナリ依是見是新黨タル農民黨ノ基礎相當ニ强固ナルモノアルト同時ニ保守黨ノ前途甚タ憂慮ス可キモノアルヲ看取シ得可シ然レトモ自由、保守ト稱スルモ其主張ニ於テ著シキ差アルニ非ス自由黨ノ自由貿易主義モ實ハ頗ル保守的ノ

モノニシテ爲ニ急進的農民黨ノ出現ヲ見タル次第ナルニ他方加奈陀ニ於ケル製造工業家ノ勢力亦侮ル可カラサルモノアリ彼等ハ勿論保護政策ヲ利益トスル故ニ現狀ヲ以テ遽カニ保守黨ノ前途ヲ悲觀スルハ尚早計タルヲ免レサル可シ況ヤ昨一九二一年度總選擧ニ於ケル保守黨ノ慘敗カ其主張スル保護政策ニ殉シタルモノニ非サリシハ何人モ首肯スル處ナルニ於テオヤ

或ハ說ヲ爲ナス者アリ現ニ自由黨ト稱スルモ其主張ハ頗ル保護政策的ニシテ同黨中ニハ寧ロ保守黨ニ近キ分子アリ同時ニ又頗ル急進的ニシテ其政見寧ロ進步黨ニ近キ者アリ從テ自由黨中保守的分子ハ去リテ保守黨ニ入リ急進的分子ハ走リテ進步黨ニ參シ此ノ如クニシテ政見ノ相違一層明白ナルニ大政黨ノ對立ヲ見ルニ至ル可シト說ク理論トシテハ兎モ角モ現在ニ於テハ未タ斯クノ如キ何等ノ徵象ヲ見ス從テ果シテ右ノ如キ事實出現スルト雖尚相當ノ年月ヲ要スルモノナル可シ蓋シ政界ノ事ハ頗ル複雜ニシテ容易ニ逆睹ス可カラサルモノアレハナリ

而モ他方ニ於テハ新政黨成立以來自由黨ト其政見頗ル一致セリトノ故ヲ以テ合同若クハ聯立內閣組織ノ議アリ自由黨首領「キング」氏ト進步黨首領「クレアラー」氏ノ意見ハ多クノ點ニ於テ一致セルヲ傳ヘラレタルモ自由黨ノ根據「ケベック」州先ツ此レニ反對シ他方農民側モ亦警告ヲ發スル處アリ遂ニ其議成ラス進步黨ハ第三黨トシテ議會ニ重キヲナシ嚴然トシテ政府黨ノ施設ヲ監視シツ

ヽアリ

二、加奈陀農民結社ノ濫觴

(イ)「オンタリオ」州

加奈陀ハ其隣邦米國ノ影響ヲ受クル事頗ル多ク其農民結社運動モ亦米國ノ例ニ倣ヒタルモノナルカ爾來加奈陀農民ノ異常ノ努力ト其指揮者宜シキヲ得タル結果經濟的ニ於テモ政治的活動ニ於テモ出藍ノ譽アルニ至レリ抑モ米國ニ於テハ一八六七年十一月各州ノ農民華府ニ會シ其利益增進ヲ目的トスル Patrons of Husbandry ナル組合ヲ組織シ其支部ヲ各地ニ設置シ之レヲ Grange ト稱シタルカ右支部ハ加奈陀「オンタリオ」州内ニモ數個所ニ設ケラレタルニ依リ遂ニ一八七四年ニ至リ加奈陀内ノ支部相會シ加奈陀農民組合ヲ組織スルニ至レリ之レ加奈陀ニ於ケル農民結社ノ濫觴ナリトス

然ルニ米國ニ於テハ別ニ Patrons of Industry ナル結社成立シ前者カ單ニ農民相互ノ利益擁護ヲ目的トシ嚴ニ政治運動ヲ禁止シ居ルニ反シ後者ハ政治的活動ニ依リ其權利伸暢ヲ計ラントセルカ右 Patrons of Industry「オンリタオ」州ニ輸入サルルヤ忽チ二百ノ小團體成立シ一八九〇年二月ニハ

「オンタリオ」聯合組合ノ成立ヲ見更ニ翌九一年ニハ「マニトバ」州ニモ同種ノ組合創立セラレタリ斯クテ一八九六年ノ領議會總選擧ニハ「オンタリオ」州ヨリ四名「マニトバ」州ヨリ二名ノ同派議員選出セラレタリ此レ右運動ノ最盛期ニシテ其後ハ此運動モ漸次凋落シ一九〇二年州議會總選擧ニ於テハ同運動ノ本據タル「オンタリオ」州ニ於テスラ一人ノ同派議員ノ選出ヲ見サルニ至リ同運動モ全ク影ヲ失フニ至レリ

Patrons of Industry カ其當初ニ於ケル活動ノ華カナリシニ反シ一朝ニシテ其姿ヲ沒シテヨリ「オンタリオ」州ニ於テハ Grange ノ殘黨僅カニ存スル己ナルニ中部平原州地方ニ於ケル農民組合ハ農民ノ利益增進ニ關シ着々成功シ來レルヲ以テ同州ニ於テモ强固ナル團結ヲ必要トスル聲盛ニシテ遂ニ同州內各地ノ小團體ハ各其代表ヲ「トロント」市ニ送リ一九一四年三月「オンタリオ」州農民組合 (United Farmers of Ontario) ヲ組織シ同時ニ現「オンタリオ」州首相 E. C. Drury 氏第一回ノ組合長ニ推擧セラレタルカ同組合ハ爾來一方ニ於テ農民共益會社 (the United Farmers' Co-operative Trading Co. Ltd.) ヲ經營シ他方ニ於テハ州竝領議會ニ其代表議員ヲ送リ農民ノ權利伸暢ニ努メツヽアリ

（ロ） 平原州地方農民結社

加奈陀農民組合發達史ノ劈頭ヲ飾ルハ「オンタリオ」州ナルカ其後同州內諸種組合ノ間ニ起伏アリ未タ强固ナル統一ヲ見サル間ニ中部平原州地方ニ於テハ農民ノ自力ニヨリ農民組合ノ順調ナル發達ヲ見遂ニ今日ノ隆盛ヲ見ルニ至レリ

抑モ中部平原州地方ハ加奈陀ニ於ケル最大ナル農產地ナル處農民ノ間ニ何等連絡ナク諸般ノ點ニ於テ多額ノ損害ヲ蒙リツヽアリタルカ遂ニ一九〇一年ニ至リ「サスカチエワン」州ノ一小村ニ於テW. R. Motherwell（現領政府農務大臣）ナル者 Territorial Grain Growers Association ヲ設定シ農產物ノ輸送ニ關シ當時橫暴ヲ極メタル鐵道會社ニ對抗シ團體ノ力ニヨリ之カ反省ヲ促シ地方農民ノ利益增進ヲ計ラントセリ此レ平原州地方ニ於ケル組合運動ノ萌芽ナルカ爾來ノ農民モ此ノ實例ニ鑑ミ其利益擁護ハ農民自身ノ團結ニ俟ツノ外ナキヲ自覺スルニ至レリ

隣州「アルバータ」ニ於テモ諸種ノ小團體ノ設立ヲ見タルカ一九〇九年一月此等小團體會合シ「アルバータ」州農民聯合（The United Farmers of Alberta）ヲ組織シ漸次政治的運動ニモ執掌スルニ至レリ

「マニトバ」州ニ於テハ一九〇三年始メテ農民組合ノ成立ヲ見タルカ嚮ニ Patrons of Industry ノ失敗セルニ鑑ミ組合ノ目的ハ「農民ノ分理的ナル利益保護竝農村ノ開發」ニアリトシ政治運勞ニ觸ル

ル事ヲ嚴ニ禁シタリ
然ルニ他方米國「テキサス」州綿花耕作者間ニ於テハ一九〇二年營利事業ヲ兼營スル生産者組合設立セラレ好成績ヲ收メ來レルニ依リ加奈陀ニ於テモ右組織ニ範ヲ取リタル一大組合ヲ創立セン事ヲ提唱セル者アリ一九〇六年七月「ウエニペック」市ニ於テ Grain Growers' Grain Co. ナル會社ノ成立ヲ見タリ同會社ハ T. A. Crerar（後進歩黨首領トナル）ヲ社長兼總支配人トスルニ及ヒ其卓越セル手腕ニヨリ社運隆々トシテ興リ一九一二年ニハ領政府所有ノ Terminal Elevaters ノ賃借權ヲ獲得シ之レニ依リ運輸上ノ設備全キヲ得同年ヨリ六年間ニ會社ノ取扱ヘル穀物一億一百萬「ブツシエル」ニ及ヒタリ一九一七年ニハ同會社ハ「アルバータ」州ノ Alberta Farmers' Co-operative Elevator Co. ト合同シ社長ニハ當時領政府農務大臣トナリタル「クレアラー」氏ヲ推シ資本金五百萬弗平原三州ヲ通シ穀物「エレベーター」ヲ所有スル事二〇六、同賃借一三七、穀物倉庫ヲ所有スルコト二二三同賃借八竝石炭倉庫ヲ一八一ケ個所ニ所有シ其他家畜置場等ヲ必要ノ各個所ニ設置シ既ニ合同當年ニ於テ純益四十四萬一千七百六十弗ヲ擧ケ現ニ三萬六千人ノ農民株主ヨリ成ル會社組織トシテ中間商人ヲ排シ農民ノ組合ニヨリ直接市場ニ搬出スルノ理想ヲ實現シツヽアリ一九一四年ニハ穀類輸出會社ヲ附設シ紐育及「ウエニペック」ニ營業所ヲ置キ一九二〇年度ニ於テハ約八千六百萬「ブッシエル」ノ穀物ヲ取扱ヒ一年五十五萬三千弗ノ純利ヲ擧ケ同種農民組合中尤モ良好ノ成績ヲ收メタリ社長「クレアラー」氏ハ從來何等政治的經歷ヲ有セサリシカ一九一七年時ノ首相「ボーデン」氏ハ農民ヲ背景トシ加奈陀最大ノ穀物會社ヲ經營スル「クレアラー」氏ノ勢力ト手腕トニ依賴スルヲ必要トシ斷然戰時聯立內閣ニ於ケル農相ノ椅子ヲ與ヘタリ

而シテ各地ノ農民組合ハ漸次合同ノ氣運ヲ示シ來レルカ此形勢ヲ助長シ最モ力アリタルハ the Grain Growers' Guide ナル新聞ニシテ同紙ハ當初 the Grain Growers' Grain Co. ノ創立者「パルトリッヂ」氏カ月刊トシテ創刊シタルモノニシテ其目的トシテ宣明スル處ハ「農民ニ關スル經濟社會問題ヲ討究シ農民ノ利益增進ノ爲相互ノ協力ヲ大ニス」ト云フニ在リ一九一〇―一一年ノ米加互惠關稅協定ニ關シ中西部ノ輿論ヲ糾合シ遂ニ右協定促進方ニ關シ八百ノ農民代表ヲ「オタワ」ニ送レルカ如キ其勢力ノ一斑ヲ示スモノナリ

三、農民結社ノ聯合ト其政治的活動

（イ） 加奈陀農業評議會ノ活動

中部平原州地方ニ於テハ一九〇一年以來各地ニ農民組合ノ設立ヲ見東部「オンタリオ」州組合運動

ト提携セントスル形勢ヲ生シタルカ一九〇九年「トロント」市ニ於ケル Grange ノ定期總會ニハ中部地方ヨリモ代表者出席シ遂ニ加奈陀各地ノ農民組合ヲ統一シ此レカ中央機關タル可キ加奈陀農業評議會（the Canadian Council of Agriculture）ノ成立ヲ見ルニ至レリ然レトモ其後ニ至リ營利事業ヲ經營スル組合モ續出シ結社ノ數モ頗ル增加シ從テ凡テ此等ヲ包含センカ爲ニハ舊規定カ頗ル狹隘ナリシヲ以テ一九一六年ニ至リ遂ニ同評議會ノ一大革新ヲ行ヒ一大大同團結ヲ見ルニ至レリ於茲同評議會ハ中部平原州ニ於ケル六代表組合「オンタリヲ」農民組合竝「ニウ・ブランス・ウイツク」農民組合ヲ網羅シ會員實ニ九萬人ニ達シ前評議會會長 E. C. Drury 氏、書記長トシテ專ラ諸般ノ庶務ニ鞅掌シ「マニトバ」州ノ「マックエーグ」氏ヲ新ニ會長ニ推擧シ同年十二月農民政綱ヲ制定シテ農民ノ主張スル處ヲ明ニスルト共ニ今後政治上ニ於テモ積極的ニ活動スルノ勢ヲ示シタリ

（ロ） 農民政綱

一九一六年ノ農民政綱ハ各州ニ於テ各々僅少ノ修正ヲ行ヒタル上平原三州竝「オンタリヲ」州ノ代表的農民組合ニ於テ採擇セラレタルモ歐洲大戰ノ終熄スルト共ニ國內ニ於テモ改造ノ聲各方面ニ唱導セラルルニ至リ農民モ其政綱ニ一大改變ヲ斷行スルノ必要アリトシ一九一八年十一月二十九

日「ウエニペツク」市ニ於ケル加奈陀農民評議會總會ニ於テ農民黨ノ國家政策ニ關スル一大政綱ヲ決定スルニ至レリ

農業評議會ノ農民政綱ニ對スル說明

加奈陀農業評議會カ右農民政綱ヲ公表スルニ當リ農民側ノ立場ニ付說明スル處ニヨレハ「農民政綱ハ唯ニ農民已ナラス一般加奈陀市民ヲ正當ナル經濟的、政治的竝社會的基礎ノ上ニ安住セシメン事ヲ目的トシテ制定セルモノナリ抑モ加奈陀ノ經濟的組織ヨリ之レヲ見レハ賃銀勞働者、大工諸種從業員及商人ハ農民階級ト殆ント同一ノ立場ニアリ從テ彼等ハ亦農民ト協力以テ經濟的社會的改造ノ爲努力ス可キモノナリ蓋シ農民政綱ハ階級鬪爭ヲ惹起シ又ハ階級ノ利已的目的ヲ達成セントシテ作製セラレタルモノニ非サレハナリ」トテ農民黨カ單ニ農民階級ノ利益已ヲ目的トシテ成立シタルモノニ非ス社會ノ大多數ヲ占ムル賃銀勞働者ノ利益擁護ノ爲社會改造ヲ企圖セルモノナルヲ宣明シ廣ク勞働者階級ヲ誘引シ他日政黨トシテ活動スルノ基礎ヲ築カントセリ同時ニ農民黨ノ團結活動漸ク著明トナルヤ既成政黨其他ノ方面ヨリ此ノ新事例ハ加奈陀ヲ階級鬪爭ノ渦中ニ投スルモノナリトノ反對ヲ受クル事多ク愈々政黨成立スルニ及ヒ保守黨ノ首領「ミーエン」氏ハ「ボルシエビキー」ナリト攻擊シタル事アリ此批評ハ痛ク進步黨ノ神經ヲ刺激シタルモノノ如ク本宣言ニモ說明シタル通決シテ階級鬪爭ヲ目的トスルモノニ非サルヲ述ヘ遂ニ「ミーエン」氏ヲシテ巷間傳ヘラルルカ如キ言ヲナシタル事ナシト取消的聲明ヲナサシメタル事アリ
右農民政綱ハ其儘國民進歩黨ノ政綱トシテ採擇セラレタルモノナルニ付左ニ其大要ヲ摘記シ以テ同黨ノ主張ヲ明ニセントス

一、國際關係

國際聯盟ヲ支持シ此レニ依リ國際紛爭ノ禍根ヲ芟除シ世界ノ永久的平和ヲ確保ス可シ

二、英本國トノ關係

大英帝國ノ發展ハ各屬領ヲ自由ニシテ平等ナル國家間ノ關係ニ置クニ依リテ期セラル從テ吾人ハ帝國ノ統治ニ關シテハ如何ナル形式ニ於テモ中央集權主義ニ反對ス吾人ハ各自治領並屬領ヲ統一支配ス可キ獨立權力ノ設定ヲ以テ各屬領ノ民主々義ニ害惡ヲ與フルモノナリト認ム

三、財政並關稅政策

戰時國債其他財政上ノ負擔ヲ輕減センカ爲ニハ天然資源ノ開發殊ニ農業ノ奬勵發達ヲ必要トス又英本國トノ特惠關稅率ヲ漸減シ生活費ノ低下ヲ計ルコト緊要ナリ

保護關稅政策ハ（イ）物價ヲ騰貴セシメ（ロ）農具ヲ高價ナラシメ（ハ）特權階級已ヲ保護シ（ニ）政治界ヲ腐敗セシメ且國民道德ヲ低下セシムルモノト認ムルニ依リ左記列記ノ通關稅法ノ改正ヲ提唱ス

（イ）關稅定率ノ一般的引下

（ロ）英國トノ特惠關稅定率ヲ一般定率ノ五割減トシ爾後五年内ニ完全ナル自由貿易ヲ採用スル事

（ハ）一九一一年米加互惠關稅取極ヲ實施スル事

（ニ）米加互惠取極ニ列記セラレサル食料品ヲ無稅品トスル事

（ホ）農業用機械器具竝其製作原料品ヲ無稅品トス

（ヘ）他國トノ協定稅率ハ之レヲ英本國ニモ適用ス

（ト）關稅政策ニ依リ保護ヲ受クル製造會社ハ毎年正確ナル利益精算書ヲ公表ス可シ

（チ）關稅ニ依ル保護政策ヲ或種ノ產業ニ適用セントスル時ハ凡テ領議會特別委員會ニ附議ス可シ

右關稅引下ニ基ク政府收入ノ減少ハ左記各項ニ依リ補塡ス可シ

（イ）天然資源ヲ包藏スル未耕作地ノ價格ニ對シ直接國稅ヲ賦課ス
（ロ）所得稅ノ累進的賦課
（ハ）大所有地ニ對スル累進的相續稅賦課
（ニ）會社ノ所得ニ對スル累進的賦課
（ホ）會社ニ對スル所得稅賦課ノ標準タル可キ利潤ハ當該會社ノ拂込濟資本ニ對スル割合ニ依リ查定ス可シ
（ヘ）王領タル天然資源ハ短期契約ノ貸付ヲナス可ク一切讓渡セサル事

四、社會政策

（イ）歸還兵ノ保護ニ關シテハ特別ノ考慮ヲ加フル事
（ロ）戰後農業問題重要トナレルニ鑑ミ領及州政府竝地方自治團體ハ之カ解決ニ關シ努力ス可シ
（ハ）土地ノ賣買價格ニ關スル規定ヲ設ケ土地ヲ所有シ乍ラ適當ノ利用ヲ怠ル時ハ當該所有地ノ賣買價格ヲ公定シ且課稅モ當該評準ニ依リ賦課セラル可シ
（ニ）中間商人ノ介入ヲ制限シテ食料品ノ安價供給ヲ計ル爲消費組合ト連絡シテ生產者組合ヲ

發達セシムル事

（ホ）鐵道、水運及航空機ニ依ル運輸、電話、電信、運迸機關、自然的動力竝炭坑ノ公有ヲ實施スル事

五、內政問題

政治上ノ民主々義ヲ撤底セシムル爲左ノ各項ヲ勸告ス

（イ）戰時選擧法ノ卽時撤廢

（ロ）加奈陀市民ニ對スル「タイトル」授與ノ廢止

（ハ）領議會上院制度ノ改革

（ニ）總督令ニ依ル政府機關ノ擴張ヲ停止シ及立法ニ於ケル議員各個ノ責任ヲ增大ス可シ

（ホ）緣故ニ依ル官吏採用ノ廢止

（ヘ）選擧運動費ノ公表

（ト）戰時新聞檢閱法ヲ廢止シ同時ニ言論ノ自由ヲ卽時囘復ス可シ

（チ）日刊新聞及定期刊行物ノ所有竝經營狀態ニ關シ一般ニ公表ス可シ

（リ）比例代表制度ノ採用

（ヌ）「イニシエーテブ」、「レフエレンダム」及「レコール」ニ依ル直接立法制度ノ採用

（ル）婦人被擧權ノ設定

右農民政綱カ一九一八年十一月「ウエニペック」市ニ於ケル農業評議會總會ニ於テ採擇セラルルヤ同總會ニ出席セル農民組合ノ代表ハ歸リテ各自所屬ノ組合ニ報告シ相前後シテ何レモ採擇スルニ至レルカ尚同總會ニ代表者ヲ送ラサリシ州ニ於テモ漸次右政綱ヲ採擇スルニ至レリ但シ右政綱ヲ採擇スルニ當リテハ組合ニ依リ些少ノ修正ヲ施シタルモノアリ其ノ主要ナルモノヲ列記スレハ左ノ如シ

一、「オンタリオ」州農民組合（U. F. O.）ハ「米國ニシテ加奈陀ヨリノ輸入税率引下ヲナス時ハ加奈陀モ亦同様ノ引下ヲナス可シ」トノ一項ヲ追加シ

二、「アルバータ」州農民組合（U. F. A）ハ「急激ナル累進的所得税ノ賦課卽チ年收二千弗ニ對シテハ二％一萬弗ニハ十％十萬弗以上ニハ五十％迄ヲ賦課ス」トノ一項ヲ追加シ

三、其他肉類製造會社ノ國有若クハ禁酒令强行案ノ項目ヲ追加セルモノアリ

然レトモ結局農民政綱ハ各州農民組合ノ容ルル處トナレリ

（ハ）農民婦人結社ノ成立

農民結社ノ基礎漸ク强固トナリテ其勢力隆盛トナルヤ農民婦人間ニモ亦結社設立ノ議起リタリ於茲一九一二年「マニトバ」農民組合(Manitoba Grain Growers Organization)ハ率先シテ婦人ノ加入ヲ許シ翌一九一三年ニハ「アルバータ」州農民組合(U. F. A.)亦其例ニ從ヘリ他方婦人側ニ於テモ主トシテThe Grain Growers' Guide紙ノ一婦人記者ノ主唱ニヨリ漸ク其議熟シ同年男子ト獨立ニ一婦人結社ノ創立ヲ見ルニ至レリ爾來「アルバータ」、「マニトバ」、「オンタリオ」等各州ニ農民婦人結社ノ成立ヲ見其活動モ亦漸ク廣汎トナリ來レルヲ以テ加奈陀農業評議會ノ先例ヲ踏襲シ一九一九年一月加奈陀聯合婦人會ヲ設立シ同年四月「ウエニペック」市ニ加奈陀農業評議會總會開催セラルルヤ同時ニ同地ニ於テ聯合婦人會ノ大會ヲ開キ農民黨政綱ノ採用ヲ可決シタル外婦人移民問題ニ關スル討議行ハレ結局「農村ニ於テハ家庭內助ノ爲婦人ヲ必要トスル事切實ナルニ鑑ミ婦人移民募集ノ爲農業婦人委員ヲ英國ニ派遣シ農業ニ堪フ可キ婦人ノ移入ヲ計ル事緊要ナリト認ム」トノ決議案ヲ可決シ領政府移民大臣ニ請願スル處アリタリ斯クテ婦人結社ハ男子組合ト相協力シ農民婦人ノ地位向上ノ爲努力スルニ至レリ

(ロ)　農業評議會ノ政治的活動

農民組合ハ元來經濟的結合ナルカ故ニ其團結極メテ强固ニシテ從テ又政治思想ノ一致點極メテ明

瞭ナルニ依リ政界ニ活動ヲ開始シテヨリ漸次確固タル地歩ヲ占ムルニ至レリ其當初ニ於テハ關稅ノ引下、自由貿易竝米加互惠關稅ノ主唱ニ於テ自由黨ト一致スル虞アリタルニ依リ是レト提携シ其主張ノ實現ヲ計ラントシタル事アリシモ其後漸次自力ヲ以テ政界ニ立タントノ思想勢力ヲ占メ來リ「クレアラー」氏カ關稅問題ニ關シ戰時聯立內閣ヲ退キテ以來ハ愈々明瞭ニ既成政黨ト離レ獨力政界ニ活動セントスル傾向ヲ生シタリ

「オンタリオ」州ニ於テハ一九〇〇年ノ頃農民ノ政治的活動一時頓坐スルニ至レルカ「オンタリオ」州農民組合(U. F. O.)成立スルニ及ヒ機關新聞 The Farmers' Sun ヲ發行シテ其主張ヲ宣明シ政治活動ノ色彩漸次濃厚トナリ來レリ

中部地方ニ於テ「アルバータ」州先ツ米國農民結社中ノ過激分子ノ影響ヲ受ケ第一ニ政治的活動ヲ開始シ「サスカチエワン」州ニ於テハ農民組合ノ創立者ナル「マザーウエル」農民ノ政治的自覺ニ努力シ其他各州ニ於テモ同樣ノ運動アリ他方領政府モ此等農民ノ勢力ヲ無視スル事能ハサルニ至レルヲ以テ遂ニ其頭領「クレアラー」氏ヲ戰時聯立內閣ノ農相ニ任セリ斯クノ如クシテ農民ノ政治的自覺ハ漸次向上シ來レルカ一九一九年三月「アルバータ」ニ於ケル農民組合總會ハ政治的活動ノ必要ヲ認メ次期總選擧ニハ農民自身ノ候補者ヲ各選擧區ヨリ推戴シ此等政治的活動ノ爲二十

八萬弗ノ基金ヲ設ク可キ旨決議シ翌四月ノ加奈陀農業評議會モ各地方組合ノ政治活動ヲ推奬セリ同年十月ニハ「マニトバ」州農民組合總會ハ其政治的活動ノ準備トシテ選擧民敎育ノ爲四十回ニ亙ル巡回講演會ヲ開催ス可キヲ決議セリ農民ノ自覺既ニ斯ノ如クナルニヨリ同年ニ於ケル各地補缺選擧ニ於テハ農民候補者ノ活動目覺シキモノアリタリ殊ニ「サスカチエワン」及「アルバータ」ニ於テハ最モ激烈ヲ極メ就中「サスカチエワン」州農民團體ノ領袖「マザーウエル」氏ハ聯立内閣ノ徴溫的政策ニ反對シ農相ノ地位ヲ拋擲シタル程急進的ニシテ而モ同州ニ於ケル元老タルニ拘ラス自由黨ニ籍ヲ有ストノ一點ニ於テ選擧民ノ同情ヲ失ヒタル結果無名ノ一農民候補者ト爭ヒタルモ二千票對七千票ノ大差ヲ以テ無慘ナル大敗ヲナシタリ尚同年十月ニハ「オンタリオ」州議會ノ總選擧アリ農民黨最大多數黨タルニ至レリ斯クテ一九二一年ハ恰モ領議會ノ總選擧ニ當ルヲ以テ二〇年一月六日「ウエニペツク」市ニ「オンタリオ」、「マニトハ」、「アルバータ」、「サスカチエワン」及「ニウブランスウイク」各州ノ農民組合代表者相會シ次期總選擧ニ於テハ農民政綱ノ實行ヲ期センカ爲極力同派議員ノ選出ニ努力ス可キ事各地農民ノ政治運動ハ暫ク各州ノ組合ニ一任ス可キ事及農民政綱ハ將來新國民政策ト稱ス可キ事ヲ決議シ斯クテ愈々一九二一年領議會總選擧ニ於テ其勢力ヲ檢ス可キ時トナレリ各州農民組合ハ各選擧區ニ付其候補者ヲ推薦シ「クレアラー」氏自ラ陣頭ニ立チテ各州ニ轉戰遊說シ農民政綱ヲ基礎トシ關稅引下自由貿易ヲ眞向ニ翳シ旣成政黨カ何レモ商工業家ト因緣ヲ有シ從テ何レノ政府モ或ハ補助金ヲ交附シ若クハ保護關稅政策ヲ採リテ一部工業家ノ保護ニ吸々トシ國民ノ多數ヲ占ムル消費者タル勞働者及農民ノ生活ヲ脅威スルノ非ヲ指摘シ各政黨ハ空シク其選擧費用ノ額竝出所ヲ明瞭ニス可キヲ要求シタルカ十月十七日ノ宣言書ニ於テハ最モ簡明ニ其主張ヲ述ヘタリ曰ク「抑モ加奈陀ノ富源ハ何レニアリヤ天然資源ノ開發ニ存ス原料品ヲ輸入シ政府ノ保護ニヨリ製造品トスル工業ニハ存セサルナリ從テ保護政策ハ單ニ少數ナル資本家ヲ利スルノミ吾人ハ於玆生活費低下ヲ目的トスル關稅率引下竝農民保護ヲ目的トスル農業用具ニ對スル關稅免除ヲ主張シ其批判ヲ國民ニ問ハントス」トカクテ總選擧戰ニ於ケル農民ノ活動頗ル目覺シク其勢力亦侮ル可カラサルモノアリシカ保守、自由ノ二大政黨ハ旣ニ歷史的地盤ヲ有スルニヨリ農民ノ活動カ何程迄ノ收獲ヲ得可キカハ頗ル疑問トセラレ居リタル處總選擧ノ結果ハ代議士總計二百三十五名中自由黨ノ百十七名、保守黨ノ五十名ニ比シ農民議員ハ實ニ六十六名ノ當選ヲ見ルニ至レリ由來加奈陀ハ二大政黨ノ對立ヲ以テ一貫シ來リ第三黨時ニ出現シタル事アルモ殆ト問題トスルニ足ラサリシカ今回ノ總選擧ニ依リ中央政界ニ始メテ出現シタル第三黨カ一擧ニシテ二大政黨ニ伍

スルニ至レルハ當領未曾有ノ事例ナリトス

四、國民進歩黨ノ成立

（イ） 成立以來ノ活動

農民組合ハ既ニ加奈陀農業評議會ナル統一機關ヲ有スルモ未タ政黨トシテノ組織ナカリシ處這般ノ總選擧ニ於テ一擧六十六名ノ多數ヲ得ルニ至レルヲ以テ議會開會間モナク一九二二年三月三日新政黨ヲ組織シ「クレアラー」氏ヲ院内總理ニ推戴シ國民進歩黨ト稱スル旨發表セリ新政黨組織ノ發表アルヤ當日午後ノ議場ニ於テハ保守、自由兩政黨ヨリ階級鬪爭ヲ目的トストノ理由ニ依リ攻擊演說ヲ浴セラレタリ

然レトモ自由黨首領「マツケンジー、キング」氏ハ其政見ニ於テ進歩黨ト大ナル懸隔ナシト稱セラレ且自由黨ハ議會ニ於テ絕對多數ヲ占ムル事能ハサリシニ依リ其內閣ヲ組織スルニ當リ進歩黨首領「クレアラー」氏ニ入閣方ヲ交涉セリ兩者會見ノ結果ハ遂ニ交涉不調ニ終リタルカ「クレアラー」氏ハ右會見ノ結果ニ關シ「キング」氏ノ政見中或點ニ就キテハ贊成シ難キ處アルモ其胸中ニハ自由主義ノ精神横溢セルヲ見タリト語レル由ニシテ遂ニ其入閣ハ實現スルニ至テサリシカ公認《オフイシャル》反《アツ》

對黨首領《ポジツト、リーダー》トシテ當然受ク可キ年俸ハ之レヲ辭退シ政府黨ニ對シ好意的中立ノ態度ヲ持スルコトセリ客年末ニ於テモ「クレアラー」氏入閣說起リタル模樣ナル處兩黨首領ノ接近ニ拘ラス自由黨ノ本據ナル「ケベック」州ニハ自由黨中ノ保守的分子多ク又進步黨ノ根據ナル平原州ハ頗ル急進的ナルニ依リ自由黨ト合同スルヲ好マス雙方共ニ聯立內閣ノ組織ニ反對シ今ノ處之カ實現ヲ見ル事困難ナル事情ナルニ加ヘ農民側ニ於テハ進步黨ノナス處ナキニ對シ不平ノ聲アリ又進步黨內ニ於テモ首領「クレアラー」氏一派ノ溫和漸進主義ニ快カラサル分子アリ於玆中部平原州地方ニ於テハ「アルバータ」州ノ「ウッド」氏、「オンタリオ」州ニ於テハ「モリソン」氏等同黨內ノ急進派先鋒トシテ幹部側ニ反抗シ來レルカ同黨首領「クレアラー」氏ハ元來政治的野心稀薄ナルニ加ヘ戰後同氏ノ精力ヲ傾倒シ來レル穀物會社モ多大ノ打擊ヲ受ケ之レカ爲同氏ノ手腕ニ俟ツヨリ外ナキニ至レル處他方前記現急進派側ヨリハ「クレアラー」氏カ「アニトバ」州農民組合穀物會社ノ社長タル現職ヲ有シツツ進步黨ヲ指揮スルハ當ヲ得タルモノニ非ストノ攻擊アリタルヲ以テ同氏モ遂ニ同黨首領ノ地位ヲ辭スルニ決シ同時ニ爾後一切政治界ヨリ隱退ス可キヲ宣言セル趣ナル處同氏ノ辭職ハ客年十一月「ウエニペック」市ニ開催セラレタル同黨委員會ニ於テ承認セラレタリ

斯クテ新首領ノ選擧ニ關シテハ急進派、溫和派ノ間ニ激烈ナル競爭ヲ見タルカ結局溫和派ノ

Robert Fork氏(「マニトバ」州選出下院議員)議會ニ於ケル首領ニ推サレ「クレアラー」氏ニ代リ同黨ヲ指揮スル事トナレリ同時ニ同委員會ハ進歩黨カ單ニ農民ノ利益ノミヲ主張スルモノニ非スシテ同黨カ嚮ニ宣明セル國民政綱ニ依リ同一ノ理想政見ヲ把持スル各階級ノ人士ヲ網羅ス可キ國民的政黨ナル事ヲ更メテ宣明シ尚從來ノ各州ニ於ケル農民黨ノ唯一ノ連絡乃至統一機關タリシ加奈陀農業評議會ハ本來政治的機關タル性質ヲ有スルモノニ非サルヲ以テ近ク大會ヲ開催シテ進歩黨ノ中央機關ヲ創立ス可キ旨ヲ決議セリ

如斯ニシテ農民ノ利益ヲ專ラ主眼トスル急進派ノ主張破レ「クレアラー」氏ノ執リ來レル國民政黨ノ基礎ニ於テ進ム事トナリ同黨成立以來ノ一大波瀾モ比較的順調ニ一般落ヲ告ケタルノ觀アリ

然トモ同黨ノ基礎未タ確固ナラサルニ創業ノ士「クレアラー」氏ヲ失ヘルハ同黨ニ取リ一大損失タルハ言ヲ俟タサル處ナルカ又各州農民組合ハ右「マニトバ」州ト同樣穀物取引會社ヲ經營シ居レル處右會社株主中ニハ進歩黨ニ屬セサル者乃至農民組合ノ政治運動ニ快カラサルモノアリ此等ノ分子ハ右組合カ其附屬營利會社收入ノ一部ヲ以テ政治運動ノ資金ニ充當セルヲ攻撃シ居リ加之戰後此等組合經營ノ營利事業ハ寧ロ損失ヲ見ルニ至レルヲ以テ農民ノ間ニ於テモ漸ク組合運動乃至政治運動ニ對スル不滿ノ聲ヲ聞クニ至レリ又客年末ニハ進歩黨議員二名同黨ヲ脫シ自由黨ニ加入ス

可キヲ宣言セリ

如斯看シ來レハ同黨ノ將來ニ關シテハ相當ノ曲折波瀾ヲ免レサル可キモ既ニ各地方ニ於ケル同黨ノ基礎頗ル强固ナルモノアリ且其政見ノ一致點亦極メテ明瞭ナルニ依リ同黨ノ將來ハ必スシモ悲觀ス可キモノニ非サル可シ

（ロ） 各州ニ於ケル農民黨ノ勢力

然ラハ農民黨ハ各州ニ於テ如何ノ勢力ヲ有スルヤ今主要各州ニ就テ此レヲ檢ス可シ

「オンタリオ」州

「オンタリオ」州議會ニ於テハ未タ何レノ黨モ絶對多數ヲ占メタル事ナク只同州カ本來保守黨ノ根據地ト見做サレ居リタル處丈ニ一九一九年當時ノ州議會ニ於テハ保守黨七六、自由黨二九、農民黨三名ナリシ處同年州議會總選擧ノ結果ハ形勢全ク一變シ農民黨四五、自由黨二九、保守黨二五、勞働一一、獨立一名トナレリ斯クテ農民黨多數黨トナリ內閣ヲ組織スル事トナレル處當選議員中ニハ一人ノ法律家モナク檢事總長ノ人選ニハ頗ル當惑シタル程ナルカ結局同州農民組合（U. F. O.）ノ首領「ドルソー」氏首班ノ下ニ農民黨內閣ヲ組織セリ

中部平原諸州

平原州モ亦農民黨發祥ノ地ナルカ故ニ其勢力漸次蔓延シ來レリ「アルバーク」州ニ於テハ自由黨内閣前後十六年間其政權ヲ掌握シ勢力牢トシテ拔ク可カラスト稱セラレタルニ不拘一九二一年州議會總選擧ノ結果ハ農民黨三十九、自由黨十四、勞働四、獨立三、保守黨一名トナリ農民黨内閣ヲ組織スルニ至レリ

「マニトバ」州モ從來自由黨ノ地盤ト目サレ大正十年(一九二一)ニ於テハ自由黨二一、保守黨七農民一一ノ議席ヲ有シタル處一九二二年州議會總選擧ノ結果ハ農民黨二一ノ議席ヲ占メ自由黨年來ノ勢力一朝ニシテ顚覆シ農民黨内閣成レリ

「サスカチヱワン」州ニ於テハ首相「マルチン」氏自身ハ自由黨ニ屬スルモ施政ニ於テハ全然農民側ニ與シ政府ハ同州ニ於テ二萬ノ農民株主ヨリナル Saskatchewan Co-operative Elevator Co. ト協力シ議會ニ於テモ農民黨ノ援助ヲ受ケ漸ク其地位ヲ持續シ居ル有樣ニシテ中部平原諸州ハ今ヤ農民黨ノ勢力下ニアリト云フモ過言ニ非ル可シ

其他ノ各州

其他ノ各州ニ於テモ農民ハ漸次農民組合運動ニ刺激セラレ結社ヲ創立シ政治運動ニ歩ヲ進メツツアルモ未タ日淺クシテ十分勢力ヲ得ルニ至ラス僅カニ「ニウブランスウイク」及「ノヴアスコチヤ」

兩州議會ニ於テ農民黨議員六名ヲ有スル外議會ニ於テ代表セラルル勢力ナシ蓋シ此等各州ハ「オンタリオ」若クハ平原三州ト事情ヲ異ニシ農業ノ外漁業礦業等ノ産業ニ從事スル者多キニ依リ農民組合運動モ比較的遲々トシテ發達セサリシカ今ヤ此等各州モ漸ク組合運動ニ自覺シ他州ト連絡シテ其團結ト勢力ノ扶植ニ盡瘁シツツアルヲ以テ黨領農民ノ結社運動ハ將來一段ノ發展ヲ見ル可キモノト觀察スルヲ得可ク且ツ此等結社運動ト進歩黨トノ關係密接ナル點ヨリ考慮スル時ハ其黨勢ノ前途ニ關シテモ相當期待シ得可キモノアリト信セラル　（終リ）

第十編　希臘

（大正十一年十一月調）

第十編　希臘國ノ政黨

第一章　總　論

希臘ニ於ケル政黨ハ主義政綱ニ依リテ岐ルルニ非スシテ權力者ノ周圍ニ集散スル私派私黨ナルカ故ニ其ノ首領ノ名ニ依リテ呼ハレ現在ニ於テハ Vénisélos, Gounaris, Stratos, Métaxas 等ヲ夫々中心トスル Vénisélistes, Gounariote, Stratiste, Métaxiste 等ノ諸黨ヲ數フルヲ得ヘシ「ヴェニゼロス」氏ハ其ノ率ユル政黨ヲ自由黨（libéraux）ト命名セシモ世人ハ之ヲ「ヴェニゼロス」黨ト呼ヒ其ノ黨人モ自カラ「ヴェニゼリスト」ノ名ヲ以テ任セリ同黨ハ現今當國最大ノ勢力ナルカ故ニ之カ反對黨ハ一括シテ反「ヴェニゼロス」黨（Antivenisélistes）ト稱セリ「ストラトス」氏ハ其ノ政黨ヲ改革黨（Réformistes）Franghoulis 氏ハ急進黨（Radicaux）「メタクサス」氏ハ自由思想黨（Librespenseurs）ト夫々命名セリ而シテ最近 Rallys 氏ノ保守統一黨（Parti conservatif-unioniste）生ル尚別ニ勞働者ノ社會黨（socialiste-ouvriers）アリ

第二章　各　論

第一節　自由黨派

同派ハ「ヴエニゼロス」氏ヲ其ノ首領ト認メ居レルモ同氏自身ハ政界ヨリ退隱シタル事ヲ宣言シ居レリ然レ共同氏ニ代リテ同黨ノ牛耳ヲ執ル者モ無ク Danglis 將軍ヲ總裁トスル委員會（事務所ハ「アゼン」市 Rue de Bucarest 倶樂部ハ Rue Edward Law ニ在リ）ヲ以テ當地ニ於ケル中心トセリ

最近同黨内ニ動搖有リテ別ニ共和黨（Républicain）組織セラレ其ノ黨中ニモ王制ヲ維持セムトスルモノ（Les Républicains "avec royauté"）ト之ヲ廢止セムトスル純然タル共和黨（Les Républicains "sansroyauté"）トノ二派ニ岐ル自由派ハ其ノ機關紙トシテ公認セラルル新聞ヲ有セサレトモ「ヴエニゼロス」氏ニ好意ヲ表シ又ハ自由派ノ色彩ヲ帶ヘルモノハ左ノ如シ

一、Elefthern Vyma（La Tribune Libre）

本紙ハ約一ケ年前ノ創設ニ係ルモノニシテ純然タル共和黨ニシテ王制ニ反對ナリ創立者及所有者ハ Alexandre Carapanos（前外相）Diomedes（現藏相）Constantin Rentis（巴里平和會議希臘委

員第一書記官）Georges Exintaris（Thrace 選出ノ前代議士）Rousso（「ドデカネーズ」出身ノ船主）Csouderos（Créte 島選出ノ前代議士財政家）Lambrakis（新聞記者 Patris 紙ノ前主筆）ノ諸氏ナリ

二、Eleftheros Cypos（Presse libre）

約六年前故 André Kavafakis（君府ノ人一九二一年政治上ノ陰謀ニ依リ暗殺セラル）ノ創立ニ係リ其ノ死後未亡人及遺子ノ所有ニ歸シ前遞相 Papanastassion（Arcadie 選出前議員）ノ操縱スル所ナリ

三、Patris（Patrie）

三十二年前羅馬尼「ブカレスト」市ニ創立セラレシカ希羅兩國國交乖離ノ際雅典ニ移轉セラル創立者 Spiros Simos ハ「ヴエニゼロス」內閣々員タリシ人ニシテ Epire 選出ノ前議員同社ノ現所有者タリ本紙ハ王ヲ戴ケル共和政治（République "avec Royauté"）ヲ主張セリ

以上ノ三新聞ハ何レモ每日一回朝刊ナリ

四、Ethnos（La Nation）

九年前 Spyros Nicolopoulos 之ヲ創立シ所有セリ單ニ自由ヲ標榜スル夕刊ナリ

五、Estia (La Foyer)

二十八年前故 Adoni Kyrou(「サイプラス」(Chypre)島人) ニヨリテ文藝雜誌トシテ創立セラレ其ノ後同人ニヨリテ日刊新聞ニ改メラレ現ニ其ノ二遺子ノ所有ニ係リ單ニ自由ヲ標榜ス

六、Embros (En avant)

二十六年前 Katapothakis 一族ノ創立所有ニ係リ獨立不羈ナルカ寧ロ「ヴエニゼロス」派ニ傾ケル朝刊ナリ

七、Metarrythmiss (La Réforme)

二年前 Franghoulis (「サイプラス」島人ニシテ熱狂的ノ新聞記者) ニヨリテ創立セラレ純然タル共和制ヲ主張シ王制ノ廢止ヲ叫フ一週二囘發行スルヲ例トス (「フラングーリス」氏ハ十月二十九日 Place de la Constitution ニ於テ市民大會ヲ主催シ示威運動ヲ爲セリ)

八、Vrondi (Tonnerre)

Hanodracas 氏ノ所有ニシテ不定期刊行ニシテ「ヴエニゼロス」派ナリ

第二節　反「ヴェニゼロス」派

「グーナリス」、「ストラトス」、「メタクサス」等ノ諸氏ハ「ヴェニゼロス」氏ニ反對ノ點ニ於テ一致セリ彼等ハ聯合 "l'Unis" ヲ形成シテ一九二〇年十一月十一日ノ總選擧ニ於テ前王「コンスタンチン」ノ復位竝「ヴェニゼロス」派ノ擊破ニ成功セリ然ルニ一度政權ヲ得ルヤ内閣其他ノ要職ノ分配ニ關シテ内爭ヲ始メタリ即チ「ストラトス」Boussios（Kozani 選出前議員）及「メタクサス」ノ諸氏ハ「グーナリス」氏及其ノ一派ニ對シ快カラス其ノ機關紙上及議會其ノ他ノ討論ニ於テ互ニ論戰ヲ始メタリ（「ストラトス」ハ「グーナリス」内閣ニ内相トシテ列シタリシモ久シカラスシテ去リ「ブーシオス」氏ハ Triandafylakos 内閣ニ内相ト爲リ「メタクサス」氏ハ嘗テ閣員ニ列シタルコトナシ）

「コンスタンチン」王復位以來革命ニ至ル迄

Démètre Rallys, Nicolas Caloghéropoulos, Démètre Gounaris, Protopapadakis, Strates, Triandafylakos

ノ諸内閣ヲ見タリシモ多クハ「グーナリス」氏ノ傀儡又ハ其ノ制肘ヲ受クルモノナリキ

（甲）「メタクサス」將軍ハ一新黨ヲ創設シ自由思想黨（Libres-Peuseurs）ト稱セリ彼ハ金穴トシテ

Christophoros 親王(前王「コンスタンチン」ノ弟)ノ配偶者タル Leed 夫人及伊國等ヲ有シ多額ノ運動費ヲ以テ「コンスタンチン」王ノ復位ヲ劃策シツツ有リト噂セラル王黨ニシテ獨逸贔負ナリトノ評有リ前王ハ當國ヲ去ルニ方リ其ノ腹心者ニ「メタクサス」氏ノ周圍ニ團結ス可キ事ヲ命セリト稱セラルルモ同氏ハ之ヲ否認シ新王ノ下ニ聯合國ト親善關係ヲ維持セム事ヲ希望シ且農民及勞働者ノ味方ナル事ヲ標榜セリ「メタクサス」氏ノ機關紙トシテハ

一、Chronika (Les Chroniques)

二年前 Karavias, Kotzias 等ニ依リ創立所有セラレタル夕刊新聞ナリ

二、Nea Himéra (Nouveau jour)

一八三五年「トリエスト」ニ於テ Vyzantios 兄弟 (Anastase & Alex. Vyzantios) ノ創設セシ所ニシテ國際的名聲アリシカ後「アゼン」ニ移サレ目下 Chalkokondyli 氏ノ所有ナリ

三、Hespérini (du soir)

二十二年前ノ創立ニ係リ Yannaros 氏其ノ所有主タリ Proini ナル名ノ下ニ全然同一ナル記事ノ新聞ヲ地方版トシテ翌朝ノ初列車ニテ配送ス

四、Scrip

希臘財政ノ恢復ヲ試ミムトシテ政府ニ於テ Scrip ヲ發行セシ時代ニ生レタルモノナレハ此ノ名アリ創業二十八年 Grégoire Efstratiadis ノ所有ニシテ「メタクサス」黨ノ流ヲ汲ミ從來王黨反「ヴエニゼロス」黨ナリシモノニシテ今尚反「ヴエニゼロス」派ナルモ今後ノ方針ニ付テハ目下不明ナリ

(乙)「ストラトス」氏ハ其ノ機關紙トシテ Efmeris Syzitisscon (Journal des Débats) ヲ發行セシカ其後一ケ年ヲ經サルニ革命軍ノ侵入スルヤ發刊ヲ中止セリ其ノ當時同紙ヲ後援セシ Athinaiki (l'Athénienne) 紙ハ四年前ノ創立ニ係リ Evelpidis 氏(君府ノ人)其ノ所有主トシテ發刊ヲ繼續ス

(丙)「グーナリス」派ノ新聞トシテ常ニ同氏ヲ後援スルモノハ四年前ニ創立セシ Kathimerini (Journalière) 及革命委員會カ十日間ノ發行停止ヲ命シタル Protevoussa (La Capitale) ノ二紙ヲ存スルノミ尤モ最近迄 Astrapi (l'Eclair) Stemma (la Couronne) Laiki (Populaire)等アリシカ廢刊セラル外ニ故 Koromilas 氏ノ創立セル Ephimeris (journal) 紙有ルモ黄色紙ナリトノ評アリ

(丁)當初 Parti du Réveil National ト稱スル一政黨ヲ組織セムトセシ故 Dénêtre Rallys 氏ノ令息 Georges Dénêtre Rallys 氏ハ本年十一月五日保守統一黨 (Parti Conservatif-Unioniste) ナル政黨ヲ組織セリ

第三節　其ノ他

（一）勞働者社會黨（Socialiste-Ouvrier）ハ中心人物ヲ有セス常ニ政府黨ニ反對シ來リ現今ニ於テハ寧ロ反「ヴェニゼロス」派ト見ルヘキモノナク其ノ機關紙トシテ六年前ノ創立ニ係ル Rizospastis（le Radical）ヲ有スルモ其ノ所有者 Petropoulos 氏ニ對シ勞働者間ニ反對運動起リ此等勞働者ハ本年十一月五日ノ勞働者社會黨會議ニ於テ無政府過激主義ナル同氏ヲ同黨ヨリ除名セリ

（二）小商人等ハ Inglessis 氏ノ保護ノ下ニ一ノ新聞ヲ創立シ Ephimeris Tou Hrimatistiriou（Journal de la Bourse）ト稱セリ同紙ハ Antivéniseliste ナリトノ評アルモ穩健ニシテ財界ニ勢力ヲ有セリ

（三）Georges Pop（Osara 選出前議員）ハ Athinai（Athènes）紙ヲ創立所有シテ全然獨立ノ步調ヲ採リ眞摯ナル政論ヲ掲ケ居リシモ九月二十七日廢刊セリ Antivénisêliste ナリトノ評有リキ

第三章　結　論

因是觀之現下ノ希臘政黨ハ「ヴェニゼロス」派ト反對派トニ大別スル事ヲ得可ク反對派ノ頭目ハ

「メタクサス」派ニシテ來ルヘキ總選擧ニ於テハ兩派ノ間ニ激戰行ハルヘク自由黨ハ敗戰責任ヲ高唱シテ「グーナリス」、「ストラトス」等ノ嚴罰ヲ主張シ革命軍人ト呼應シテ宣傳ニ努メ自由思想派ハ王黨ノ殘壘ヲ守リテ陰ニ劃策スルモノノ如シ

附　錄

千九百二十一年ニ於ケル希臘諸新聞發行部數、黨派別、社長一覽表（本表ハ一九二一年巴里出版ヲ參考ノ爲轉載セシモノ）

新聞名	刊時	部	數	黨派	社長
Elefthéros Typos	matin	tirage	45.000	Vénisèliste	Andé Kavafakis（千九百二十二年ノ初メ暗殺セラル）
Patris	,,	,,	30.000	,,	D. Lambrakis
Embros	,,	,,	25.000	,,	D. Kalopothakis（死）
Ethons	soir	,,	15.000	,,	S. Nicolopoulos
Estia	,,	,,	17,000	,,	Frères Kyrou
Kathimérini	matin	,,	60,000	Constantiniste Stratiste puis	Georgei Vlahos
Politia	,,	,,	15.000	Constantiniste	Th.Nicoloudis
Néa Himéra	,,	,,	8.000	Gouvernemental	Kalokondylis
Scrip	,,	,,	8.000	Dimitracopouliste	Efstratiades

Chronos	,,	,,	10.000	Gounariste	Hairopoulos
Ephiméris	midi	,,	5.000	Gouvernemental	Papapavlo
Ahtinaiki	soir	,,	18.000	,,	K. Evelopidès
Espérini	matin et soir	,,	30.000	,,	Yannaros
Astrapi	soir	,,	8.000	,,	Toldassis
Protévoussa	,,	,,	20.000	Gounariste	Crmbanis
Athinai	midi	,,	2,500	Indépendant	Pop （革命軍ノ希國侵入後國外へ避難）
Rizospastis	matin	,,	3.500	Communiste	Pétropoulos
Promakos	,,	,,		Gouvernemental	Papaefthimios

第十一編　瑞　西　國

（大正十一年七月調査）

第十一編　瑞西國ノ政黨

第一章　各政黨ノ名稱及其主義綱領

第一節　政黨ノ名稱

瑞西ニ於ケル政黨ヲ列擧スレハ左ノ如シ

一、急進民主黨（Groupe radical-démocratique）

黨員八十一名（上下兩院全議員二百三十三名中）

內　上院二十二名（全員四十四名）　下院五十五名（全員百八十九名）

黨首　Dr. Forrer

二、加特力敎的保守黨（Groupe conservateur catholique）

黨員五十八名

內　上院十七名　下院四十一名

黨首　Walter

三、社會黨 (Groupe socialiste)

黨員三十八名(但下院ノミ)

首領 E. P. Graber

四、農民及「ブルジョア」黨 (Groupe des Paysans, artisans et bourgeois)

黨員三十二名

内 上院一名 下院三十一名

首領 Rud. Miuger

五、自由民主黨 (Groupe libéral-démocratique)

黨員十一名

内 上院二名 下院九名

首領 A. de Meuror

六、社會政策黨 (Groupe de Politique-sociale)

黨員七名

第二節　大正十一年十月ノ總選擧

十月二十八、二十九ノ兩日ニ亙リ執行セラレタル下院議員總選擧ノ結果各政黨ノ勢力ニ左ノ如キ變化ヲ見タリ

急進民主黨	五九
加特力保守黨	四四
社會黨	四三
農民「ブルジョア」黨	三五
自由民主黨	一〇
社會政策黨	三
共產黨	二
無所屬	二

首領　Joseph Scherrer-Füllemann

內　上院一名　下院六名

七、共產黨 (Groupe communiste)

黨員三名 (下院ノミ)

首領 F. Platten

八、無所屬 三名

内 上院一名 下院二名

第三節 各政黨ノ主義綱領

一、急進民主黨

一、瑞西古來ノ精華タル共和主義ヲ維持シ並獨裁政治ヲ排除スルコト

二、國防ノ必要上瑞西魂ヲ奉スル訓練アル軍隊ヲ維持スルコト

三、相續權ヲ制限シ勞働ニ依ラスシテ得タル收入ヲ縮少シ且奢侈税ヲ制定スルコト

四、總テノ勞働者ニ對シ充分ナル賃銀ヲ供給シ勞働ニ關スル一週四十八時間ノ制度ヲ維持シ老癈保險並失業保險制ヲ卽時施行スヘク且勞働組合ノ組織ニ依ル勞働條件ノ民主化ヲ期スルコト

五、行政ヲ根本的ニ改善スルコト

六、企業及勞働等凡テ經濟力ノ圓滿ナル結合商工業ノ自由ナル發展並經濟組織ノ民主化ヲ期スルコト

二、加特力敎的保守黨

本黨ノ最高目的ハ卽チ基督敎義ノ下ニ於ケル國家ノ一般的福祉ヲ增進セシムルニ在リ從テ其ノ主義綱領亦皆コノ見地ヨリ出發ス

一、政治、社會、敎育其他各組織ヲ基督敎化スルコト

二、宗敎ノ自由ヲ尊重スルコト

三、聯邦制度ヲ維持シ及人民ノ權利ヲ擴張スルコト

四、聯邦及「カントン」間ノ財政上ノ均衡ヲ維持スルコト

五、瑞西聯邦ノ政治上經濟上ノ完全ナル獨立ヲ保持スルコト

六、外國人同化問題ノ速ナル解決ヲ期スルコト

七、階級鬪爭ヲ除去スルコト

八、社會法制殊ニ勞働者保護法ヲ發達セシメ且基督敎的勞働組合ノ組織ニ力ムルコト

九、農業及小商工業ヲ保護シ資本主義竝經濟的獨占ヲ排斥スルコト
十、通商條約締結ニ當リテハ瑞西生產品ヲ保護スルコト

三、社會黨

社會黨ノ根本目的ハ蓋シ凡テノ不當利得ヲ廢滅シ人民ノ獨立及幸福ヲ保障シ自由ト和合ノ下ニ各人何レモ其ノ個性ヲ發達セシメ得ル基礎ヲ作リ以テ人民ヲ其ノ苦惱ヨリ救濟ス可キ社會組織ヲ建設スルニ在リ其ノ主義綱領左ノ如シ

一、生產手段及經濟組織ノ變更

瑞西ニ於ケル今日ノ經濟的發展ハ小農ニ依ル所多シ而テ近時機械業ノ發達ニ伴フ工業化ハ資本家ノ生產手段ノ壟斷竝勞働者ニ對スル壓迫ヲ惹起シ今ヤ瑞西國民ノ多數ハ不安且悲慘ナル狀態ニ陷ルニ至レリ之レ社會黨ハ第一ノ主義綱領トシテ生產手段及經濟組織ノ變更ヲ揭クル所以ナリ

二、階級打破

瑞西ニ於ケル現在ノ民主的制度ハ其ノ內政タルト外政タルトヲ問ハス何等有產無產ノ兩階級ニ生スル爭鬪ヲ融和スルニ足ラス勞働者ノ有產階級ニ對スル挑戰ハコレ瑞西全國民ノ繁榮ヲ

促スモノナリ

三、帝國主義ノ打破

之レヲ要スルニ社會黨ハ以上三大主義ノ下ニ社會主義ノ實現ヲ目的トシ此等ノ目的實現ノ方法トシテ政治的勢力卽チ政黨ト經濟的勢力卽チ勞働組合トノ協力ニ依ル無產階級ノ權力樹立ヲ主張スルモノナリ而テ之レカ現實ノ問題ニ對シテハ

一、小工業、小農業ノ保護

一、相續權ノ廢止

一、他國ノ無產階級トノ協調

一、不當利得私有ノ禁止

一、各種特權ノ除去

一、社會的地位ニ對スル男女ノ同權

等ヲ主張ス

四、農民黨

農民黨ハ Union suisse des paysans ト parti paysan et bourgeois du Canton de Berne トノ兩團體

ヨリ成リ各〻其ノ主義綱領ヲ有スルモ兩者大同小異ナルヲ以テ玆ニハ一括シテ之レヲ述フルコトヽセリ

一、農業ノ保護
二、國民的產業保護ニ必要ナル軍隊ノ維持竝右目的ニ合致スル通商條約ノ締結ヲ主張ス
三、經濟上ノ自給自足カ國家生存ニ最モ必要ナルニ鑑ミ社會主義及自由貿易主義ニ極力反對ス
四、新ナル財源ヲ得ムトスル政府ノ努力ニ對シ協力ヲ吝マス戰時稅、郵稅麥酒稅及保護關稅ノ徵收ニハ贊成スヘキモ直接國稅竝煙草專賣ニハ反對ス
五、戰後益〻土地開拓ノ必要ヲ見ルニ至レル事實ニ鑑ミ相互信用ニ基ク地方的金融機關ノ設置國立不動產擔保銀行ノ設置其他土地開拓ニ必要ナル信用制度ノ擴張ヲ主張ス
六、農業組合、牛乳業者其他之ニ類スル當業者組合ノ奬勵
七、外國ヨリノ移民增加ヨリ生ス可キ危險防止
八、田舍ニ於ケル實業敎育制度ノ改良

五、自由民主黨

一、人種及言語ヲ異ニスル各地方ノ特性ヲ尊重シ國家的結合 (solidalité nationale) ノ精神ニ基キ

相互ノ誤解ヲ避クルコト

二、各宗派間ノ平和ヲ維持シ各〻宗教的儀式ノ施行ヲ自由ニシ且宗敎上精神上竝道德上ノ各問題ニ關スル各自ノ自由ヲ尊重スルコト

三、瑞西固有ノ國民性ヲ養成シ外國思想若クハ「コスモポリタニズム」ノ侵入ヲ防止スルコト

四、瑞西聯邦ノ結合及勢力ヲ維持シ各州ノ自主及其ノ行動ノ自由ヲ保證スルコト

五、外國ニ對シ瑞西ノ地位ヲ鞏固ニシ且自力ヲ以テ防禦シ物質的利益ノ爲ニ國家ノ自主ヲ犧牲ニセサルヘキコト

六、國民ヲシテ各重要問題ニ關スル黨ノ見解ヲ直接ニ了解セシムル爲公權力ニ對シ黨ノ正當ナル代表ヲ選出シ以テ民主的權利ノ發達ヲ期スルコト

七、國家ノ繁榮及經渡的發展ノ基礎タル可キ各個人ノ企業的精神ヲ皷舞シ企業ノ自由ヲ確保シ有害無益ナル官僚主義ヲ打破シ國家財政ニ對スル各人犧牲ノ公正ヲ期スルコト

八、各州ノ財政的主權ヲ尊重シテ其ノ獨特ノ任務殊ニ國民敎育ニ關スル職務ノ完成ヲ期スルコト竝聯邦及各州間財源ノ合理的分配ヲ期スルコト

九、瑞西國民ヲシテ獨リ物質的利益ニノミ趨ラシメス之レト倂セテ道德的精神ヲモ養成シ之カ

維持竝增進ノ爲必要ナル努力ヲ喚起セシムルコト

十、經濟的及社會的ノ爭闘ヲ緩和シ協調ノ手段ニヨリ必要ナル改革ヲ實現スルコト

十一、以上ノ各主義原則ヲ聯邦立法公共行政ノ上ニ徹底セシメ同時ニ各個人行動ノ上ニモ之レヲ普及セシムルコト

六、社會政策黨

本黨ハ Tout pour le peuple et tout par le peuple ノ政治的格言ノ下ニ社會的共助ノ實ヲ擧ケ壓制、貧困、饑餓ノナキ一般的幸福ノ狀態ヲ實現スルヲ其ノ根本的主張トナス從テ其主義綱領トスル處モ左ノ通ナリ

一、「贅物ハ一般ニ歸ル」ノ原則ニ依リ大財產及之ヨリ生スル自然利得ノ減少、個人的自由ノ尊重、政治的信念ノ自由ヲ希望ス

二、「ボルシエビスム」及「ミリタリズム」ニ反對シ軍備縮少ヲ主張ス

三、貧苦及困窮者ノ存在ハ近世社會ノ耻辱ニシテ老衰、廢者、孤兒ノ保護及保險ニ關スル社會的改革竝公共救助ノ凡ユル機關ヲ完成スルヲ最モ急務ナリトス

四、災害、疾病及失業保險ノ制定

五、國家ハ國民ニ對シ最低ノ生活費ヲ保證シ且之レニ關スル機關ヲ設置スヘシ

六、被傭者ノ發言權ヲ尊重シ傭主ト被傭者間ノ爭議仲裁ニ關スル各機關竝通商條約締結準備トシテ各種職業及一般階級ノ代表者ヨリ成ル經濟機關ヲ設置シ且國際關係ニ於テ自由貿易主義ヲ採用スヘシ

七、税制ヲ改革シ銀行會社等ノ大資本竝ニ戰時利得及投機的利得ニ重税ヲ課シ以テ戰爭債務ノ償還ニ努ムヘシ

八、大ナル財産ハ國家ニ歸屬スヘシトノ見地ニ於テ所有權移轉税ヲ改正シ最低生活費ヲ増加シ無産階級ニ對スル税率ヲ輕減スヘシ

九、奢侈税ノ増加

十、「コオペラチヴ」ノ家屋、借家人組合ニヨル家屋建築ノ奬勵ノ改造ヲ主張ス

十一、不勤産擔保ノ制度ヲ改革シテ其ノ負擔ノ輕減ヲ計リ且此ノ意味ニ於ケル國立不動産擔保銀行ヲ設置スヘシ

十二、鐵道、郵便其他國民ノ利益カ直接生活ニ關係少キモノヲ除クノ外財産ノ國有ニ反對ス

十三、政治的勢力ニ關係ナク單ニ商業的見地ニ基ク意味ニ於テ銀行及保險業ノ官營ヲ主張ス

七、共產黨

本黨ハ第三「アンテルナショナル」ノ一「セクション」ト見ルヘキモノニシテ其ノ主義綱領モ亦之ニ則ハ同黨特有ノモノトシテ揚クヘキモノナシ

第二章　各黨派成立ノ由來及其ノ勢力ノ優劣竝根據

第一節　各黨派成立ノ由來

（イ）　急進民主黨

瑞西ニ於ケル主ナル政黨ハ一八一五年ノ聯邦條約ニ對スル反動的潮流ノ著シク顯レタル當時卽チ一八三〇年ニ於テ組織セラレタルモノニシテ此ノ以前ニ在リテハ特ニ政黨ト稱ス可キモノナク大體ニ於テ舊時代ノ思想ヲ有スル一團ト新思想ヲ抱懷スル一團トノ二ニ區別シ得タルノミ而テ其ノ後者ニ屬スルモノ卽チ自由派ノ思想ハ當時既ニ深ク國民ノ頭腦ニ浸潤シ一七六一年ニ設立セラレタル瑞西協會(Société helvétique)ハ其ノ代表機關ニシテ其ノ設立當時ニ於テハ或ハ自由黨又ハ民主黨ト呼稱セラレタルコトナキニシモ非ルモ要スルニ右協會ノ主義主張ハ現存セル急進黨ノ根抵ヲ爲スモノナリトス

一八三一年以來右ノ所謂自由黨ハ內部ニ分裂ヲ生シ今日ニ於ケル三個ノ政黨ヲ捻出セリ而テ其中進步セル思想ノ把持者ハ之レヨリ分離シテ左黨ヲ組織シ英國政黨ノ名ヲ籍リテ急進黨（Parti

Radical）ト稱セリ而テ右ノ中他ノ一團ハ加持力ニ屬スル保守黨員ニシテ所謂 Parti ultra-montain ヲ組織シ又「プロテスタント」ニ屬スル保守黨員ハ中央黨即チ後ニ所謂自由民主黨ヲ組織セリ

註　右ニ依リテ察セラルル如ク當國ニ於テ自由黨ト稱スルハ保守黨ニ對スル自由黨ヲ云フニ非スシテ王政乃至ハ中央集權政治ニ對スル自由黨即チ民主黨ノ意ナリ又保守黨ト稱スルモ自由黨ニ對抗スルニハ非スシテ社會黨ニ對照ヲ有スルモノナリ

而テ一八四六年瑞西聯邦ノ憲法制定ニ際シ各州ノ主權ヲ充分尊重スルト同時ニ甚タシク制限ヲ受ケ居リタリシカ聯邦國家ノ權力ヲ著ク增進セシメタルハ右急進黨ノ努力ニ俟ツトコロ多シ而モ同黨ハ同年ノ聯邦憲法實施以來上下兩院ニ於テ常ニ多數ノ議員ヲ擁シ第一次內閣ノ如キモ亦其ノ黨員ニ依リテ組織セラレタリ一八三二年ヨリ一八四八年ニ至ル間及瑞西國內ノ平和ヲ脅シタル一八七二年ノ宗敎鬪爭ノ際ニ於テハ其ノ反對ニ立チ居タル加持力黨ニ對シ大ナル打擊ヲ與ヘタリ而ルニ其後社會黨ノ擡頭ハ右急進黨ニトリ最モ强硬ナル反對運動トシテ現ハレ比例代表問題（本問題ハ一九一八年十月ノ國民投票ニ依リテ可決セラレ目下引續キ實施中）及內閣員ノ人民投票問題カ急進黨ニ依リテ否決ノ運命ニ遭フヤ社會黨ハ加持力黨ヲモ自派ニ引入レテ激シク急進黨ト爭

ヘリ一八七四年ノ憲法改正當時ニ於テハ右急進黨内ニ獨乙系瑞西ノ中央集權派ト「ローマン」系瑞西ノ聯邦主義派トノ二潮流アリテ相爭フ處アリタル爲同年ノ新憲法ハ右兩派ノ主張ヲ折衷シテ大體ニ於テ中央集權ヲ原則トスルモ黨各州主權ノ範圍ヲ擴張スルコトトシ又宗敎的關係ニ於テモ公序良俗ニ反セサル範圍ニ於テ信敎ノ自由ヲ認ムルコトニシテ以テ相互ノ反對ヲ緩和スルトコロアリタリ一九五年以後獨乙系瑞西各州ニ於テ急進黨ノ保護ノ下ニ青年急進黨組織セラレ主トシテ同黨ノ援助並同黨ノ主義擁護ト同時ニ十六歲以上ノ青年ニ對シ公民的精神ヲ啓發シ瑞西ノ政治問題ニ關スル知識ノ普及ヲ目的トセリ右青年急進派黨ハ或ル意味ニ於テ急進民主黨ノ左黨ヲ爲スモノトス

（ロ） 加特力保守黨

加特力黨ハ「プロテスタント」ニ反對スル加特力敎徒ノ團體ナリトスル意味ニ於テハ瑞西ニ於ケル最古ノ黨派ト云フコトヲ得ルモ政黨トシテノ加特力保守黨ハ一八四三年ヨリ一八四五年ヲ以テ其ノ記因トスルヲ當レリトス卽チ當時「アルゴヴイ」州會ハ其決議ヲ以テ同州ニ於ケル數箇敎道院ノ閉鎖ヲ命シタル爲加特力敎徒ハ其ノ宗敎的利益ヲ著ク迫害セラレタルモノト認メ各州ノ同敎徒ヲ糾合シテ加特力カ聯盟ヲ組織シタルニ初マル而テ其ノ活動ハ「チユーリツヒ」州ヲ中心トシテ行ハ

ニ「ウリ」「シユウイツ」ウンテルヴアルデン」各州一帶及「テツサニ」「ヴアレー」「フリブール」及「ニユーシヤテル」州ノ大部ニ其ノ地帶ヲ有ス

一八七四年ノ憲法改正當時ニ於テハ加特力黨ハ聯邦主義ヲ抱持シテ瑞西「ローマン」系ノ主張ニ加擔シ同時ニ信教及職業ノ自由ヲ高唱セリ然レ共其後宗教上ノ爭鬪ヨリ其ノ結果カ弛緩シ充分政治問題ニ干與スルノ暇ヲ有セサリキ斯ノ如クシテ爾來加特力ハ其ノ頽勢ヲ挽回セムカ爲之レト類似ノ傾向ヲ有スル他ノ保守的分子トノ結合ヲ計リ一八八一年及一八九四年會合スルトコロアリタルカ機未タ熟セス一九一二年保守派ノ各團體再ヒ「ルセルン」ニ相會シ協議ノ結果遂ニ一黨ヲ構成スルコトトナリ現時ノ主義綱領ヲ採用シ加特力保守黨ノ名ニ於テ活動スルニ到レリ

（ハ）　社會黨

瑞西社會黨ハ一八三四年「ベルヌ」ニ於テ Ratshofer 及 Jaeggi 氏ヲ首領トスル急進黨ニ屬スル一團カ同黨ヨリ分離シ社會改革ヲ企圖セルニ初ル當時歐洲全土ニ瀰蔓セル破壞思想ハ實ニ彼等ノ主張ヲ支配セシモノナルカ其後間モナク「ベルヌ」州會ニ於テ前記首領カ失脚スルニ及ヒ同黨ノ氣勢一時衰ヘタルモ獨立社會黨ノ影響ヲ受ケテ黨ノ結束ニ努力スルトコロアリタリ是レ社會黨ノ端西

ニ於ケル濫觴ナリトス

然ルニ一方一八三八年一部ノ學生、勞働者、商業使用人、小地主等ハ殆ト政黨ト關係ナク單ニ民主々義ノ擁護機關トシテ「グルトリ」Grutli 協會ナルモノヲ設立セルカ一八四〇年「ナショナリスト」ノ有力者 Galler 出ツルニ及ヒ右協會ハ大ニ擴張セラレ漸次急進黨ノ左翼ヲ形成スル黨派ノ意見ニ接近スルニ到レリ

一八五〇年以降瑞西國内ヲ通シ社會問題ノ解決運動益々濃厚ノ度ヲ加ヘ一八六四年「グラールス」州ニ於テ工場勞働者等ノ權利擴張運動アリ又「ジユネーヴ」ニ於テ「アンテルナショナル」ノ一「セクション」設立セラルルニ到リタルカ當時瑞西人ニシテ右「アンテルナショナル」ニ加入スルモノ極メテ少數ナリシモ其後前記「グルトリ」協會員ハ「ナショナリスム」派ト社會派トノ分裂スルニ及ヒ後者ノ大部分ハ「アンテルナショナル」ニ聯合セリ

次テ一八一〇年ニ到リ瑞西社會民主黨ナル政黨設立セラレ現ニ「チユーリツヒ」州選出下院議員タル H. Greulick 氏ヲ主筆トスル Tagwacht ナル機關紙ノ發行ヲ見タリ然レ共右社會民主黨ハ單ニ政綱ヲ發表セルノミニテ充分ナル活動ヲ爲サス又機關紙ノ如キモ購買者ヲ得ル與ハスシテ終リ更ニ一八七三年右社會民主黨ノ黨員ニ依リ組織セラレタル一勞働團體モ同樣成功ヲ見ル能ハスシテ

罷ミタリ而テ右兩團體ノ不成功ハ主トシテ其ノ黨員ノ大多數カ外國人タリシニ基因セルモノナルニ鑑ミ其ノ翌年瑞西人タル黨員ハ右團體ヨリ脫退シテ全ク瑞西勞働階級ノ主張及希望ニ副ハムコトヲ目的トスル政治團體ヲ組織シ一八八〇年「オルテニ」ニ於ケル大會ヲ期トシ大ニ其ノ規模ヲ擴張スルト共ニ各種勞働者ノ團體ヲ打テ一丸トシ以テ鞏固ナル一組織ニ統一セムカ爲實行委員會ヲ組織シ最初「チユーリツヒ」ニ之レヲ設立セルカ一八八七年右委員會カ「ベルヌ」ニ移サルルニ及ヒ同黨ノ有力者 A. Steck 氏ハ之カ主腦トナリ而テ「グルトリ」協會ノ會則ヲ民主社會黨ノ主義ニ合致スル樣變更セシメ更ニ機關紙 Schweizerisch-Sozial-Demokratische-Zeitung ヲ發行シ大ニ其ノ基礎ヲ固メ以テ今日ノ社會黨ヲ建設セリ然レ共當時國民主義ヲ奉スル「グルトリ」協會員竝ニ各「カントン」ノ勞働同盟 Fédérations ouvrières cantonales トノ間ニ未タ充分ナル連絡ヲ得ルニ到ラサリシカ一九〇一年九月ノ「グルトリ」協會ノ大會及「ソロトルン」ニ於ケル社會主義著大會ニ於テ瑞西社會黨ノ綱領ヲ可決シ右團體トノ問ニ完全ナル了解ヲ得ルニ到レリ卽チ社會黨ハ一、「グルトリ」協會二、各州勞働同盟三、各勞働者組合 Unions ouvrières et des sections locales 四、其他ノ團體ヨリ成リ而テ右各團體カ勞働運動統一ノ爲互ニ協力スルヲ要スル旨規定セリ而テ右ノ中最モ有力ナルモノトシテ揭ク可キモノハ「グルトリ」協會ナリトス

（ニ）　農民及「ブルジョア」黨

十九世紀ノ末期瑞西ノ農業關係者間ニ商工業等ノ例ニ效ヒ農業上ノ代表機關ノ設置ノ議起リ遂ニ Ligue des paysans zurichois ヲ組織スルニ到レリ而テ其後右ノ如キ機關ノ設置ノ問題ハ圭トシテ新關稅率ノ制定及將來ニ於ケル通商條約締結ノ場合ニ有力ナル發言權ヲ得ムトスルノ見地ヨリ益々其聲ヲ高ム一八九七年六月七日各州ノ農民十萬ヲ代表スル二百八十一名ノ委員等ハ「ベルヌ」ニ集合シ農民聯合 Ligue de campaguards（一名 Nnion des paysans）ヲ組織セリ而テ右農民聯合ハ年ヲ逐テ其ノ基礎ヲ固メ新社會ノ建設乃至ハ現狀打破ノ主義者ニ對シ有力ナル反對黨ヲ形成スルニ至レリ更ニ一方保守派ニシテ社會主義ニ對シテ公然反對ノ意ヲ表セル「ベルヌ」州ノ農民等ハ一九一八年新ニ parti paysan et bourgeois du Canton de Berne ナル一黨ヲ組織シテ農民聯合ノ一部ニ加ハリ斯テ右聯合ニ依リ代表セラル農民及「ブルジョア」派ノ勢力ヲ著ク增加シ以テ今日ノ農民及「ブルジョア」黨ヲ形成セリ本黨ハ現在議會ノ兩院ニ三十二ノ議席ヲ有シ且ツ四十四ノ支部ト三十五萬ノ黨員ヲ擁シツツ獨リ社會黨ニ對スルノミナラス或ル點ニ就キテハ急進民主黨ニ對シテモ隱然一敵國ヲ爲セルノ觀アリ

（ホ）　自由民主黨

自由民主黨ハ既ニ一言セル如ク急進民主黨ノ前身タル自由黨ヨリ分離セルモノニシテ一八七〇年頃ヨリ中央黨ト命名セリ同黨員ノ大多數ハ佛國系瑞西地方ノ代表者ヨリ成リテ其ノ數甚タ少カリシト雖其ノ設立者タル Dr. A. Escher ハ經濟的竝政治的識見高ク加フルニ黨員中ニモ材幹學識衆ニ抽テタルモノ少カラサリシ爲同黨ヨリハ屢々國務大臣ヲモ出シ議會ニ於テ有力ナル地位ヲ占メツツアリタリ殊ニ同黨ハ當時其ノ首領タリシ Escher 氏指導ノ下ニ多ク經濟問題ニ就キ諤々ノ言論ヲ戰ハシ議會ノ注目ヲ惹クトコロアリシモ同氏カ其後銀行及鐵道ノ諸事業ニ關係シ殊ニ「サンゴタール」隧道工事ニ努力ヲ集中スルニ及ヒ其ノ政治的活動ハ中止ノ狀態ニ陷リ爲ニ同黨ハ昔日ノ勢ヲ保持スル能ハサルニ至レリ

一八七八年ノ選擧ニハ下院ニ於ケル黨員數ヲ著シク增加シタルモ頹勢ハ挽因スルニ由ナク遂ニ一八九三年自由黨ノ名稱ノ下ニ改造ヲ餘儀ナクセラレタリ是レヨリ先キ一八九二年「ベルヌ」ニ於ケル急進民主黨ニ屬スル一團ハ同黨ヲ脫退スルニ依リ之カ勢力ニ尠カラサル影響ヲ與ヘタル爲右急進民主黨ハ此際自由派ニ屬スル各分子ヲ糾合シテ極左派ヲ壓迫セムコトヲ企圖シ前記中央黨ノ改造ヲ慫慂シ以テ自派ノ別働隊トモ觀ルヘキ自由民主黨ヲ組織セシメタルモノナリ然レトモ當時中央黨員ニシテ自由民主黨ニ加入セルモノ三名ニ過キサリシモ一八九五年 Buchmann 氏一九〇一

年Ador氏一九〇七年Speicher氏等曾テ中央黨ニ屬セル議員相連テ下院議長ニ選ハレタル事實ハ這般ノ消息ヲ解スルニ足ルヘシ而テ同黨ハ一九一三年十月七日「ベルヌ」ニ大會ヲ開キ新綱領ヲ制定シ今日ノ自由民主黨ノ基礎ヲ確立スルニ至レリ目下同黨ハ九個ノ協會ヲ有シ寧ロ保守的傾向ヲ有スル佛國系「プロテスタント」ニ屬スル黨員ヨリ成レリ

註、佛國系瑞西地方ニ多クノ「プロテスタント」ヲミルハ往時宗教的迫害ヲ受ケテ佛國ヨリ同地方ニ移任セルモノアルニ因ルトコロ尠シトセス

（八） 社會政策黨

社會政策黨ハ元來急進民主黨中ヨリ極左派ノ分離セルモノナリ兼テ急進民主黨內ニハ民權主義者ト社會改良論者トノ二派アリテ互ニ其ノ理想實現ニ努ムルトコロアリ殊ニ「ベルヌ」ニ於テ其ノ傾向甚タシク此ノ間兩者ノ調和ヲ計ラムトスル計畫ナキニ非サリシモ種々ノ障害ニ依リ遂ニ其ノ實現ヲミルニ至ラス右計畫ノ失敗ハ卽チ急進民主黨ノ分裂ヲ釀シ斯シテ極左派ハHirschenclubナル一團ヲ形成スルコトトナレリ右黨員中ニハ「チユーリツヒ」「ツルゴヴイ」「サンガール」「グラルス」「グリゾン」「バーゼル」ニ於ケル進步的社會改造ノ意見ヲ有スルモノヲ見ル社會政策黨ノ成立シタルハ一八九六年聯邦議會ノ開會中ニテ前記「ヒルシエン」倶樂部ノ全員及「テツサン」州ノ代表者之

ニ加入セリ議會ニ於ケル同黨員ノ議席ハ平均七乃至十二ニ過キス

（ト）共産黨

社會黨ノ左翼ハ卽チ共産黨ナリ歐洲戰爭前ニ於テハ單ニ社會黨ノ極左派ヲナス個々ノ共産主義者アルニ過キサリシカ戰時中獨逸共産黨及露國「ソビエット」ノ宣傳ニ依リ其ノ共鳴者甚シク增加セルカ右煽動員ハ獨乙洪牙利ニ於ケルト同樣殆ト全部ハ猶太人ニシテ就中 Radek ナルモノ特ニ知ラレタリ

瑞西共産黨ノ宣言スルトコロニ依レハ同黨ニハ特有ノ主義綱領ナク全ク第三「インターナショナル」ノ一部ヲ形成スルモノナリト然レ共一九一九年「ラ、ショウド、フォン」ニ於テ獨佛兩文ニテ刊行セラレ瑞西全國ニ亙リ廣ク播布セラレタル所謂「ブリカン」ノ主張ハ瑞西共産黨ノ一般綱領トミルヘキモノナルカ其ノ理想ハ學理ニノミ走リ毫モ實際的ナラス同黨カ露國革命ヲ謳歌スルハ勿論ナルカ共産主義ノ崇拜者ハ多ク勞働者及青年學生中ニ見ル

第二節　各黨派勢力ノ優劣

聯邦議會ニ於ケル各政黨ノ勢力ニ關シテハ其ノ議會ニ於ケル代表者數ノ多少ヲ基礎トシテ之レヲ

觀レハ急進民主黨ヲ第一トシ加特力保守黨社會黨及農民「ブルジョア」黨之レニ次ク就中急進民主黨ハ一九一八年ノ比例代表制度採用前ニ在リテハ聯邦議會ニ絶對多數ヲ擁シ第一次ノ内閣ノ如キモ同黨ニヨリテ組織セラレ爾來引續キ實權ヲ掌握シ來リ現在ニ於テモ内閣ニ大多數ノ閣員ヲ有シ議會ニ在リテモ第一黨タルノ面目ヲ失ハス然レ共急進民主黨カ從來繼續シ來リタル此ノ地位ハ今日一般ニ專權ノ非難ヲ受ケ此ノ非難ハ時ニ勢力ノ根本的動搖ヲ生スルコトナキヲ保セサルニ到レリ卽チ同黨ノ優勢ハ恐ラク將來ニ於テ農民「ブルジョア」黨ニ依リ緩和セラルヘシ蓋シ農民「ブルジョア」黨ハ寧ロ保守的傾向ヲ有シ居ルニ付之レニ加特力保守黨ヲ合スレハ自由民主黨ヲ計算外トスルトキ上下兩院ニ在リテ急進民主黨ノ八十一ニ對シ九十卽チ九票ノ多數ヲ有スルコトナルヲ以テナリ自由民主黨ハ「バーゼル」市選出ノ一議員ヲ除ケハ全部「ローマン」系瑞西地方ノ代表者ヨリナリ上下兩院ヲ合シ十一ノ議席ヲ占ムルニ過キスト雖其ノ議員ハ各々才能ノ高キト知識ノ廣キトニヨリテ著ハレ政治ノ施設ニ對スル批難論評ノ際ニハ屢々議會ノ注意ヲ喚起シ政府反對黨ノ熱心ナル支持ヲ受クルコトアリ加特力保守黨ハ議席ヲ占ムルコト比較的多キニ不拘其ノ勢力トシテミル可キモノ少シ但シ宗敎問題ニ關シテハ素ヨリ一方ノ雄ナルカ其他ノ問題ニ就キテハ毫モ反動的ナラス嘗テ聯邦政府ノ内閣議長（大統領）タリ現下國務長官トシテ内外ニ與望ヲ背ヘル「モッタ」

氏カ同黨ノ出身タルハ一異色トナスニ足ルヘシ

其ノ要求ノ本質其他ノ點ヨリミテ政府黨ニ對シ最モ强硬ナル反對ノ立場ニ在ルモノハ卽チ共產主義者ヲ含メル社會黨ナリ蓋シ立法ノ手段ニ依リテ目的ヲ達セムトスル小數ノ社會進化論者卽チ社會政策黨員ト氣脈ヲ同フスル一派ノモノヲ除キテハ社會黨ハ主義ニ於テ現下ノ社會組織ヲ敵視シ以テ學術的社會ノ新設ヲ企圖スルモノナレハナリ同黨ハ議會ニ於テ相當ノ議席ヲ有シ且其ノ大膽ニシテ熱烈ナル行動ヲ探ルニモ不拘其ノ主張若クハ議論カ單ニ一階級ノ利益ト希望トヲ代表スルニ過キサル爲議會ノ中心ニ大ナル勢力ヲ振フ能ハス之レニ反シ農民「ブルジョア」黨ハ宗教問題ヲ離レ且多クノ目的中ニモ社會主義者等ノ主張スル國家ノ轉覆ヲ豫防シ穩健ナル保守的思想ノ下ニ凡ユル努力ヲ集中シ居ルヲ以テ次第ニ勢力ヲ增進シ漸次議會ニ重キヲ爲スニ到レリ

第三節　各黨派勢力ノ根據

急進民主黨ノ構成分子ハ大體ニ於テ頗ル區々タリ而モ之レカ分析ヲ試ミンカ中產階級竝「プロテスタント」ヲ信スル地方ノ農民ニ據ルトコロ多キニ似タリ加特力保守黨ハ主トシテ「フリブール」「ヴアレ」「テッサン」「ルセルン」及「サンガル」ノ如キ加特力敎ヲ奉スル各州ノ農民ヨリ成ル共產主

義者ヲ含ム社會黨ハ始ト一樣ニ現在ノ社會制度ニ不滿足ヲ感シ且他國ニ於ケルト等シク他ノ階級ヲ犧牲ニシテ勞働階級ノ幸福ヲ增遇セムコトヲ計リ完全ナル社會正義ノ狀態ヲ創造セムコトヲ腐心スル勞働者ヨリ成ル殊ニ共產主義者ニ到テハ少數ノ眞面目ナル青年ヲ除ク外大部分ハ社會的地位ヲ失ヘル落伍者若クハ事業ノ失敗者タリ

農民「ブルジョア」黨ハ農業階級ヲ代表スルモノナルカ其ノ黨員ハ啻ニ地方有產階級ノミナラス小土地所有者ノ大多數ヲ含ム本黨ハ元來宗敎的見地ヨリ離レテ活動スル爲黨員ニハ加特力「プロテスタント」ノ兩信徒ヲ混合シ居レリ自由民主黨ハ敎養アル有產階級「プロテスタント」ヲ奉スル由緖アル貴族ノ代表者竝聯邦權力ノ膨脹ニ反對シ名州ノ自治ヲ維持セムトスル熱心ナル一派ヨリ形成セラル社會政策黨ハ東部獨逸系瑞西地方舊急民主黨員ヨリ成ルニ付其ノ勢力ノ根據ハ始ト同黨ト相似タリ本黨ハ資本家ニ非サル分子ノ眞面目ニ社會改造ヲ希望スル一團ニシテ其ノ要求スルトコロ些カ社會黨ノ夫レニ近キモ目的竝手段ハ同シカラス且彼等ノ如ク局限セル思想ヲ有セスシテ一層發達セル政治上ノ洞察力ヲ有シ經濟觀念亦非論理的ニ走ラス其ノ思想タルヤ排他的分子ヲ含ムコトナシ素ヨリ無產階級ノ運命開拓ニ力ヲ吝マスト雖暴力ヲ用フルコトニ反對スル進化論者ナリ

第三章　各黨ノ現領袖株ノ人物及略歴

第一節　急進民主黨

Robert Forrer　議會ニ於ケル急進共和黨首領「サンガル」選出代議士「ドクトル、アン、ドロア」一八六八年三月十一日 Wattwil ニ生ル「ジユネーブ」「ミユンヘン」伯林「ベルヌ」ニ法律ヲ學ヒ後「サンガル」ニ辯護士ヲ開業ス一九〇〇年 Conseiller Cantonal ニ選ハレ一九〇八年下院議員トナル

Edmond Schulthes　內閣前議長一八六八年三月二日「カントン、アルゴヴヰー」Aashof ニ生ル「アーラウ」ニ於テ「ギムナジウム」ノ課程ヲ終ヘ「ストラスブルグ」「ミユンヘン」「ライプチヒ」及「ベルヌ」ノ諸大學ニ研讀ヲ重ネ更ニ巴里ニ遊學ス一八九一年ヨリ一九一二年ニ至ル間 Brugg ニ辯護士ヲ開業シ一八九三年ヨリ一九一二年間「カントン」議會議員ニ選ハレ一九〇七年同議長トナリ且「アルゴヴヰー」不動產銀行頭取トナレリ一九〇五年ヨリ一九一二年上院議員トナリ上院ニ於テ「ゴツタール」「シムプロン」等大鐵道ニ關スル報告者タリキ同時ニ「カントン」「アルゴヴヰー」ニ於ケル同黨黨首トナレリ一九一二年下院議員ニ選ハレ經濟部長官トナリ一九一七年及一九二一年內

閣議長(卽チ大統領)ニ選ハル現ニ經濟部長官タリ

Robert Schöpfer　急進共和黨々首砲兵大佐一九一七年ヨリ「カントン、ソルール」選出上院議員タリ「ドクトル、アン、ドロア」一八七九年九月二十七日「カントン、ソルール」ニ生ル「ハイデルベルヒ」「ツユーリヒ」及「ベルヌ」ニ法律ヲ研讃シ一八九七年ヨリ一九〇四年「カントン、ソルール」地方裁判所ニ勤務ス一九〇五年ヨリ一九一二年辯護士且公證人ヲ開業一九〇四年「カントン」議會議員更ニ一九一一年ニハ同議長トナレリ目下上院議員ニシテ瑞西及「カントン、ソルール」ノ急進共和黨ノ首領タリ

Paul Maillefer　一八六二年十月十四日「バレーグ」ニ生ル「ドクトル、アン、フヰロソフヰー」ニシテ下院議員タリ「ローザンス」ニテ哲學ヲ修メ後同大學ノ歷史科敎授トナレリ一八九七年以來「カントン」議會議員トナリ更ニ一九一一年以來下院議員トナリ尙ホ「ローザンヌ」市評議員タリ數多ノ歷史學上ノ著書アリ例ヘハ「カントン、ボー」史一般歷史學等アリ

第二節　加特力的保守黨

Albert Wirts　同黨首領「ドクトル、アン、ドロア」上院議員一八四八年六月十六日「サルネン」ニ生

ル「ツユーリヒ」「ハイデルベルグ」「フライブルグ」ニテ法律學研讃後「オブワルデン」ノ刑事民事裁判所長トナル同所長タルコト一八七六年ヨリ一九〇一年ニ至ル二十五年間一八八五年「カントン」議會議員ニ選出サレ一九〇一年ヨリ上院議員トナリ一九〇六年ヨリ一九〇七年上院議長タリ一九一〇年ニハ上級裁判所々長トナル

Henri Walther　國會ニ於ケル「カソリック」保守黨ノ首領一九〇八年來「ルセルン、カントン」議會議員タリ「バール」「ライプチヒ」「ハイデルベルヒ」ニテ法律ヲ研讃シ Secretaire de Département 及內閣書記官長トナリ一八九四年「カントン、ルセルン」議會議員トナレリ

Giuseppe Motta　氏ハ瑞西全國中最モ著名ナル人物中ノ一人ナル前內閣議長(大統領)(一九一五年及一九二〇年)目下內閣ノ一員ニ列シ國務省ニ長官タリ「フライブルヒ、ミユンヘン、ハイテルベルヒ」ニテ修學後「ドクトル、アン、ドロア」トナリ辯護士ヲ開業ス一八九五年「カントン、ツサン」議會議員ニ選出サレ一八九九年ニハ下院議員トナリ一九〇〇年ヨリ一九一一年迄「ラツサン」保守黨首領トナル一九一一年十二月十四日閣員トナル一九一二年ヨリ一九一九年迄財務部長官タリ一九二〇年「ジユネーブ」國際聯盟第一會名譽議長トナル

第三節 社會黨

Ernest Paul Graber 下院議員議會ニ於ケル社會黨ノ黨首一八七五年 Frayers ニ出生 Fleurier ニテ三年間中等教育ヲ受ケ次ニ一年間「ニユシヤテル」師範學校ニ學ブ Bayard Chaud de Fond ニ訓導タリ同地ニテ九年以來 Conseiller Général タリ一九一四年下院議員トナル

Emil Klöti「ドクトル、アン、ドロア」下院議員社會黨首領一八一七年十二月七日「ウインターツール」ニ生ル法律學及經濟學研究ノ後一九〇〇年「ドクトル」ノ稱號ヲ得一九〇八年「チユーリヒ、カントン」議會議員トナル一九一九年下院議員ニ選ハル

Charles Maine「カントン、ボー」議會議員一八七四年六月二十七日「ノツド」ニ生ル「ニユーシヤテル」巴里及伯林ニテ法律學ヲ研究シ「ロザンヌ」ニテ辯護士ヲ開業ス七ケ年間機械職工時計工タリ一九〇三年兵役ニ服スルヲ拒絶シタル爲メ軍隊ヨリ放逐サル一九一一年來下院議員タリ社會主義ニ關スル數多ノ著述アリ

Robert Grimm「ベルタ」市會議員下院議員一八八一年四月十六日出生一九〇五年迄某印刷所ニ關係シ「バール」ニ於ケル Secrétaire de travail タリ「ターグウハト」紙主筆「ベルタ」「カントン」議會

議員及下院議員トナリ後一九一八年「ベルタ」市會議員トナリ他方一九一八年迄瑞西民主社會黨首領タリ一九一五年ヨリ一九一八年迄雜誌「ノイエス、レーベン」主筆社會黨ニ關スル著書多シ

第四節　農民黨

Rodolphe Minger　一八八一年十一月十三日出生一九一九年下院議員陸軍少佐

Jean Jenny　農民黨首領一八五七年十一月八日出生下院議員「カントン」議會議長（一九〇八年乃至一九〇九年）陸軍中佐

Ernest Laur　一八七一年三月二十七日生　Grand Paysan ノ異名アリ「チューリヒ」及「ライプチヒ」ニ修學ス「ドクトル、アン、プキロソフキー」l'Union des Paysans（農民聯合）ノ Secrétaire agricole 農業及農民黨ニ關スル多クノ著書アリ瑞西ニ於テ重視セラル

第五節　自由民主黨

Alois de Memon　同黨ノ議會ニ於ケル首領一八五一年十一月三十日「ローザンヌ」ニ生ル「ローザンヌ、ハイデルベルヒ」及巴里ニテ法律學ヲ修メ一八七九年辯護士トナル一八九九年以來「カントン」

議會議員及下院議員タリ陸軍中佐

第六節　「ポリチック、ソシアル」黨（Groupe de politique sociale）

Joseph Scherrer Tüllemann 同黨ノ議會ニ於ケル首領「サンガル」選出下院議員一八四七年十一月十八日「ツールゴヴォー」ニ出生「ミュンヘン」「バーセル」ニ法律學ヲ修メ後「ツールゴヴォー」更ニ「サンガル」ニ辨護士ヲ開業一八九五年「サンガル」議會議員トナリ同議長トナレリ一八九〇年下院議員トナル

第七節　共産黨

Fritz Platten（經歷不詳）一八八三年出生同黨首領「チューリヒ」選出下院議員元獨逸人ニシテ瑞西ニ歸化セリ同氏ハ露國革命ノ當初露國ニ派遣サレ獄中ノ人トナリシコトアリ一九一九年下院議員トナル

Albert Belmont「バール」市選出代議士一八七九年十月二十六日出生「フリブール、ジュネーブ」及「チューリヒ」ニ研學シ一九一六年Conseiller Cantonal（州政府員）一九一七年「カントン」議會議員

一九一九年下院議員トナル

四　現在議會ノ黨派別

現在議會ノ黨派別ニ就テハ既ニ第一項ニ於テ述ヘタル通ナルカ今之ヲ表示スレハ左ノ如シ

(黨ノ名稱)	總理名	Conbeil National (下院)	Conseil des Etats (上院)	合計
Groupe radical démocratique (急進民主黨)	Dr. R. Forrer	59	22	81
Groupe conservateur Catholique(カソリック保守黨)	H. Walther	41	17	58
Groupe Socialiste (社會黨)	E. P. Graber	38	—	38
Groupe des paysans, artisans et bourgeois (農民黨)	Rud. Minger	31	1	32
Groupe libéral-Democratique (自由民主黨)	A. de Meuron	9	2	11
Groupe dé politique sociale(社會政策黨)	Josef Scherres-Füllemanu	6	1	7
Groupe communiste (共産黨)	Fritz Platten	3	—	3
無所屬		2	1	3
合計		189	44	233

第四章　各黨ト「カントン」政廳及市町村トノ關係

現行瑞西憲法第三條ニ依レハ各「カントン」ハ其主權カ瑞西憲法ニ依リテ制限セラレサル範圍ニ於テ最高權力ヲ有ス卽各「カントン」ハ聯邦權力ニ依リテ代表セラレサル總テノ權利ヲ行使ス各「カントン」憲法人民ノ自由及權利公民ノ有スル憲法上ノ權利並ニ人民カ官廳ニ賦與シタル權利及職權ハ總テ聯邦ニヨリ保障セラル（聯邦憲法第五條）但各「カントン」憲法ハ聯邦憲法ノ規定スル所ニ違反セス又各州ハ共和ノ精神ニ從テ政治上ノ權利ヲ行使スルコトヲ保證シ且人民ノ承認ヲ得タルモノニシテ市民ノ絕對多數ノ要求アル場合ニハ之ヲ修正シ得ルモノナルコトヲ規定ス（第六條）他方瑞西憲法ハ各公民カ結社ノ權ヲ有スルコトヲ定ム但結社ノ目的或ハ其ノ用ユル手段ハ不正ナラサルコト或ハ國家ニ對シ危險ナラサルコトヲ要ス而シテ右權利濫用ノ場合ニ於ケル之カ取締ニ必要ナル手段ハ「カントン」法律ニ依リテ之ヲ定ム以上ノ結果各政黨ハ一般ニ聯邦政府ニ對スルヨリモ更ニ密接ナル關係ヲ「カントン」政廳トノ間ニ有ス卽チ各政黨ハ聯邦議會ニ對シ代表者ヲ有スル外其聯邦組織ノ關係ヨリ多クノ場合各政黨ハ各州ニ於ケル同黨派ニ屬スル各團體ノ集合ニ外ナラサルヲ以テナリ

瑞西ニ於テハ政治的及社會的制度頗ル發達シ政治教育ハ夙ニ古ヨリ普及セルカ故ニ「カントン」内ノ各政黨相互間ニハ極メテ少數ノ例外ヲ除キ深キ憎惡怨恨ノ見ルヘキモノナシ而シテ各公民ハ其政黨ノ何レニ屬スルヲ問ハス公民權ヲ遺憾ナク享有シ且公生活ニ關興ス卽チ一方各公民ハ直接ニ「カントン」ノ自治ニ浴シ而モ各「カントン」ハ其區域カ比較的制限セラレ居ルニ反シ其ノ權限ハ頗ル廣汎ノモノニシテ且其執行ノ任ニ當ルモノハ「カントン」ニ於テモ將又市町村ニ於テモ主トシテ投票ニ依リ選擧セラルヽト同時ニ他方瑞西人ノ大多數ハ政治的結社ノ一部ヲ形成スルカ故ニ瑞西ニ於テハ各政黨ノ「カントン」政廳及市町村會ニ對シ有スル勢力若ハ關係カ極メテ密接ナルモノアルヲ看取スルコトヲ得ヘシ殊ニ市町村ニ於テハ傳統的ニ大ナル自治權ヲ享有シ且州及聯邦ノ民主的行政ノ第一階梯ヲ爲スモノナルヲ得テ政黨ノ勢力ニ左右セラルヽコト最モ顯著ナリ市町村ハ其ノ權限ヲ行使スル機關トシテ一人ノ市町村長及三名乃至九名ヨリ成ル市町村會ヲ有ス而シテ大都市ニ於テハ往々二ノ市會(Conseil)ヲ有ス卽チ一ハ Communal ニシテ他ハ Municipal ナリ前者ハ其權限トシテ市町村規則及命令ノ起草、豫算及徵稅ノ決定、決算ノ最認等要スルニ立法機關ノ補充ヲ爲シ後者ハ行政執行機關ノ職分ヲ司ル而シテ右兩市會ハ選擧民ニ依リテ選出セラレタル議員ヨリ成ル次ニ唯一ノ市町村會ヲ有スルニ過サルハ市町村ニ於テハ選擧人總會ハ市法機關ヲ形成ス市町村ハ通常都會及地方ノ警察、禮拜及國民敎育、美術及特種敎育ノ維持又ハ補助、公ノ建造物、道路ノ維持、點燈及消防並貧窮者及病者ノ救助等ノ事務ヲ掌ル

尙瑞西ニ於テハ聯邦政府ノ職員ハ何レモ國民投票ニ依ルコトナシト雖地方行政ノ職員ニシテ直接區民ニ依リテ選擧セラルヽモノヽ數ハ次第ニ增加スルノ傾向アリテ此ノ趨勢ハ選擧ニ對スル政黨ノ勢力ノ增加ト直接ノ關係アルモノトシテ看過スヘカラス

「カントン」ハ瑞西聯邦憲法ノ規定スル範圍內ニ於テ立法權ノ外更ニ執行權ヲ有ス州政府之ナリ而シテ右執行權ハ「スヰス、ローマン」地方ニ於テハ Conseil d'état ニ依リテ行ハレ「スヰス、アルマン」地方ニ於テハ Conseil de Gouvernement ニ依リテ行ハル此ノ Conseil ノ人員ハ直接人民ニ依リテ選擧セラレ(例ヘハ「ニユーシヤテル」及「ジユネーブ」)(任期三年)若ハ L'Assemblée législative ニ依リテ選擧セラル例ヘハ「カントン、フリブール」(任期五年)「カントン、バレー」「カントン、ボー」(任期四年)及「スヰス、アルマン」地方ノ「カントン」ノ大部分ニ其各政黨ノ消長カ之等ノ選擧ニ直接間接ノ影響ヲ及ホスコト亦頗ル著シキモノアリ

保守派ノ勢力微弱ニシテ社會主義ノ勃興セントスル十五ノ民主的「カントン」ニ於テハ從來民主的傾向ヲ有スル黨派間ニ於テ急進派ト自由派トノ政治上ノ鬪爭行ハレ更ニ農民派ノ援助ヲ有スル加

特力派對社會派ノ第二ノ鬪爭ヲ生シ同「カントン」ニ於ケル政治生活ニ種々ノ關係ヲ惹起セリ

殊ニ特記スヘキハ加特力敎徒ノ住居スル「カントン」(例ヘハ「ルセルン」「ウーリー」「シユウヰツ」「ウンテルワルデン」「ツーグ」「フリブール」「ソルール」「アッペンツエル」「ロード、アンテリウール」「サンガル」「テッサン」「バレー」及「ジユネーブ」)ニ於テハ保守派ノ勢力强クシテ常ニ自由及急進ノ兩民主派ト相爭ヘリ然トモ「ソルール」「サンガル」及「テッサン」ニ在リテハ加特力派ハ其數多キニ拘ラス政治上劣勢ニシテ從テ之等ノ「カントン」ノ代表ハ少數ノ社會派及一名ノ農民派ノ外大部分急進派ヨリ成ル

「プロテスタント」保守派ハ何レノ「カントン」ニ於テモ優勢ナル地位ヲ占メス唯「カントン、ベルヌ」「バール」市(半「カントン」)及「シヤフハウス」ニ於テノミ優越セルニ過キス

「ローマン」地方ニ於テハ保守派ハ同派政治上全然自由派ニ合體シ同「カントン」政廳ニ優勢力ヲ占ヌタリ

數年前迄微々タルモノナリシ社會主義派ハ其組織ノ鞏固ナルコト及機關紙トニヨリ「チユーリヒ」「ウヰンターツール」「ソルール」「オルラン」及「ビエンヌ」ノ諸市及「バール」市(半カントン)「シヤフハウス」「サンガル」及「シユーシヤテル」ノ諸「カントン」ニ於テ優勢ノ地位ヲ占ムルニ至レリ「ベ

ルヌ」ニ於テ Conseil 市會 Communal ノ多數黨ハ社會黨ナリ但シ農民黨ノ勢力ハ漸次之ヲ越過セントスル形勢ヲ有ス

加特力派ノ「カントン」ノ大部分ニ於テハ自由黨及急進黨共ニ明白ナル黨派的色彩ヲ形成セス而シテ自由急進民主ト云フカ如キ明確ナル區別ヲ見ス「チユーリヒ」「グラリース」「アッペンツェル」「サンガル」「アルゴヴヰー」及「ツールゴヴヰー」ノ民主派ハ急進ノ名ヲ有ス

「カントン、バール」ニ(バール市ト共ニ半「カントン」ナリ)「シヤフハウス」「ヴォー」及「ニユーシヤテル」ノ「プロテスタント」保守派ハ自由派ト稱セラレ而シテ「ジユネーブ」ニ於ケル同派ハ民主派ニ屬ス

加特力敎保守派ハ政治上ノ爭鬪ニ於テハ Ultramontain ト稱セラレ例ヘハ「チユーリヒ」ニ於テハ社會基督敎派「カントン、ユラー」ニテハ民主派及「ジユネーブ」ニテハ獨立派ト自稱ス

所謂政黨トシテノ團體ヲ有スルモノトシテハ左ノ如キ「カントン」ヲ列擧シ得ヘシ卽「チユーリヒ」「ベルヌ」「ヴォー」及「バール」(都市及地方)

「チユーリヒ」ニ於テハ其勢力ハ急進民主黨、社會民主黨及社會基督黨ノ諸黨派ニ分レ尙幾分農民黨モ亦之ニ加ハル其中急進黨ハ其數ニ於テ最モ大ニシテ現在同州ノ同黨ハ下院ニ七名ノ代表ヲ送

リ社會黨ハ一九〇七年其改造以來市會ニ於テ代表七名中四名ノ代表ヲ有シタリシカ現在ニ至リテハ更ニ其數ヲ增シ且下院ニ九名ノ代表ヲ送リ內一名ハ共產主義者ナリ

社會基督敎派ハ一九〇一年 Baumberger 氏ニ依リ再設セラレ同氏ハ現在下院ニ於ケル唯一ノ同黨代表者ニシテ Neue Zürcher Zeitung ノ主筆ナリ同氏ハ Interconfessional ノ地盤ノ上ニ鞏固ナル組織ヲ形成シ之ニ Parti populaire chretien social 國民社會基督敎派ノ名ヲ附セリ

農民黨ハ同地ニ於テ比較的最近ニ組織セラレタルモノナルカ既ニ鞏固ノ地盤ヲ占メ現在下院ニ六名ノ代表ヲ送リ居リ尙「チユーリヒ」ハ議會ニ於ケル何レノ黨派ニモ屬セサル下院議員ヲ有ス上院ニ於テハ同州ハ全部急進民主黨ニ依リ代表セラル

「カントン、ベルヌ」ニ於テハ政黨ハ急進黨、保守黨、社會民主黨及農民黨ニ分タル急進黨ハ下院ニ對シ六名ノ代表ヲ保守黨ハ一名社會民主黨九名及農民黨十五名ヲ出シ上院ニ對シテハ急進民主黨一名農民黨一名ヲ出ス

「カントン、ヴオー」ニ於テハ急進民主黨及自由黨(所謂プロテスタント保守)ノ二勢力略相伯仲シ兩黨トモ社會民主黨(卽勞働者)ヲ共通ノ敵トシ特ニ之ニ對抗センカ爲メ國民團(Bloc national)ヲ組織ス而シテ此團體ニハ現在 Radicaux démocrates 急進民主黨 Liberaux démocrates 自由民主黨

Jeunes radicaux 青年急進黨 Socialistes-Grutliens「グルトリ」派ノ社會黨等之ニ加ハル同州ヨリハ下院ニ九名ノ急進民主黨、三名ノ社會黨及四名ノ自由民主黨ヲ出シ上院ハ全ク急進民主黨ニ依リ代表セラル

「バール」市ノ半「カントン」ニハ五政黨アリ卽 Libéral-démocratique 自由民主黨（フライジンニゲ）Libéraux 自由黨 Socialiste 社會黨（共産黨ヲ含ム）Catholic populaire 國民加特力敎黨 Parti-paysan 農民黨之ナリ下院ニハ一名ノ社會黨二名ノ共産黨一名ノ農民黨一名ノ加特力敎保守黨及一名ノ社會政策黨ヲ出シ上院ハ全ク二名ノ急進民主黨ニ依リ代表セラル

「バール、カムパーニユ」ノ半「カントン」ハ三ノ主タル政黨ヲ有ス卽 Radical Démocratique 急進民主黨 Catholique-Conservateur 加特力保守黨及 Union des paysans 農民會之ナリ但シ下院ニ三名ノ急進民主黨ノ外一名ノ社會主義者ヲ出ス

第五章　外交ニ關スル各黨ノ政見（主トシテ國際聯盟、社會主義、國防問題、日本トノ關係ニ就テノ主張及態度）

(1)　外交ニ關スル各政黨ノ政見殊ニ國際聯盟ニ對スル態度

外交ニ關スル各政黨ノ政見ヲ述フルニ當リ第一ニ注意ヲ要ス可キハ瑞西國ハ其永世中立タル國際的地位ト國民殊ニ獨逸系瑞西人カ其性格概シテ Real Politic ノ傾向ヲ有スルコト等ノ源因ヨリ直接國民ニ利害ノ關係ヲ有スルモノヽ外一般ニ冷淡ニシテ例ヘハ關税問題、關税免除地帶ノ問題、移民問題(Immigration)外國貿易問題等直接其國民又ハ地方ノ人民ニ關係ヲ有スル諸問題ニ付テハ可ナリ熱心ナル論議ヲ見ルコトアルモ純然タル外交問題ニシテ國内ノ問題ニ直接ノ影響ヲ及ホササルモノニ在リテハ各政黨トモ極メテ冷靜ノ態度ヲ持スルヲ常トス

國際聯盟ニ對スル政黨ノ見解ニ付テモ又其軌ヲ同ウシ目下一般ニ國際聯盟ヲ目シテ單純ニ外交上ノ機關ト認メ其成立當時ノ期待ヲ裏切ラレタルモノトシ卽チ一九二〇年五月十六日聯盟加入ノ可否ヲ一般投票ニ附シ三二三、七一九ニ對スル四一六、八七〇票ヲ以テ辛クモ其加入ヲ決定セル當時國際聯盟ノ精神ヲ高調シ之カ普及ニ力ヲ注キタル新聞紙モ聯盟ノ直接且有利ナル效果ヲ期待シタ

リ又當時瑞西國民ノ多數ハ聯盟ノ機關ヲ通シ華府勞働會議ニ於テ採擇セラレタル原則ヲ實行シ以テ勞働階級ノ感情ヲ融和スルコトヲ得可シト思考シタリシモ事實ナリ今各政黨ノ之ニ對スル態度ヲ見ルニ佛國系瑞西地方ニ根據ヲ有スル自由黨ハ其地理的關係其他ノ事情ヨリ聯盟ニ對シ贊成ノ態度ニ出テ居ルハ素ヨリ當然ニシテ急進民主黨ハ政府黨タルノ立場ヨリ寧ロ穩健ノ態度ヲ持シ聯盟ニ對シテハ何等反對ノ態度ヲ示ササルモ其他ノ黨派例ヘハ保守黨ヲ初メ獨逸系瑞西地方ノ各黨派ノ如キハ聯盟ニ對シテハ頗ル冷淡ニシテ殊ニ其一部分ニ於テハ寧ロ反對ノ態度ニ出テ居レリ顧フニ瑞西ニ於ケル一般輿論ハ聯盟ニ對シ日ヲ追フテ益々消極ニ向ヒ就中社會黨及共產黨ノ如キハ今日國際聯盟及其各種機關ニ對シ公然敵視ノ態度ヲ表明シ其目的及效用ノ何タルヲ問ハス聯盟ハ「ブルジョア」ノ事業ヲ代表スルモノト認メ居レリ現ニ「ベルン」州選出代表議員ニシテ社會黨ニ屬スル Ryser 氏ハ「トーマ」氏ノ慫慂ニ依リ國際勞働事務局ノ有給役員ニ就任シタル際社會黨各員ハ甚シク驚愕シ議員ノ資格ト兩立スルヤ否ヤノ議論ヲ生シ結局本問題ハ之ヲ投票ニ附スルコトトナリタルカ之カ爲メ同黨ニ屬スル數名ノ議員ハ社會黨ヲ脫退スル旨宣言スルニ至リ遂ニ中央委員會ニ於テ二十一ニ對スル二十二ノ多數ヲ以テ現在ノ議員ノ任期滿了迄右 Ryser 氏ノ議員ノ資格ヲ維持セシムルコトトシテ本問題ヲ解決セリ然レトモ本問題ハ國際聯盟ニ對シ當國社會黨員等カ抱

持スル嫌忌ノ感ヲ立證スルニ最モ適切ナル實例ト稱スルヲ得可シ

(2) 社會主義ニ對スル各政黨ノ態度

右ニ縷述セル如ク左黨ノ目的トスル所ハ社會主義ノ實施ニ外ナラスシテ從テ彼等ハ各國ノ代表者ヨリ成リ勞働狀態ノ改善ヲ目的トスル機關卽チ國際勞働事務局ノ慫慂ニ對シ頑トシテ之カ協力ヲ拒マムトスルノ態度ヲ示シタルハ素ヨリ其所ナリ而シテ此等社會主義者ノ一味徒黨ニハ外國人及Internationale ノ主義者ヲ包含シ行動動モスレハ過激ニ亙ルモノ有リタル爲メ一九一八年ノ示威運動後間モ無ク「ベルン」州ニ於ケル「ブルジョア」黨ノ組織及之ト農民黨トノ團結等諸般ノ反動ヲ惹起スル所アリタリ更ニ此等極左黨カ言論及結社ノ自由ヲ濫用シ之カ抑壓ノ法規欠缺ヲ利用シ公然國家ノ轉覆秩序破壞ノ宣傳ヲ行フニ至リタルタメ聯邦政府ハ終ニ一九二一年四月十一日一八五三年二月四日ノ刑法改正案ヲ議會ニ提出セリ該案ハ聯邦及各聯邦ノ公ノ秩序及國內ノ安全ニ對スル犯罪ニ關スル法律ト稱シ十一ヶ條ノ新條項ヲ有スルモノニシテ主トシテ過激主義抑壓ヲ目的トスルモノニ外ナラス

以上ノ如キ當國ニ於ケル破壞的思想ノ根源カ素ヨリ勞農露國ニ存スルコト言ヲ俟タス而シテ其主動者ハ主トシテ瑞西ニ於テ庇護權ヲ濫用シテ同主義ヲ宣傳セル猶太系獨逸人及露人ニシテ勞農露

國ノ慘狀竝ニ「マルクス」ノ詭辯的理論ヲ充分了解スル能ハサル無經驗ノ青年ニ共鳴者ヲ求ムルコトヲ得タリ下院議員「グリム」ヲ中心トスル前記一九一八年及一九年ノ運動及同盟罷工竝ニ一九年七月「オルテン」市ニ於ケル青年社會黨代表大會ハ明ニ「レーニン」ノ教理ニ影響セラレタルヲ看取スルコトヲ得可シ而シテ此狀態ハ戰後益々險惡ニ赴ケル經濟界ノ不振ト相俟ツテ却テ一見排外思想ノ發現トモ思ハルルカ如キ排外人傾向ノ發　ヲ見ルニ至レリ今此種ノ主義若クハ見解ニ付各政黨ノ綱領ヲ檢スルニ保守黨ハ最モ穩健ナル方法ニ依リ其政綱中瑞西國民性ノ特徵ヲ確保スルノ目的ヲ以テ政府ハ外國人ニ新ナル財政上ノ負擔ヲ課シ外國人同化ノ問題ヲ速ニ解決スルヲ要スル旨宣言シ又自由民主黨ハ之ニ反シ最モ直截ニ其綱領中瑞西國ノ國民的感情ヲ養成シ外國思想若クハ「コスモポリチズム」ノ侵入ニ對シ適當ナル方法ヲ講スルコトヲ要スト定メ更ニ「ベルン」州ニ於ケル農民及「ブルジョア」黨ハ特ニ國內ノ勞働竝ニ國產ノ保護奬勵ノ見地ヨリ外國ヨリノ危險ヲ防止スルコトニ努力スルコトヲ要スト宣言シ居レリ獨リ瑞西農民聯合(Union Suisse des paysans)ノ外國農業勞働者ノ移入ニ關シ別箇ノ見解ヲ有シ瑞西農業ノ現狀ニ照シ實際農業以外全然從事セサルコトノ條件ニ於テ之カ移入ヲ許容スルヲ適當ト認メ居レリ而シテ政府黨タル急進民主黨ニ於テハ瑞西國竝ニ國民ヲシテ傳統的民主々義ト相容レサル Expérimentations Doctrinaires ノ犧牲タラシ

ムルコトヲ避ケ「レーニン」主義ノ反動的傾向ヲ排除セサル可カラス又瑞西國民ハ合理的國民主義ノ樹立ニ依リテ外國分子ノ優勢ヨリ生スヘキ有害ナル結果ヲ防止スルコトヲ要スト定メタリ以上ノ如ク當國ニ於ケル外國ノ破壞的不純分子ニ對スル警戒ト之カ保障ノ手段ヲ講スルコトノ必要ハ其綱領ニ見ル如ク多數政黨何レモ著シク感シ居ル處ニシテ瑞西入國及旅行ノ諸外國人ニ對シ當國外人警察カ戰時中ノ制定ニ係ル規定ヲ最モ峻嚴ニ適用シツツアルハ故ナキニアラス然レトモ如斯警察ノ方針ハ瑞西貨幣價値ノ著シキ昂騰ト相俟ツテ旅客及滯留外國人ノ數ヲ減シ「ホテル」業者其他外人旅客ヲ目的トスル事業ニ影響ヲ及ホスニ至リ漸ク一部人民ノ不平ヲ買ヒ殊ニ「ジユネーブ」州及「ヴォー」州ニ於ケル自由黨ハ其機關新聞ヲシテ盛ニ外人警察ニ對スル反對的論説ヲ掲載セシメ次テ同制度廢止問題ノ下院ニ上程セラルルニ及ヒ同黨議員ハ極力之ニ對スル政府ノ態度ヲ論難シ結局政府ノ讓歩ニ依リ本制度ノ廢止ヲ見ルコトトナリタルカ右ニ依リ略當國各政黨ノ社會主義ニ對スル態度ヲ察知シ得可シト信ス

(3) 國防問題ニ關スル各政黨ノ主張及態度

國防問題ハ當國ニ於ケル最モ重要ナル問題ノ一ニシテ殊ニ軍事費ノ負擔ハ當國ノ國情ニ照シ甚タ重ク戰後ニ於ケル獨逸帝國ノ崩壞竝聯邦政府現時ノ財政難ハ益々本問題ニ對スル朝野ノ注意ヲ喚

起スルニ至レリ元來瑞西國ハ其中立ヲ保證セラルル國際的地位竝ニ極度ニ發達セル民主的思想ニ拘ハラス軍事的思想及其教育盛ニシテ國民皆兵主義ヲ遺憾ナク實現シ僅々三百七十萬ノ人口ニ對シテ國家非常ノ際克ク三十萬ノ動員ヲナシ得ル設備ヲ有スルハ一見頗ル奇異ノ感無キ能ハス而シテ軍事費ノ聯邦政府ノ財政ニ對スル割合ヲ見ルニ一八七四年ノ憲法改正ニ至ル迄ハ聯邦政府全支出ノ一割ニ達セサリシモ其後軍制統一主義ノ下ニ聯邦政府ニ於テ軍備改革ヲ實行スルニ及ヒ軍事費ノ支出俄ニ激增シテ全支出ノ三割强ヲ占ムルニ至レリ（註、瑞西ハ聯邦政府ノ支出ニ係ル軍事費ノ外被服其他ニ關シ各「カントン」ニ於テ支出スル軍事費アルコトヲ看過スヘカラス但其正確ナル數字ハ之ヲ知ル能ハス）之レ蓋瑞西ハ普佛戰爭當時中立維持ノ爲軍隊組織改革ノ必要ヲ感知セルニ外ナラスシテ爾來聯邦政府ノ關稅收入增加ト共ニ軍事費モ亦年ヲ追ツテ增加ノ傾向ヲ辿レリ卽チ左表ノ如シ

年度	聯邦總支出	軍事費	百分比例
一八五〇	九、八七六千法	九二五	九、四
一八六〇	三一、九一四	二、六二三	一一、九
一八七〇	三〇、九〇五	二、二一六	七、一

一八八〇	三六、八八九	一一、七三六	三一、七
一八九〇	六三、一七〇	二〇、五七五	三二、七
一九〇〇	一〇二、七五八	二七、七〇三	二六、九
一九一〇	一六一、三三〇	四二、二六三	二六、四
一九二〇	四四三、〇九三	六〇、四二七	一三、二

尚歐洲戰爭中ノ陸軍經費ニ關シテハ左表ノ通ニシテ（非常召集ニ關スル經費ヲ除ク）陸軍以外ノ經費增加セルニ拘ハラス大體ニ於テ寧ロ減退セリ

年度	聯邦總支出	軍事費（但シ特別會計ニ屬スル作業會計ノ支辨ヲ除ク）	百分比例
一九一三	一九二、一六七	四五、八四〇	二四
一九一四	一七八、二六三	三六、八〇七	二一
一九一五	一七七、二七九	三八、九九七	二二
一九一六	一九三、二二七	三六、三四六	一九
一九一七	二三六、四〇三	四三、〇二五	一八
一九一八	二八三、五九九	四四、六九二	一六

一九一九	三八二、五三四	四九、九五一	一三
一九二〇	四四三、〇九三	五八、二一二	一三

然レトモ戰時中瑞西陸軍ハ佛國及伊太利國境ニ何等必要ヲ見サリシ幾多ノ要塞ヲ築造シ其他無用ナル莫大ノ經費ヲ支出シタリトノ理由ヲ以テ戰時ヨリ戰後ニ亙リ國民及一般軍隊ノ陸軍部高級幹部ニ對スル信用著シク減退セルハ疑フヘカラサル事實ナリトス次ニ瑞西全國ヲ通シ現下國防問題ニ對スル見解ヲ概言セムニ軍備充實論及軍備縮少論ノ根本的分岐點ハ一ニ懸ツテ瑞西ハ將來中立ヲ侵害セラルヘキ危險ナキヤ換言セハ獨逸將來ノ復興如何ノ問題ニ歸着ス即チ軍備充實派ハ元來歐洲戰爭中瑞西ハ完全ニ中立ヲ保持シ國防上ノ危險ヲ脱シ得タルハ一ハ地形上ノ關係モ有ルヘシト雖其大部分ハ瑞西從來中立ノ維持ニ關シテ充分ノ兵力ヲ擁シ戰時三十萬ノ軍隊カ假令其數多カラサルモ其向背如何ハ戰爭ノ結果ニ相當ノ影響アルヘキヲ交戰當事國ニ自覺セシメタルニ外ナラス從テ他日獨逸復興ノ曉ニ於テ瑞西國境ヲ侵害セラルルノ危險ニ備フル爲依然トシテ有力ナル兵力ヲ養成スルヲ要スト論シ更ニ縮少派ハ獨逸ノ復興ハ到底近キ將來ニ於テ期待シ得可カラサルノミナラス更ニ進ンテ獨逸ノ佛國ニ對スル復讐戰ノ如キハ目下ノ處夢想モ及ハサル處ニシテ從テ當國ノ國際的地位ト戰後ニ於ケル世界ノ大勢トニ鑑ミ且戰後經濟界不振ノ今日ニ於テハ專ラ民力

休養ニ勉メ國家財政ノ基礎ヲ鞏固ナラシムルノ優レルニ如カストト稱シ居レリ而シテ軍備充實派ハ中立侵害ノ危險ヲ主トシテ佛伊方面ニ存スルモノト認ムルモノニシテ現任參謀總長等最モ熱心ニ主張シ獨逸贔負ノ一部瑞西人ノ贊成アリ又縮少論殊ニ其極端ナルモノハ後ニモ述フル如ク極左社會黨ノ主張ニ係ルモノナルモ其穩健ナルモノハ現時政府ノ財政難ニ鑑ミ世論ヲシテ漸次其主張ヲ正當ト認メシメツツアルモノノ如シ尚現政府ノ現在ノ國防ニ對スル最近（大正十一年七月初）一九二三年及一九二四年度ノ軍備制限問題ニ關スル國際聯盟ノ質問ニ對スル瑞西囘答ヨリ大要察知スルコトヲ得ヘシ卽チ瑞西ハ其ノ中立維持ノ爲適當ナル軍備ヲ維持スルハ瑞西國ノ權利タルノミナラス又國際的義務ナリトス然レトモ瑞西國ハ軍隊ノ敎育及施設ニ關シテハ或ハ新兵敎育ヲ六十五日乃至九十日トシ或ハ重砲其他近代的技術ヲ使用セス或ハ徵兵資格ヲ嚴ニスル等種々制限セリ又戰後軍事ニ關シ何等ノ擴張ヲ試ミサリキ從テ今日以上尚軍事費ヲ節約シ得ルヤ否ヤノ問題ハ將來ノ硏究ニ俟ツ外ナシ但國民皆兵主義ノ撤廢ハ當國ノ民兵制度ノ趣旨ニ鑑ミ極メテ困難ナル問題ナリ之ヲ要スルニ瑞西ハ一九二三年及一九二四年度ニ於テ今日以上ニ軍事豫算ヲ增加セサルヘシトノ問題ニ關シテハ他ノ各國何レモ同樣ノ趣旨ニ贊成シ且其期間中緊急止ムヲ得サル事件ノ突發セサルコトノ二條件ノ下ニ贊成ス云々

今各政黨別ニ國防ニ關スル一般的主張及態度ヲ檢スルニ

（一）急進民主黨、「カトリック」保守黨及自由民主黨ハ何レモ現在ノ軍費組織ヲ妥當ナルモノト認メ居レリ但正義ノ觀念ニ基ク軍隊ノ改善及公平ヲ希望シ且國家ニ危險ヲ及ホササル範圍ニ於テ經費節減ヲ主張ス

（二）農民黨ハ前記三黨ト同樣ノ政見ヲ有スルモ唯高級幹部竝ニ特ニ特科隊（騎兵、砲兵等）ノ民衆化的改革ヲ主張シ現時ノ「プロシア」式方法ハ少クトモ民衆的ナラサル缺點ヲ有シ今ヤ大部分ノ兵卒ハ軍隊ニ對シ昔日ノ如キ愉快ト熱心トヲ有セサルニ至レリト稱シ居レリ

（三）極左社會黨及共產黨ハ軍備ヲ目シテ文明國ニハ無用ノ長物ナリトシ絕對的軍備撤廢ヲ要求ス

（四）社會黨中穩健派ニ屬スル「グルトリー」協會派竝ニ社會政策黨ハ稍農民黨ニ類スル意見ヲ有シ且瑞西ノ國際的地位ニ顧ミ服役人員（瑞西ハ一年ノ常備軍ヲ有セス茲ニ服役人員ト云フハ一朝事アル場合ニ動員シ得ヘキ人員ヲ指ス）最大限五萬ニ減スヘシト主張シ倂セテ平時服役期間ノ短縮ヲ希望ス

(4) 日本トノ關係ニ就テノ態度

當國ニ於ケル日本ニ關スル著述ハ既ニ一五八六年「フリーブルグ」市ニ於テ出版セラレタルコトアルモ日露戰爭迄ハ日本ニ關シテハ殆ト何等ノ興味ヲ惹クコトナク今回ノ歐洲戰爭ニ至リ初メテ多大ノ注意ヲ喚起スルニ至レリ然レトモ日本ニ關スル記事ハ未タ概シテ淺薄又ハ他ノ受賣ニシテ今日時々諸新聞及雜誌ニ現ハルル經濟記事ノ如キモ精密ニ亙ルモノ甚タ少シ

今日迄瑞西人殊ニ瑞西商人ニシテ印度濠洲邊ニ移住スルモノ少ナカラサリシト雖モ日本ニ對シテハ其數甚タ少ク且當國ト日本トノ間ニ直接ノ商取引ヲ有スルコト比較的少ナカリシ爲メ日本ニ關スル興味モ亦從ッテ無之カリシハ敢テ怪ムニ足ラス從來瑞西ニ於ケル一般ハ日本ヲ目シテ帝國主義ヲ奉スル國トシ領土ノ擴張ヲ第一義ト心得居ル國民ナリト了解シ居タルモノナルカ歐洲大戰ハ此信念ニ多大ノ變化ヲ生セシメ當國々民中右歐洲戰爭ノ結果トシテ新ニ東西兩洋間ノ經濟戰爭ヲ惹起スヘク而カモ之ニ對シテハ瑞西ハ決シテ晏如タル能ハスト論スルモノアルニ至レリ即チ自國ニ比シ其工業未タ充分發達セスト思考シタリシ新興ノ工業的日本カ東洋市場ニ於テ地歩ヲ確立シツツアル現狀ニ想到シ嘗テ米國及獨逸ヨリ受ケタル競爭ノ結果ニ頗ル神經ヲ惱マシタル瑞西人カ自國ノ國民的工業ノ勢力範圍ニ新ナル競爭者ノ出現セルニ再ヒ不安ノ念ヲ抱カサル可カラサルニ至リタルハ故ナキニアラス殊ニ瑞西特產タル時計製造業ニ關シ日本カ當國ノ時計學校若クハ工場

ニ徒弟トシテ幾多ノ青年ヲ送リ依テ以テ今日ノ隆盛ヲ致シタルニ嫉妬ノ念ヲ禁スル能ハス而シテ當國製時計ノ多年ノ名聲竝ニ日本ヨリノ瑞西製時計ニ對スル多大ノ註文アル事實ニ拘ラス亞細亞ノ市場ニ於ケル瑞西時計ノ將來殊ニ値頃ノ懷中時計ニ對シ多大ノ需要アル印度市場ニ於ケル日本ノ競爭ハ最モ當國人ノ恐ルル處ニシテ日本時計勞働者ノ技術カ瑞西勞働者ノ傳統的經驗ニ優ニ對抗シ得ルノ程度ニ達シ且勞働賃金ノ相違竝ニ經濟組織ノ差異ハ本問題ニ關シ寧ロ日本ヲシテ有利ノ地位ニ置クモノト認識セラレ居レリ

之ヲ要スルニ當國各政黨ノ日本ニ關スル主張若クハ態度ニ付テハ上記ノ如キ事情ヨリ殆ト特記スヘキモノアルヲ見ス而シテ當國人カ政治的若クハ經濟的タルニ論無ク國民的利益及特權ニ關シ他國人ニ比シテ嫉妬ノ念深ク獨リ日本ニ對スルノミナラス諸般ノ外交問題ニ付常ニ確信無キ態度ニ出テ居ルハ全ク當國ノ國情竝ニ從來ノ外交ノ甚タシク振ハサリシ事實ノ然ラシムル所ニ外ナラス

第六章　各黨主要機關紙

（一）　急進民主黨

急進民主黨ハ瑞西國內各地方ニ於テ百七十七ノ機關紙ヲ有ス卽チ「チユリツヒ」州ニ於テ二十五、「ベルン」州ニ於テ三十二、「バーゼル」州ニ於テ十一、「アールガウ」州ニ於テ十九、「サン、ガレン」州ニ於テ十四、「トウールガウ」州ニ於テ十一、「ヴオー」州ニ於テ十二、「ソロトウルン」州ニ於テ六、「アツペンゼル」州ニ於テ五、「グラウビユンデン」州ニ於テ十一、「ルツエルン」州「フリーブルグ」州「テツシン」州「ニユーシヤーテル」及「ジユネーブ」州ニ於テ各三、「ヴアレー」州「ウリー」州「シユヴイツ」州「ウニテルワルデン」州「グラールス」州及「ツーグ」州ニ於テ各一ヲ有ス

以上機關紙中主要ナルモノヲ上クレハ左ノ如シ

Neve Zürcher-Zeitung（一七八〇年創刊發行部數四五、〇〇〇）

Züricher-Post und Handelzeitung（一八七九年創刊）

Züroher-Morgen Zeitung（一八六三年同）

Schweizer-wochew-zeitung (or schweizer zeitung)（一八九〇〇年創刊發行部數五二、〇〇〇）

以上「チユリツヒ」市

Der Bund（一八四九年創刊）
Berner Intellégenzblatt（一八三四年）以上「ベルン」市

L'Indépendant（一八九四年）「フリーブルグ」市

Nationac-zeitung（一八四二年創刊發行部數二七、〇〇〇）「バーゼル」市

Solothurner Zeitung（一九〇七年創刊發行部數六、四〇〇）
以上「ソロトウルン」市

Il Dovere（一八七七年）
La Riforma della Domenica（一八九三年）
以上「ベルリンゾナ」市（テッシン州）

St. Galler Tageblatt（一八四一年發行部數一四、〇〇〇「サン、ガーレン」市

Der Freie Rätier（一八六三年）
Die Neue Bündner Zeitung（一八七六年）「グール」市（グラウビユンデン州）

Aargauer Tageblatt（一八四六年發行部數七、四〇〇）「アーラウ」市

Luzerner Tageblatt（一八五二年「ルツエルン」市）

Le National Suisse（一八五六年「ショード、フォン」市）

La Gazetta Ticinese（一七七六年「ルガー」市）

La Revue et la petite Revue（一八六九年「ロザンヌ」市）

Le Radical（一八七五年「ジューネーヴ」市）

Le Confédéré（一八六六年「マルチニー」市）

（二）　加特力保守黨

加特力保守黨ノ機關紙ハ急進民主黨ニ比シ其數少シト雖モ其勢力決シテ劣レリト云フ可カラス其主ナルモノ左ノ如シ

Basler Volksblatt（一八七二年創刊「バーゼル」市）

Berner Tagblatt（一八八七年發行部數一一、五〇〇「ベルン」市）

Freischütz（一八六四年發行部數二、五〇〇）「ムリー」市（アルガウ州）

Le Pays（一八七三年同　　三、五〇〇）「ポーレンチユリ」市（ベルヌ州）

Fribourgeois（一八六八年）「ブル」市（フリブール州）

L'Ami du Peuple（一八六八年發行部數四、〇〇〇）
La Liberté（一八七一年）
└「フリブール」市

Graruer Volksblatt（一八九五年）「ネーフエルス」市（グラルス州）

Bundner Tagblatt（一八五二年發行部數二、五〇〇）「クール」市（グリゾン州）

Vaterland（一八七一年發行部數一、六〇〇）「ルセルン」市

Ostschweiz（一八七四年同　七、〇〇〇）「サンガル」市

Schwyzer Zeitung（一八六五年發行部數三、六〇〇）「ミユウーツ」市

Oltner Nachrichten（一八九五年同　五、七五〇）
Schildwache（一八三六年）
└「オルテン」市

Solothurner Auzeiger（一八七二年發行部數四、二〇〇）「ソロトルン」市

Popolo e Libertà（發行部數五、〇〇〇）「ベリンツオナ」市

Urner Wochenblatt（一八七六年發行部數二、八〇〇）「アルトドルフ」市（ウリー州）

Der Wächter（一八四四年發行部數三、五〇〇）「フラウエンフエルド」市

Nouvelliste Valaisan（一九〇二　發行部數六、〇〇〇）「サン、モーリス」市

Walliser Bote（一八五八年發行部數三、〇〇〇）「シオン」市

Zuger Nehrichten（一八四七年發行部數二、六〇〇）「ツーグ」市

（三） 社會黨

社會黨ノ機關紙中主要ナルモノヲ掲クレハ左ノ如シ

Basler Vorwärts（一八九八年發行部數六、〇〇〇）「バーゼル」市

Neue Leber（一九一五年發行部數一、六〇〇）
Berner Tagwacht（一八九一年同 一一、五〇〇）　「ベルヌ」市
Der Sozialist（一九〇八年同 三、〇〇〇）

Arbeiterblatt（一九一七年同 一、四〇〇）「ビエンヌ」市（ベルヌ州）

Bündner Volksrecht（一九一一年同三、〇〇〇）「クール」市

Zentralschweizer Demokrat（一八四二年同四、〇〇〇）「ルセルン」市

La Santinelle（一八九〇年）「ラ、ショードフォン」市

Volkstimme（一九〇五年發行部數七、三〇〇）「サン、ガル」市

Neue Freie Zeitung（一九〇四年同八、一〇〇）「オルテン」市

La Libera Stampa（一九一二年）「ロカルノ」市

Avvenira del Lavoratore「ルガノ」市

Thurganische Arbeiterzeitung（一九一二年）「アルボン」市

Schweizer Bauer「ベルヌ」市

Neue Berner Zeitung「ベルヌ」市

Zurcher Bauer（一八七〇年發行部數一〇、〇〇〇）「チユリツヒ」市

Landwirt
Ostschweizerische Landwirt ｝「フラウエンフエルド」市

Bauernfreund

Bauernblatt

Nordwestschweiz

Bündner Bauerblatt

St. Galler Bauer

Schweizer Bauer

Schweizerische Centralblatt für Milchwirtschaft

Schweizerische Bienenzeitung

Freiburger Bauer

Schaffhauser Bauer

Paysan suisse（發行部數四五、五〇〇月刊）

Terre valais agricole

Arbeiter Zeitung（一九一三 發行部數七、五〇〇）「ウインタッール」市

Die Forderung（一九一七年同 四、〇〇〇）

Grütlianer（一八五八年同 九、七〇〇）

Volksrecht（一八九八年同 一七、五〇〇）

（以上三紙）「チユリッヒ」市

（四） 農民「ブルジョア」黨

農民「ブルジョア」黨ノ機關紙ヲ述フレハ左ノ如シ

Schweizerioche Bauernzeitung（一九〇一年發行部數一二九、〇〇〇月刊）

Schweizerische Landwirtschaftliche Zeitschrift

Der Genossenschafter (一八八九年發行部數一七、〇〇〇週刊)

Paysan fribourgeois

Bulletin agricole neuchatelois

Valais agricole

Paysan jurassien

Contadino svizzero (發行部數五、八〇〇月刊)

(五) 自由民主黨

自由民主黨ノ代表的機關紙ハ左ノ如シ

Basler Nachrichten (一八四四年)「バーゼル」市

Journal de Jurd「ビエンヌ」市

Journal de Genève「ジユネーヴ」市

Gazette de Lausanne「ローザンヌ」市

(六) 社會政策黨

社會政策黨ノ機關紙トシテハ左ノ如キモノアリ

St. Galler Stadt Anzeiger（一八八〇年）「サンガル」市
Volkswacht am Bodensee（一九〇九年發行部數三、〇〇〇）
Thurgauer Tagblatt（一八二九年同　四、二〇〇）
Demokrat（一九一一年發行部數六、〇〇〇）「バーゼル」市

（七）　共產黨

共產黨ノ機關紙トシテハ左ノ二ヲ擧ケウヘシ
L'Avant Garde「ジユネーヴ」市
Arbeiterstimmen（一九二一年）「バーゼル」市

第十二編　瑞典國

（大正十一年四月調）

第十二編　瑞典之政黨

第一章　各政黨ノ名稱及其主義綱領

瑞典ハ軍事、敎育及政治組織ニ於テ獨逸ニ負フ所頗ル大ニシテ其ノ政黨モ亦獨逸ニ於ケル政黨ト相類似セル點甚タ多シ今左ニ右黨ヨリ順次其ノ名稱ヲ列記センニ

一、選擧者協會（俗ニ右黨ト稱ス）

二、農　民　黨

三、自　由　黨

四、社會民主黨

五、左方社會黨（イ、過激派　ロ、無政府黨）

ニシテ以下順次各政黨ニ就キ記述スヘシ

第一節　選擧者協會（Allmänna Valmansförbundet）

本黨ハ俗ニ右黨(Högre Parti)ト稱セラルルモノニシテ實業界官僚系及富豪主トシテ之ニ屬シ其ノ主義綱領ハ寧ロ消極的ニシテ社會主義、酒類販賣禁止及反宗敎主義ニ反對ス殊ニ酒類販賣問題ハ瑞典ニ取リ最モ重大ナル問題ノ一ナルカ本黨ハ更ニ其ノ自由販賣ヲ主張シ現今ノ制限方針ニ滿足セス軍備ニ關シテハ其ノ充實ヲ企圖シ工業保護政策ヲ採リ外國品トノ競爭ヲ企劃スルヲ以テ輸入稅率ノ引上ヲ主張シ國敎擁護者ノ先鋒ナリ數年前本黨中ノ農業出身者ハ別ニ農民黨ヲ設立セルカ其當時迄本黨ハ農民及其ノ利益擁護ニ努メタリ

第二節　農民黨(Bondeförbundet)

本黨ハ其ノ主義上前顯右黨トハ唯若干ノ點ニ於テ異ナルノミニシテ大體相類似セルモ商工業ニハ多クノ注意ヲ拂ハス農民ノ利益擁護ヲ第一トシ特ニ外國穀物ノ低廉ナル輸入稅率ニ反對ス本黨ハ公共的節約主義ナルヲ以テ勢ヒ陸海軍備ノ充實ニ對シ贊意ヲ表セス前述ノ如ク漸ク數年前右黨ヨリ分離獨立セルモノニシテ從テ其ノ規模大ナラサルモ客年ノ如キハ議會ニ於テ右黨及其他ヨリ援助ヲ希望セラレ頗ル重キヲナセリ

本黨ハ右黨ト同シク國敎ノ現地位ヲ擁護ス

第三節　自由黨（Frisinnadelandföreningen）

自由黨ハ一九一四年ノ議會ニ於テ最大ナル政黨ナリシモ爾來黨勢振ハス其ノ主義綱領ハ總テノ點ニ頗ル穩健ナルモ從來政權獲得上其ノ行動ハ往々其ノ主義ト相背馳セルコトアリ本黨ハ社會黨及右黨ノ間ニ介立シ臨機其ノ何レカト共同行爲ヲ採リ議會ニ於テハ此ノ兩黨ニ次キ勢力アリ本黨ノ主義綱領ハ理論上大體ニ於テ前記兩黨ニ類似セルヲ以テ近年ニ至リ寧ロ社會黨ト接近スルノ傾向ヲ示シ之レカ爲メ婦人參政權、現役期間短縮、各選擧權者ヲシテ一個ノ投票權ヲ有スルコトニ憲法ヲ改正スルコト酒類販賣制限、「トラスト」反對法案等ヲ標榜シ其ノ特色ヲ發輝セリ本黨ハ社會上及公共上總テ男女ノ區別撤廢ヲ希望シ殊ニ官吏任用、議會ニ於ケル公開投票及軍備ノ大節減ヲ目的トシ又多數ノ黨員ハ酒類販賣ノ絕對禁止ヲ主張シ本問題ノ解決ニ關シ「レフヱレンダム」ニ依リ一般國民ノ意志ヲ問ハントト欲ス

本黨ノ根據ハ特ニ中流階級、智識階級及國敎擁護者以外ノ活働的宗敎家ニ在リ要スルニ前顯三政黨ハ現存社會組織及個人ノ所有權擁護ヲ以テ國家經濟組織發展ノ基礎トナスモノナリ

第四節　社會民主黨（Sveriger Socialdemokratiska Arbetareparti）

本黨ハ極メテ穩健ナル「マルクス」主義ヲ奉シ個人所有權撤廢及經濟本位ヲ目的トシ社會主義的國家ノ創設ヲ考量ス前社會黨內閣當時設置セル本黨ノ一委員會（現今ニ於テモ存置セラル）ハ先ツ如何ナル種類ノ工業ヲ國有トシ得ルヤヲ試驗セントシ其ノ措置ヲ採リタルニ徵スルモ本黨カ右ノ如キ經濟組織變更ヲ逐次穩健ニ行ハントスルモノナルコトヲ知ルニ足レリ軍備ノ全廢ハ少クトモ目下ノトコロ未タ其ノ時機ニアラストシ民兵主義ノ如キモノヲ採用スルヲ必要ナリト信シ政體ニ付テハ君主制撤廢ヲ未タ問題トナシタルコトナリ且ツ本黨カ「オーランド」島問題ニ關シ最モ侵略的懸度ニ出テタルハ注意ニ價ス

第五節　左方社會黨（Vänstva Socialparti）

本黨ハ事實ニ於テハ過激派ニシテ最近二年間ニ其ノ地盤ヲ失ヒタリ其ノ主義トスル所ハ直チニ革命ヲ行ヒ過激主義ヲ實行セントシ其ノ實現ヲ得テ初メテ現今ノ難局ヲ救濟シ得ヘシトナセリ

本黨中ニハ最モ急進的ナル過激派ト多少理論的ナル無政府派ノ二派アリテ前者ハ莫斯科政府ヨリ

過激派ノ在外支部ナリト承認セラレタルモノナリ

社會主義ノ大政黨ハ其ノ成立當初ヨリ一ヶ年前迄ハ酒類販賣絶對禁止主義ヲ採リ來リタルモ數年來强烈ナル反對運動ニ遭ヒタル結果今ヤ其ノ主義ヲ放棄スルニ至レリ但シ左方社會黨ハ酒類販賣絶對禁止ニ賛成ニシテ依然熱心ニ運動中ナリ

瑞典ノ工業勞働者ノ大多數ハ前記何レカノ社會黨ニ屬シ北部ノ製材職工及鑛山勞働者中ニハ過激主義侵潤シ居レリ

第二章　各政黨ノ組織

瑞典政黨ノ組織ニ關シテハ記述スヘキコト少シ右黨ハ選擧者協會ヲ農民黨ハ農民協會ヲ又自由黨ハ自由協會ヲ基礎トシテ立テリ

選擧者協會ハ會長一名幹部七名幕僚二十名ヨリ成リ中央婦人協會之レニ附屬ス

自由協會ハ幹部及常務委員ヲ有シ又農民協會ハ評議委員會及常務委員會ヲ置ク

社會民主黨ノ組織ハ前者ニ比スルニ稍複雜ニシテ本黨ハ直接社會民主勞働者組合ニ間接ニ靴皮工組合製紙職工組合ノ如キ同業組合ニ基礎ヲ置ク勿論之等同業組合ハ英國ニ於ケルト同シク其ノ設

立當時ハ何等政治的色彩ヲ帶ヒタルモノニ非スシテ全ク加入職工ノ特殊利益ヲ擁護スル目的ナリシモ其後社會黨ハ之等同業組合ニ漸次根據ヲ得ルニ至リ又組合モ漸次社會黨幹部ノ直接監督ヲ受ケ現今ニ於テハ何レカノ社會黨ト關係ナキモノ殆ント無キニ至レリ

本黨ハ七名ヨリ成ル特別常務委員會ヲ置ク

左方社會黨ハ五名ヨリ成ル事務委員會及一名ノ書記ヲ置ク議會內ニ於ケル各政黨ノ政策ハ各黨ノ總裁及上院又ハ下院ノ議員タル黨員二名乃至八名ヨリ成ル評議委員會ニ於テ決定ス從テ重大問題ノ發生スル每ニ評議會ヲ開催シ其ノ態度ヲ一定ス

第三章　各政黨ノ現領袖株ノ人物略歷

事實優秀ナル「リーダー」ヲ有スル政黨トシテハ瑞典ニ唯一個ノ社會民主黨ノミアリト稱スルハ事實ニシテ其他ノ政黨ハ何レモ「リーダー」タルヘキ手腕家ヲ切ニ要求シツツアル狀態ニ在リ

今左ニ順次各黨領袖ニ關スル略歷ヲ揭ケン

海軍少將「リンドマン」(Awid Lindman)

一八六二年ニ「エステルビー」(Ôsterby) ニ誕生シ海軍ニ投シ一九〇四年乃至一九〇八年電信局

長一九〇五年海軍大臣一九〇六年乃至一九一一年首相一九一七年外務大臣ニ歴任セル人ニシテ一九一二年以來引繼キ右黨「リーダー」タリ

氏ハ知名ノ煽動家ニシテ未タ大團體ヲ率ユル丈ノ手腕ヲ有スル士ニ非ス多年下院議員ニ選出セラレ現ニ同院ニ議席ヲ有ス氏ハ瑞典商業銀行總裁ヲ兼任ス

カウンシラー、オフ、ジャスチス、トリツゲル（Erust Trygger）

氏ハ一八五七年「ストックホルム」ニ生レ法律學ヲ修メ「ウプサラ」大學ノ法科教授タリシ人ナリ一八九八年上院議員ノ選員ニ選出セラレ爾來同院ニ於ケル右黨「リーダー」タルト同時ニ又國際聯盟ニ於ケル瑞典代表者タリ

尚ホ氏ハ諸種ノ商工業會社ノ取締役ヲ兼ヌ

ウオーリン（Nils Wohlin）

氏ハ一八八一年「ストックホルム」ニ生レ一九一六年「ウプサラ」大學ニ於ケル統計學教授タリ農業及經濟問題ニ關スル知名ノ士ニシテ農民黨ノ領袖タリ

エデン（Nils Edén）

氏ハ一八七一年「ピテオ」（Piteao）ニ生レ一九〇九年「ウプサラ」大學ニ於ケル史學教授タリ一

九一七年自由黨社會黨聯合內閣ノ成立當時總理大臣トナリ其後各地ノ知事ニ歷任セリ
氏ハ議會ニ於ケル第一ノ雄辯家ナリ又自由黨中有數ノ政治家トシテ氏ノ右ニ出ツル者ナカルヘキモ別ニ確固タル政見ヲ有セサルヲ以テ氏ノ「リーダー」タリシ以來本黨ハ少ナカラス其ノ重ミヲ失ヒタリ

ブランテイング（Hjalmar Branting）

氏ハ一八六〇年「ストックホルム」ニ生ル父ハ大學敎授ナリシカ氏モ亦「ウプサラ」大學ニ學ヒタル後若年ニシテ操觚界ニ身ヲ投シ瑞典ニ於ケル最初ノ社會主義者トナリ直ニ社會民主黨ヲ組織シ現ニ其ノ「リーダー」ニシテ黨中第一ノ辯論家タリ又多年本黨ノ機關紙タル「ソシアル、デモクラーテン」（Social-Demokraten）ノ主筆タリ

一九一七年自由黨及社會黨ノ聯合內閣ノ當時入リテ大藏大臣トナリ次テ一九二〇年瑞典ニ於ケル最初ノ社會黨內閣ヲ組織シ翌二十一年ヨリ更ニ第二次社會黨內閣ノ總理兼外相タリ尙ホ氏ハ屢々各種國際平和會議ニ出席シ現ニ國際聯盟ニ於ケル瑞典ノ主席代表者タリ
「ブ」氏ノ靑年時代ハ最近十數年間ノ思想ヨリモ遙カニ穩健ヲ缺キシカ瑞典ニ穩健ナル社會主義ヲ紹介セルハ氏ヲ以テ嚆矢トス「ブ」氏ノ勞働者間ニ於ケル信用ハ頗ル偉大ナリ

社會民主黨中ノ他ノ領袖中ニハ社會黨內閣員トナリタル者若干アルモ何レモ第二流ニ位スルモノニシテ其內「トウーシユソン」(P.A.Thorsson)氏ハ極メテ穩健ナル見解ヲ有スル人ニシテ現ニ大藏大臣タリ又青年記者タリシ「ハンソン」(Hanson)氏ハ現ニ國防大臣ニシテ黨外ニ何等ノ勢力ヲ有セス

ヘーグルンド(Höglund)

クリムルンド(Grimland)

ストレーム(Ström)

右三氏ハ左方社會黨及過激派領袖ニシテ何レモ新聞記者タリ本黨ハ黨勢維持ニハ少ナカラス努力スルモ未タ黨トシテハ勢力少シ「ストレーム」氏ハ當地駐在ノ「サウエート」露國ノ總領事ニシテ又本黨ノ書記ナリ

第四章　議會ニ於ケル各黨ノ勢力

客年末ノ總選擧ノ結果議會ニ於ケル黨勢ヲ見ルニ左ノ如シ

上院

右黨	四一名
農民黨	一八名
自由黨	三八名
社會民主黨	五〇名
左方社會黨	二名
過激派	一名
計	一五〇名

下院

右黨	六二名
農民黨	二一名

自由黨	四一名
社會民主黨	九三名
左方社會黨	六名
過激派	七名
計	二三〇名

卽チ上下兩院ヲ通算スルニ

右黨	一〇三名
農民黨	三九名
自由黨	七九名
社會民主黨	一四三名
左方社會黨	八名
過激派	八名
合計	三八〇名

上記兩表ヲ一覽スルニ社會黨、左方社會黨及過激派ヲ合算セル數ハ殆ンド多數黨ニ近ク特ニ下院

ニ於テ其ノ然ルヲ見ルヘシ而シテ自由黨ハ自ラ單獨ニ行動スルコトナク常ニ左右何レカノ大政黨ト協同スルヲ以テ之レニ絕對多數ヲ與フルノ立場ニアリ客年末總選擧ノ際社會黨ハ其ノ有權者殆ント全部ノ熱心ナル援助ヲ得タルカ右黨及自由黨ハ之ニ反シ其ノ大部分ノ有權者ハ選擧ニ參加セサリシ爲メ議會ニ於テ殆ント絕對多數ヲ占メントスル觀ヲ呈セルモ其ノ茲ニ至リタルハ前記ノ理由ニ基クヲ以テ此後右黨及自由黨有權者ノ大部分ニシテ選擧ニ參加スルニ於テハ社會黨ノ絕對多數ヲ制スルコトハ前途尙遼遠ナルヘシト想像セラル

第五章　地方政府及地方自治團體トノ關係

政黨ト地方政府及地方自治團體トノ關係ヲ見ルニ未タ嘗テ何レノ政黨モ多年ノ間地方政府及地方自治團體ノ擴張又ハ縮少ニ關シ何等討議シタルコトナシ

瑞典ハ同一ノ人種及言語ヲ有シ北部地方ニハ若干芬蘭人ノ居住スルニモ不拘嘗テ分離運動ノ形跡タニ見タルコトナシ

「ストックホルム」ノ如キ都市ニアリテハ社會黨員自治團體ニ於テ多數ヲ占ムルヲ以テ其ノ意思ニ從ヒ決定セラルル問題多キモ其他ノ都會ニアリテハ社會黨員少キヲ以テ全體ヨリ之ヲ見レハ同黨ノ勢力比較的大ヲナスニ至ラス地方官特ニ知事ノ大多數ハ官僚系トシテノ右黨出身者多シ

第六章　外交ニ關スル各黨派ノ政見、殊ニ國際聯盟諸同盟、國防問題、社會主義、日本ニ關係アル問題ニ對スル主張態度

瑞典ノ急進黨ハ他國ノ同主義政黨ト同シク公開外交ヲ主張シ過般瑞典ノ在外使臣任命ニ關シ問題ヲ惹起シタルコトアリ

社會黨ハ外務省ノ改造ヲ行ヒ舊式官僚主義ヲ打破セントノ意見ヲ有ス唯瑞典ニ採リ戰後最モ大ナル外交上ノ問題タリシハ「オーランド」問題ニシテ其ノ以外別ニ重大ナル問題トナリタルモノナシ瑞典ノ國際聯盟ニ加入スルヤ否ヤノ問題ハ當時頗ル大ナル議會ノ問題トナリタリ右黨ハ獨逸ノ之ニ加入セス且ツ國際聯盟ハ或特殊列强ノ一團體ニ過キストノ理由ニ依リ加入ニ反對シ又過激派ハ聯盟ハ露國ノ敵ナルカ如シトテ同シク加入ニ反對セリ自由黨及社會黨ハ聯盟加入贊成者ニシテ遂ニ其ノ意志ニ從ヒ瑞典ノ加入ヲ見タリ殊ニ社會黨ハ其ノ大ナル朋友トモ云フヘク大ニ其ノ將來ニ囑望セリ自由黨モ同樣ノ理解ヲ有スルモ之ニ對シ社會黨程ノ信賴心無シ

右黨ハ前述ノ如ク聯盟ニ何等期待スル所ナカリシモ現今ニ於テハ其ノ大部分ノ黨員ハ以前程ノ反

對者ニ非スシテ現ニ其ノ領袖「トリツゲル」氏ハ在「ジユネーブ」ノ代表者タリ
大戰當時諸政黨間ニ交戰國ニ關シ意見ノ相違アリテ右黨ハ獨逸側ニ自由黨及社會黨ハ聯合側ニ同情シ現今ニ於テハ多少薄ラキタルモ尚右ノ形跡ヲ認メ得ヘシ
瑞典ト日本トハ地理的距離大ニシテ利害關係少ナキヲ以テ日本及日本關係ノ諸問題ニ關シ未タ具體的見解ヲ作ルニ至ラス但シ商業界及若干理論家中ニノミ極東問題ニ關シ諸種ノ講究ヲ爲シツツアルモノ少ナカラス疑モナク日露戰爭後ヨリ一般ニ大ニ日本ニ同情ヲ表スルニ至リタルカ之レ當時ノ露國ハ瑞典ニ取リ危險ナリシ爲メニシテ大戰中獨逸ニ同情スル分子ハ大ニ我國ニ反感ヲ抱キタルモ現今ニ於テハ大ニ薄キタリ尤モ瑞典國民ノ大部分ハ米國ノ政治及經濟力ノ强大ナルニ魅セラレ不知不識米國ノ見解ヲ基礎トシテ對日問題ヲ見ルノ傾向アリ
社會黨ハ日本ヲ以テ余リニ帝國主義且軍閥的國家ナリトシ一般ニ好感ヲ抱カス
「フリーチヤーチ」系統ノ新聞ハ盛ンニ日本反對ノ「プロバガンダ」ヲナシ時々極端ナル排日見解ヲ有スル在支那朝鮮ノ宣敎師ヨリノ通信ヲ掲載ス右黨及自由黨ハ華府會議ノ報道ニ關シ日本ニ對シ中立且ツ友誼的ノ態度ヲ採レリ

第七章　諸政黨ノ機關紙

左ニ各黨ノ機關紙ヲ列記セン

一、右黨

一、Svenska Dagbladet（ストックホルム）

二、Stockholms Dagblad（ストックホルム）

三、Nya Dagligt Allehando（ストックホルム）

四、Afton bladet（ストックホルム）

二、農民黨

一、Vaort Land och Folk（ストックホルム）

三、自由黨

一、Dagensnyheter（ストックホルム）

二、Stockholms Tidningen（ストックホルム）

三、Gōteborgs Handels och Sjöfartstidning（ゴッテンバーグ）

四、社會民主黨

一、Social:Demokraten（ストックホルム）

二、Arbetet（マルメ）

五、過激派

一、Folkets Dagblad Politiken（ストックホルム）

第十三篇　西班牙國

（大正十一年一月調）

第十三編　西班牙ノ政黨

第一章　各政黨ノ名稱及ヒ其主義綱領

第一節　各政黨ノ名稱

西國ニ於ケル各政黨ノ名稱並ニ其首領ノ一覽表ヲ掲クレハ次ノ如シ

共和黨　首領「アレハンドロ、レルー」

社會黨　同「パブロ、イグレシアス」

「トウラデイショナリスタ」
- 「ハイミスタ」　首領「メルガール」
- 「インテグリスタ」　同「セラルボ」侯爵

地方分立黨
- 「ナショナリスタ」　首領「マシアス、リユサ」
- 「レヒオナリスタ」　同「カンボー」
- 「ウニオン、モナルキカ」　同「アルフオンソ、サーラ」

保守黨
- 保守黨　首領「サンチェス、ゲーラ」
- 「マウリスタ」　同「マウラ」
- 「シエルビスタ」　同「ラ、シエルバ」

- 王黨
  - 自由黨
    - 自由黨(「ロマノニスタ」) 首領「ロマノネス」伯爵
    - 「デモクラタ」(「ガルシプリエテイスタ」) 同「ガルシア、プリエト」
    - 自由黨左極派(「アルビスタ」) 同「サンチアゴ、アルパ」
    - 「アグラリオ」 同「ガセツト」
    - 獨立自由黨(「サモリスタ」) 同「アルカラ、サモラ」
  - 改進黨 首領「メルキアデス、アルバレス」

第二節　各政黨ノ主義綱領

第一項　保守黨

西國ノ歷史及ヒ國情ニ鑑ミ人民ノ安寧秩序ヲ維持シ福利ヲ增進シ以テ國運ノ隆盛ヲ計ラムカ爲メニハ立憲君主政體ヲ以テ最モ適當ナルモノト爲シ極力是カ擁護ニ務ム此目的ノ爲ニハ自由黨トハ互ニ提携スルコトアルモ共和黨、社會黨ノ如キ王政ノ轉覆ヲ希望スル政黨トハ全ク相容レサル有樣ナリ

第二項　自由黨

(一)　王政ノ樹立繁榮ヲ計ルコトニ於テハ保守黨ト其ノ軌ヲ一ニス只王政ノ下ニ在リテ出來得ル限リ民權ノ自由ヲ尊重セントス是カ爲メ共和黨ト接近シ保守黨ヨリ王政ヲ危險ニ陷ラシムルモ

ノナリトノ批難ヲ受ケタルコトアリ

(二) 西國ノ中央部タル「カスティア、ラ、ビエハ」及「カスティア、ラ、ヌエバ」ハ荒寥タル高原ナルカ此兩州ニ運河ヲ開鑿シ貯水所ヲ設置シ以テ肥沃ノ土地ト化シ兩州ノ農產ヲシテ豐富ナラシメントスル計劃ハ是レ自由黨中ノ一分派ニ領袖タル「ラフアエル、ガセー」ノ主張スル所ナリ

第三項　改進黨

同黨首領「メルキアデス、アルバレス」數年前共和黨ヨリ分離シテ改進黨ヲ組織セルモノニシテ兩國ノ政治的舊弊ヲ打破センカ爲ニハ必スシモ王政ヲ共和政ニ變スルノ必要ヲ認メス未タ政界ニ勢力微弱ナル共和黨カ保守、自由ノ二大王黨ヲ敵トシテ戰ハンヨリ寧ロ自由黨ト提携シテ王黨ヲシテ漸次民本主義ニ化セシムルニ如カスト爲シ現今ハ王黨中ノ左極派ニ屬ス其政綱中主ナルモノハ憲法ヲ民本主義ニ改正スルコト貴族院ノ組織改正、各州ニ自治制ヲ敷クコト信仰ノ絕對的自由ヲ認ムルコト等ナリ

第四項　共和黨

(一) 王政ノ下ニ在リテ人民ノ自由ヲ尊重シ社會ノ進步改良ヲ計ルコトハ至難ノ業ナレハ王政ヲ轉覆シテ共和政體トナシ以テ同黨ノ抱負ヲ實現セントスルニ在リ然ルニ自由黨カ一方ニハ共和

黨懷柔策トシテ又他方ニハ保守黨トノ對抗策トシテ共和黨ハ握手ヲ求ムルニ及ヒ「メルキアデス、アルバレス」ハ同黨ヨリ脱シテ改進黨ト稱スル獨立ノ一黨ヲ組織セルカ「レルー」ハ依然共和黨過激派ノ首領トシテ益々同黨ノ一致團結ヲ計リ積極的方針ヲ樹立シテ同黨ノ主義貫徹ノ爲ニ猛進セントノ意氣ヲ示シ西國カ佛葡兩共和國ノ間ニ介在シテ且歐洲大戰後現出セル新興國ハ悉ク共和國ナル實狀ニ鑑ミ兩國カ此儘保守主義ノ王政ヲ繼續セハ國家ノ存立ヲ危險ナラシムルモノニシテ假ニ一歩ヲ讓リテ國家ノ滅亡ハ幸ニ是ヲ免ルトスルモ世界ノ大勢ニ順應セサル兩國ハ時ト共ニ退歩シ歐洲列强ノ間ニ伍シテ優勝者タル能ハサルハ明白ノ事理ナリサレハ此目的ニ副ハンカ爲メニ共和國ヲ樹立シ各州ニ自治制ヲ敷キ中央政府是ヲ統一スルコト

（二） 農民及ヒ勞働者階級カ生活難ニ苦シミツヽアルハ彼等ヲシテ不滿ヲ懷カシメ社會ノ安寧秩序ヲ紊亂スル原因タラシムルモノナルニ依リ彼等ノ生活改善ヲ計ルハ刻下ノ急務ナリ

（三） 敎育制度ノ萎徵振ハサルハ從來是ヲ宗敎家ノ手ニ一任シ來リシ弊害ナレハ敎育機關ヲ增設シテ國民ノ智能啓發ニ務ムルコト

（四） 食料品ハ地方產タルト輸入品タルトヲ問ハス交通機關不備ノ爲ニ都會ニ於テ充分ニ其需要ヲ充ス能ハサル有樣ナルニ地方ニ於テハ供給ノ敏活ヲ缺キ食料品ノ腐敗ノ爲ニ多大ノ損失ヲ蒙

ル者アルカ如キ現象ハ速カニ救濟策ヲ講スルヲ要ス

第五項　社會黨

保守自由ノ兩政黨ハ勿論ノコト共和黨ト雖モ勞働者階級ニ對スル同情薄キヲ喞ツ同黨ハ主トシテ勞働者ノ利益保護ノ任ニ當リ以テ彼等ノ生活ノ向上改善ヲ逐行セントス其具體的計劃ヲ列擧スレハ左ノ如シ

(一)　勞働者ノ子弟敎育ノ目的ヲ以テ無料敎授學校ヲ建設シ貧困ナル者ニハ筆墨ヲモ供ス現在ニ於テハ馬德里市ニ數ケ所アルノミナリ

(二)　社會黨組合ノ經營ノ下ニ衣服食物ノ實費供給所ヲ設ケテ勞働者ニ生活上ノ便宜ヲ與フ

(三)　勞働者相互救濟組合ナルモノヲ組織シ各人ノ收入ニ應シテ一週間每ニ十仙以上ヲ納金ス萬一仕事ニ怠慢ニシテ納金セサルモノアル時ハ除名等ノ手段ニ依リテ是ヲ罪ス本組合ノ事業トシテハ同盟罷業ヲ爲スカ如キ場合ニハ組合ノ積立金ヲ以テ生活ヲ維持ス疾病ニ罹リタル場合モ同樣ノ方法ニ依リ醫藥ヲ無料ニテ供給スルカ如キ其一例ナリ

(四)　社會黨員集會所ヲ有シ重要問題ヲ協議スル場合ニハ集合シテ各員其ノ意見ヲ陳述ス

第六項　「ハイミスタ」及「インテグリスタ」

「ドン、ハイメ」親王ヲ西國王位ノ正統繼承者ナリト主張スル黨派ニシテ現今ハ二派ニ分ル初メ「ドン、ハイメ」親王ノ父「ドン、カルロス」親王在世中ハ同黨ヲ「カルリスタ」ト稱シ國王(「カルロス」親王ヲ指ス)國家及加特力敎ヲ擁護スルヲ以テ其政綱トセリ卽チ君主專制政治ヲ謳歌スル同志ヲ以テ組織セラレタリ其後「ドン、ハイメ」親王ノ時ニ至リ「ハイミスタ」ト改稱シ其主義ヲ立憲君主制ニ改メタリ然ルニ是ニ對シ不滿ヲ懷キ依然トシテ君主專制ヲ固執スル一派ノ人々ハ「ハイミスタ」ヨリ分離シテ「インテグリスタ」ナル一分派ヲ創立セリ但シ「ドン、ハイメ」親王ヲ擁立セントスル希望ハ兩派ノ全然一致スル所ナリ

第七項　地方分立黨

(一)　西國ノ產業ハ概シテ萎微振ハス殊ニ馬德里ノ如キハ消費スルモノ多クシテ生產スル者少シ然ルニ西班牙ノ東端ニ位シ「バルセロナ」「タラゴナ」「ヘロナ」「レリダ」ノ四縣ヨリ成ル「カタルニア」州ノ住民ハ勤勉ニシテ進取ノ氣象ニ富ミ勞働ヲ厭ハス西國商工業ノ中心トシテ生產ニ從事シツヽアリ從ツテ彼等ハ全然西國ヨリ分離スルカ然ラサレハ少クトモ中央政府ノ干涉ヲ減少セハ政治上經濟上ニ一層有利ナル地位ヲ占メ彼等ノ生活ノ改善ヲ行ヒ得ルハ明ニシテ彼等カ分離運働ヲ爲スモ決シテ故無キニ非ス殊ニ歐洲大職後世界大勢ノ變遷ニ伴ヒ「カタルニア」州

「バスコンガダ」州「アストウリア」州及ヒ「ガリシア」州等ノ自治問題ハ益々勢力ヲ得ルニ至レルモノヽ如シ然ルニ一方ニハ地方分立黨ハ單ニ「カタルニア」州ノ自治ヲ以テ滿足セス同地方カ啻ニ經濟上ノミナラス其ノ土地、人種、言語ヲ異ニストノ理由ニ依リ一國トシテ獨立ヲ希望スルモノナリトノ說行ハル是レ保守黨ノ本問題ニ反對スル所以ニシテ出來得ヘクンハ自治問領ノ撲滅ヲ計ラントスルモノナリサレト大勢如何トモ爲シ難キニ於テハ最後ノ策トシテ成ル可ク多數ノ制限ヲ設ケ極メテ狹義ノ自治ヲ認容スルニ止メントス努力スルモノヽ如シ自由黨モ亦王黨ナルカ故ニ「カタルニヤ」州獨立問題ノ如キハ勿論是ヲ阻止スヘキモ輓近世界ノ趨勢ニ鑑ミ「カタルニア」州其他各州ニ或ル程度ノ自治ヲ許スハ却ツテ大禍ヲ未然ニ防クモノナリトシ地方黨ト妥協ヲ試ミントスルモ兩者ノ間ニ自治ノ範圍、程度等ニ就キ容易ニ意見ノ一致ヲ見ス

現今地方分立黨ハ三派ニ分レ其ノ過激派ハ「カタルニア」州カ全然一國トシテ獨立センコトヲ希望スルモノニシテ是ヲ「ナシヨナリスタ」ト稱ス

次ニ現大藏大臣「カンボー」ノ率ユル「レヒオナリスタ」アリ地方分立黨中ニテ最モ勢力アル一派ニシテ「カタルニア」州政府ヲ樹立シ貴衆兩院ヨリ成ル議會ヲ建設シ獨立ニ立法及行政權ヲ行使シ只單ニ外交關係、國防問題等ニ關シテ中央政府ト行動ヲ共ニセントスルモノニシテ「ナシヨ

ナリスタ」ニ比スレハ其主張一見溫和ナルカ如キモ是レ國內ノ反對ヲ緩和シ且ツ列國ノ同情ヲ失ハサランカ爲ノ假面ニ過キス其眞相ハ先ツ州政府ヲ確立ノ上機ヲ見テ更ニ純然タル獨立國ヲ形成セントスルニ在ルモノヽ如シ第三ハ妥協派ニシテ中央集權制度ニ依リ各州ニ或ル程度ノ自治ヲ許サンコトヲ希望スルモノニシテ此ノ分派ヲ「ウニオン、モナルキカ」ト稱スコレ保守、自由ノ兩王黨ノ見地ニ最モ接近セル說ナリ

（二）　輸入稅ヲ引キ上ケ外國製品ノ輸入ヲ減少セシメ以テ「カタルニア」地方ノ產業ヲ保護シ延テハ西班牙全國カ產業上ノ獨立ヲ爲シ得ルニ至ランコトヲ希望ス右ニ對シテハ各方面ニ反對アリ何トナレハ輸入稅增加案ノ通過ヲ見ンカ是レ「カタルニヤ」一州ニ對シテハ誠ニ都合良キ計劃ナランモ是カ爲メ西國ノ大部分ハ品質善良ニシテ比較的廉價ナル外國製品ヲ購買スルヲ得スシテ粗惡ニシテ高價ナル「カタルニヤ」製品ヲ使用スルノ止ム無キニ至ルヘシトテ是ヲ批難セリ

第二章　各黨成立ノ由來其勢力ノ優劣及根據

第一節　各黨成立ノ由來

第一項　保守黨

一八三三年頃ヨリ久シク「イサベル」女皇派ハ「ドン、カルロス」派ト對立シテ西國ノ政權ヲ爭ヒシカ前者（當時ノ自由黨）中其後急進派ト溫和派ヲ生スルニ及ヒ溫和派ハ次第ニ保守主義ニ傾キ以テ現保守黨ノ前身ヲ成セリ次テ一八七四年王政再興ノ當時「カノバス」ハ獨立セル一王黨ヲ組織セリ是レ卽チ現時ノ保守黨ニシテ一八九七年八月「カーバス」ノ暗殺セラレタル後ハ「アスカラガ」「シルヴエラ」「ヴイヤヴエルデ」等保守黨ノ首領トシテ各政權ヲ把握シ來リシカ一九〇三年十二月「ヴイヤヴエルデ」內閣倒レテ「マウラ」內閣ノ組織セラルヽニ及ヒ同氏ハ保守黨唯一ノ首領トナレリ次テ一九〇九年「マウラ」內閣ハ「バルセロナ」事件ニ對シ斷乎タル處置ヲ執リタル爲メ自由黨、共和黨及ヒ社會黨ノ激烈ナル反對ヲ受ケシモ「マウラ」ハ毫モ其ノ主義ヲ枉クルコト無ク遂ニ一九一三年十月ノ政變ノ際保守黨ハ二派ニ分レ一ハ毅然トシテ屈セサル「マウラ」ヲ首領ト仰キ他ハ自由黨及ヒ左黨各派ト妥協シ自由主義ヲ加味セル保守黨ナル各稱ノ下ニ「ダト」ヲ首領トシテ自由黨ノ後ヲ受ケテ保守黨「ダト」內閣ヲ組織セリ茲ニ於テ「ダト」ハ保守黨總理ニ就キ「マウラ」ハ保守黨ノ一分派ヲ率ユルニ過キサル形トナレリ然ルニ一九二一年三月八日「ダト」首相暗殺セラレタルニ依リ同黨ハ目下首領ヲ缺キ其候補者タル現衆議院議長「サンチエス、ゲーラ」現貴族院議長「サンチエス、トーカ」前大藏大臣「ブガャール」伯爵及現陸軍大臣「シエルバ」等ノ間ニ暗闘アリシモ遂ニ「サンチエス、ゲーラ」首領ト決定セリ

第二項　自由黨

自由黨ノ政界ニ一勢力トシテ現ハレシハ「イサベル」二世治下ニ於テ女王排斥ヲ主張セル「サガスタ」ノ功ニシテ彼ハ自由黨ト王政ノ確立ノ爲ニ最後迄奮闘セシカ一九〇三年彼ノ逝去スルニ及ヒ自由黨ハ分裂シ「モレー」及「モンテーロ、リーオス」ハ合同シテ「サガスタ」ノ志ヲ繼キ過激派「カナレハス」ハ分離シテ一派ヲ爲セリ其後「モレー」ハ穩退シ「カナレハス」政權ヲ掌握セシカ一九一二年十一月十二日無政府主義者ノ爲ニ暗殺セラレ現今ハ「ロマーネス」伯及「ガルシヤ、プリエト」ノ兩氏カ自由黨ノ牛耳ヲ執リツヽアリ

第三項　改進黨

西國第一共和國建設後共和黨分裂シ「カステラール」溫和派ヲ組織シテ以來共和黨ハ過激、溫和ノ兩派對立シ來リシカ一九一〇年共和黨ノ內訌ニ乘シ當時砲兵大佐ニシテ皇帝ノ敎育掛リナリシ「グロベ」伯爵窃カニ「メルキアデス、アルバレス」ヲ招キ懇談スル所アリシカ同年四月「アルバレス」ハ共和黨改進派ヲ組織セリ其後同黨ハ漸次自由黨ニ接近シ今日ニテハ全ク共和黨ヲ離レ改進黨ノ名稱ノ下ニ王黨中ノ左極派ヲ形成スルニ至レリ

第四項　社會黨

西國ニ於ケル勞働者問題ハ一九〇〇年頃ヨリ漸ク世間ノ注意ヲ喚起スルニ至リシカ政黨トシテ直接政治ニ關與スルニ至リシハ其ノ首領「パブロ、イグレシアス」カ一九一〇年「カナレハス」內閣ノ下ニ社會黨代議士トシテ選出セラレタル時ヨリトス彼ハ素ヨリ一職工ニ過キサルモ其ノ誠實ト勤勉トヲ以テ同黨ノ基礎ヲ確立スルニ至レリ

第五項　他方分立黨

「カタルニア」州及ヒ「バスコンガタ」州ハ西國中著シク言語ヲ異ニスル地方ニシテ且ツ風俗習慣等モ幾分ノ相違アルヲ以テ最初ハ是ニ適應スヘキ特別法ノ制定ヲ希望シタルモノナルカ其後經濟上政治上ノ利害關係ヨリ打算シテ遂ニ地方分權自治說及ヒ地方分離獨立說トナリ其ノ首領「カンボ

ーカ」政界ニ雄飛スルニ至リテ同黨ハ頓ニ勢力ヲ加ヘ來レリ

第六項　共和黨

一八七一年伊國「サボヤ」王朝ノ「アマデオ」一世ハ自由ト民主主義トヲ以テ西國ニ來臨セシカ個人主義ニ飽無キ西國民ノ行動ニ絶望シ一八七三年故國伊太利ニ歸レリ次テ西國第一共和國建設セラレタルモ暫時ニシテ「マルテイネス、カンポス」將軍ノ「サグント」旗揚ト共ニ再ヒ王黨ノ政府トナリ茲ニ共和黨ハ二派ニ分裂シ一ハ「カステラール」ヲ首領トスル溫和派ニシテ王黨ヲシテ遂次民主主義ニ傾カシメントシ他ハ「ルイス、ソリーア」ヲ首領トセル過激派ニシテ軍隊ノ力ニ據リ主義ノ貫徹ヲ計リタルモ成ラス「ソリーア」ノ歿後「フイゲラス」一派ヲ爲シ溫和派ノ首領「ピー」「サルメロン」等ニ對抗セリ一九〇三年ニ至リ共和黨ノ各派ハ聯合シテ同盟共和黨ヲ組織シ「サルメロン」「コスタ」ヲ首領トセリ其後一九〇九年同盟共和黨ハ全ク解散シ「レルハ」共和黨過激派ヲ組織シテ今日ニ至レリ

第七項　「ハイミスタ」及「インテグリスタ」

西班牙王「フエルナンド」七世ノ弟「ドンカルロス」親王ハ君主專制ト加特力敎擁護トヲ以テ其主義トシ兄ノ在世中ヨリ一黨派ノ首領タリシカ「フエルナンド」七世ノ崩御スルヤ王ノ新ニ定メタル相

續令ニ依リ皇后「マリア、クリスチナ」立チテ幼帝「イサベル」第二世女王ノ攝政トナリヌ然ルニ「ドン、カルロス」ハ國法ニ依リ男繼嗣無キヲ以テ王位ハ當然己ニ歸スヘキヲ稱エ反抗的態度ヲ執ルニ至レリ茲ニ於テ「クリスチナ」女皇ハ「イサベル」女皇ノ王位ヲ保護セン爲メ自由黨ニ政權ヲ委ネ一方ニハ「ドン、カルロス」ヲ王位ニ卽カシメントスル「カルリスタ」黨ヨリ有名ナル「カルリスタ」ノ內亂ヲ惹起セリ斯クシテ「カルリスタ」ハ十九世紀ノ大半ニ亙リテ勢力ヲ振ヒシモ其後自由思想ノ旺盛トナルニ及ヒ次第ニ衰運ニ傾キ「ドン、カルロス」親王ノ子「ドン、ハイメ」親王ニ至リ同黨ハ「ハイミスタ」ト改稱シ君主專制主義ヲ捨テテ立憲君主政體ヲ標榜シ「メルガール」ヲ首領トセリ然ルニ依然トシテ憲法ノ存在ヲ認メサル一派ハ「カンデイト、ノセダル」是ヲ率ヒ「インテグリスタ」ト稱スル一分派ヲ形成セリ現今ハ「セラボ」侯爵ヲ首領トス

第二節　各黨勢力ノ優劣

從來西國ニ於テ最モ强大ナル政黨ハ保守黨ナリシカ現今ハ自由黨ノ勢力保守黨ヲ凌クニ至リ政變アル每ニ自由黨ハ徐々ニ保守黨ノ勢力ヲ壓迫シ行クノ傾向アリ一例ヲ擧クレハ一九〇九年西班牙カ摩絡哥征討ノ師ヲ起シ「バルセロナ」軍團モ亦出動セシカ此ノ機ニ乘シ無政府主義者「フエレー

ル」ナル者「バルセロナ」ニ於テ革命ヲ起セリ當時「マウラ」内閣ノ下ニ内務大臣タリシ「シエル・バ」ハ首魁「フエレール」ヲ銃殺セシメタルカ爲メ自由、共和、社會各黨ノ猛烈ナル攻擊ヲ受ケ内閣ノ瓦解セルノミナラス「マウラ」及「シエルバ」ハ一時政界ヨリ隱退スルノ止ム無キニ至レリ超エテ一九一三年ノ政變ノ際モ「マウラ」ノ剛直ナル遂ニ政敵ニ屈セサリリシカ爲メ保守黨ノ大半ハ「ダト」ヲ首領トシ保守黨其ノモノニ改善ヲ施シ成ルヘク自由主義ヲ以テ施政方針トナサンコトヲ聲明シテ自由黨、共和黨及社會黨ト妥協ヲ遂ケ纔カニ政權ヲ掌握セルヲ以テ觀ルモ自由黨ノ勢力ハ漸次旺盛トナリツツアルノ形勢ヲ示セリ然リト雖モ西國第一流ノ政治家トシテ剛毅、果斷且ツ雄辯ナル「マウラ」ヲ嘗テ首領ニ戴キ多年ノ訓練ヲ經テ軍隊的規律ヲ有スル保守黨カ俄ニ凋落スルカ如キコト無キヤ明ニシテ自由黨ニ次キテ西國ニ於ケル一大政黨タルヲ失ハス

次ニ地方分立黨ノ勢力モ頓ニ昨今增大セルモ一地方ニ限ラルルカ故ニ前記二大王黨ニ比スレハ數段ノ差異アリ共和黨及ヒ改進黨之ニ次キ十九世紀ニ於テハ西國一大政黨トシテ活動セシ「カルリスタ」モ今ハ「ハイミスタ」「インテグリスタ」ノ二派ニ分裂シ保守黨ノ力ニ賴リテ僅ニ餘命ヲ繫クノミ社會黨ハ未タ獨立シテ政界ニ活躍スルノ勢力無ク共和黨ト提携シテ劃策ヲ廻ラスニ過キス

第三節　各黨勢力ノ根據

西國貴族富豪ノ大部分カ保守黨ニ屬スルコトハ勿論ナルカ加特力敎僧侶モ亦保守黨勢力ノ根據ヲ爲スモノナリ由來西國ニ於テ良家ノ子弟ノ敎育ノ任ニ當ル者多クハ僧侶ニシテ彼等ハ貴族富豪ト密接ノ關係ヲ有ス又一面ニハ自由黨或ハ共和黨カ稍モスレハ國敎反對運動ヲ爲スニ反シ保守黨ハ國敎ノ保護者（首領「マウラ」モ熱心ナル加特力敎信者ナリ）ナルカ爲ナルヘシ次ニ軍人モ保守黨ノ有力ナル一分子ヲ形成スルモノナリ其ノ理由ト認メラルルモノ次ノ如シ（一）西國陸海軍士官ヲ志望スル者多クハ貴族富豪又ハ高級將校ノ子弟ナルコト（二）自由黨社會黨及共和黨ハ過大ノ軍備ハ西國ニハ必要ナシト主張シ是カ縮少ヲ行ハントスルニ反シ保守黨ハ成ルヘク軍人ノ希望ヲ容レ彼等ヲ厚遇スルコト是ナリ而シテ保守黨ノ軍人厚遇策ハ啻ニ國防上ノ必要ノミナラス共和主義社會主義乃至ハ「シンジカリスト」ノ漸次旺盛ナラントスル今日一度騷擾ノ起ランカ忽チ軍隊ノ力ニ依リテ是ヲ鎭定セントスルノ意嚮アルモノノ如シ敍上ノ如ク保守黨ノ分子ハ成ルヘク社會ノ現狀ヲ維持シ自已ノ利益ノ永續ヲ冀フ輩ヨリ成立スルニ反シ自由黨ハ知識階級、中産階級ノ人士ニ基礎ヲ置キ國民全體ノ自由平等ノ爲ニ奮鬪ス故ニ同シク王黨ナリト雖保守黨トハ全然其見地ヲ異ニス而シテ自由黨カ刻下ノ急務トスル所ハ宗敎ヨリ離脫セル自由ナル敎育制度ノ普及ニシテ保守黨ニ對シテ眞ニ恐ルヘキ强敵ナリ然ルニ西國ノ敎育制度ハ遺憾乍ラ萎微振ハサルノ現狀ニ在リ改進黨ノ根據ハ自由黨ト同シク中流社會ニ在リ「ハイミスタ」及ヒ「インテグリスタ」ハ保守黨ト同樣上流社會及ヒ宗敎界ニ根據ヲ有ス而シテ下層社會卽チ大都市ニ於ケル商工業使用人、勞働者又ハ農民ノ如キ無敎育者ハ社會黨又ハ共和黨ニ屬スルカ或ハ「シンジカリスト」ナリ

第三章　各政黨現領袖株ノ人物、略歴

現今各黨ノ首領ト目セラルル者左ノ如シ

保守黨

「アントニオ、マウラ」　Antonio Maura

「ラ、シエルバ」　La Cierva

自由黨

「ロマノネス」伯爵　Conde de Romanones

「ガルシヤ、プリエト」（「アルセマス」侯爵）García Prieto (Marqués de Alhucemas)

「サンチアゴ、アルバ」　Santiágo Alba

改進黨

「メルキアデス、アルバレス」　Melquiades Alvarez

共和黨

「アレハンドロ、レルー」　Alejandro Leroux

社會黨

「パブロ、イグレシアス」 Pablo Iglesias

地方分立黨

「フランシスコ、カムボー」 Francisco Cambó

（一）「マウラ」（保守黨）

一八五三年「マヨルカ」島ニ生ル馬德里大學ニテ法律ヲ學ヒ卒業後幾許モナクシテ馬德里政治法律研究會ニ於テ學者トシテ且雄辯家トシテ英名ヲ馳セ當時「サダスカ」ノ首領タリシ自由黨ニ入リ一八八一年氏ノ鄉里「マヨルカ」ヨリ選出セラレテ代議士トナリ一八八四年最高海軍調査委員會評議員ヲ命セラレ一八九〇年七月保守黨「カノバス」內閣成立シ其第一回議會ノ開會スルヤ海軍廓情ヲ絕叫シテ大ニ世人ノ注目ヲ惹キタリ超エテ一八九二年十二月「サカスタ」再ヒ政權ヲ掌握スルヤ殖民大臣ニ任命セラレテ手腕ヲ發揮シ次テ司法大臣ニ轉シタルカ同氏ノ岳父ニシテ自由黨ノ副總理タル「ガマソ」「サガスタ」ト意見合ハスシテ同內閣ヲ辭去スルヤ保守黨首領「シルヴエラ」ノ招キニ應シテ同黨ニ入リ一九〇二年十二月保守黨第二次「シルヴエラ」內閣ノ成立ヲ見ルヤ入リテ內務大臣トナリ翌年十二月「シルヴエラ」ノ後繼者タル「ヴイヤヴエルデ」內閣ノ瓦解ニ依リ第一次「マウ

ラ」內閣ヲ組織シ同時ニ保守黨首領トナレリ當時「マウラ」ハ國王ニ隨ヒ全國ノ主ナル都市ノ視察ヲ終リ最後ニ友人知已ノ反對アルニモ拘ラス危險ヲ冒シテ「バルセロナ」ニ到レルニ「アルタル」ナル者兇刄ヲ振ツテ「マウラ」ヲ暗殺セントセシカ幸ニモ微傷ヲ負ヒシノミニテ使命ヲ果シ馬德里ニ歸ルヤ熱狂セル群集ハ「マウラ」ヲ圍ミテ拍手喝采急霰ノ如クナリシト言フ超エテ一九〇四年十二月「マウラ」內閣ハ參謀總長任命問題ノ爲倒壞セルモ一九〇七年一月自由黨內閣瓦解ノ後ヲ襲ヒ再ヒ內閣ヲ組織セリ然ルニ一九〇九年「バルセロナ」事件勃發ノ爲メ氏ハ政界ヨリ隱退スルノ止ム無キニ至リ野ニ下リテ始ンド十年間沈默ヲ守リ居タルカ一九一八年三月自由黨「ガルシヤ、プリエト」內閣ノ後ヲ襲ヒ國事多端ノ際各黨ノ首領ヲ網羅セル擧國內閣ヲ組織セリ然ルニ同年十一月閣員間ニ意見ノ一致ヲ缺キ遂ニ總辭職ヲ爲スニ至リシカ翌年四月第四次「マウラ」內閣ヲ組織シ次テ同年七月議會ニ於テ左黨各派ノ激烈ナル反對ノ爲ニ同內閣ハ瓦解ノ運命ニ逢着セシカ一九二一年八月第五次「マウラ」內閣ヲ組織シ以テ今日ニ至レリ氏ハ正義ノ士ニシテ事ニ當リテハ沈着果斷、學者ニシテ且ツ西國第一流ノ雄辯家ナリ只餘リニ熱心ナル舊敎信者ナルハ氏ノ爲ニ禍スルモノナリトノ評アリ

（二） 「シエルバ」（保守黨）

保守黨中「マウラ」ニ次クヘキ人物ニシテ（ムルシア）選出ノ代議士トシテ政界ニ入リ一九〇四年「アスカラガ」内閣ノ下ニ文部大臣タリ次テ一九〇七年一月「マウラ」內閣ノ下ニ內務大臣タリシカ一九〇九年ノ「バルセロナ」事件ノ際「マウラ」ニ隨ヒテ政界ヲ退キ爾來十二年間謹愼ヲ續ケ來リシカ一九一九年四月第四次「マウラ」內閣ノ成立スルヤ大藏大臣ニ任セラレ一九二一年「アレンデ、サラサール」內閣ノ時農商務大臣ヲ務メ一九二一年八月「マウラ」ト共ニ入閣シテ陸軍大臣トナレリ精力絕倫ニシテ「マウラ」以上ニ保守主義ノ人物ナリト評セラル

（三）　「ロマノネス」伯（自由黨）

自由黨首領中ノ重鎭ナリ「グワダラハラ」選出ノ代議士トシテ政界ニ入リ一九〇五年六月「モンテーロ、リーオス」內閣ニ於テ產業大臣タリ同年十二月「モレー」內閣ノ下ニ內務大臣ニ轉シ一九一〇年二月「カナレハス」內閣成立ノ際ハ文部大臣ニ任セラレ一九一三年一月、一九一五年十二月、一九一六年五月三度首相ノ印綬ヲ帶ヒテ敏腕ヲ振ヒ一九一八年三月保守黨「マウラ」ノ組織セル各黨聯立內閣ニ入リテ司法大臣トナリ同年十一月「ガルシヤ、プリエト」內閣成立ノ際入閣シ翌年四月內閣倒壞ニ至ル迄外務大臣トシテ國事ニ盡瘁セリ氏ハ西國政治家中最モ富裕者ニシテ皇帝トハ個人トシテ親交ヲ有シ外交上ノ手腕モアリ歐洲大戰中ハ親聯合派トシテ西國ノ參戰ヲ主張セル人ナリ

（四）「ガルシヤ、プリエト」（「アルセマス」侯爵）（自由黨）

自由黨中ニ於テ民主主義ヲ標榜スル廉潔ノ士ニシテ辯護士ナリ一九〇五年六月岳父「モンテーロ、リーオス」內閣ノ下ニ內務大臣トナリ同年十二月「モレー」內閣ノ時司法大臣ニ轉シ一九一〇年二月「カナレハス」內閣ニ於テ外務大臣ニ任セラレ一九一七年四月首相ノ大命ヲ拜シ同年十一月外務大臣ヲ兼任シ一九一八年三月保守黨「マウラ」ノ聯合內閣ノ下ニ內務大臣タリ同年十一月前內閣ノ後ヲ受ケテ再ヒ首相トナリ翌年四月ニ至ル迄是ヲ繼續セリ

（五）「サンチアゴ、アルバ」（自由黨）

「バイアドリツド」選出代議士ニシテ一九一三年一月及ヒ一九一五年十二月ニ於テ共ニ「ロマノネス」內閣ノ內務大臣一九一六年五月「ロマノネス」內閣ノ大藏大臣一九一七年年四月「ガルシア、プリエト」內閣ノ大藏大臣一九一八年三月保守黨「マウラ」聯合內閣ノ文部大臣及ヒ一九一八年十一月「ガルシヤ、プリエト」內閣ノ大藏大臣ニ歷任セリ氏ハ自由黨中左極派ノ首領ニシテ相當ノ才能ヲ有スルモ自己ノ地位權能ヲ濫用シテ巨萬ノ私財ヲ蓄積シタルモノノ如ク世人ノ惡評アルハ惜ムヘシ

（六）「メルキアデス、アルバレス」（改進黨）

「アストウリア」州選出ノ共和黨代議士トシテ政界ニ入リ「レルー」ト共ニ共和黨ノ爲ニ奔走セシカ一九一〇年四月共和黨改進派ヲ組織シテ其首領トナレリ共和黨ト稱スルモ其實自由黨ニ漸次接近シツツアリシカ遂ニ王黨中ノ左極派トナレリ氏ハ雄辯ヲ以テ聞ユ

（七）「アレハンドロ、レルー」（共和黨）

今ヨリ約十五年前西國皇帝ノ秕政ヲ指摘シ軍人ノ横暴ヲ罵倒シ或ハ新聞ニ寄稿シ或ハ演壇ニ立チテ盛ニ宣傳ヲ行ヒタル爲メ無政府主義者ト認メラレ官憲ノ警戒嚴重トナリ止ムヲ得ス一時「ブエノス、アイレス」ニ逃レ居タルカ其後歸國シ「バルセロナ」選出共和黨代議士トシテ政界ニ入リ「サルメロン」「コスタ」等ノ同盟共和黨ノ解散スルヤ氏ハ獨立シテ共和黨過激派ヲ組織シ其ノ首領トナリ以テ今日ニ至レリ

（八）「パブロ、イグレシアス」（社會黨）

氏ハ活版職工ヨリ身ヲ起シ何等組織的教育ヲ受ケタル者ニ非スト雖社會黨最初ノ代議士トシテ馬德里ヨリ選出セラレ爾來奮闘努力ヲ以テ西國勞働者階級ヲ統帥シ訓練シ同黨ヲシテ今日在ルニ至ラシメタルハ全ク氏ノ獻身的活動ノ結果ト言ハサルヘカラス

（九）「フランシスコ、カムボー」（地方分立黨）

現大藏大臣タル氏ハ「バルセロナ」選出代議士ニシテ一九一八年三月保守黨「マウラ」ノ聯合内閣ヲ形成セシ時農商務大臣ニ任命セラレタリ氏ハ雄辯家ニハ非ルモ沈着ニシテ頭腦明快ナルヲ以テ其演說ハ組織的ナリトノ評アリ

第四章　現在議會ノ黨派別

西國衆議員議員黨派左ノ如シ

自由黨	「デモクラタ」	（ブリエテイスタ）	四三	一一二
	自獨黨	（ロマノニスタ）	三一	
	自由黨左極派	（アルビスタ）	二九	
	「アグラリオ」	（ガセテイスタ）	五	
	獨立自由黨	（サモリスタ）	四	
保守黨	保守黨	（舊「ダテイスタ」）	一七三	二一七
	「マウリスタ」		二二	
	「シエルビスタ」		二二	
「トウラデイショナリスタ」	「ハイミスタ」		七	八
	「インテグリスタ」		一	
地方分立黨	「ナショナリスタ」		二	二〇
	「レヒオナリスタ」		一七	
	「ウニオン、モナルキカ」		一	
改進黨				九
共和黨				一五

社會黨　四
無所屬　一四
合　計　三九九

尚ホ參考ノ爲メ西國貴族院議員中政黨ニ屬スルモノ黨派別ヲ示セハ左ノ如シ

保守黨　保守黨（舊「ダテイスタ」）一七二
　　　「マウリスタ」一〇
　　　「シエルビスタ」五
　　　計　八七

自由黨　自由黨（ロマノニスタ）一八
　　　「デモクラタ」（プリエテイスタ）二一
　　　自由黨左極派（アルビスタ）六
　　　「アグラリオ」（ガセテイスタ）一一
　　　獨立自由黨（サモリスタ）一
　　　計　五七

地方分立黨　六
改進黨　二
「ハイミスタ」及「インテグリスタ」　五
合　計　一五七

第五章　地方政府及ヒ地方自治體ト政黨トノ關係

西國ニ於テハ内閣ノ更迭ト共ニ地方長官ノ大部分ハ更迭スルヲ常トス次ニ地方自治團體タル村會ト政黨トノ間ニ特種ノ關係存在スルヲ見ル茲ニ既略是ヲ記述セン ニ西國農民ノ納ムル租稅ハ家族數ニ比例シ家族多キ者ハ多額ノ租稅ヲ納付スルモノトス而シテ村民ノ租稅額ヲ定ムル者ハ富豪出身ノ村長或ハ書記ニシテ地方ニ於ケル政黨ノ基礎ヲ形成シ俗ニ「カシケ」(Cacique) ト稱シ政變トハ關係無ク長期ニ亙リテ留任スル者多ク隨ツテ地方ニ於ケル勢力絕大ニシテ選擧ニ際シ反對黨ニ投票スル者アル時ハ其者ノ家族數少キニモ拘ラス不當ナル多額ノ租稅ヲ課シテ良民ヲ苦ム茲ニ於テカ或ル者ハ後難ヲ怖レ或者ハ無學ニシテ選擧ノ何タルヤヲ解セス全然村長又ハ書記ニ一任シテ顧ミサルカ爲彼等ハ勞セスシテ自黨 (何レモ王黨ナリ多クハ保守黨ニ屬シ自由黨ニ屬スルモノ罕ナリ) ノ爲ニ有利ナル投票ヲ行フコトヲ得ルナリ彼等ハ代議士ト關係ヲ有シ政黨ノ首領是ヲ統帥ス此ノ制度ヲ閥族政治 (Caciquismo) ト呼ヒ主トシテ保守黨ノ政策ナリトス昨今農民中自覺セル者ハ農業組合ヲ組織シテ「カシケ」ニ對抗セントスル者アルモ勢力未タ微弱ニシテ到底「カシケ」ノ敵ニ非ス

第六章　外交ニ關スル各黨派ノ政見特ニ國際聯盟、任國ニ利害關係アル諸國同盟、國防問題、社會主義、日本ニ關係アル問題等ニ對スル主張態度

第一節　自由黨首領「ロマノネス」伯ノ外交意見

西國政治家中ノ外交家ヲ以テ自他共ニ許ス自由黨首領「ロマノネス」伯ノ意見ヲ綜合スレハ次ノ如シ

國家モ個人ト同樣各其ノ希望ヲ有シ是ヲ實現センカ爲ニ外交手段ニ依リテ他國ト交渉ヲ爲スト雖而モ其ノ背後ニ充實セル軍備ヲ缺ク時ハ外交方針ハ常ニ退嬰的ナラサルヲ得ス（國防問題ニ對スル自由黨ノ態度參照）西國ハ數世紀以來軍備ヲ度外視シテ外交ヲ繼續シ來リシカ如キ觀アルモ實ハ國境外ノ問題ニハ成ル可ク關係ヲ絶チ只管國内ノ平和維持ニ腐心シテ漸ク國家ノ命脈ヲ保チツツアルニ過キス西國ヲシテ過去ノ全盛時代ヲ再現セシムヘキ機會ハ幾度カ到來セルモ意氣消沈セル國民ハ遂ニ是ヲ利用セサリシノミナラス外交問題ニ於テ他國ノ壓迫ヲ蒙ルモ何等反抗ノ勇氣無

ク萬事天命ト諦メテ其ノ爲スカ儘ニ放任スルヲ常トセリ

事茲ニ至レルハ國防ノ不備ト外交上ノ孤立カ其主因タラサルヘカラス「萬人ニ對シテ親善ナレ何人ヲモ害スル勿レ」ノ格言ハ外交方針ニモ影響ヲ及ホシ何レ國ニモ不快ノ念ヲ起サシメサルコト是レ平和ノ根本ニシテ聽テ國運ノ發展ヲ促進スル所以ナリトセリサレハ歐州大戰ニ際シテモ中立ノ維持ヲ以テ最善ノ策ナリト思考セシ者アルモ中立ハ是ヲ換言スレハ孤立ニシテ現代ノ外交ニ適合セサルコト事實ノ證明スル所ニ非スヤ如何ニ經濟上軍事上優勢ナル强國トシテ誇ルモ外交上孤立ノ地位ニ立ツ時ハ遂ニ敗衂ノ悲運ニ陷ルヘシ西國ハ茲ニ着眼シテ宜敷ク外交方針ヲ一變セサレハ將來ニ於テ噬臍ノ悔ヲ殘スノ危險無キヲ保セス

外交上ニ有利ノ地位ヲ占メンスルニハ政治上經濟上ニ鞏固ナル基礎ヲ築クコト亦必要ナリ王室ノ威光ヲ籍リテ僅カニ地內問題ノ解決ニ沒頭スルカ如キ政府ハ到底外交ノ重任ニ堪エス國民ハ是ニ信頼セサレハナリ英、佛、獨、伊各國ノ事情ヲ觀察スルニ一朝對外問題ノ惹起スルヤ其ノ政府ヲ形成スル政黨ノ如何ヲ問ハス全國民ハ是ニ應援シ各新聞ハ其ノ意見ニ贊同シ他黨モ其ノ政見ヲ支持シテ一致團結外交ノ衝ニ當ルヲ見ルト力說シテ暗ニ保守黨ノ施政方針ハ陳腐ナルコト及ヒ外交ニ對スル無方針ヲ嘲笑スルト同時ニ國民モ亦其責任ノ一部ヲ負擔セサルヘカラサルヲ論セリ

第一節　國際聯盟ニ對スル各黨ノ態度

第一項　自由黨ノ態度

自由黨總理「ロマノネス」伯ノ觀察ニ依レハ世界ノ平和ト正義トヲ以テ骨子ト爲ス國際聯盟ノ精神ヨリ論スレハ孤立ハ國家存立上何等痛痒ヲ感セサルヘキモ遺憾乍ラ事實ハ然ラス聯盟ノ裏面ニ於テ舊同盟ヲ更新スル國アリ新同盟ヲ締結スル國アリ何レモ國家存立ノ安定ヲ計ルニ汲々タル有樣ナリ最近佛白軍事協定ノ如キ其ノ顯著ナルモノノ一例ナリ如此實情ニ鑑ミ西國モ國際聯盟ニ加入シタリトテ水久ノ平和ヲ夢ミルハ不可ナリ適當ノ機會ニ於テ孤立ノ狀態ヲ脫スルコトヲ務ムヘキナリトラ國際聯盟ニハ主義上賛成スルモ而モ實際問題ニ關シテハ是ニ信頼セサルモノノ如シ

第二項　軍備制限ニ對スル自由黨ノ態度

國際聯盟軍備制限ニ關スル「ロマノネス」伯ノ態度ル見ルニ是ニ反對スルノ意志無キモ其ノ有名無實ニ終ルヘキヲ諷刺シテ奈翁一世ノ「プロシヤ」ヲ征服スルヤ聯合國カ「ヴェルサイユ」條約ニ依リテ獨逸ニ加ヘタルカ如キ軍備制限ヲ行ハシメ以テ其ノ軍國主義ノ發展ヲ豫防セントセシカ「プロシヤ」ノ政治家ハ條約ニ違反セスシテ軍備ヲ充實スルノ案ヲ立テ現役兵數ハ常ニ條約ノ制限ヲ超

過セサル程度ニ止メ置キ極力兵役年限ノ短縮ヲ實行シ短時日間ニ全國ノ健全ナル壯丁ハ悉ク軍籍ヲ通過スルノ制度ヲ採レリ其ノ結果「プロシヤ」軍ノ優勢ナルコトハ歴史ノ是ヲ證明スル所ナリトテ數字上ノ軍備制限ハサマテ有效ナラサルヘキヲ暗示セリ

第三項　改進黨、共和黨及ヒ社會黨ノ態度

改進黨、共和黨及社會黨ハ何レモ國際聯盟ヲ以テ世界ノ平和ヲ確スル最善ノ方法ナリトシ西國モ聯盟ノ一員トシテ國家ノ安定ヲ計ルコト得策ナリトノ主張ハ三黨ノ一致スル所ナリ但シ共和黨ハ西國カ聯盟ニ加入スルノミニテハ不充分ニシテ是ト共ニ西國ヲ世界ノ大勢ニ順應スヘキ共和國ト爲スハ必要缺クヘカラサル條件トス玆ニ於テ初メテ西國ノ聯盟加入ハ名實共ニ完備スヘキモノナリト主張ス

第四項　保守黨ノ態度

保守黨總理「マウラ」ノ所論ヲ概略記述スレハ次ノ如シ

國際聯盟規約ニ違反セル國ニ對シテ經濟上又ハ外交上ヨリ是ニ制裁ヲ加ヘントスルカ如キ案ニハ殆ント信頼スル能ハス若シモ列國カ聯盟規約ヲ忠實ニ履行シテ一歩モ誤ルコト無シトセハ世界ニ將ニ樂園ニ到達セルモノト言フヲ得ヘキモ一國カ聯盟規約ニ違反スル場合ニハ其ノ内部ニ於テ銃

劍ヲ磨キ既ニ戰鬪準備ノ整頓セル秋ニシテ聯盟ノ制裁ノ如キハ齒牙ニ掛クルニ足ラサルヘシ大戰後ノ人類カ大戰前ノ人類ニ比較シテ其ノ本能ニ劃然タル差異ヲ有スルモノナリトセハイサ知ラス然ラサレハ國際聯盟ノ如キハ是レ一時ノ夢想ノミ武器賣買禁止ノ如キハ畢竟强國是ヲ利用スルニ過キサルヘシ戰費豫算ノ制限ノ如キハ實行不可能ナリ何トナレハ一國カ開戰スル場合ニハ其戰費ハ戰費豫算ノ項目ヨリ支出スルニ止ラスシテ其ノ國全體ノ豫算ヲ以テ如何樣ニモ繰合セ支出スルヲ得ヘケレハナリ而シテ如何ナル國ト雖一國ノ計上スル豫算ニ對シテ他國ノ容嘴ヲ許ササルハ明ナレハ軍備制限ノ如キハ愚ノ骨頂ナリト主張ス

第三節　國防問題ニ對スル自由黨ノ態度

「ロマノネス」伯ノ國防ニ對スル意見左ノ如シ

白耳義ノ中立ハ其ノ軍隊ノ薄弱ナリシカ故ニ獨軍ノ爲ニ蹂躙セラレ露國、「ソビエット」政府モ赤軍ノ手ニ依リテ其主義ヲ遂行シツツアルノ現狀ナルヲ以テ消極的ニモ積極的ニモ軍備ノ充實ノ存立上缺クヘカラサルモノナルコトハ何人モ首肯スル所ナルカ而モ軍備ハ開戰ニ先チテ急造シ得ヘキモノニ非ス何トナレハ現代ノ外交ハ平和ヨリ開戰ニ急變スルニ常トス即チ最後ノ瞬間迄ハ外交手段ニ依リテ巧ミニ相手國ニ安心ヲ與ヘ置キ一度宣戰ノ布告ヲ爲スヤ其ノ軍隊ハ潮ノ如ク殺倒シ來ルヘキハ明ニシテ是ニ對シテ應戰ノ暇ナカラシムヘキニ依リ現在平和ナリトモ軍備ノ充實ヲ決シテ等閑ニ附スヘカラス翻ツテ西國々防ノ狀ヲ觀察スルニ敵軍カ海上ヨリ來ルモ陸上ヨリ來ルモ將又東西南北何レノ方面ヨリ侵入スルモ門戶ハ全ク開放セラル敵ノ進軍ヲ阻止スヘキ防禦工事ハ殆ント皆無ナリ然ラハ西國ハ地勢上防禦設備ヲ施スコト不可ナリヤト言フニ決シテ然ラス北ニハ「ピレーネー」山脈ノ巍然トシテ聳ユルアリ海軍根據地トシテハ「カルタヘナ」、「カディス」、「フエロール」ノ三軍港アリテ天險ノ地ニ據ル只惜ムラクハ充分ナル設備無シ全然無キニ非ルモ不充分ナルハ却ツテ絶無ナルニ劣ルコトアリ例ヘハ玖瑪戰爭ノ際「セルベラ」提督ノ率ヒシ艦隊ハ國民ノ輿望ヲ負ヒテ遠征ノ途ニ上リシカ一擧ニシテ米艦隊ノ爲ニ粉碎サレ是カ爲メ西國ノ國威ヲ失墜シ歷史上ニ汚點ヲ止メタリサレハ西國ハ此ノ天然ノ三要害ヲ充分利用シ更ニ第二海軍根據地ヲ選定シテ海岸ノ防備ヲ堅固ナラシムルト共ニ軍艦、兵器、彈藥等ノ準備モ是ヲ怠ルヘカラス次ニ陸軍ニ關シテハ現在ノ如キ三年兵役制度ヲ繼續スルノ必要無ク一通リノ軍事敎育ヲ受クルニ差支無キ程度ニ於テ出來得ル限リ兵役年限ヲ短縮スルヲ要ス是レ啻ニ經費節減ノ爲ノミナラス國際聯盟ニ於テ軍備制限ノ唱道セラルル今日現役兵數ヲ減スルノ必要ヲ生スル場合ニハ是レ國防上最モ有效ナル制度ナリト稱スルヲ得ヘク志願兵制度ヲ廢シテ國民皆兵主義ヲ採リ一人ノ兵士ヲ三年訓練スル換リニ三人ノ兵士ヲ各一年宛訓練セハ現役兵數ヲ三分ノ一ニ減スルモ結局實力ニ於テ同等ナリ是ト同時ニ西國內ニ於ケル軍隊、兵器ノ輸送力ノ不完全ナルハ速カニ改善スルノ要アリト主張ス

第四節　社會主義ニ對スル各黨ノ態度

西國ハ歐洲大戰ニハ參加セサリシモ其影響ヲ受ケテ最近數年間ニ物價暴騰シ勞働者並ニ一般下層民ノ生活狀態ヲシテ益々困難ニ陷ラシメ其結果勞働者ノ賃銀增加要求トナリ遂ニ同盟罷業ヲ起スニ至ルモノナルカ其ノ裏面ニハ彼等ヲ煽動シテ現在ノ社會制度ヲ破壞セントスル共和黨及社會黨アリ特ニ後者ハ勞動者救濟組合ヲ組織シテ同盟罷業ノ際勞働者生活ノ保障トナシ更ニ馬德里ニCasa del Puebloナル社會黨員集會所ヲ有シ社會問題ニ對スル萬般ノ劃策ヲ廻ラシツツアリ是ニ對スル政府側卽チ保守黨又ハ自由黨ノ態度ハ不穩ナル集會ニ對スル警戒、新聞ノ檢閱又ハ發行禁止ヲ行ヒ同盟罷業起ル每ニ資本家ト勞働者トノ間ニ立チテ調停ノ勞ヲ執リ又形勢險惡ニシテ警官ノ手ニ依リテ鎭定スルコト不可能ナル時ハ戒嚴令ヲ敷クコトアリ一八一七年八月全國ニ亙ル鐵道從

業者同盟罷業ノ當時ノ如キ各停車場、各列車毎ニ數名ノ兵士警官ヲ配置シテ萬一ノ場合ニ備ヘ又郵便配達夫總同盟罷業ノ際ノ如キ數週間ニ亙リテ軍人ヲシテ郵便事務ニ從事セシメタリ

如此共和黨、社會黨乃至ハ「シンヂカリスタ」ニ依リテ企テラレタル同盟罷業又ハ過激ナル革命的暴動モ王室ニ忠誠ナル軍隊ノ爲ニ鎭壓セラルルヲ常トス

第七章　各黨主要機關紙

第一節　「マウラ」黨機關紙

(一)「ラ、アクション」(La Acción)
現首相ニシテ保守黨分派ノ首領タル「アントニオ、マウラ」ノ機關新聞トシテ知ラレ「マヌエル、デルガト、バレト」(Manuel Delgado Barreto) 所有者兼社長タリ一九一六年ニ創刊セラレタル夕刊新聞ニシテ發行部數六千

(二)「ラ、エポカ」(La Epoca)
保守黨ノ機關新聞ニシテ所有者ハ「ラ、エポカ」匿名組合 (Sociedad Anónima "La Epoca") 社長ハ上議員「バルデイグレシアス」侯爵 (Marqués de Valdeiglesias) ナリ一八四九年ノ創刊ニシテ發行部數一萬五千

(三)「コレスポンデンシア、デ、スパニア」(Correspondencia de España)
西國最古ノ新聞ニシテ公然ノ政黨關係無キモ稍〻保守黨ニ傾ケリトノ評アリ所有者ハ「サンタ、アナ」侯爵未亡人 (Marquésa de Santa Ana) 社長ハ「ホセ、セラン、イ、リバ、デ、ラ、プエンテ」

(Yosé Serrán y Riva de la Puente) ナリ一八四七年ノ創刊ニシテ發行部數八千

第二節　自由黨機關紙

(一)「デイアリオ、ウニベルサル」(Diario Universal)

自由黨首領「ロマノネス」伯爵ノ機關紙ニシテ所有者ハ匿名組合(Sociedad Anónima)社長ハ「ダニエル、ロペス」(Daniel Lopez)ナリ一八一二年ノ創刊ニシテ發行部數六千

(二)「エラルド、デ、マドリッド」(Heraldo de Madrid)

故自由黨過激派ノ首領「カナレハス」ノ經營ニ係リ發刊以來三十一年ヲ經過セリ現今ノ政黨關係ハ自由黨左極派ノ首領「サンチアゴ、アルバ」ニ屬ス「エラルド、デ、マドリッド」匿名組合(Sociedad Anónima "Heraldo de Madrid")ノ所有ニシテ社長ハ「ホセ、ロカモラ」(Yosé Rocamora)ナリ夕刊ニシテ發行部數一萬五千

(三)「ラ、リベルタッド」(La Libertad)

本紙モ亦自由黨左極派ノ首領「サンチアゴ、アルバ」ノ機關紙ナリ所有者ハ「アントニオ、レサマ」(Antonio Lezama)ニシテ社長ハ「ルイス、デ、オトインサ」(Luis de Otoinza)ナリ一九一

九年ノ創刊ニシテ西班牙新聞界ニ一大勢力ヲ有シ發行部數十二萬ニ達ス

（四）「エル、イムパルシアル」（El Imparcial）

自由黨中ノ一派ヲ率ユル「ガセット」（Gasset）ノ祖父ノ創立セル新聞ニシテ自由黨ニ屬スルコト明ナリ所有者ハ「エル、イムパルシヤル」匿名組合（Sociedad Anónima "El Imparcial"）ニシテ社長ハ「リカルド、ガセッド」（Ricardo Gasset）ナリ一八六七年ノ創刊ニシテ發行部數四萬

（五）「エル、ムンド」（El Mundo）

自由黨民衆派ノ首領「ガルシヤ、プリエト」ノ機關紙ニシテ「アントニオ、ボエ」（Antonio Boet）所有者兼社長タリ一九〇七年ノ創刊ニシテ發行部數二千

第三節　共和黨機關紙

共和黨首領「アレハンドロ、レルー」ノ機關紙タリシ「ラデイカル」（Radical）ハ資金缺乏ノ爲廢刊ノ運命ニ逢着シ共和黨分派ノ首領「メルキアデス、アルバレス」ノ機關紙タリシ「エスパニア、ヌエバ」（España Nueva）ハ其議論過激ナリトノ理由ニ依リ政府ヨリ發行ヲ禁止セラレ現今共和主義鼓吹ノ新聞トシテ殘ルハ僅カニ「エル、リベラル」（El Liberal）ノミトナレリ本紙ハ「エル、リベラ

ル」匿名組合(Sociedad Anónima "El Liberal")ノ所有ニ係リ「アグレド、ビンセンチ」(Agredo Vincenti)社長タリ一八七九年ノ創立ニシテ發行部數十萬アリ

第四節　社會黨機關紙

社會黨首領「パブロ、イグレシアス」ノ機關紙トシテ「ソシアリスタ」(Socialista)アリ社長ハ同氏自ラ其任ニ當ル西國新聞組合(Casa del Pueble de la Socialista Española)ノ所有ニ屬シ一八八一年ノ創刊ニシテ發行部數二千

第五節　「レヒオナリスタ」(地方分權黨)機關紙

「レヒオナリスタ」機關紙トシテハ「バルセロナ」市ニ於テ發行セラルル「ラ、ヴエー、ドウ、カタルーニア」(La Veu de Catalunya)アリ全紙「カタラン」州ノ方言ヲ以テ印刷セラレ居ル故ニ他州ノ西班牙人ニハ了解シ難シト雖同紙中ノ重要記事ハ馬德里諸新聞ニ翻譯轉載セラルルコトアルヲ以テ間接ニハ幾分「プロパガンダ」トナルモノト察ラル

第六節　「ハイミスタ」機關紙

「ドン、ハイメ」親王（D. Yaime）ヲ西國々位ノ正統繼承者ナリト主張スル「ハイミスタ」ノ機關紙トシテ「コレオ、エスパニョール」（Correo Español）アリ所有者ハ「ミゲル、トレス」（Miguel Torres）社長ハ「アルセニオ、イサガ」（Arsenio Izaga）ナリ一八八八年ノ創刊ニシテ發行部數二千

第十四編　「チエコ、スロヴアキア」國

（大正十一年四月調）

第十四編　「チエコ、スロヴアキア」國ノ政黨（大正十一年四月調査）

第一章　概要

當國ノ政黨ハ「チエク」系、獨逸系及「マジヤール」系ノ三系ニ別ツヲ得ヘシ更ニ此人種的三大系統ノ內「チエク」系ハ八黨ニ、獨逸系ハ七黨ニ、而シテ「マジヤール」系ハ之ヲ二黨ニ區分スルヲ得當國內ニ政黨ノ差別ノ生スルハ主トシテ「チエク」對獨逸ノ人種的反感ニ起因シ政見ヲ等クスル他ノ政黨アルモソハ人種ノ異ル場合ニ於テハ別ニ一黨ヲ組織スルナリ「チエク」系ト獨立系ノ共產黨カ互ニ提携スルカ如キハ實ニ唯一ノ例外タリ

第二章　「チエク」系ノ政黨

此政黨ハ更ニ八黨ニ分レ舊墺國議會當時ヨリ在在シ其內容ハ幾分變化セルモ現在其議員ハ下院議員總數二百八十五名ノ內二百三名ノ絕對多數ニ達シ歷代ノ內閣ハ常ニ此系統ヲ基礎トシ獨逸系ノ參加ヲ許サス現內閣ノ如キモ「チエク」系ノ社會民主黨ト國民々主黨トノ聯立內閣タリ（附錄參照）

第三章　獨逸系ノ政黨

此系統ノ政黨ハ更ニ七黨ニ別レ（附錄參照）現在下院ニ於テ八十二名ノ議員ヲ出ス而シテ彼等ハ殆ント常ニ共同シテ「チエク」系ノ政府黨ニ反對シツヽアリ然レトモ在來ノ如ク常ニ政府反對ノ立場ニアルハ經濟上及社會上ニ於テ不利ノ場合多キヲ以テ「チエク」系ニ接近スルノ傾向ヲ示シツヽアリ

第四章　「マジヤール」系ノ政黨

此政黨ハ更ニ二黨ニ分レ下院ニ十名ノ議席ヲ有スルノミナリ其勢力地盤ハ「スラウヴアキア」ノ邊境地方洪牙利ニ接スル一帶ノ「マヂヤール」人居住ノ地方ノミナリ而シテ常ニ政府黨ニ反對シツヽアリ

第五章　結　言

當國ハ議會構成以來（一九二〇年四月第一回總會行ハレタリ）未タ二年ニ過キサルカ故ニ以上十七ノ政黨ハ舊套ヲ襲ヒ新ニ起レル利益感情ヲ加味シ混沌トシテ分立ス

是等ノ政黨カ政權ヲ運用スルニ當リテハ五人委員會（Comite des cinq）制度ニヨル此委員會ハ「チエルニー」內閣ノ時政府ト議會トノ間ニ仲介機關トシテ「チエク」系ノ五大政黨（附錄「チエク」系政黨第一乃至第五）ノ首領カ相集リ政務ヲ合議セルニ始マル現在ハ此委員會ハ各黨ヨリ領袖株各一名ツヽヲ出シテ構成セル國家樞要ノ一機關タリ

現內閣ハ建國以來第五代目ノ內閣ニシテ最初ノ「チエク」系ノ政黨內閣タリ卽チ初代ノ「クラマルシユ」內閣ハ革命內閣ニシテ在職八ケ月一九一九年七月八日第一次「ツザー」內閣ニ其政權ヲ讓リタリ此第一次「ツザー」內閣モ內部的軋轢ノ爲ニ十ケ月ニシテ改造シ第二次「ツザー」內閣ハ成立セリ然ルニ此內閣モ亦四ケ月間ノ繼續ヲ見タルノミニシテ官僚內閣タル第四代ノ「チエルニー」內閣成立シ一年數ケ月ノ後遂ニ一九二一年九月建國ノ功臣タル「ベネシユ」ノ現內閣ヲ見ルニ至レリ

致須國ノ政黨梗概一覽表

政黨名稱	所屬議員	綱領	首領	備考
社會民主黨	上院三六 下院五四	生産手段ノ國有ヲ主張スルモ無産階級ノ政權掌握ニハ反對ス外政ニ於テハ平和主義ヲ唱ヘ露國干渉ヲ排ス内部ニ於テハ場合ニ依リテ獨逸系ノ民主派ト提携スル意見ヲ有スモ不可ナシ	「アントン、ノヴアク」	選擧得票百五十萬支部四十七
農民黨	上一九 下四〇	小農及小地主ヨリナリ土地制度ノ改革、私有財産ノ尊重土地生産ノ增加ヲ主義トシ社會主義ニ反對ナリ	「アントニー、スベーラ」	得票約百萬支部三十四
加特力黨	上一八 下三三	地盤ハ主トシテ「スロヴアキア」及「モラビヤ」ノ田舍ニシテ黨ノ機關ハ多ク僧侶ノ手ニ在リ私有財産制度ノ尊重玆ニ全國ニ瀰漫セル反加特力運動ト戰フコトヲ主義トス	「シユラーメツク」	
國民社會黨	上一〇 下二六	國際社會主義ニ反對シ國民社會主義ヲ奉ス其結果社會民主黨殊ニ共産黨ニ反對ナリ叉同時ニ勞農政府ニ反對ナルモ露國ノ再建ヲ欲スルカ爲露國干渉ニハ反對ナリ	「クロフアツチエ」	
國民々主黨	上一〇 下一九	教育アル階級ヨリ成リ都會地ニ地盤ヲ有シ所屬議員數小ナレトモ實勢力ハ侮ルヘカラス共産主義及「マルクス」主義ニ反對シ「チエツク」國民主義ノ急先鋒獨逸系ニ對シ苛酷ナリ	「クラマルシエ」	得票約四十萬支部不明
實業黨	上三 下六	小商人、小製造業者ノ利益ヲ代表ス	「ムルシヨツク」	得票約七萬支部不明
進步社會黨	上ナシ 下三	「ギルド、ソシアリズム」ヲ其綱領トスル進步セル社會主義ナルモ黨勢極メテ不振ナリ	「モドラチエツク」	
共産黨	上五 下二二	無産階級ノ政權掌握ヲ目的トシ勞農露國政府ト密接ナル提携ヲナス（一九二〇年九月社會民主黨ヨリ分離獨立セルモノナリ）	「シユメラール」	

獨逸社會民主黨	上 一六 下 二八	「チェック」系ノ社會民主黨ト大體同樣ナリ	「ルドルフ、チェック」	得票 不明 支部 六十五
獨逸農民黨	上 七 下 一三	「チェック」系ノ農民黨ト大體同樣ナリ	「フランツ、クレペック」	得票 十萬 支部 不明
獨逸國民黨	上 七 下 一二	私有財産ノ尊重、勞働者ノ保護ヲ主義トスルモ社會主義トハ反對ナリ	「ルドルフ、ロツヂマン」	
獨逸基督社會黨	上 五 下 九	自由主義ト社會主義トニ依リ國家ノ改革ヲ目的トス	「ヨゼフ、ベーラン」	
獨逸自由民主黨	上 二 下 五	經濟財政、社會政策ニ對シ自由ニシテ眞正ナル態度ヲ執ル	「ブリッツ、ウルフルム」	
獨逸社會黨	上 二 下 二	廣義ノ社會主義ヲ奉ス	「カフカ」	
獨逸共産黨	上 ナシ 下 三	「チェック」系ノ共産黨ト同シ	「クライビッヒ」	
「マヂャール」社會民主黨	上 二 下 四	獨逸系ニ歩調ヲ合セ綱領亦大差ナシ	「ケルメンデー」	
「マヂアール」農民黨	上 一 下 六	「スロヴヤキア」ニ於ケル中流農民ノ利益擁護ヲ標榜ス	「イヴニー」	

「ベネシュ」內閣員ノ所屬竝ニ略歷

官職名	氏名	所屬政黨	略歷
總理大臣	エドアルド、ベネシユ	國民社會黨	農家ニ生レ幼ニシテ學ヲ好ミ長シテ「マサリツク」博士ニ師事シ英、佛、獨ノ各大學ニ遊ヒ後「プラーグ」大學ニ教鞭ヲ執リタルモノ致須國建國ノ大立物ニシテ「パプスブルグ」家破壞ノ本尊ナリ
外務大臣	首相兼攝	—	建國以來外相ノ椅子ヲ去ラス三十七歳ニシテ遂ニ首相タリ行々ハ「マサリツク」大統領ノ後ヲ襲フモノト一般ニ囑目セラル
國防大臣	フランク、ウドルジヤル（副總理格）	農民黨	工業學校出身ニシテ夙ニ獨逸ノ大學ニ遊學シ其今日ノ地位ハ彼カ下院國防委員會長タリシ經驗ニ由ルト云フ
內務大臣	ヤン、チエルニー	無所屬	夙ニ法律ヲ學ヒ舊墺國時代ヨリ身ヲ官界ニ投シ頗ル組織的技能ニ長シ現ニ前官僚內閣ノ首班タリシナリ
大藏大臣	オーグスチン、ノヴアク	無所屬	終始銀行業ニ關係シ又當國有數ノ銀行業者ニシテ紙幣濫發ニ大反對論者ナリ
商務大臣	ラデスラブ、ノヴアク	國民々主黨	技師ノ出身ニシテ經驗ニ富ミ各種ノ事業ニ關係シ亦自ラ會社ノ社長タリ議會ノ闘士ヲ以テ聞ユ
農務大臣	フランク、スタニエク	農民黨	舊墺時代ヨリ夙ニ政黨ニ關係シ最モ有能ニシテ且最モ人望アル政治家ノ一人ナリ閣班ニ列スル三回
鐵道大臣	ヤン、シユラーメツク	加特力黨	技師ノ出身ニシテ加特力黨ノ總裁ナリ資性溫厚ニシテ而モ自ラ信スル所ニ忠實ナル地味ナル實際的政治家ナリ

保健大臣	ボグスラヴ、ウルベンスキー	國民社會黨	齒科醫ニシテ學生時代ヨリ社會主義ヲ奉シ戰爭中投獄三年閣班ニ列スルコト三回
司法大臣	ヨセフ、ロランスキー	加特力黨	辯護士ノ出身ニシテ保守主義ノ人、調和的才能ニ富ミ輿望アリ
文部大臣	ワブロー、シユロバール	農民黨	熱心ナル大「スラヴ」論者ニシテ亦極端ナル匈牙利嫌ヒヲ以テ知ラル爲ニ舊制時代嘗テ獄ニ下ル一年、醫ヲ學ヒ之ヲ業トセルモノ閣員タルコト四回
工部大臣	アロイス、トチニー	國民社會黨	植字工ヨリ身ヲ起シ後印刷業中央同盟會ノ長トナリ現ニ「社會事業」ナル雜誌ノ主筆ナリ
社會事務大臣	グスタブ、ハーブルマン	社會民主黨	少壯夙ニ社會主義ヲ研究シ普ク宇內ヲ遍歷シ硬骨ノ士ニシテ「新時代」ナル雜誌ノ主筆ヲナシ、又熱心執拗ナル政教分離論者ナリ
法制統一大臣	イヴン、デーレル	社會民主黨	法律家ニシテ「スロヴアキア」出身者中最モ優秀ナル者、極メテ自由主義ノ人ニシテ閣員タルコト二回
「スロヴアキア」大臣	マルチン、ミチユラ	無所屬	辯護士出身ニシテ豫テヨリ地方政治ニ關係シ其經驗ニ富ミ地方問題ノ解決ニ巧ナルヲ以テ知ラル、閣班ニ列スルコト二回
郵電食料大臣	アントニ、スルバ	社會民主黨	獨學自助ノ士ニシテ「民ノ權利」ナル當國有數ノ新聞ノ主筆ナリ、食料ハ之ヲ國家ニ於テ管理スヘシト云フ論者ニシテ現ニ食料管理ヲ創始セルモノナリ

農民黨三、社會民主黨三、國民社會黨三、加特力黨二、國民々主黨一、無所屬二

第十五編　智利國（大正十一年三月調）

第十五編　智利國ノ政黨

第一章　各政黨ノ名稱及主義綱領

（イ）　各政黨ノ名稱

目下智利ニ於テハ左ノ七個ノ獨立セル政黨アリ

(1)　Radical　（急　進　黨）

(2)　Liberal　（自　由　黨）

(3)　Conservador　（保　守　黨）

(4)　Demócrata　（民　主　黨）

(5)　Liberal Democrático　（自由民主黨）

(6)　Nacional　（國　民　黨）

(7)　Socialista　（社　會　黨）

（ロ）　各政黨ノ主義綱領

後掲ノ如ク當國議會ハ上院議員三十七名、下院議員百十八名ヲ以テ組織セラレ其數僅少ナルニ係ラス黨派徒ラニ分離シテ目下七個ノ獨立セル政黨アリ大ナル政黨モ下院ニ於ケル議席四十ヲ越ヘス小ナルハ七個又ハ二個ヲ有スルニ不過ル狀態ニシテ未タ曾テ如何ナル政黨ト雖モ單獨ニテ議會ニ絶體的多數ヲ有セシコトナク從テ歷代內閣ヲ組織スルニ當リテモ常ニ二三黨聯合シテ政權ヲ握リシ有樣ナリ其內政外交上ノ主義政綱ノ如キモ保守黨及民主黨ノ如キ兩極端ヲ除キテハ一般ニ大同小異ナリ

保守黨ヲ中心トシテ自由黨、自由民主黨及國民黨等ノ聯合シテ成立セル內閣ヲ Union Liberal 或ハ Unión Nacional ト稱シ通俗之ヲ Unionista ト唱フ急進黨ヲ中心トシテ自由黨各派及民主黨ノ一致シテ作レル內閣ヲ Alianza Liberal ト稱シ通俗之ヲ Alianeista ト云フ

然レ共一方保守黨對他方急進黨及民主黨ハ未タ曾テ握手セシ事ナシ保守黨ハ當國最古ノ因襲的黨派ニシテ一名之ヲ加特力敎黨ト稱シ有產階級ヲ以テ組織セラレ其主義トスル處ハ宗敎ヲ保護シ其敎義ノ普及ニ依リテ萬民ノ福祉ト社會ノ安寧秩序ヲ保タントセルニ反シ急進黨ハ中產階級及勞働者ニ根據ヲ有シ小壯政治家ヲ網羅シ主義トシテハ社會經濟兩政策上進步的傾向ヲ有シ改新ヲ旨トスルモノニシテ又民主黨ニ至リテハ其政綱ハ殆ントン社會主義ニ近キモノアルカ故ニ兩

者ノ間柄鑒相容レサルモノアレハナリ

社會黨ハ客年五月ノ總選擧ニ於テ初メテ生レタル新政黨ニシテ議席二個ヲ得タリ未タ主義政綱トシテ判然タルモノナシト雖モ其議會ニ於テ主張スル處野ニ在リテ說ク處ヲ見ルニ過激的思想ヲ勞働者階級ニ宣傳セントスル一種ノ共產主義者ニシテ一般社會ヨリ危險視セラレ議會ニ於テ排斥壓迫ヲ蒙ルコト甚タシ左ニ各政黨ノ政綱中主要ナルモノヲ拔萃摘譯スヘシ

第一節　急進黨政綱

衞生及體育

a. 國家ハ產婦並ニ幼兒ニ對シテハ必要ナル保護ト治療ヲ與フヘキコト

b. 國家ハ男女又ハ內外國人ノ區別ナク總テノ者ニ對シ人類ノ一員トシテ必要ナル市民敎育ヲ與フヘキコト

c. 政府並ニ地方行政團ハ國民ノ敎育ヲ奬勵シ衞生的ニシテ道德的誤樂機關ヲ與フヘキコト

d. 衞生省ヲ創設シ國民病癖ノ豫防ト治療機關ヲ完全ニ組織シ又公私衞生機關ヲ監視スヘキコト

敎育

a. 敎育ハ初等敎育ヨリ大學敎育ニ至ル迄又總テノ專門敎育ヲモ合セテ男女總テノ市民ニ對シ無料ニシテ其費用ハ國庫負擔タラシムヘキコト

b. 政府ハ敎育ヲ奬勵シ校舍建築方針ヲ確立スヘキコト

c. 國民敎育ハ政府ノ絕體的職責タラサルヘカラス故ニ私立敎育機關ノ監視ヲ一層嚴重ニシ又諸學校ニ於ケル神學ノ科目ヲ廢止スヘキコト

社會問題

a. 各市民ハ意見ノ自由發表ノ結果ニ依リテ其職務ヲ剝奪セラルヽコトナキコト

b. 立法ニ依リ勞働資本間ニ生スル紛爭ノ解決、最低賃銀、利潤配當、最大勞働時間、工場衞生法ノ實施ヲ講スルコト

c. 被傭者及勞働者住宅ノ建築ヲ奬勵スルコト

d. 國家及傭主ノ補助ノ下ニ被傭者及勞働者ニ對シ生命、傷病、養老等ノ各種保險ヲ與フルコト

e. 婦女子及少年勞働者保護法ヲ設クルコト

f. 勞働者同盟罷業權及資本主事業中止權ハ承認スヘシト雖モ公私團體ノ設立ニナル公衆利益機關ノ同盟罷工ハ之ニ制限ヲ加フヘキコト

農、工、商業ニ關スル件

a. 私人所有ノ土地面積ニ制限ヲ附シ制限外ノ土地所有者ニ對シテハ遞加課税法ヲ設ケ又未開墾地ハ政府之ヲ沒收シ生産増加ノ目的ヲ以テ民間ニ配與スルコト

b. 住宅ノ建築ヲ奬勵シ家賃ニハ一定ノ制限ヲ設クルコト

c. 國民生活費ノ低減ヲ計ルタメ食糧品ノ生産ヲ奬勵シ又必要ナル場合ニハ其輸出ヲ禁止スルコト

d. 農工業者ニ對シ資金信用融通法ヲ設ケ又共濟組合ノ組織ヲ奬勵スヘシ

e. 銀行法ヲ制定シテ中央銀行ヲ設立シ通貨價格ノ一定ヲ計ルヘシ

f. 保險、運送、電信、電話、飲料水、下水、點燈、發電等ノ諸事業ハ國家經營トナスコト

g. 內國工業ヲ奬勵スルコト

立法司法ニ關スル件

a. 婦女ニ對シ自由解放ヲ與ヘ總テノ政治的市民權ヲモ男子同樣ニ與フルコト

b. 離婚法ヲ設クルコト、成年ヲ二十一歲トナスコト、民法ヲ改正シ家事使用人ノ給料及所得ヲ保障スルコト

c. 政教分離ヲ行フコト、外國布教團體ノ入國ヲ禁止スルコト、宗教團體所有不動産ノ面積制限及宗教團體ニ對スル被相續權ノ非認、宗教的宣誓儀式ノ廢止等ヲ行フコト

d. 刑法及監獄法ノ改正ヲ行フコト

e. 公務ニ關シテハ私生兒ニ對シ嫡出子ト同等ノ權利ヲ與フルコト

行政ニ關スル件

a. 現行議院法ニ次ノ改正ヲ行フコト

國會議員ハ總テ有給タルヘキコト、上下兩院ニ討議停止法ヲ設クルコト、國家ノ政治上ノ運行ハ總テ下院ニ一任シ上院ハ單ニ監視的機關タラシムルコト、國民教育ニ關シ中央政府ト都市及地方行政機關トノ負擔ヲ明ニスルコト、選擧不正事件ノ取締、家事使用人ニ對シ選擧權ヲ與フルコト、大統領選擧ヲ國民直接選擧制ニ改ムルコト

b. 都市及地方郡縣ニ對シ自治制ヲ與フルコト又市町村長ヲ有給タラシムルコト

c. 國務顧問院制度（Consejo del Estado）ヲ廢止スルコト又存續中ハ顧問官ハ辯護士ヲ營業スルコト能ハサルヘキコト

外　交

a. 人類ノ平和、福祉及文化ノ發展ニ貢献センカ爲メ締盟諸國特ニ亞米利加諸國間ノ國際交誼ヲ厚クスルコト

b. 國家ノ主權ト權威トヲ維持スルニ必要ナル範圍内ニ於テ國民ニ對シ軍事教育ヲ施スコト

c. 現行外務省組織ヲ改正シテ其實蹟ヲ擧クルニ努ムヘキコト

d. 通商修交條約ヲ再審シテ智利ニ於テ無税輸入ヲ許可セル商品ノ輸出國ニ對シテハ相互條件ノ下ニ智利硝石ノ無税輸入ノ途ヲ講スヘキコト

第二節　自由黨政綱

憲法ニ關スル件

一、宗教ト國家ト絶體的ニ分離スルコト而シテ前者ハ私法上ノ一機關トシテ其存在ヲ認ムルコト又信教ノ絶體的自由ヲ許スコト

二、現行憲法第八條第二項ヲ削除シテ家事使用人ニ對シテモ選擧權ヲ附與スルコト

三、現存國務顧問院制度ノ廢止、大統領直接選擧主義ノ採用、上下兩院ノ職權ヲ判然タラシムルコト、議員ニ對シ歳費ヲ給與スルコト

政黨竝ニ議會ニ關スル件

一、自由黨ハ自由主義ヲ捧持セル各政黨ノ聯合ニ努ムルコト、自由黨ハ右ノ主義ヨリシテ保守黨トノ政黨的聯合ヲ避クルコト、自由黨ハ本黨ノ政綱ヲ實現スル望ミナキ時ハ内閣組織ニ參加セサルコト

二、議會ニ於テ多數決ニ依ル討議終結法ヲ設クルコト、議會ニ於ケル本黨政黨的行動ノ一致ヲ得ンカ爲メ黨員ノ訓練ヲ計ルコト

地方行政機關ニ關スル件

一、市町村長選擧ハ國會議員選擧以前ニ行ヒ又任期ヲ三ケ年トシ且ツ有給タラシムルコト

二、不動產ヲ有セル居住外國人ニ對シテモ市會議員被選擧權ヲ與フルコト但シ右ニ依ル當選者ハ二人ヲ超ヘサルコト

三、市政ノ財源ヲ增加スヘキ方法ヲ講シ且ツ其進步發達ヲ助クルコト

行政ニ關スル件

一、自由黨ハ地方分權制度ノ實施ヲ標榜シ地方ノ狀態ニ應シ郡縣ヲ增設シ地方自治制ノ完成ヲ期スルコト

二、官吏ノ任免、更迭ニ關シテハ一切ノ政治的情實ヲ排シ各人ノ技能ニ應シテ之ヲ行フコト
三、官吏ニ對シテモ意見及信教自由發表ノ權利ヲ認ムルコト又彼等ニ對シ選擧權ノ自由行使ヲ保障スルコト
四、國防ニ必要ナル範圍内ニ於テ海軍ヲ擴張シ又重要ナル軍港ノ防備工事ヲ嚴ニスルコト、現行陸軍制度ヲ維持シ徵兵法ヲ改正スルコト

財政經濟ニ關スル件

一、通貨ノ價値ヲ確定シ對外爲替相場ノ變動ヲ防クコト
二、徵税法ヲ改正スルコト、農業奬勵政策ヲ執ルコト、内國工業ヲ保護奬勵スルコト
三、經常歳入ヲ以テ經常歳出豫算ヲ編制シ臨時歳入ハ諸種ノ企業費ニ充ツルコト
四、農務省及商務省ヲ獨立增設スルコト又統計局ヲ擴張スルコト
五、不動産面積ノ測量ヲ審カニシ南部地方ニ於ケル土地所有權ヲ明ニスルコト
六、牧畜業及漁業ヲ奬勵スルコト
七、硝石業ハ内國資本ヲ以テ逐次獨占スヘキ政策ヲ講スルコト
八、國際鐵道ノ增設沿岸貿易ヲ内國船舶ニ保留スルコト

民法ニ關スル件

一、法律ニ依ル民事婚姻ノ宗教儀式婚姻ニ對スル優越權ヲ認ムルコト、既婚婦人ニ對シ自己ノ勞働ヨリ生スル生產物ニ對スル自由處置權竝ニ其占有物ニ對スル管理權ヲ與フルコト

二、男子ノ成年ヲ二十一歲ト改ムルコト

三、寺院及宗敎團體ニ對シ法人權ヲ附與スヘキ法律ヲ布クコト

四、私生兒ニ對シ嫡出子ト同等ノ權利ヲ與フルコト

刑法ニ關スル件

一、現行刑法竝ニ監獄法ヲ時勢ニ適應スヘキ樣改正スルコト

二、一般ノ犯罪ヲ豫防シ特ニ小兒ノ犯罪ヲ防クヘキ機關ヲ設置スルコト

三、未成年犯罪者裁判所ヲ設置スルコト

社會的施設

一、飮酒癖及其他ノ國民ノ健康ヲ破壞スヘキ病毒ニ對シ豫防的設備ヲ講スルコト

二、勞資ノ紛爭解決、勞働契約、工場衞生、婦女子及幼年勞働者保護等ニ關スル法律ヲ設クルコト

三、貯金ヲ奬勵スルコト又共濟購買組合、勞働者傷病養老等諸種ノ生命保險法ヲ布クコト
四、政府又ハ資本家經營ニ係ル衞生的廉價ナル勞働者住宅ノ建築竝ニ勞働者ノ誤樂及敎養機關ノ設備ヲ計ルコト
五、社會問題ノ硏究及諸種勞働關係法律ノ實施及監視ニ任スヘキ適當ナル行政機關ヲ設クルコト

敎　育

一、國民敎育ハ初等ヨリ高等專門敎育ニ至ル迄無料ニテ總テノ國民ニ普及セシムヘキコト又國民敎育ヲシテ宗敎團體ノ手ヨリ分離スヘキコト
二、文部省制度ヲ改革シ局課ヲ增設シ吏員ニハ專問技術家ヲ採用スルコト
三、各大學ニ對シ自治制ヲ與フルコト
四、初等普通學校及諸種專門技術學校ヲ增設スルコト
五、女子ニ對シ道德的、經濟的及智腦的獨立解放ヲ與フル樣適當ナル敎育機關ヲ設置スルコト

第三節　保守黨政綱

序　文

保守黨最高ノ希望ハ基督敎ニ基ケル社會秩序ノ維持ト發展ニ在リ而シテ社會的法理的竝ニ經濟的勢力ノ調和的共同動作ニヨリ基督敎ヲ中心トセル社會秩序ノ範圍內ニ於テ正義ト慈善ノ規範ニ從ヒ萬民ノ福祉ヲ得ルニ至ラハ其結果無產階級ハ特種ノ利益ニ浴スルコトトナルヘシ

依テ保守黨政綱ノ基礎ハ次ノ如シ

A　基督敎ニ依リテ改新セラレタル人格ノ自然權卽チ人類ノ自由ト尊嚴ノ確保ヲ期スルコト

B　私有財產ハ人格ノ延長ニシテ而モ獨立人格ノ基礎ナルカ故ニ之カ確保ヲ計ルヘキコト

C　家族ハ人類社會構成ノ基礎ニシテ且ツソノ第一ノ歸着點タル子孫ノ敎育ニ重大ナル關係ヲ有スルカ故ニソノ自然權ノ確保ヲ期スルコト

D　結社卽チ共同的正當ナル目的ニ向テ協力センカ爲メニ各人ノ聯合集會セントスル自然能力ヲ確認スルコト

E　基督敎ノ行爲ニ依リテ今日世界ニ確立セラレ且維持セラレ居ル人類相互間ノ眞實ナル平等及友愛ヲ保持スルコト

F　加特力敎々會ニ依リテ定メラレタル精神的秩序主義ヲ確保スルコト卽チ加特力敎々會ノ使命ハ個人、家族及全國家聯合團結ヲ實現スルニアルコト

G 國籍竝ニ愛國心ノ觀念ハ國家獨立竝ニ人類開化ノ基礎ナルカ故ニソノ確保ヲ期スルコト

H 政治團體ハ人類共同生活上ニ必要ナル上記基礎的諸機關ノ發達ノ爲メニ自然ニ依リテ與ヘラレタル一ノ方法ニ過キス又國家ハ單ニ人類社會ヲ統治スルカ爲メニ自然ニ依リテ命セラレタル政治機關ナルカ故ニ前記基礎機關ヲ尊敬シ保護シソノ特種的神聖ナル使命ニ反抗スル事能ハサルモノナル事ヲ認ムルコト

宗敎

宗敎ニ關スル事項ニ就テハ保守黨ハ敎會ノ權威並ニ其ノ訓戒ニ服從スヘキコト何故ナレハ敎會ハ政治及家族團體ノ組織竝ニ其他公私善良ナル風俗及敎養ヲ人類ニ與フルモノナレハナリ羅馬加特力敎ハ其行政制度及宗敎的精神的事項ニ於テハ國家ヨリ絕體的ニ獨立分離スヘキモノナルカ故ニ現行憲法ニ依ル國家ノ優先統治權ヲ認メタル條項ヲ削除スルコト又政治團體ト宗敎機關トノ調和及共同援助ヲ計ルコト

社會的施設

一、宗敎儀式ニ依ル結婚ノ法律的效力ヲ承認スルコト、遺言權ノ擴張、婦人權ノ一般的擴張

二、政府事業ニ依ル貧兒ノ保護ノ爲メ孤兒院、病院、少兒療養所ヲ設クルコト、勞働者住宅ノ改

良、勞働者及一般被傭人ニ對シ安價ニシテ衞生的住宅ヲ與フヘキ傭主ノ義務

三、國民生活ヲ容易ナラシメムル爲メ日用必需品廉賣ノ方法ヲ講スルコト、國民衞生ノ改良及花柳病撲滅ノ方法ヲ講スルコト、國民飲酒癖ノ矯正ヲ計ルコト

四、貯金ノ奬勵、賭博並ニ外國富籤ノ發賣禁止、政府事業トシテ質屋ノ經營

五、工業ノ種類及地方ノ情況ニ應シ且ツ勞働者ノ利益ヲ斟酌シテ最大限勞働時間ヲ決定スルコト資本勞働兩者ノ利益ヲ顧ミ勞資ノ紛爭ヲ避ケンカ爲メ勞働法ヲ公布シ其他適當ノ施設ヲ講スルコト

六、土人敎化事業ヲ起シ又外國移民ヲシテ加特力敎ヲ信セシムヘキ方法ヲ講スルコト、特種裁判所ヲ設ケテ智利南部ニ於ケル不動產所有權ヲ確定スルコト

敎　育

一、國民敎育ノ奬勵及加特力敎ノ普及ヲ計ルコト、敎育ニ關スル政治機關ノ獨立權ヲ否認シ又敎育ニ對スル政治團體ノ干涉ヲ防止スルコト

二、官私立諸學校ニ對シ同等ノ待遇ヲ與ヘ又其卒業生ニ對シテモ同一ノ特典ヲ與フルコト

三、總テノ學校ニ於ケル道德宗敎々育ニ關シ法律ノ認メタル僧侶ノ監視權ヲ實施セシムルコト

四、農業、商業、鑛業其他總テノ工業ニ關スル實地教育ヲ與フヘキ實業學校ノ増設ヲ講スルコト

財政

一、國家ノ財政的信用ヲ確立センカ爲メ國債ノ減少ヲ計ルコト
二、租税ハ有産者ニ重ク勞働者ニ輕キ率ヲ以テシ其公平ヲ計ルコト
三、徵税及國庫ノ管理支出ヲ最モ嚴重ニ監視シ又政府冗員淘汰ヲ行ヒ經費ノ制限ヲ計ルコト
四、豫算編制ニ際シテハ歳入歳出ノ均衡ヲ計ルコト
五、政府所有硝石地帶ノ競賣ニ於テハ内國資本ニ特典ヲ與ヘ硝石業ノ内國化ヲ計ルコト
硝石ノ輸出税ハ國庫ノ主要財源ナルカ故ニ其ノ製造法研究所ノ設置、運輸機關ノ改良増設、必要港灣ノ修築等ニ依リ硝石廉賣ノ方法ヲ講シ且宣傳ニ依リ外國市場ノ擴張ニ努ムルコト
六、國家財政狀態ノ許スニ於テハ速カニ金貨兌換制ヲ布キ對外相場ノ變動ヲ防キ通貨價格ノ一定ヲ期スヘキコト
七、移住民ヘ土地分配制度ニ依ル官有地開墾ヲ獎勵スルコト
八、領事制度其他ノ手段ニ依リ對外貿易擴張ノ方法ヲ講スルコト

工業

一、國內ニ原料品潤澤ニシテ而モ國家ノ發展及國防上必要ナル種類ノ工業ニハ政府ハ補助金ヲ與ヘ之レヲ保護シ又ハ官私合同資本ヲ以テ之レヲ經營スルコト、例ヘハ製鑛業、銅精錬業、製陶業、製紙業、造船業、製絲業、織物業等ノ如シ

二、內國漁船使用ニ依ル漁業ノ奬勵、漁具類、鐵道運送賃ノ割引ヲ行フコト

政　治

一、憲法ヲ改正シ現行大統領選擧制ヲ改メ現職議員竝ニ前國會議員ニ依ル選擧法ヲ採用スルコト竝ニ大統領任期ノ延期

二、山茶鄕及「バルバライソ」市ニ於ケル自治制ノ維持竝ニ過去ノ經驗ニ基キ適當ナル改良ヲ行フコト

三、地方行政ノ濟美ヲ期スル爲メ選擧人會ヲ廢止シテ多額納稅者會ヲシテ前者ノ事務ヲ掌ラシムルコト、獨立セル選擧機關ノ設置竝ニ現行選擧制ヲ改正シテ常設選擧人登錄事務所ヲ設クルコト

四、國家ノ保全ト權威ヲ守ルニ必要ナル軍備ヲ維持シ智利ヲシテ相當ナル國際的地位ヲ占メシムルコト

第四節　民主黨政綱

主義ノ宣言

第一、民主黨ハ一般人民特ニ勞働者階級ノ政治的社會的竝ニ經濟的解放獨立ヲ標榜ス

第二、生産ノ方法竝ニ人爲ノ富源ハ總テ過古及現在ニ於ケル人類ノ手足的、智腦的勞働ノ成果即チ物質的代表物ナルカ故ニ之レヲ人類ノ共有財産ト思考スヘキコト

第三、右財産ヲ享有スルノ權利ハ其基礎ヲ社會ノ公益ニ置キ且ツ其對照物トスル處ハ人類ニ對シ最大限ノ自由ト幸福ヲ確保スルコトナラサルヘカラサルナリ

第四、右ノ理想ハ社會カ今日ノ如ク相反視スル有產無產ノ二階級ニ分離セル間ハ實現スルコト難シ階級區別ノ撤回ハ實ニ勞働者ノ自由開放ノ基礎ナリトス

第五、自然財源及勞働機具ノ團體的專有ニ依リテ總テノ生產機關ノ自由且ツ無償ナル使用ノ途ヲ講スルコト

第六、民主々義ノ第一使命ハ經濟的解放獲得ニ在リ單獨階級カ資本ヲ壟斷セントスルハ他階級ニ對スル壓迫及征服ノ礎因ヲナス

第七、以上明示セル主義ノ實現ヲ期センカ爲メ民主黨ハ次ノ宣言ヲナス

A　勞働者及屈從階級ノ代表者ニハ國籍、信敎、人種及男女ノ差別ナキモノト思惟ス

B　各國ノ民主黨ハ一致團結セサルヘカス勞働者階級ノ自由解放ハ實ニ國内的ニシテ且ツ國際的事業ヲ意味ス

C　勞働者ハ有ユル手段ヲ講シ或ハ政治的行動ニ依リ或ハ結社ノ組織ニ依リ或ハ不斷ノ宣傳ニ依リ其目的ヲ貫徹スルコトニ努メサルヘカラス

政　綱

立法行政ノ改革案

憲法全卷ノ再審査ヲ行フコト、選擧、立法、行政、司法、市政等各機關ノ自治、讀書及書取ノ能否ヲ唯一條件トシテ普通選擧法ノ改正、選擧費用ノ國庫負擔、大統領直接選擧制度ノ實施、工業農業、商業、敎育、勞働等ニ關スル獨立立法諮問局ノ設置、自由制限ノ撤廢

地方自治

市町村長ハ地方選擧團ノ直接任命タルコト、各縣首府集權制ヲ廢止シテ町村自治制ヲ施キ自治町村聯合團ヲ組織スルコト、地方自治團諸機關ノ吏員ハ選擧委員會ニ依リテ之ヲ任命スルコト、縣

知事ヲ廢止スルコト

教育及民事

國庫負擔ニ依ル無料義務教育ノ施行、就學兒童ノ生活費ハ政府ノ負擔タルコト、中等教育、特種教育及高等教育費ノ政府負擔、婚姻ニ關スル現行民法ノ改正、男女兩性平等及私生兒及嫡出子同權承認、捨兒ノ保護等必要ナル施設ヲナスコト

司　法

辯護士費用及訴訟費用ノ國庫負擔、刑事裁判々決ノ公表

國　防

常備軍ノ減少、學校ニ於ケル兵式體操ノ教練ニ依ル國民軍ノ編制

政教分離

宗教豫算ノ廢止、宗教結社ニ對スル國家優先權ノ承認、宗教及哲學的結社ノ民事化

財政問題

勞働及社會省ノ新設、職業組合及結社ノ法團承認、集會權抑壓ノ禁止、所得稅、相續稅、地租等ニ關スル遞加課稅法ノ設定、食料品ニ對シ課稅免除、內國工業保護奬勵ノ目的ヲ以テ日用品以外

ノ輸入商品ニ對スル關稅ノ引上ケ、金貨兌換制度ノ制定、國立銀行ノ設立

國民保險

現行公衆慈善制度ヲ改正シテ全國民ニ對シ一般的ニ失職、傷病、老衰、死亡等ノ場合ニ於ケル保險法ヲ設クルコト

農工業竝ニ社會政策

生産運輸機關ノ國家經營、個人所有地面積ノ制限、官有地ノ分配、勞働法、婦女子幼年勞働者保險法ノ制定、八時間勞働制、日曜祭日休息法ノ實施、特種勞働ヲ除キ夜間勞働ノ禁止、勞働者身分證明手帖ノ廢止、勞働者ノ傷病ニ對シ傭主ノ責任、勞働監督官ノ任命、地方衞生狀態及勞働ノ種類ニ依リ醫務官ノ適宜配置

公衆慈善制度

病院孤兒院及其他慈善團體ノ管理ニ勞働代表者ノ參加ヲ許スコト、公衆浴湯ノ設置、老衰者及傷病者救濟所ノ設置、失職者無料宿泊所ノ設立

第五節　自由民主黨政綱

立法行政外交ニ關スル件

一、議院法ヲ改正シテ討議終結、緊急議事特別取扱、發言權ノ制限等ノ制度ヲ設ケ無用ナル質問討論等ヲ除キ可成議事ノ進捗ヲ計ルコト

二、豫算法ヲ改正シテ若シ會計年度初メニ於テ豫算法未タ議會ヲ通過セサル場合ニハ前年度ノ豫算ヲ套襲スヘキコト

三、選擧法ニ關シテハ官憲ノ干涉其他不正事件ヲ防遏シ選擧ノ公正ヲ期センカ爲メ適當ノ方法ヲ講スルコト

四　大統領ノ任期ヲ七年ニ上院議員ヲ八年ニ下院議員ヲ四年ニ各延期スルコト

五、「タクナ、アリカ」兩郡及「マガヤネス」地方ニ選擧區制ヲ布クコト及敎育從事者ニ國會議員被選擧權ヲ與フルコト

六、徵兵法ヲ改正スルコト、女子ニ對シ完全ナル市民權ヲ與フルコト、死刑體刑ヲ廢止スルコト民法規定ノ成年ヲ二十一歲トスルコト

七、外交官及領事官登用試驗制度ヲ設クルコト
八、「アンコン」條約ノ規定ニ基キ可成速カニ住民投票ヲ施行シテ「タクナ、アリカ」兩郡ノ歸屬ヲ決定スルコト
九、地方分權行政制度ヲ布クコト、大都市自治制ノ發達ヲ助クルコト

財政、經濟、工業、殖民

一、國立銀行ヲ設立シ流通貨幣ノ調節ヲ計リ又農工業者ニ對シ低利資金ノ融通法ヲ講スルコト
二、內外航運ノ整理、鐵道ノ改修、增設、道路ノ修理、河川ノ疏通ヲ行ヒ交通運輸ノ便ヲ計ルコト及內國船舶保護政策ヲ執ルコト
三、造船、製鐵、製紙、陶磁器製造、布袋製造等ノ諸工業ヲ奬勵輸入制限ノ道ヲ講スルコト
四、硝石工業ヲ官營トシテ硝石研究所ヲ設ケ生產費低減ヲ企ルコト
五、隣接國ト條約ヲ結ヒ國際鐵道ヲ增設シ交通運輸ヲ便ニスルコト
六、大學工科講座ノ新設、工業原料及材料品輸入稅ノ低下、工業信用融通機關ノ設置等ノ政策ニ依リ內國工業ヲ保護奬勵スルコト
七、對外爲替相場調節ノ爲メ國庫歲出入ノ均衡、冗費ノ節約、租稅ノ引上等必要ナル財政々策ヲ

執ルコト

八、農務省ノ增設、山野警察制度ノ改善、南部諸州不動產所有權ノ確認、官有地ニ內外殖民ノ奬勵、士人土地所有法ノ改正、官有地測量局ノ擴張等ヲ行フコト

社會的施設、勞働問題、衞生及慈善事業

一、衞生法ヲ完備シテ肺結核、花柳病、飮酒癖等社會病ニ關スル取締ヲ嚴重ニシ又幼年者及學童保護規則ヲ設クルコト、國庫負擔ヲ以テ慈善病院ヲ起シ流行病ノ豫防及其治療ノ道ヲ講スルコト又慈善團體ノ資源ヲ得ル爲メニ富籤ノ發賣ヲ許スコト

二、勞働者傷害、老衰、失職等ニ對スル保險法ヲ設クルコト、婦女子幼年勞働法、勞働者住宅法低利質入法、農工商勞働者貯蓄法共濟購買組合信用組合等ノ組織等諸種社會的施設ヲ行フコト

三、勞資紛爭事件解決ノ爲メ仲裁々判所ノ設置、同盟罷工不參加勞働者ノ保護規定ヲ設クルコト

四、國民ノ健全及人種改良ヲ旨トシテ善良ナル公衆娛樂機關ノ設置、野外運動ノ奬勵ヲ行ヒ同時ニ飮酒癖ノ矯正ニ努ムルコト

五、荒蕪地ニハ特種税ヲ課シ所有者ニ開墾又ハ分配ヲ命シ集約農法ヲ奬勵シ以テ國民生活費ノ低減ヲ企ルコト又食料品販賣ノ監視ヲ行フコト

教育

一、憲法ノ規定ニ從ヒ國民敎育最高監督機關ヲ新設シ大中小學校及特種敎育ノ指導監督ノ任ニ當ラシムルコト

二、敎育經費ハ初等ヨリ高等專門敎育ニ至ル迄總テ國庫負擔トスルコト

三、國立大學ノ組織ヲ改善擴張シ近代科學諸般ノ最高研究所タラシムルコト

四、中等學校ヲ二種ニ分チ一ハ大學入學ノ豫備的知識ヲ與ヘ一ハ生活ニ必要ナル常識的敎育ヲ與フル機關タラシムルコト

五、農工商業等ニ關スル專門學校ヲ增設スルコト

六、小學校ノ增設及軍隊內ニ於ケル初等敎育ノ奬勵ヲ企ルコト

第六節　國民黨政綱

一、現行憲法ニ依ル大統領選擧豫備手續ニ要スル期間ヲ短縮スルコト

二、市町村役場ヨリ選擧及政治的職權ヲ分離スルコト、市町村役場吏員ニハ一定ノ條件ヲ具備セル外國人ヲモ任用スルノ途ヲ講スル事、市町村役場ノ財源ヲ增加シ市長ヲ有給トスル事、市町

村選擧團ヲ解散スルコト

三、選擧ノ公正ヲ期センカ爲メ選擧法ヲ改正スルコト

四、上下兩院議員法ヲ改正シ討議終結法ヲ設ケ又發言權制限ヲ規定スルコト

五、農務、企業及殖民事務ヲ管轄スル一省ヲ増設スルコト、司法省及文部省ヲ分離獨立セシメ各專務大臣ヲ置クコト

六、訴訟法、民法、刑法ノ改正ヲ行フコト、下級裁判所判事ヲ有給トシ市町村令及警察法違犯事件ヲモ取扱ハシムルコト、又地方村落ニ於テハ同判事ヲシテ戸籍事務ヲ分掌セシムルコト

七、司法制度ヲ改正シ司法官ノ定年進級及退官法ヲモ設クルコト

八、監獄法ヲ改正シ囚人收容農村及幼年囚矯正所等ヲ設クルコト

九、大學校卒業證書及其他一般ノ學位肩書ヲ附與スヘキ權能ヲ有セル一ノ機關ヲ設置シ同機關ヲシテ敎育ノ自由公平ヲ監視セシムルコト

一〇、初等義務敎育法ノ普及ヲ企リ又學校ヲ増設スルコト、國立大學ノ經費ヲ擴張シ最近科學ノ研究ニ必要ナル施設ヲナスコト、專門技術敎育ノ普及ヲ企ルコト、各地ニ公開圖書館及夜學校ヲ設置シ可成勞働者階級ノ敎化ヲ助クルコト

一一、農業及採堀工業ヲ奬勵シ國富ノ增進ヲ計ルコト、政府事業トシテ灌漑工事、植林事業等ヲ興スコト

一二、硝石地帶ノ所有權ヲ確定シ同地帶ノ道路、鐵道、港灣ノ改修增設ヲ行ヒ硝石ノ運輸及船積ヲ便ニスルコト

一三、工業制度ノ下ニ國家經濟ノ發展ヲ計ルコト、商業、工業及技藝敎育ノ普及ヲ計ルコト、水力電氣ノ利用織物工業、加工品工業ヲ奬勵シ又國內製品ノ使用ヲ奬勵スルコト

一四、南部土人部落所有權ノ確定及內外人移民ヲ以テ官有地ノ殖民ヲ企ルコト

一五、國家經濟及財政狀態許スニ至ラハ金貨兌換制度ヲ布クコト、金貨豫備資金ヲ增加スルコト銀行及商業法制ノ改正、國家財政歲出入ノ均衡ヲ保タシムルコト、新財源ヲ求メ國家財政ノ危機ニ備フルコト

一六、陸海軍ニ關シテハ財政ノ許ス範圍內ニ於テ武器艦船ノ補充ヲ行ヒ港灣特ニ北方港灣ニ防備工事ヲ施スコト、徵兵法ノ改正ヲ行ヒ徵集忌避者裁判所ヲ設クル事、陸軍病院及癈兵院ヲ設立スルコト

一七、社會的施設トシテハ衞生的ニシテ家賃低廉ナル勞働者住宅ノ建築、公衆誤樂機關ノ設置、

物權抵當又ハ質入等小口貸借ニ於テ勞働者低利融通法ヲ設ケ又主ニ各府縣貯金銀行ヲ設クルコト、勞働傷害賠償法、工場法、婦女幼年者勞働法ヲ設クルコト、勞働者購買組合、慈善公衆施療所ヲ設クルコト、官公吏恩給法及定年法ヲ設クルコト

第二章　各政黨成立ノ由來其勢力ノ優劣及其ノ勢力ノ根據

（イ）　各政黨成立ノ由來

○保守黨　智利獨立後間モ無ク一八三〇年頃時ノ大統領「ディエゴ、ポルタレス」ノ主唱ニ依リ獨立殊功者及「サンチアゴ」在住有産者間ニ組織セラレタル當國最古ノ政黨ニシテ他ノ政黨ハ總テ本黨ヨリ分離セルモノト見ルヲ得

○自由黨　一八五〇年頃大統領「マヌエル、モント」ノ時代保守黨ヨリ分立セル政黨ニシテ時ノ政治家「ラスタリヤ」、「エラスリス」、「サソタマリヤ」等ノ創設セル政黨ナリ

○國民黨　自由黨ト殆ント同時ニ宗敎問題ノ爲メ保守黨ヨリ分派セル政黨ニシテ「モント」及「バラス」兩政治家ノ組織セルモノナリ

○急進黨　一八六三年保守黨ト自由黨ト聯合シテ内閣ヲ組織セル際一部ノ自由黨員ハ右ニ滿足セス獨立シテ本黨ヲ組織セリ

○民主黨　中流階級以下勞働者ノ利益ヲ代表セル政黨ニシテ一八八七年他政黨ニ關係ナク產レ

○自由民主黨　一八九〇年大統領「バルマセダ」カ自已ノ政綱ヲ實行センカ爲ニ作レル政黨ニシテ一名「バルマセディスタ」ト稱ス

○社會黨　一九二一年ノ總選擧ニ於テ出現セル新政黨ナリ

（ロ）　其勢力ノ優劣及其勢力ノ根據

一九二一年五月總選擧ニ於テハ下院議員ハ全部上院議員ハ其三分ノ一ノ改選ヲ行ヒタルカ其結果目下議會ニ於ケル各政黨所屬議員數竝ニ下院ニ於ケル其百分率ヲ示セハ次表ノ如シ

	上院議員數	下院議員數	下院ニ於ケル各黨ノ全部ニ對スル百分率
急進黨	六	四〇	三三、九五
自由黨	一三	二〇	一六、九九
保守黨	一〇	二五	二一、一九
民主黨	三	一二	一〇、一七
自由民主黨	三	一二	一〇、一七
國民黨	二	七	五、九三

社會黨　〇　二　一、七〇

計　三七　計　一一八　計　一〇〇、〇〇

今日迄殆ント大部分歴代ノ大統領ヲ出シタル自由黨ハ分離ノ結果稍衰頽ノ氣味アリト雖モ未タ中産階級及農業者方面ニハ牢固拔クヘカラサル勢力ヲ有ス

急進黨ハ一昨年大統領選擧戰ニ於テ勝利ヲ得同黨創設以來初メテ大統領ヲ出スコトヲ得タリ昨年五月ノ總選擧ニ於テモ好成績ヲ擧ケ目下勢力最モ大ナリ其根據トモ云フヘキハ中流社會以下下級勞働者ニ有リ

保守黨ハ上流名門及資産階級ノ者ヨリ組織セラレ且ツ僧侶階級ノ後援アリ昔日其勢力偉大ナルモノアリシカ目下ニ於テハ時勢ノ然ラシムル處ニ依リ衰微ノ色アリ其所屬議員數亦選擧ヲ重ヌルト共ニ漸減シツヽアリ然レ共經濟的方面ニ於テハ其根據ノ確固タル本黨ノ右ニ出ツルモノナシ

民主黨ハ勞働者階級ニ不尠勢力ヲ有ス今後首領株ニ適當ナル人材ヲ得テ其主義政綱ノ宣傳宜シキヲ得ハ大政黨ト化スル事難カラサルヘシ

社會黨ハ昨年ノ總選擧ノ新産物ニシテ議席二個ヲ得タルニ過キス未タ政黨トシテハ見ルヘキモ

ノナシト雖モ其議員ハ議會ニ於テハ言論ヲ逞クシテ無產階級ノ利益ヲ保護シ野ニ在リテハ同盟罷業ヲ陰ニ煽動シ又ハ示威運動ヲ指揮スル等勞働階級ノ人心收攬ニ努メツヽアレハ其黨勢ハ今後益々發展ヲ見ルニ至ルヘシ

其他ノ政黨勢力ノ根據ニ至リテハ大概因襲的地盤ニ基ケルモノナルカ故ニ社會階級別又ハ職業別ニ依リテ之ヲ分類スルコト能ハス

第三章　各政黨現領袖株ノ人物及略歴

急進黨

ラモン、ブリヲネス、ルコ（Ramon Briones Luco）本黨總裁ニシテ前「サンフエンテス」大統領時代ニ工部大臣タリシ事アリ又下院議長タリ辯護士ニシテ新聞記者出身ナリ着實ナル政治家ニシテ衆望尠カラス

エンリケ、マツク、イベル（Enrique Mac-Iver）現下「アタカマ」州選出上院議員ニシテ且ツ國務顧問タリ本黨ノ總裁タリシコト數回アリ年齢未タ四十五ヲ越ヘスト雖モ政治的知識及經驗ノ深甚廣大ナルト辯舌ノ巧ナル黨内嶄然頭角ヲ顯ハス辯護士タリ前國務大臣タリ未來ノ大統領ヲ以テ目セラル

アルマンド、ケサダ、アチヤラン（Armando Quesada Acharàn）現「コンセプシヨン」選出上院議員タリ前國務大臣タリ「アレサンドリー」大統領ノ第一次內閣ノ總理タリ今回駐佛公使ニ任セラル

エクトル、アランシビヤ、ラソ（Hector Arancibia Laso）現「アントフアガスタ」州選出議員小

壯有爲ノ最モ覇氣アル政治家ニシテ敵味方共ニ多シ一昨年大統領選擧戰ニ於テハ「アレサンドリー」派ノ帷幕ニ居テ盡セシ處大ナリ「アレサンドリー」氏ノ第二次内閣ノ總理タリ

自由黨

トマス、ラミレス、フリヤス（Tomás Ramírez Frías）山茶郷選出下院議員奮鬪努力ノ政治家ニシテ法律ノ造詣深シ現自由黨政府派ノ主領タリ

エリオドーロ、ヤーネス、（Eliodoro Yañez）「バルデイビヤ」州選出上院議員ナリ數回内閣ヲ組織シタル事アリ同氏ノ外務大臣トシテノ外交的手腕ハ衆人ノ認ムル處ナリ自由黨政府派ニ屬ス同氏亦大統領候補者ヲ以テ目セラル都下三大新聞ノ一タル「ラ、ナシヲン」紙ヲ單獨ニテ經營ス

保守黨

カルロス、アルデウナテ、ソラール（Carlos Aldunate Solar）本黨現總裁ニシテ上院議員タリ今般華盛頓ニ於テ開カルヘキ智利祕露間「タクナ、アリカ」問題會議ニ於ケル智利全權ノ一人トナリタリ

フアン、エンリケ、コンチヤ（Fuan Enrique Concha）本黨ノ副總裁ニシテ「サンチアゴ」市選出上院議員タリ富豪名門ノ出ニシテ私財ヲ投シテ慈善事業及勞働者階級ノ生活改善ニ盡セシ處大

ナレハ保守黨員タルニモ拘ラス勞働者階級ニモ氣受良シ

民　主　黨

ロビンソン、パレーデス（Robinson Paredes）本黨總裁ニシテ下院議員ナリ

自由民主黨

エンリケ、サニヤルトウ、プリエト（Enrique Zañartu Prieto）「コンセプション」選出上院議員ニシテ國務大臣タリシ事數回アリ財政方面ノ研究深ク熱心ナル政治家ナリ次期大統領候補者ヲ以テ目セラル

國民黨及社會黨ハ共ニ議席十個ヲ出テサル小數黨ニシテ特ニ主領株トモ認ムヘキ人物ナシ

第四章　地方政府及地方自治體ト政黨トノ關係

當國政黨ニシテ右ニ關シ特種的政綱ヲ有シ其實現ヲ計ラントセルモノナシ

第五章　外交ニ關スル各政黨ノ態度

外交、國防等ニ關シテハ各政黨ノ特種的色彩ナク對外關係ニ於テハ政黨モ輿論モ共ニ一致セリト云フヲ得ヘシ然レ共急進黨出身現大統領及同黨カ中堅トナリテ成立セル聯合派内閣ハ對北米政策上ニ於テハ極メテ接近主義ヲ執リ從來歷史的事實ニ依リ今日未タ國民ノ腦裏ニ存セル排米又ハ恐米的傾向ヲ緩和センコトニ努力シツヽアル點ニ於テハ他政黨又ハ今日迄ノ他大統領ヨリモ顯著ナルモノアルカ如シ又對祕「タクナ、アリカ」問題及對「ボリビア」國國際係爭問題ノ解決ニ關シテハ從來ノ內閣カ全然受動的ナリシニ反シ現大統領ハ自ラ進ンテ之ヲ己レノ就職中ニ解決セントノ意思ヲ有シ客年十二月智利政府カ「タクナ、アリカ」問題直接商議開始方ヲ祕露ニ提議セシカ如キハ卽チ右政策ノ反映ナリ

南米諸國就中亞爾然丁、伯利亞爾及「エクアドール」ニ對スル親睦的傾向及國際聯盟ニ於ケル智利

ノ態度等ハ總テ當國輿論ノ一致セル處ニシテ政黨ニ依リテ變ル所ナシ國防問題ニ對スル政策亦同シ

社會主義ニ關シテハ社會黨及民主黨ハ其主義ニ於テハ社會主義ソノモノヲ遵奉セルカ如キ觀アレ共勢力共ニ微弱ナルカ故ニ其政綱ノ實現ニハ途尚遠キノ觀ナシトセス急進黨竝ニ自由黨各派ハ社會問題ニ對シテハ漸進的態度ヲ採リ時勢ノ潮流ニ順行セントシツヽアルモ保守黨ハ全然反對的態度ヲ持ス

各政黨共日本ニ關スル問題等ニ關シテハ利害關係全ク微々タルカ爲カ其主張態度ノ如キハ常ニ中立ニ傾キ何等確然タルモノアルヲ見ス而シテ日本ニ對シテハ別ニ惡感情テ有セスト雖モ日本移民ハ之ヲ好マサルノ風アリ只日本トノ通商貿易ヲ增進シ知識交換ヲ獎勵シ以テ自國ノ發展ニ資シ日本カ歐洲文明ヲ咀嚼シタル途筋ヲ研究シ自己發展ノ資料トナサントスル最モ勝手極マル考アリト察セラル

第六章　各政黨主要機關紙

保守黨機關紙ノ主ナルモノハ「サンチアゴ」市發行ノ“El Diario Ilustrado”紙及「バルバライソ」市發行ノ“La Unión”紙ナリ

他ノ政黨ニシテ特ニ機關紙ヲ有セルモノナシ然レ共前顯貴族院議員「ヤネス」氏ノ所有ニ係ル“La Nación”紙ハ現大統領派ニ對シテハ其主義政綱ヲ宣傳シ其政策ヲ擁護シ一見急進黨機關紙タルノ觀アリ“El Mercurio”紙ハ政黨トハ全然關係ナク中立ナリトハ雖モ穩健ナル新聞ニシテ保守及過激ノ兩極端ヲ攻擊シ自由主義ヲ守リ現大統領派ニ對シテハ好意ヲ有ス

第十六編　丁抹國

（大正十年末調）

第十六編　丁抹國ノ政黨

第一章　政黨ノ名稱及其ノ主義綱領

現今丁抹ニ於テ議會ニ議席ヲ有スル政黨ハ溫和自由黨、急進自由黨、保守黨、社會民主黨、實業黨及「シユレスウイツヒ」黨ノ六アリ各黨共截然タル傳來的政綱ヲ有ストハ謂ヒ難キモノアルモ重要政治問題ニ對スル從來ノ態度ニ依リ各黨ノ主義綱領ヲ略言セハ溫和自由黨ハ自由貿易主義ヲ標榜シテ政府カ私人ノ企業ニ干涉スルヲ不可トシ國防ニ關シテハ丁抹ノ中立ヲ維持スルニ足ルノ兵備ヲ有スルヲ必要トシ政敎分離ニ反對シ男女同權ヲ主張ス急進自由黨ハ同シク自由貿易主義ヲ奉スルモ國防ニ關シテハ軍備縮少ヲ主張シテ一九〇五年溫和自由黨ト分離スルニ至レリ農業政策ニ關シテハ小地主ヲ多ク作ランコトニ努力シ保守黨ハ保護關稅主義ヲ奉シ强大ナル陸海軍備ノ必要ヲ主張シ一方力ヲ極メテ社會黨ノ主義施設ニ反對シ居レリ社會民主黨ハ其ノ政綱頗ル獨逸ノ多數社會黨ニ類ス軍備ヲ絕對ニ廢止シテ警察力ヲ以テ之レニ代ヘ依ツテ以テ節約シ得タル經費ヲ社會改善ノ施設ニ投センコトヲ主張シ勞働者階級ノ利益ヲ代表ス實業黨ハ輓近一九一八年成立セルモノニシテ都市殊ニ「コペンハーゲン」市ニ於ケル小實業家ノ利益ヲ代表ス諸種ノ實際政治問題ニ關シテハ多ク保守黨ト歩調ヲ一ニスルヲ見ル「シユレスウイツヒ」黨ハ「ヴエルサイユ」條約ニ依リ丁抹ニ編入セラレタル「シユレスウイツヒ」地方ノ獨逸人ノ利益ヲ代表ス

第二章　各政黨ノ勢力ノ優劣及其ノ根據

大戰中社會民主黨ハ急進自由黨ト聯合シテ政權ヲ掌握セシカ急進自由黨ノ一般「ストライキ」政策ノ爲メニ人心ヲ失ヒ一九二〇年總選擧ニ失敗セル結果溫和自由黨ハ保守黨ト提携シテ議會ニ多數ヲ制シ現政府ヲ組織スルニ至レリ然レトモ溫和自由黨及保守黨ノ提携ハ主トシテ社會黨ニ對抗スル必要上成立セルモノニシテ由來兩黨ハ國防政策及關稅政策ニ於テ意見ヲ同フセス加フルニ屢産業界ノ不安危機ヲ傳ヘラルヽ今日其ノ提携ヲ持續スルコト漸ク困難ナラントスルモノアリ

各黨勢力ノ根據ニ關シテハ溫和自由黨ハ專ラ地方農民殊ニ中產階級ノ農民間ニ之レヲ有セシモ近時其ノ勢力ヲ都市ニ伸張シ次第ニ保守黨ノ地盤ヲ蠶食シ來リ急進自由黨ハ地方小農都市ニ於テハ中產以下ノ實業家並官吏學者等ノ有識無產階級ニ地盤ヲ有シ而シテ後者ハ同黨ノ組織節度等ニ關シ牛耳ヲ採リ居レリ保守黨ハ貴族大企業家及都市殊ニ「コペンハーゲン」ヲ中心トシテ中產階級及以上ニ勢力ヲ有シ社會民主黨ハ主トシテ工業勞働者間ニ勢力ヲ有セシモ漸次之レヲ地方ノ小農ニ及ホスニ成功シ現今ニ於テハ其ノ黨員十一萬餘ヲ算スルニ到レリ其ノ他「シユレスウイツヒ」黨共產黨夫々其ノ本領相當ノ地盤ヲ有スルモ其ノ勢力甚タ振ハス

一九二〇年九月行ハレタル總選擧ハ當時ニ於ケル各黨勢力ノ優劣ヲ示ス各黨ノ得票ハ

溫和自由黨	四一一、六六一
社會民主黨	三八九、六五三
保守黨	二一六、七三三
急進自由黨	一四七、一二〇
實業黨	二七、四〇三
「シユレスウイツヒ」黨	七、五〇五

ニシテ未タ議會ニ議席ヲ有セサル二政黨ノ得票ハ左ノ如シ

自由社會黨	六、四六〇
共產黨	五、一六〇

第三章　各黨袖領株ノ人物略歷

一、溫和自由黨

(一)　スイ、クリステンセン (C. Christensen)　一八五六年生敎員ヨリ身ヲ起シテ一八九〇年下院議員トナリ多年溫和自由黨ノ首領タリ一九〇五年ヨリ一九〇八年迄總理大臣ノ印綬ヲ帶ヒ現ニ敎務大臣タルモ老齡且不健康ノ故ヲ以テ近ク隱退スヘキ旨傳ヘラル

（二）エヌ、ネールゴールド（N. Neergaard）一八五四年生一八八七年以來ノ下院議員ニシテ一九〇九年首相トナリ一九二〇年再ヒ首相トナリ現ニ其ノ職ニアリ歷史及經濟學ニ造詣深シ

二、急進自由黨

（一）エム、サーレ（M. Zahle）一八六六年生新聞記者出身ニシテ一八九五年下院議員トナリ一九一三年ヨリ一九二〇年迄總理大臣タリ

（二）オーベ、ローデ（Ove Rode）一八六七年生戰時中「サーレ」內閣ニ內務大臣タリ博識ニシテ同黨中最モ有爲ノ士ト目セラル

三、保守黨

（一）ヂー、ピペル（G. Piper）一八五六年生初メ下院議員タリシカ一九〇六年上院議員トナリ現ニ上院ニ於ケル保守黨首領タリ

四、社會民主黨

（一）テイ、スタウニング（T. Stauning）一八七三年生煙草職工ヨリ身ヲ起シ一九〇六年下院

議員トナリ戰時中「サーレ」內閣ニ入リ無任所大臣トナリ現ニ同黨首領タリ其ノ旗幟極メテ鮮明ナル爲メ應々反對黨ヨリ攻擊ノ的トナル

（二）　エム、ボリビエリ（M. Borgbjerg）一八六六年生一八九八年以來下院議員一九一一年以來社會民主黨ノ主要機關紙タル「ソシャル、デモクラーテン」主筆タリ

第四章　現議會ニ於ケル黨派別

丁抹議會ハ上下兩院ヨリ成リ一定住所ヲ有シ二十五歳以上ノ者ハ男女ニ拘ラス下院議員選擧權及被選擧權ヲ有シ同シク三十五歳以上ノ者ハ上院議員選擧權及被選擧權ヲ有ス議員ノ任期ハ下院四年上院ハ八年現在議員數ハ下院百四十九名上院七十六名トス其ノ黨派等左ノ如シ

溫和自由黨	五二
急進自由黨	一八
保守黨	二七
社會民主黨	四八
實業黨	三
「シユレスウイツヒ」黨	一

以上下院合計百四十九名

溫和自由黨	三三
急進民主黨	八

保守黨　一三

社會民主黨　二一

以上上院合計七十六名

第五章　政黨ト地方自治體等ノ關係

地方自治體ノ機關タル市町會議々員等ノ選擧ニ於テモ政黨ノ勢力頗ル顯著ナルモノアリ其ノ議長ハ議員ノ互選ニ依ルモノナルモ自己ノ屬スル政黨カ會議ニ多數ヲ制スルヲ得サルニ至ラハ辭職スルノ外ナキ實狀ニアリ只地方自治體ノ其ノ他ノ議員ハ任期ノ制限ナキヲ以テ政黨勢力ノ消長ト共ニ進退セス從ツテ其ノ任命モ亦黨爭ニ關係ナキ現狀ナリト云ヒ得ヘシ一九二一年三月ノ地方會議々員選擧ニ於テ「コペンハーゲン」ニ於テハ社會民主黨十一萬餘票溫和自由黨及保守黨聯合シテ七萬餘票急進自由黨一萬餘票ヲ得タルカ其ノ他ノ主要都市ニ就テ觀ルニ「オールフス」、「ホルセンス」、「エスビエリ」「スラゲルセ」ニ於テハ社會民主黨最モ優勢ニシテ右以外ノ地方ニ於テモ同黨ハ急進自由黨ト提携シテ勢力ヲ振ヒ「ジユトランド」ニ於テハ溫和自由黨多數ヲ占メ「ウデンセ」、「フイエン」ニ於テハ溫和自由黨及保守黨多數ヲ制シ居レリ

第六章　諸種外交問題等ニ對スル各黨派ノ政見

現今丁抹ハ紛糾セル歐洲ノ外交關係ニ對シ超然タル態度ヲ取リ得ルノ地位ニ在ルヲ以テ政爭ノ問題ハ多ク內治ニ限ラレ外交政策ニ關シテハ各黨ノ政見相違スル所甚タ少キニ似タリ丁抹國ノ聯盟加入ニ對シテハ各黨共不同意ナク聯盟ハ特ニ小國ニ取リテ必要ノ機關ナリトナスニ一致シ「スカンヂイナビア」諸國協力シテ聯盟內ニ重キヲ爲サンコトヲ致シ居ルモノノ如シ只保守黨中ニ聯盟ノ將來ニ對シ悲觀ニ傾クモノアリ丁抹國ノ外交政策トシテハ瑞西諸威ト合從連衡シテ國家政局ニ當リ居ルハ人ノ知ル所ナルモ其ノ外ハ嚴正中立ヲ以テ丁抹ノ最善ノ政策ナリトシ他國ト同盟又ハ協商等ノ關係ナシ然レトモ戰時中有產階級ハ聯合側ニ同情ヲ有シ社會主義者等ハ其ノ同類獨逸ニ多キヲ以テ中歐諸國ニ同情セリ而シテ英ハ丁抹ノ輸出農產物ノ大部分ヲ輸入シ居ル關係上英國ニ同情ヲ有スル者甚タ多シ國防問題ニ關シテハ保守黨及溫和自由黨ハ軍備維持ヲ主張スルモ急進自由黨ハ陸軍ヲ三千人ニ制限シ且志願兵制度トセンコトヲ主張シ社會民主黨ハ軍備撤廢ヲ主張スルコト前述ノ如シ極東ノ諸問題ニ對シテハ丁抹ハ大北電信會社等ノ外利害關係少キヲ以テ多ク論議セラルルヲ見ス

第七章　各黨主要機關紙

溫和自由黨ハ元來農民黨タルヲ以テ「コペンハーゲン」ニハ機關紙ナク而シテ地方新聞ノ有力ナルモノハ多ク此黨ニ屬ス「オールヒユス、アムステイーデンデ」(Aarhus Amstidende)「オールボルグ、アムステイデンデ」(Aalborg Amstidende) 及「ロスキルデ、ダーグブラッド」(Roskilde Dagblad) 等ハ其ノ主ナルモノナリ

急進自由黨ノ主ナル機關紙トシテハ「ポリテイケン」(Politiken) ヲ擧ケ得ヘキモ同紙ハ時トシテ急進自由黨ノ拘束ヲ受ケス現政府ノ政策ヲ支持スルコトアリ同黨ノ地方新聞ノ主ナルモノトシテ「ヒユーンス、ベンストレブラッド」(Fyns Venstreblad) ヲ擧クヘシ

保守黨ハ三大機關紙ヲ有シ共ニ「コペンハーゲン」ニ於テ發行セラル「ナショナル、テイーデンデ」(Nationaltidende)「ベルリンスケ、テイデンデ」(Berlinske Tidende) 及「コペンハーゲン」(Kobenhavn) 是レナリ同黨ノ地方機關紙トシテハ「ヒユーランズポステン」(Jyllandsposten) 及「ヒユーンス、ステイフツテイーデンデ」(Fyns Stiftstidende) ヲ擧クヘシ而シテ右ノ内「ナショナルテイーデンデ」及「コペンハーゲン」ハ同黨中ノ右翼ヲ代表シ大企業家ノ機關紙タリ

社會民守黨ハ「ソシャル、デモクラーテン」(Social-Demokraten) 紙ヲ有ス

各國ノ政黨〔第一分冊〕　日本立法資料全集　別巻 1145

平成29年2月20日　復刻版第1刷発行

編纂者　外務省歐米局

発行者　今井　貴
　　　　渡辺左近

発行所　信山社出版

〒113-0033　東京都文京区本郷6-2-9-102
モンテベルデ第2東大正門前
電話　03（3818）1019
FAX　03（3818）0344
郵便振替　00140-2-367777（信山社販売）

Printed in Japan.

制作／(株)信山社，印刷・製本／松澤印刷・日進堂

ISBN 978-4-7972-7253-6 C3332

別巻　巻数順一覧【950 ～ 981 巻】

巻数	書　名	編・著者	ISBN	本体価格
950	実地応用町村制質疑録	野田藤吉郎、國吉拓郎	ISBN978-4-7972-6656-6	22,000 円
951	市町村議員必携	川瀬周次、田中迪三	ISBN978-4-7972-6657-3	40,000 円
952	増補 町村制執務備考 全	增澤鐵、飯島篤雄	ISBN978-4-7972-6658-0	46,000 円
953	郡区町村編制法 府県会規則 地方税規則 三法綱論	小笠原美治	ISBN978-4-7972-6659-7	28,000 円
954	郡区町村編制 府県会規則 地方税規則 新法例纂 追加地方諸要則	柳澤武運三	ISBN978-4-7972-6660-3	21,000 円
955	地方革新講話	西内天行	ISBN978-4-7972-6921-5	40,000 円
956	市町村名辞典	杉野耕三郎	ISBN978-4-7972-6922-2	38,000 円
957	市町村吏員提要〔第三版〕	田邊好一	ISBN978-4-7972-6923-9	60,000 円
958	帝国市町村便覧	大西林五郎	ISBN978-4-7972-6924-6	57,000 円
959	最近検定 市町村名鑑 附 官国幣社 及 諸学校所在地一覧	藤澤衛彦、伊東順彦、増田穆、関惣右衛門	ISBN978-4-7972-6925-3	64,000 円
960	鼇頭対照 市町村制解釈 附 理由書 及 参考諸布達	伊藤寿	ISBN978-4-7972-6926-0	40,000 円
961	市町村制釈義 完　附 市町村制理由	水越成章	ISBN978-4-7972-6927-7	36,000 円
962	府県郡市町村 模範治績　附 耕地整理法 産業組合法 附属法令	荻野千之助	ISBN978-4-7972-6928-4	74,000 円
963	市町村大字読方名彙〔大正十四年度版〕	小川琢治	ISBN978-4-7972-6929-1	60,000 円
964	町村会議員選挙要覧	津田東璋	ISBN978-4-7972-6930-7	34,000 円
965	市制町村制 及 府県制　附 普通選挙法	法律研究会	ISBN978-4-7972-6931-4	30,000 円
966	市制町村制註釈 完　附 市制町村制理由〔明治21年初版〕	角田真平、山田正賢	ISBN978-4-7972-6932-1	46,000 円
967	市町村制詳解 全　附 市町村制理由	元田肇、加藤政之助、日鼻豊作	ISBN978-4-7972-6933-8	47,000 円
968	区町村会議要覧 全	阪田辨之助	ISBN978-4-7972-6934-5	28,000 円
969	実用 町村制市制事務提要	河邨貞山、島村文耕	ISBN978-4-7972-6935-2	46,000 円
970	新旧対照 市制町村制正文〔第三版〕	自治館編輯局	ISBN978-4-7972-6936-9	28,000 円
971	細密調査 市町村便覧(三府 四十三県 北海道 樺太 台湾 朝鮮 関東州)　附 分類官公衙公私学校銀行所在地一覧表	白山榮一郎、森田公美	ISBN978-4-7972-6937-6	88,000 円
972	正文 市制町村制 並 附属法規	法曹閣	ISBN978-4-7972-6938-3	21,000 円
973	台湾朝鮮関東州 全国市町村便覧 各学校所在地〔第一分冊〕	長谷川好太郎	ISBN978-4-7972-6939-0	58,000 円
974	台湾朝鮮関東州 全国市町村便覧 各学校所在地〔第二分冊〕	長谷川好太郎	ISBN978-4-7972-6940-6	58,000 円
975	合巻 佛蘭西邑法・和蘭邑法・皇国郡区町村編成法	箕作麟祥、大井憲太郎、神田孝平	ISBN978-4-7972-6941-3	28,000 円
976	自治之模範	江木翼	ISBN978-4-7972-6942-0	60,000 円
977	地方制度実例総覧〔明治36年初版〕	金田謙	ISBN978-4-7972-6943-7	48,000 円
978	市町村民 自治読本	武藤榮治郎	ISBN978-4-7972-6944-4	22,000 円
979	町村制詳解　附 市制及町村制理由	相澤富蔵	ISBN978-4-7972-6945-1	28,000 円
980	改正 市町村制 並 附属法規	楠綾雄	ISBN978-4-7972-6946-8	28,000 円
981	改正 市制 及 町村制〔訂正10版〕	山野金蔵	ISBN978-4-7972-6947-5	28,000 円